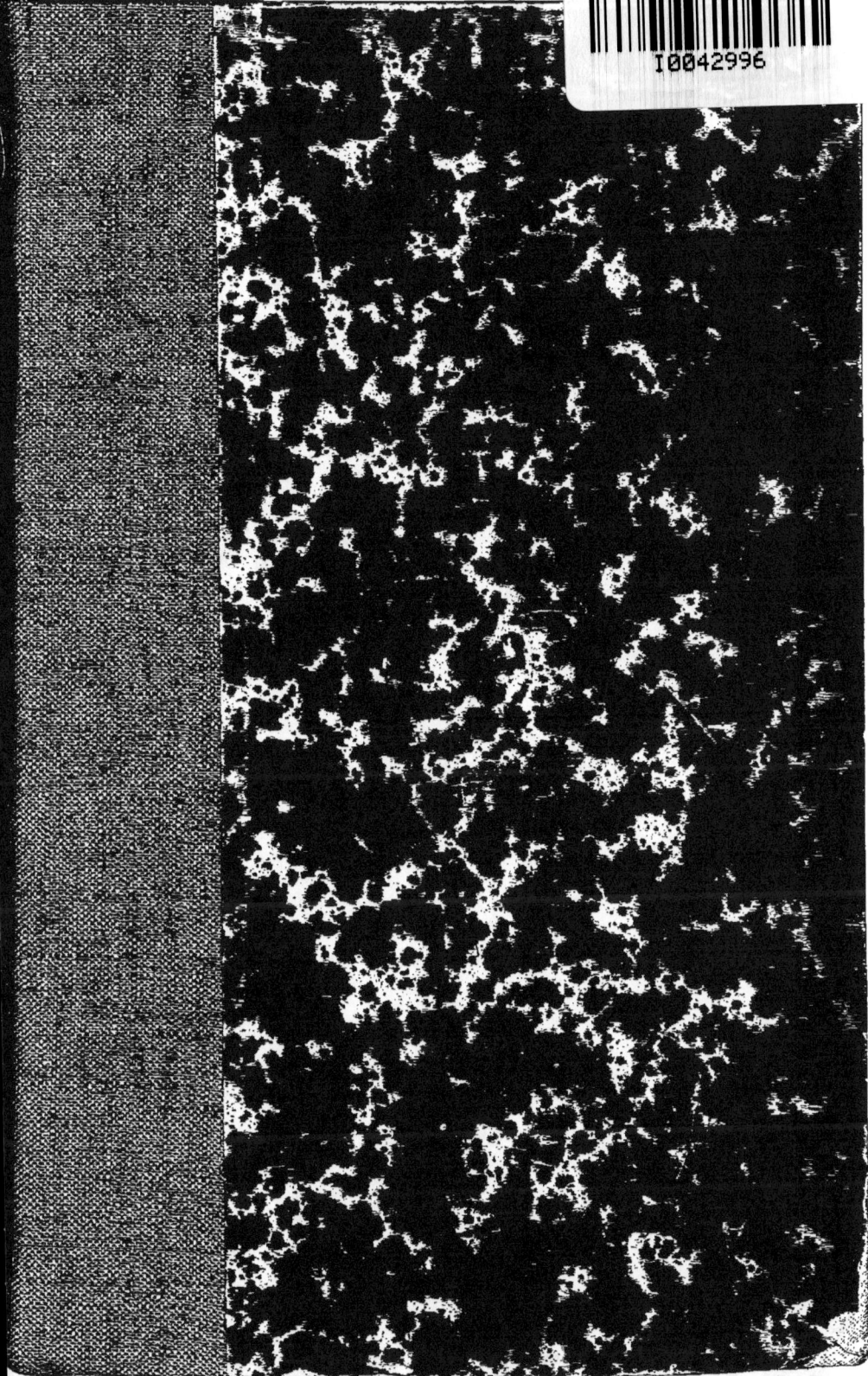

PETITE ENCYCLOPÉDIE JURIDIQUE

XLI

CODE

DES MINES ET MINEURS

II

DU MÊME AUTEUR :

Etudes sur la législation et la jurisprudence concernant les **Fouilles, Extractions de matériaux et autres dommages**, causés à la propriété privée à l'occasion des travaux publics. 2ᵉ édit., 1845 (*épuisé*). 1 vol. in-8.

Servitudes de voirie, voies de terre, 1850, 2 vol. in-8.

Législation des chemins de fer par rapport aux propriétés riveraines, 1853, 1 vol. in-8.

Législation française concernant les ouvriers ; enseignement spécial, droit professionnel, assistance. 1856, 1 vol. in-8.

Jurisprudence de la Cour d'appel d'Aix ; table des arrêts par ordre alphabétique des matières, 1857, 1 fort vol. in-8.

Droit international ; France et Sardaigne ; exposé des lois, traités, etc. 1859, 1 vol. in-8.

Police des bois ; défrichements et reboisements ; commentaire sur les lois de 1859 et 1860. 1861, 1 vol. in-8.

Traité de la grande voirie et de la voirie urbaine, (*dans la collection de la bibliothèque de l'administration française publiée par Berger-Levrault et Cⁱᵉ*, 1885), 1 vol. in-12.

De la Juridiction française dans les Echelles du Levant et de Barbarie, 1866, 2 vol. in-8. 2ᵉ édit. (*épuisé*).

Des voies rurales, publiques et privées, 3ᵉ édit., 1886, 2 vol. in-8.

Des voies publiques et privées, modifiées, détruites ou créées par suite de l'exécution des chemins de fer ; 1878, 1 fort vol. in-8.

De la compétence des tribunaux français pour connaître des contestations entre étrangers. Extrait du *Journal le droit international privé*. 1880, brochure in-8.

Recours à raison des dommages causés par la guerre. Extrait avec additions de la *France judiciaire*. 1881, 1 vol. in-8.

Code des transports de marchandises et de voyageurs par chemins de fer, 1883. 3 vol. in-12.

Les justices mixtes dans les pays hors chrétienté, 1884. 1 vol. in-8.

CHAUMONT. — TYPOGRAPHIE ET LITHOGRAPHIE CAVANIOL.

CODE

DES

MINES ET MINEURS

MANUEL

DE LÉGISLATION, D'ADMINISTRATION, DE DOCTRINE
ET DE JURISPRUDENCE

CONCERNANT

Les Mines, Minières et Carrières; le personnel de leur
exploitation et ses institutions

PAR

L.-J.-D. FÉRAUD-GIRAUD

Conseiller à la Cour de Cassation.

TOME DEUXIÈME

Mines, Minières et Carrières.

10

87

PARIS

A. DURAND ET PEDONE-LAURIEL, ÉDITEURS
LIBRAIRES DE LA COUR D'APPEL ET DE L'ORDRE DES AVOCATS

G. PEDONE-LAURIEL, Successeur
13, RUE SOUFFLOT, 13

1887

TITRE IV

Des Concessions.

SECTION II.

DES OBLIGATIONS DES PROPRIÉTAIRES DE MINES.

CHAPITRE II.

OBLIGATIONS VIS-A-VIS LES PROPRIÉTAIRES
DE LA SURFACE.

(Suite).

§ 3.

Occupation de terrains à la surface.

849. Modifications apportées aux articles **44** et **45** de la loi de 1810; textes. — L'application des articles 43 et 44 de la loi de 1810 avait donné lieu à un très grand nombre de difficultés, leur rédaction a été considérablement modifiée en 1880, et ces modifications doivent faire disparaître les controverses qui existaient. Pour se rendre un compte exact des changements apportés par la loi de 1880 à celle de 1810, il importe de remettre sous les yeux le texte de ces deux rédactions, en tête des explications qui vont suivre.

Loi de 1810. — Art. 43. — Les propriétaires de mines sont tenus de payer les indemnités dues au propriétaire de la surface sur le terrain duquel ils établiront leurs travaux.

Si les travaux entrepris par les explorateurs ou par les propriétaires de mines ne sont que passagers, et si le sol où ils ont été faits peut être mis en culture au bout d'un an, comme il l'était auparavant, l'indemnité sera réglée au double de ce qu'aurait produit net le terrain endommagé.

Loi de 1810. — Art. 44. — Lorsque l'occupation des terrains pour la recherche ou les travaux des mines, prive les propriétaires du sol de la jouissance du revenu au delà du temps d'une année; ou lorsque, après les travaux les terrains ne sont plus propres à la culture, on peut exiger des propriétaires des mines l'acquisition des terrains à l'usage de l'exploitation. Si le propriétaire de la surface le requiert, les pièces de terre trop endommagées ou dégradées sur une trop grande partie de la surface devront être achetées en totalité par le propriétaire de la mine. L'évaluation du prix sera faite, quant au mode, suivant les règles établies par la loi du 16 septembre 1807, sur le dessèchement des marais, titre XI; mais le terrain à acquérir sera toujours estimé au double de la valeur qu'il avait avant l'exploitation de la mine.

Loi de 1880. — Art. 43. — Le concessionnaire peut être autorisé, par arrêté préfectoral, pris après que les propriétaires auront été mis à même de présenter leurs observations, à occuper, dans le périmètre de sa concession, les terrains nécessaires à l'exploitation de sa mine, à la préparation métallique des minerais et au lavage des combustibles, à l'établissement des routes ou à celui des chemins de fer ne modifiant pas le relief du sol.

Si les travaux entrepris par le concessionnaire ou par un explorateur, muni du permis de recherches mentionné à l'article 10, ne sont que passagers, et si le sol où ils ont eu lieu peut être mis en culture, au bout d'un an, comme il l'était auparavant, l'indemnité sera réglée à une somme double du produit net du terrain endommagé.

Lorsque l'occupation ainsi faite prive le propriétaire de la jouissance du sol pendant plus d'une année, ou lorsque, après l'exécution des travaux, les terrains occupés ne sont plus propres à la culture, les propriétaires peuvent exiger du concessionnaire ou de l'explorateur l'acquisition du sol.

La pièce de terre trop endommagée ou dégradée sur une trop grande partie de sa surface, doit être achetée en totalité si le propriétaire l'exige.

Le terrain à acquérir ainsi sera toujours estimé au double de la valeur qu'il avait avant l'occupation.

Les contestations relatives aux indemnités réclamées par les propriétaires du sol aux concessionnaires de mines, en vertu du présent article, seront soumises aux tribunaux civils.

Les dispositions des paragraphes 2 et 3, relatives au mode de calcul de l'indemnité due au cas d'occupation ou d'acquisition des terrains, ne sont pas applicables aux autres dommages causés à la propriété par les travaux de recherche ou d'exploitation ; la réparation de ces dommages reste soumise au droit commun.

Loi de 1880. — Art. 44. — Un décret rendu en Conseil d'Etat peut déclarer d'utilité publique les canaux et les chemins de fer, modifiant le relief du sol, à exécuter dans l'intérieur du périmètre, ainsi que les canaux, les chemins de fer, les routes nécessaires à la mine et les travaux de secours, tels que puits ou galeries destinés à faciliter l'aérage et l'écoulement des eaux, à exécuter en dehors du périmètre. Les voies de communication créées en dehors du périmètre pourront être affectées à l'usage du public dans les conditions établies dans le cahier des charges.

Dans le cas prévu par le présent article, les dispositions de la loi du 3 mai 1841, relatives à la dépossession des terrains, et au règlement des indemnités, seront appliquées.

330. Droit d'occupation de la surface. — Il importe à l'intérêt public, et il est dans les nécessités de la vie sociale, que des produits utiles ne puissent être frappés d'interdit et de stérilité, par l'impossibilité où on serait réduit de les exploiter, à la suite de l'exercice d'un droit contraire. C'est précisément sur le respect et la combinaison réglementée de l'exercice des droits divers que se fonde tout état social. On était donc amené à autoriser le propriétaire de la mine à prendre sur la surface, des accès pour pouvoir exploiter la mine, déposer les matières inertes extraites pour permettre l'extraction du minerai, déposer ce minerai lui-même, le transporter du carreau de la mine à une voie publique, et assurer aux eaux et aux galeries, un écoulement sans lequel la mine devrait être forcément abandonnée, à peine ouverte, si elle ne devait pas l'être même durant ces travaux préparatoires.

Aussi ces droits de la mine sur la surface, en principe, et sauf des réglementations diverses se retrouvent dans les plus anciens documents. Sans nous attarder à les remettre en lumière, disons qu'ils ont reçu leur consécration par les lois en vigueur, et notamment par la loi de 1810, qui les réglemente dans les articles 43 et 44, révisés en 1880.

Ce n'est d'ailleurs que l'application en ces matières des principes admis par le droit civil au cas d'enclave. Rapp. de Girardin ; de Fooz, p. 317.

Le droit d'occupation des terrains de la surface d'une mine résulte virtuellement, pour le propriétaire de la mine, de l'acte de concession. C. d'Etat, 22 août 1853, M. de Seyssel.

Mais, d'après la loi de 1880, au cas de résistance du propriétaire à son exercice, le concessionnaire doit se pourvoir d'une autorisation administrative, comme j'aurai bientôt occasion de le rappeler.

331. Causes et motifs de l'occupation. — L'occupation est permise pour tous les travaux nécessaires à l'exploitation, pour la recherche et les travaux des mines, disait l'ancien article 44 de la loi de 1810. Ainsi pour les dépôts de déblais, l'ouverture des puits et galeries d'exploitation ou d'épuisement, l'établissement de machines, dépôts de matières minérales, bâtiments d'exploitation, halles et magasins, ateliers pour réparation des outils et dépôts de ces outils, ateliers de préparation des outils, bois nécessaires aux galeries, dépôts pour matières nécessaires au fonctionnement des machines, chemins nécessaires pour communiquer entre les puits ou les galeries et la voie publique. De Fooz, p. 318.

Cela a été ainsi jugé en ce qui concerne : les ateliers pour la préparation des bois qui servent à soutenir les galeries, et pour la réparation des instruments et outils servant à l'exploitation du minerai. Nancy, 27 juin 1868, Société Vezin Aulnoy, S. 69, 2, 7.

Les dépôts de terre faits à l'état d'approvisionnements à la surface pour remblayer les galeries où l'exploitation a eu lieu. C. d'Etat, 7 mai 1863, M. de Beaubrun.

L'occupation peut résulter encore indirectement de l'ouverture de chambres d'emprunt pour remblayage des galeries, lorsque les emprunts nécessitent par les accidents de terrain qu'ils occasionnent l'occupation des terrains supérieurs. Obs. du min. dans l'affaire précédente.

Le dépôt des déblais et matériaux extraits des galeries d'exploitation. C. d'Etat, 3 décembre 1846, M. de Giromagny.

Qu'en est-il de l'établissement de maisons d'habitation ou bureaux pour la direction, le logement des ouvriers? Bury, 556, n'admet pas que le propriétaire soit obligé de s'y soumettre. Peut-être n'a-t-il pas tort, mais pour donner un avis, je serai bien aise de connaître les circonstances de lieux notamment, dans lesquelles la difficulté se présentera, et la nature des constructions à édifier.

Le propriétaire n'est pas tenu de subir l'occupation de son terrain pour l'exécution de travaux concernant une industrie accessoire à la concession. Bury, 556.

Il n'est pas tenu de subir des transformations de ses terrains dans le but de faciliter l'exploitation ; ainsi de laisser dessécher un étang à la surface pour prévenir ou arrêter des infiltrations se produisant dans la mine. Avis C. des m. de Belgique, 27 mars 1850, 5 mai 1865 et 8 mars 1867; Bury, 557.

Au surplus, alors que les articles 43 et suivants de la loi de 1810 parlaient de travaux à établir sur la surface pour l'exploitation, et de l'occupation de terrains pour la recherche ou les travaux des mines, la rédaction nouvelle de 1880 étend le droit d'occupation, sous le contrôle des préfets, aux terrains nécessaires à l'exploitation de la mine, à la préparation métallique des minerais et au lavage des combustibles, à l'établissement des routes ou à celui des chemins de fer ne modifiant pas le relief du sol. Si les mots terrains nécessaires à l'exploitation restent encore assez vagues sous la rédaction de 1810 comme sous celle de 1880, il est impossible de ne pas constater, que l'ensemble de la rédaction nouvelle indique une tendance bien accentuée pour élargir le droit existant au profit de l'exploitation, puisque cette rédaction admet des manipulations étrangères à l'extraction ; et c'est rentrer dans l'esprit de la loi, que de faire dans la pratique l'application de cette extension. D'ailleurs, depuis que la loi de 1880 exige l'intervention des préfets pour la désignation des terrains, à défaut d'entente amiable, cette garantie comportait une extension qui ne pouvait être laissée auparavant à la disposition absolue du concessionnaire.

On s'est demandé spécialement, si lorsque des puits et galeries étaient déjà ouverts pour assurer l'exploitation, et des chemins tracés pour assurer les transports, la mine pouvait changer l'état des lieux et n'était pas obligée de s'y conformer. Je n'hésite pas à soutenir qu'il ne peut y avoir quant à ce, un état fixe et définitif, que les nécessités de l'exploitation obligent parfois les concessionnaires à renoncer à des travaux exécutés à grands frais, mais devenus inutiles par suite de l'épuisement de la mine sur un certain point ou d'autres causes, et lorsque le concessionnaire porte son activité ailleurs, ou en modifie le mode d'exercice, il ne saurait en être empêché lorsqu'il aura justifié d'un intérêt réel et sérieux.

382. Etablissement de chemins. — La loi de 1880 prévoit le cas d'occupation de la surface pour l'établissement des routes et chemins utiles pour l'exploitation et ne modifiant point le relief du sol, et elle permet aux préfets, le cas échéant, de l'autoriser. Cela fait disparaître toute cause d'incertitude qui pouvait exister à ce sujet sous l'empire de la loi de 1810, sous laquelle ce droit était cependant généralement reconnu. Dufour, 93 ; *Annales des mines*, t. XIV, p. 534. Je reviendrai plus tard, titre 4, sect. 3, chap. 3, sur les questions que l'appréciation de cette disposition peut soulever, et plus spécialement sur les rapports entre les concessionnaires de mines et les concessionnaires de chemins de fer.

383. Qui déclarera en principe si l'occupation rentre dans les travaux de la mine. — Il nous paraît que le soin de reconnaître si les travaux qui donnent lieu à l'occupation sont ou non nécessaires à l'exploitation, doit être réservé à l'administration, parce que c'est là une question technique et administrative qui tient à l'exercice même du droit conféré par l'acte de concession dont les tribunaux pourraient paralyser les effets, s'il leur appartenait d'apprécier le mérite d'une exploitation, et si on leur réservait le droit d'empêcher de réaliser certains moyens employés pour assurer cette exploitation. C. d'Etat, 3 décembre 1846, M. de Giromagny ; 7 mai 1863, M. de Beaubrun. C'est donc au préfet à agir ; nouvelle rédaction en 1880 de l'article 43 de la loi de 1810. C d'Etat,

21 juillet 1882, Mokta. Mais les opposants, s'ils croient que c'est contrairement à leurs droits de propriété que l'on a procédé, porteront leurs réclamations devant les tribunaux civils, sans avoir à s'adresser préalablement aux tribunaux administratifs C. d'Etat, 14 avril 1864, 21 juillet 1882.

554. Occupation de terrains prohibée par le cahier des charges. — Le cahier des charges de la concession, par suite des conditions spéciales de terrains compris dans le périmètre de la concession, peut renfermer dans un intérêt de police ou de sûreté, la prohibition d'occuper certaines parties de la surface dont les limites sont précisées en pareil cas. Le propriétaire pourra s'opposer à toute violation de ces conditions imposées au concessionnaire. En dehors du droit qui appartient à l'administration de ramener tout concessionnaire à l'observation de sa loi de concession.

555. Difficultés sur l'emplacement à occuper. — Lorsque le concessionnaire veut occuper un point de la surface, il est possible que le propriétaire ne conteste ni son droit, ni l'utilité même et la nécessité de l'occupation, mais que le désaccord ne subsiste entre eux que sur l'emplacement choisi pour l'occupation. Pour parer à cette difficulté, la loi du 8 juillet 1865, en Belgique a ajouté à l'article 43 de la loi de 1810 la disposition suivante : Les travaux mentionnés dans ces deux paragraphes, ne pourront être entrepris qu'avec le consentement du propriétaire ou avec l'autorisation du gouvernement, donnée après avoir consulté le Conseil des mines, le propriétaire entendu. En France, il n'y a eu longtemps qu'à appliquer la loi de 1810 qui ouvrait un droit direct au concessionnaire sans autorisation préalable de l'autorité administrative, et le concessionnaire restait juge de la nécessité de l'occupation et du choix du terrain en dehors des lieux prohibés par l'article 11 de la loi. Dalloz, n. 346 ; Richard, n. 241 ; Bury, 580.

Un'arrêté des Travaux publics du 7 octobre 1837 disait que le concessionnaire devait s'adresser au Conseil de préfecture pour être autorisé à occuper des terrains sur la superficie ; mais le Conseil d'Etat, le 22 août 1853, M. de Pyrimont-Seyssel, a déclaré qu'aucune loi n'a chargé soit les Conseils de préfecture, soit les tribunaux, d'autoriser l'occupation des terrains nécessaires à un concessionnaire de mines, que le droit d'occupation résulte virtuellement de l'acte de concession, que dès lors, le propriétaire de la surface est mal fondé à attaquer pour excès de pouvoirs des arrêtés préfectoraux qui ont autorisé l'occupation dans les limites de la concession, sur la demande du concessionnaire, et qui ne font pas obstacle à ce que le propriétaire fasse valoir tous ses droits devant l'autorité compétente.

Aujourd'hui, il ne saurait être douteux que, en l'état de la nouvelle rédaction de l'article 43, d'après la loi de 1880, ce serait en France comme en Belgique, à l'administration à vider la difficulté, et que compétence est attribuée à raison de ce, spécialement aux préfets sur le territoire français.

556. **Réunion des mines.** — Un acte qui autorise la même société à exploiter deux concessions précédemment faites d'une manière distincte, ne fait en rien disparaître l'individualité des deux concessions, et n'a en rien étendu les obligations des propriétaires du sol à l'égard de chacune de ces concessions prises isolément; de manière que le propriétaire de la superficie, pour la partie de son terrain non comprise dans l'une de ces concessions, ne peut être astreint en vertu des articles 43 et 44 de la loi de 1810 à subir une occupation exclusivement profitable à cette concession. Avis du Cons. des mines, dans l'aff. jugée par le C. d'Etat, le 20 février 1868, Houil. de Montchanin.

Il faudrait cependant ne pas appliquer trop rigoureusement le principe posé par cet arrêt, et empêcher ainsi

1.

le concessionnaire de profiter des avantages qu'il a eu
en vue, en provoquant le cumul des deux concessions ;
et s'il est difficile de soumettre le propriétaire de l'un
des périmètres à des travaux profitables à la mine sise
dans l'autre, il faudra bien le soumettre à supporter, sauf
ses droits à l'indemnité, les travaux effectués dans l'intérêt commun des deux exploitations. C'est appliquer
sagement la loi, ainsi que l'acte administratif qui réunit
dans la même main les deux concessions, et donner une
juste satisfaction à l'intérêt de la production minière.

**557. Occupation de terrains en dehors de la conces-
sion.** — N'était pas permise d'après la loi 1810, même en
la réduisant aux travaux de secours permis par l'article
25 de la loi de 1791, puisque la loi de 1810 en abrogeant
celle de 1791 n'avait pas maintenu cette disposition. Il fallait le plus souvent, en pareil cas, recourir à une extension de périmètre de concession. C'était du moins là le
système admis par un très grand nombre d'auteurs.
Delebecque, 775 ; Richard, 385 ; l'arrêt du C. d'Etat du 8
mars 1851, Houil. de la Roche, était très formel dans ce
sens, mais on avait tort de donner une semblable signification à l'arrêt de la Cour de Cassation du 9 janvier
1856, Sal. de Gouhenans, S. 56, 1, 28. C'était l'avis du
Conseil des mines de Belgique, affirmé à plusieurs reprises, et notamment les 4 septembre 1838, 27 mars 1850,
31 janvier 1862, 5 mai 1865. Bury, qui avait admis l'extension du droit hors du périmètre dans sa première
édition, l'avait restreint aux limites de cette concession
dans la seconde.

Plusieurs auteurs avaient soutenu cependant que
l'article 25 de la loi de 1791 était encore en vigueur et
admettait tout au moins, pour ce cas, l'extension du périmètre ; je puis citer par eux, Proudhon, Jousselin, Peyret-
Lallier, Dupont, Brixhe, Dalloz. La Cour de Cassation
belge avait rendu un arrêt conforme le 30 mai 1850,
Pas., 51, 1, 161, et les traditions de l'administration fran-

çaise étaient dans ce sens. La révision de 1880 doit faire cesser toute controverse, puisque l'article 43 désigne les terrains que le concessionnaire peut être autorisé à occuper dans le périmètre de sa concession, et l'article 44 désigne d'un autre côté les terrains qui peuvent être occupés hors du périmètre, et les conditions auxquelles cette occupation peut avoir lieu. Nous n'en rapporterons pas les termes, puisque nous en avons déjà reproduit le texte.

558. Le superficiaire peut-il s'opposer à la concession de droits de passage par le concessionnaire à des tiers. — Il a été jugé par l'arrêt de la Cour de Bruxelles du 27 février 1841, *Pas.*, 42, 2, 257, que la concession d'une houillère n'attribuait d'autre propriété que celle de la veine, et d'autre droit sur la propriété du dessus et du dessous, que celui d'y faire les travaux nécessaires pour l'exploitation de son propre charbonnage ; et que partant, le concessionnaire ne pouvait, sans le consentement du propriétaire de la surface, autoriser des propriétaires ou concessionnaires voisins à pratiquer de semblables travaux pour l'utilité de leurs propres charbonnages, dans le périmètre de sa concession. C'est à ces concessionnaires placés hors du périmètre où se trouve la voie de communication, en cas d'opposition du propriétaire de la surface, d'agir en exécution des droits que leur ouvre le nouvel article 44 de la loi de 1810, révisée en 1880.

559. Travaux établis pour l'exploitation des mines ; suppression ; compétence. — A l'autorité administrative seule, il appartient, soit d'autoriser les travaux nécessaires à l'exploitation des mines, soit de maintenir ou faire supprimer les ouvrages pratiqués sans autorisation. C. d'Etat, 11 août 1808, M. de Boussu. A moins qu'établis sans autorisation et sans le consentement du propriétaire de la superficie, ils ne constituent des voies de fait qu'il appartient aux tribunaux de réprimer par suite de l'exercice de l'action civile et parfois même de l'action répressive. L.12 juillet 1791, art.21 ; Instr. min., 18 messidor an IX ; C. d'Etat, 19 octobre 1808, Forge de la Comble.

560. Prohibition d'établir des travaux près des enclos et habitations. — Les questions concernant ces matières ont déjà été traitées en nous occupant des travaux de recherches, et nous nous bornons à renvoyer à ce que nous avons déjà dit à ce sujet.

En faisant remarquer que les oppositions fondées sur ce motif doivent être portées devant les tribunaux de l'ordre judiciaire. C. Cass., 21 avril 1823 ; C. d'Etat, 5 avril 1826; 18 février 1846, M. de Surmoulin ; Proudhon, *Dom. privé*, t. II, n. 756; Dufour, *Dr. adm.*, t. III, n. 2053, et *Suprà*, n. 286.

561. Désignation par les préfets des terrains à occuper. — Il appartient au préfet de désigner les terrains à occuper, sauf le recours du propriétaire de la surface devant l'autorité supérieure ; et sans que cette autorisation puisse être donnée par les conseils de préfecture ou par les tribunaux. L. 1810, art. 43, révisé en 1880 ; C. d'Etat 3 décembre 1846, M. de Giromagny ; 22 août 1853, M. d'asphalte de Seyssel; 7 mai 1863, M. de Beaubrun.

L'autorité judiciaire est sans compétence pour rechercher si l'occupation ainsi autorisée est abusive et si elle est faite au delà des nécessités de l'exploitation. De Fooz, p. 319.

L'opinion qui considérait le concessionnaire comme juge de l'utilité des travaux qu'il veut exécuter, sans avoir besoin d'aucune autorisation administrative soutenue par Richard 241, ne peut plus être défendue depuis la révision de l'article 43.

562. Droit pour les intéressés de convenir de l'occupation sans intervention administrative ; à défaut ; nécessité de cette intervention. — J'ai dit ailleurs que lorsqu'il s'agissait de régler la redevance due par la mine à la surface, c'était à l'administration à faire ce réglement malgré les conventions qui auraient pu intervenir entre les intéressés. Rien de pareil n'existe ici, cela doit être bien entendu, et le propriétaire de la surface peut s'entendre avec celui de la mine pour régler à leur gré, et d'accord commun, les lieux où l'occupation se produira, et les conditions dans lesquelles elle devra se réaliser. Mais à défaut d'entente il faudra s'adresser au préfet pour autoriser l'occupation et aux tribunaux pour régler l'indemnité qui en sera la conséquence. Sous la loi de 1810 on considérait le droit d'occupation comme dérivant directement de la concession et en principe cela n'a pas cessé d'être exact. Mais on décidait immédiatement que cet acte de concession autorisait directement le concessionnaire, à défaut du consentement du propriétaire, à établir ses travaux sur les terrains compris dans le périmètre, et on disait une autorisation préfectorale est inutile pour s'établir dans les lieux non réservés, elle est illégale si elle autorise à occuper des lieux réservés. C. d'Etat, 20 février 1868. Houil. de Montchanin. Richard, n. 241 ; Bury, 580 ; Dalloz, 346 ; Dalloz et Gouiffés, *Prop. des mines*, t. II, p. 386.

Cette opinion avait trouvé des contradictions. C. Cass., 8 novembre 1854 M. de Blanzy, S. 56, 1, 31 ; Batbie, ancienne édit., n. 487. La révision de la loi de 1810 en 1880 ne permet plus d'y persister puisque le nouvel article porte : le concessionnaire peut être autorisé par arrêté préfectoral à occuper les terrains nécessaires à son exploitation.

La loi de 1880, en rendant obligatoire l'autorisation préalable de l'administration en cas de résistance du propriétaire, ne fait d'ailleurs que sanctionner une pratique qui, si elle n'était pas imposée par la loi, était passée dans les usages. Rap. de M. Brossard, sur la loi de 1880.

L'interprétation de pareilles conventions entre la mine et le sol, sont évidemment de la compétence judiciaire.

C. Çass. 18 juin 1879, Le Creuzot, S. 79, 1, 449 ; 8 décembre 1880, Houil. d'Ahan, S. 82, 1, 296.

Et cette *interprétation* appartient souverainement aux juges du fonds. C. Cass. 22 novembre 1865, S. 66, 1, 23 ; 12 mars 1877, S. 78, 1, 293 ; 17 juillet 1878, S. 79, 1, 54 ; etc.

Ce qui ne signifie pas toutefois que, sous prétexte d'interprétation, les juges du fonds peuvent refaire la convention et en substituer une nouvelle à l'ancienne ; un pareil abus constituerait une violation de l'article 1134. C. civ. Mais il faut pour que ce contrôle puisse recevoir son application qu'il soit justifié que les juges du fonds, sous prétexte d'interpréter les accords, les ont dénaturés. Jurispr. constante de la Cour de Cassation.

563. Recours contre l'arrêté du préfet. — Les concessionnaires de mines ont, en vertu de leur concession et de la loi de 1810, le droit d'occuper les terrains nécessaires à leur exploitation, en se conformant aux prescriptions des articles 43 et 44 de cette loi. Dès lors l'arrêté préfectoral qui, sur la demande des concessionnaires, en vertu des pouvoirs de surveillance qu'il appartient à l'autorité administrative d'exercer sur les travaux des mines, détermine des parcelles à occuper sur la surface de la mine concédée, s'il ne fait pas obstacle à ce que le propriétaire de la surface fasse valoir devant l'autorité judiciaire tous les droits qui peuvent lui compéter à raison de cette occupation, d'un autre côté ne peut être attaqué pour excès de pouvoirs devant le conseil d'Etat ; Art. 43 de la loi de 1810 révision de 1880 ; C. d'Etat, 22 août 1853, M. de Seyssel ; 7 mai 1863, M. de Beaubrun ; 14 avril 1864, M. de Charbonnier (Puy-de-Dôme) ; 21 juillet 1882, M. de Mokta el Hadid.

564. Signification de l'arrêté d'autorisation. — Il est de règle générale que toute occupation de la propriété d'autrui doit être précédée de la notification de l'autorisation qui la régularise et la justifie, s'il en était autrement le propriétaire serait placé dans l'impuissance de protéger ses droits et de défendre ses intérêts. Les lois des 16-22 septembre 1791, section 5, article 1, et 21 mai 1836, art. 17, et le décret du 8 février 1868, ont consacré ces principes généraux en matière de travaux publics, et si la loi de 1810, dans son article 43, comme la loi du 27 juillet 1880 qui l'a modifiée, sont muettes quant à ce, ce silence doit être entendu comme laissant dans toute leur force les principes généraux protecteurs de la propriété privée auxquels il n'est pas dérogé. Montpellier, 9 février 1882, M. de Fillols, S. 82, 2, 155.

Les actes de concession faisant habituellement au concessionnaire une obligation d'opérer cette notification, s'il néglige de la faire il viole non-seulement la loi générale, mais encore sa propre loi.

Cette signification est nécessaire dans le cas où les terrains à occuper dépendraient d'une autre concession minière. Arrêt de Montpellier précité.

Le conseil d'Etat a bien jugé le 22 août 1853, M. de Seyssel, que le concessionnaire de mines n'est pas tenu de notifier son acte de concession aux propriétaires de la surface; mais sans examiner ici le mérite de cette décision elle ne saurait constituer un précédent contraire à la nécessité de notifier l'arrêté d'occupation. Cet acte ne recevant pas la publicité assurée à une concession, et ne pouvant arriver ainsi indirectement à la connaissance du propriétaire, doit lui être notifié pour qu'il lui soit connu et que le propriétaire puisse être obligé de s'y soumettre. Le désaccord qui a pu exister à ce sujet entre les auteurs avant la loi de 1880 provenait de ce que, au moment où ils ont écrit, ils étaient en droit de considérer la nécessité d'une autorisation préfectorale comme inutile, et on comprend très bien qu'en pareil cas il peut être soutenu qu'il n'était pas nécessaire de la faire connaître.

365. A qui doit être faite cette notification. — La notification faite au maire pour le charger de veiller à l'exécution paisible et régulière de l'arrêté d'occupation ne saurait dispenser de la notification qui doit être faite au propriétaire des terrains à occuper, ou à son fermier ou représentant sur les lieux, car elles ont toutes deux un but tout différent.

En supposant qu'on pût soutenir que le maire averti devait lui-même veiller à la communication de cette notification à la partie intéressée, le concessionnaire devrait s'assurer avant l'occupation que cette communication a été faite, et à défaut ne prendre possession des lieux qu'après avoir suppléé par un acte direct, à ce défaut de notification. Montpellier, 9 février 1882, M. de Fillols, S. 82, 2, 156.

L'occupation sans notification préalable devrait être considérée comme illégale et donnerait lieu à des dommages-intérêts pour troubles apportés à la jouissance, en dehors de l'indemnité à laquelle peut donner lieu l'occupation régulière. Montpellier, 8 février 1882, cité.

866. Désignation dans la zone réservée. — Le propriétaire peut s'opposer à l'exécution des travaux qui seraient pratiqués contrairement à la loi, dans la zone réservée, son consentement seul pouvant permettre d'en exécuter dans cette zone. Le Conseil d'Etat a décidé que dans ce cas, le superficiaire a le droit de s'adresser aux tribunaux pour faire cesser cette entreprise, même lorsqu'elle aurait été autorisée par l'administration. C. d'Etat, 4 novembre 1824, Houil. du Treuil ; C. Cass., 21 avril 1823, S. 23, 1, 390 ; de Fooz, p. 323.

Cette solution ne peut pas être acceptée sans quelque hésitation ; l'autorisation administrative en pareil cas a été irrégulièrement donnée, mais est-ce devant les tribunaux que devra être ainsi indirectement porté le recours contre cette décision irrégulière. D'un autre côté, on peut soutenir, et c'est mon avis, que l'autorisation administrative n'est donnée en pareil cas, que comme une reconnaissance qu'aucun intérêt public ne s'oppose à ce qu'elle soit délivrée et qu'elle est réclamée utilement, mais sauf les droits des tiers dont l'appréciation reste dans le domaine des juges des intérêts privés, et qu'à ce point de vue, les tribunaux pourront se refuser à valider l'occupation, malgré l'acte administratif et sans violer la règle de la séparation des pouvoirs, chaque décision intervenant à un point de vue différent et à raison d'intérêts de diverses natures rentrant dans des compétences distinctes.

567. Cas où il n'est dû qu'une indemnité pour l'occupation. — Il n'est dû qu'une indemnité égale à une somme double du produit net du terrain endommagé par l'occupation si les trois conditions suivantes se trouvent réunies : 1° les travaux ne doivent avoir duré qu'un an au plus ; 2° le sol doit pouvoir être mis en culture au bout de ce temps ; 3° il doit pouvoir être cultivé comme il l'était auparavant. Lois 1810 et 1880, art. 43 ; Rapp. de M. Brossard sur la loi de 1880.

Lorsque l'occupation prive le propriétaire de la jouissance du sol pendant plus d'une année, ou lorsque, après l'exécution des travaux, les terrains occupés ne sont plus propres à la culture, les propriétaires pourront exiger du concessionnaire ou de l'explorateur, l'acquisition du sol. Loi 1810, art. 43 modifié en 1880.

568. Fixation de l'indemnité pour privation de jouissance. — La loi dit que l'indemnité sera réglée au double de ce qu'aurait produit net le terrain endommagé. L. 1810, art. 43. C'est cette règle qu'il faut suivre littéralement, et non des bases plus au moins analogues, telle que le prix courant des locations.

Si l'occupation n'a lieu qu'une partie de l'année, l'indemnité devra-t-elle comprendre le produit net de l'année entière ? Cela me paraît de toute justice ; qu'importe que l'occupation n'ait duré que six mois sur douze, le propriétaire ainsi privé de sa chose, se trouve généralement privé du produit de l'année entière, car ce n'est qu'en ayant à sa disposition le champ pendant l'année, qu'il pourra faire les travaux de préparation, de semis et de récolte, tous également nécessaires pour sa jouissance annuelle. D'un autre côté, si le propriétaire, malgré l'occupation, a pu préparer ses terres et s'assurer sa récolte, faudrait-il dire dans ce cas qu'une année de revenu ne serait pas due pour occupation temporaire. Cela reviendrait à soutenir qu'une terre qu'on peut mettre en produit pendant six mois, pourrait être impunément occupée pendant les six autres mois sans qu'il fut rien dû. Aussi, dès qu'une occupation du terrain s'est produite, nous nous rangeons de l'avis de ceux qui pensent que le concessionnaire doit payer le double du produit annuel du terrain occupé. Richard, 238 ; Bury, 510.

Mais encore, faut-il qu'il y ait une occupation réelle et caractérisée ; et un simple passage, un dépôt accidentel, des travaux d'études passagers ne pourront être considérés comme une occupation, ils devront être considérés comme des dommages s'il y échet, et donner lieu à des réparations, mais à ce titre seulement.

Toutes ces questions sont des questions de fait qu'il appartient aux juges du fonds d'apprécier souverainement. C. Cass., 27 janvier 1885, M. de Faymoreau, S. 86, 1, 61.

569. Motif du doublement de l'indemnité. — D'après le rapporteur de la loi de 1810, de Girardin, le droit pour la mine de se servir de la surface pour l'exploitation, aurait pu ne pas être écrit dans la loi spéciale, il serait résulté de l'article 682 du Code civil prévoyant l'enclave des fonds, les mines étant doublement enclavées, puisqu'on ne peut y arriver que par des puits et galeries, qu'on est forcé d'ouvrir eux-mêmes au milieu des terres. Mais l'application de l'article 682 n'autorisait que la réparation exclusive du dommage causé. Pour la culture des terres, le passage étant une servitude réciproque, l'équité n'exigeait que la simple indemnité du dommage;

pour l'exploitation des mines, il n'y a pas réciprocité
entre le propriétaire de la surface et le propriétaire de la
mine ; c'est ce qui, d'après le rapporteur de la loi de 1810
aurait fait doubler l'indemnité, et le prix du terrain en
cas d'achat. D'ailleurs, c'était un moyen d'empêcher des
abus de la part des concessionnaires, et les intéresser à
n'user qu'avec circonspection et réserve d'un droit qui
leur était accordé au préjudice de l'agriculture.

370. Caractère de la décision qui statue sur une
demande en indemnité pour altération de jouissance du
propriétaire de la surface. — Les conditions de l'occupation peuvent varier à l'infini, les inconvénients qui en
résultent par suite s'étendre ou diminuer, l'indemnité
due au propriétaire de la surface doit être par suite aussi
variable que l'est l'occupation elle-même, qui peut, suivant les besoins de l'exploitation, se restreindre ou
s'étendre. Dans ces conditions, pourra-t-on dire que
lorsqu'une indemnité aura été fixée et déterminée en une
redevance annuelle, il y ait chose jugée et que les parties ne puissent demander une révision ? Nous ne saurions le croire; sans doute on pourra exciper de la chose
jugée ou du règlement amiable, tant que la situation
sera la même, ou n'aura changé que dans des proportions insignifiantes, et de nature telle qu'on puisse décider que ces modifications ont été prévues dans la fixation qui a été faite ; et dans cette appréciation on devra
se montrer large et facile, pour ne pas remettre sans
cesse en question les mêmes difficultés et multiplier les
procès entre la mine et la surface; mais si un changement notable s'est opéré dans l'exploitation et l'occupation, il est difficile de ne pas y avoir égard, et de laisser
subsister un régime créé sur des bases qui n'existent
plus.

Cela ne sera pas contesté pour le cas où l'occupation
matérielle s'est élargie, mais cela ne nous paraît pas contestable non plus au point de vue de l'indemnité due pour

préjudice causé au reste de la propriété, bien que l'occupation n'ait pas dépassé ses limites premières, si le changement d'exploitation en modifiant sensiblement la situation,
a considérablement aggravé les préjudices qui avaient
servi de base au règlement de l'indemnité, ou en a créé de
sérieux, qui n'avaient pas pu être prévus, en l'état des
conditions de l'exploitation lors du règlement. C'est là
une règle de droit commun applicable en ces matières.

Il en serait à plus forte raison ainsi, si dans la première demande le propriétaire réclamant une indemnité,
1° pour privation de jouissance de terrains déterminés ;
2° pour dommages matériels causés par l'exploitation ;
3° pour moins-value causée à l'ensemble de la propriété ;
une première décision de justice en statuant sur les
deux premiers chefs, avait rejeté en l'état le troisième,
par le motif que le propriétaire ne pouvait prétendre à
une indemnité actuelle et définitive pour un préjudice
éventuel et temporaire. Dans la suite, lorsque le préjudice sera devenu non plus une éventualité, mais une
réalité se maintenant depuis un long temps, on ne pourra
repousser par l'exception de chose jugée, le propriétaire
qui reproduira sa demande. C. Cass., 14 juillet 1875, M.
de Fraymoreau, S. 76, 1, 9.

571. **Restitution du terrain.** — Lorsque l'occupation
n'est plus nécessaire, le terrain doit être remis à la disposition du propriétaire, qui a le droit d'exiger qu'il lui
soit restitué dans l'état primitif. Si cela devenait relativement impossible, c'est-à-dire qu'il fallût dépenser des
sommes excessives pour arriver à ce résultat, les tribunaux, sur le refus du concessionnaire de faire les travaux, devraient se borner à ordonner la remise au
propriétaire, et à lui allouer des dommages-intérêts
qu'ils arbitreraient dans leur sagesse, faute par le concessionnaire d'avoir exécuté son obligation. Lyon, 14
juin 1860, M. Houil. Roche-la-Molière, S. 61, 2, 163;
Dijon, 24 mars 1879.

C'est là un cas qui se présentera très souvent, les abords des puits de mine abandonnés sont souvent encombrés par des déblais et des dépôts de toute nature, le propriétaire pouvait exiger l'achat du terrain, il ne l'a pas fait pour ne pas constituer une enclave définitive dans son domaine, c'était sage autant que légal; mais dès que l'exploitation du puits cesse définitivement, que cette partie de son domaine rentre dans sa propriété absolue, il ne peut exiger que la mine, en s'en dessaisissant, lui paye perpétuellement une rente double de la valeur nette du produit; et s'il pouvait toutefois se refuser à la remise en possession jusqu'au rétablissement des lieux dans leur ancien état, cette condition serait parfois complètement impossible à remplir, et d'autrefois tellement onéreuse que cela équivaudrait à une véritable impossibilité. En pareil cas, que faut-il pour que justice soit faite, que le propriétaire rentre dans l'entière disposition du terrain qu'il a voulu garder, lorsqu'il pouvait forcer la mine à l'acquérir, et qu'il le prenne dans l'état où il se trouve, mais en étant indemnisé du préjudice qu'a causé à sa propriété les modifications qui y ont été apportées. Attendu, dirons-nous avec la Cour de Lyon, qu'il est de doctrine et de jurisprudence que l'article 1144 du Code civil donne aux juges la faculté d'accorder ou de refuser au créancier d'une obligation, l'autorisation de faire ce que le débiteur refuse d'exécuter, que dans les circonstances où nous nous trouvons, il ne serait pas équitable de faire remettre les lieux en état, lorsque cette remise nécessiterait une dépense bien supérieure à la valeur réelle de toute la propriété, et alors qu'il serait d'ailleurs impossible même à l'aide des travaux les plus dispendieux de remettre le sol dans sa condition de solidité primitive; que dès lors, il ne s'agit plus que de fixer la somme due au propriétaire par suite de l'inexécution de l'obligation.

572. Dommages aux parties non occupées. — Nous

aurons à étudier les questions auxquelles donnent lieu
les dommages causés par la mine à la surface en dehors
de l'occupation des terrains. Mais disons, dès maintenant, que lorsqu'il y a à la fois occupation, et dommages en dehors des lieux occupés, l'indemnité allouée
pour l'occupation quelque élevée qu'elle soit, puisque
la loi la porte au double des revenus ou de la valeur vénale en cas d'achat, ne dispense pas de tenir compte des
préjudices causés en dehors de l'occupation. La Cour de
Dijon a bien jugé le 29 mars 1854, M. de Blanzy, S. 54,
2, 213, qu'il était hors de doute que le législateur en élevant l'indemnité au double de la valeur vénale ou du
produit, avait pris en considération la dépréciation que
l'occupation, même temporaire d'une parcelle, pouvait
faire éprouver au surplus du domaine, et que c'est précisément ce genre de préjudice toujours très-difficile à apprécier, qu'il a entendu régler à forfait; mais ce système
nous paraît inadmissible. Lorsque la loi a voulu que le
propriétaire de la parcelle occupée reçût le double du
revenu dont cette occupation le privait, elle n'a voulu
régler que la réparation résultant de la privation de
jouissance de cette parcelle. Si là s'arrête le dommage,
là s'arrêtera l'indemnité. Si le préjudice s'étend plus au
loin que les limites de l'occupation, ce n'en sera pas
moins un préjudice à ajouter à celui de l'occupation, et
dont il devra être tenu compte à celui qui en souffre,
pour les avantages et les convenances du concessionnaire. C. Cass., 23 avril 1850, M. de Blanzy, S. 50, 1,
735; Nîmes, 10 février 1857, M. de Vialas, S. 57, 2, 343.

373. Indemnité due à la surface à raison de désordres causés par la mine. — Lorsque la surface est modifiée par l'occupation de la mine, l'indemnité due doit être
fixée au double des redevances annuelles. En sera-t-il
de même si ces modifications proviennent des désordres
occasionnés à la surface par les travaux intérieurs? C'est
là une question assez difficile qui se présentera lorsqu'il

s'agira d'apprécier la réquisition d'achat réservée au propriétaire à raison des dommages causés par les travaux intérieurs à la surface. Voyez aussi *Infrà* n° 584.

574. Fixation de l'étendue de l'occupation. — Elle est faite souverainement par les juges du fonds et ne peut être ultérieurement débattue devant la Cour de cassation à la suite d'un pourvoi. C. Cass., 27 janvier 1885, Houil. de Faymoreau (Vendée). Les juges du fait peuvent déterminer l'indemnité d'après les terrains qu'ils considèrent seuls comme réellement occupés et rendus impropres à la culture. Dijon, 2 juillet 1874, S. 75, 2, 134.

575. Compétence. — La rédaction des articles 43 et 44 de la loi de 1810, et surtout le renvoi que portait l'article 44, à la loi du 16 septembre 1807 pour le règlement de l'indemnité, avaient donné lieu à des difficultés pour la détermination de la juridiction compétente pour statuer sur le règlement. L'instruction ministérielle du 3 août 1810, d'accord avec le rapport de Girardin, portait que les contestations devraient être jugées par les tribunaux ordinaires ; mais un arrêté ministériel du 7 octobre 1837 modifiant cet avis, indiqua que c'était aux Conseils de préfecture à en connaître, et une circulaire du directeur général des mines du 5 novembre 1837, essaya de justifier ce changement de juridiction. Il avait été combattu par Proudhon, *Dom. privé*, n. 798 ; Cormenin, t. II, p. 334 ; Dalloz, *Rép.*, v° *Mines* ; Dufour, 98 ; Delebecque, 728 ; Peyret-Lallier, n. 411 et suiv. ; Dupont, t. 1, p. 273 ; de Fooz, p. 332. La Cour de cassation avait reconnu la compétence de l'autorité judiciaire par ses arrêts des 21 avril 1823, S. 23, 1, 390, et 8 août 1839, M. de Mège-Coste, S. 39, 1, 666, et c'était dans le même sens que le Conseil d'Etat s'était prononcé, 23 septembre 1810, Labbé ; 18 février 1846, schistes de Surmoulin (Saône-et-Loire) ; 3 décembre 1846, M. de Giromagny (Haut-Rhin) ; 22 août 1853, asphaltes de Seyssel ; 12 août

1854, Sal. de Gouhenans; 7 mai, 1863, M. de Beaubrun ; 14 avril 1864, M. de Charbonnier (Puy-de-Dôme) ; Dele- becque, n. 728; Richard, 244.

En l'état de la disposition contenue dans le nouvel ar- ticle 43, révisé en 1880, une controverse n'est plus pos- sible. Cet article porte : Les contestations relatives aux indemnités réclamées par les propriétaires du sol aux concessionnaires des mines, en vertu du présent article (43), seront soumises aux tribunaux civils. Après une disposition de loi si claire, il est inutile d'indiquer que le rapporteur n'a pas été moins formel et précis.

Les actions de cette nature doivent être portées de- vant les tribunaux d'arrondissement, sans application de la règle qui attribue aux juges de paix la connaissance des dommages aux champs. Dijon, 28 janvier et 21 août 1856, M. de Blanzy, S. 56, 2, 402 et 716; C. Cass., 14 janvier 1857, M. d'Anzin et M. de Blanzy, S. 56, 1, 292 et 294, par rejet des arrêts de Douai, 20 mai 1856, et Dijon 28 janvier 1856; de Fooz, p. 326.

Mais si les tribunaux sont appelés à régler les indem- nités et droits auxquels donnent lieu entre parties pri- vées, les conséquences et le fait de l'occupation, ils ne pourraient ordonner la cessation de cette occupation effectuée en exécution d'une autorisation administrative avec remise des lieux dans l'état primitif. C. d'Etat, 3 décembre 1846, M. de Giromagny ; de Fooz, p. 319.

576. Procédure pour le règlement de l'indemnité.— L'ancien article 44 de la loi de 1810, après avoir in- diqué l'indemnité qui serait due pour occupation de la surface, que les terrains occupés fussent ou non acquis, ajoutait : l'évaluation du prix sera faite, quant au mode, suivant les règles établies par la loi du 16 septembre 1807 sur le dessèchement des marais. On s'est demandé ce qu'avait à faire là la loi de 1807 ? Le rapporteur a dit que l'obligation de payer au double les terres occupées lorsqu'elles étaient acquises, était adoucie par l'application des règles établies par la loi de 1807, d'après lesquelles les terrains doivent être payés suivant la valeur des terrains avant l'exécution des travaux et abstraction faite de la plus value qu'elle a pu leur occasionner. Quoi qu'il en soit, plusieurs auteurs ont considéré comme une inattention le renvoi indiqué par le législateur de 1810 à la loi de 1807. Delebecque, 727; Dupont, t. I, p. 274; Peyret-Lallier, n. 413. Bury, 532. Voyez encore l'arrêt du Conseil d'Etat du 24 juillet 1835 et C. Cass. 8 août 1839. Ce renvoi a disparu dans la nouvelle rédaction des articles 43 et 44. Les tribunaux chargés de régler cette indemnité opèreront dès lors, quant à l'instruction de l'affaire, suivant les règles ordinaires en ayant égard en cas d'expertise aux articles 87 et suivants de la loi de 1810.

377. Expertise, nomination du tiers expert. — En ces matières et lorsqu'il s'agit de régler l'indemnité due au propriétaire de la surface pour terrains occupés à raison de l'exploitation, le renvoi prononcé par l'art. 44 de la loi de 1810 à la loi du 16 septembre 1807, devait être entendu et restreint aux cas où l'Etat se trouve avoir intérêt dans le litige; ce serait une chose tout à fait contraire aux idées reçues en législation, en jurisprudence, en économie politique, de faire nommer un tiers expert par le préfet entre deux particuliers, et de permettre au préfet dans tous les cas de faire faire une nouvelle expertise. C. Cass. 8 août 1839. Houil. de Mège-Coste (Haute-Loire), S. 39, 1, 666.

378. Cas où le propriétaire peut forcer le concessionnaire à acheter le terrain occupé. — Si les travaux d'occupation ont duré plus d'une année, ou ont occasionné des dégâts considérables, c'est-à-dire qui ne permettent pas de remettre le terrain en culture tel qu'il l'était auparavant, le superficiaire peut contraindre les concessionnaires ou les explorateurs à acquérir les terrains. L'acquisition n'est obligatoire que pour les parties de terres endommagées. Si cependant une pièce de terre est endommagée ou dégradée sur une trop grande partie de la surface, elle devra être achetée en totalité sur la demande du propriétaire. L. 1810 et 1880, art. 43. Rapport de M. Brossard, sur la loi de 1880.

579. Le droit d'exiger l'acquisition n'est qu'une faculté. — Le propriétaire superficiaire qui est autorisé dans certains cas à obliger la mine à acquérir dans des conditions déterminées le sol occupé, n'est pas contraint d'user de ce droit, qui n'est pour lui qu'une faculté, et il peut se contenter, en conservant son immeuble intégralement, de réclamer une indemnité qu'il appartient aux juges de déterminer, faute d'accord entre les parties. L. 1810, art. 43, révision de 1880; C. Cass. 27 janvier 1885, Houil. de Faymoreau (Vendée). Rapport de M. Brossard, sur la loi de 1880.

Mais le superficiaire a toujours le droit de l'exercer, et on ne peut soutenir que son droit d'obliger à réaliser l'achat serait perdu, parce qu'il n'aurait pas été exercé alors que l'occupation remonterait à plus de trente ans, si des indemnités avaient été payées pendant ce temps à raison de cette occupation. Bruxelles 4 avril 1846, *Pas.* 47, 2, 16; C. Cass. belge, 28 janvier 1848. *Pas.* 48, 1, 296; C. Cass. de France, 27 janvier 1885, S. 86, 1, 61; Bury, 506; de Fooz, p. 329.

580. Le droit d'imposer la vente n'appartient pas au concessionnaire. — C'est-à-dire que si le propriétaire peut obliger, dans les cas déterminés par la loi, le concessionnaire à acheter son terrain occupé, le concessionnaire ne peut obliger le propriétaire à le lui vendre, si ce dernier veut en conserver la propriété. Bury, n. 527; Peyret-Lallier, 418; Richard, n. 238.

581. Réquisition d'achat du terrain occupé; compétence. — Le propriétaire de la surface qui, par application de l'article 44 de la loi de 1810, exige que les terrains occupés par la Compagnie soient estimés, acquis et payés au double de leur valeur avec intérêts à partir de la dépossession, doit porter sa demande devant les tribunaux civils, seuls capables de régler l'indemnité due en ce cas pour cession de terrains à régler entre particuliers. C. Cass., 8 août 1839, Houil. de Mège-Coste (Haute-Loire), S. 39, 1, 666. *Suprà*, n. 575.

582. Perception des indemnités annuelles, droit de requérir l'achat. — La perception annuelle pendant un certain temps d'indemnités pour occupation ne rend pas irrecevable à réclamer ultérieurement l'achat du terrain occupé. Peyret-Lallier, 419; *Suprà*, n° 579.

583. Terrain dont l'achat peut être requis. — Dans la préparation de la loi de 1810, on a voulu un moment déterminer le minimum d'étendue de la parcelle à acquérir, ou du moins on voulait que sa valeur fût toujours celle d'une étendue minimum de 25 ares. On a renoncé plus tard à ces indications et à ces limitations, en se bornant à dire que si le propriétaire de la surface le requiert, les pièces de terre trop endommagées ou dégradées sur une trop grande partie de la surface devront être achetées en totalité par le propriétaire de la mine. L. 1810, art. 44.

584. Obligation d'acquérir les terrains modifiés par les travaux d'intérieur. — La loi ne faisant pas de distinction entre les causes qui ont rendu un terrain impropre à la culture pour obliger les concessionnaires à les acquérir en les payant au double de leur valeur, il s'en suit que cette obligation semblait devoir exister, qu'il s'agît d'occupation des terrains pour la recherche et les travaux des mines, comme pour le cas où la dégradation du terrain proviendrait des affouillements déterminés par les travaux intérieurs, et c'est ce qu'avait admis une jurisprudence reposant sur de nombreux documents. C. Cass., 23 avril 1850, M. de Blanzy, S. 50, 1, 735; Riom, 31 janvier 1852; C Cass., 22 décembre 1852, S. 53, 1, 14; Nîmes, 10 février 1857. M. de Vialas, S. 57, 2, 343;

C. Cass., 2 décembre 1857, M. de Blanzy , S. 58, 1, 378 ; Nancy, 7 juillet 1858, M. de Blanzy, S. 58, 2, 572 ; Nîmes, 15 décembre 1858, M. de Bessèges, S. 59, 2, 20 ; C. Cass., 17 juillet 1860, M. de la Loire, S. 60, 1, 699 ; 17 juillet 1860, M. de Blanzy, S. 60, 1, 702 ; Dupont, t. I, p. 287 ; Dufour, *Loi*, n. 97 et *Droit adm.*, t. VI, n. 299 ; Peyret-Lallier. Mais ces nombreux arrêts n'avaient pas rallié toutes les Cours, et sous l'autorité de la Cour de Cassation elle-même, une jurisprudence contraire avait fini par prévaloir ; elle a été consacrée par la nouvelle rédaction des articles 43 et 44 en 1880. Nous nous bornons ici à cette indication, nous reviendrons sur cette difficulté en examinant les questions qui naissent à raison des dommages occasionnés à la surface par les travaux intérieurs.

585. Valeur des propriétés bâties. — L'obligation imposée au concessionnaire par les articles 43 et 44 de la loi de 1810 d'acheter dans certains cas les terrains de la surface qui ont subi une notable dépréciation, s'applique non seulement aux terrains, mais encore aux propriétés bâties. C. Cass., 17 juillet 1860, M. de Blanzy, S. 60, 1, 702 ; Peyret-Lallier, n. 425 ; Dufour, *Droit adm.*, t. VI. n. 299.

586. Occupation d'un terrain préalable à l'autorisation.— Lorsque l'occupation des terrains a eu lieu avant toute autorisation administrative et que cette autorisation n'est intervenue qu'ultérieurement, il y a lieu à l'achat des terrains occupés, si le propriétaire le requiert, en fixant la valeur conformément à la loi ; et de plus, le propriétaire est en droit de réclamer une indemnité pour le temps qui a précédé l'occupation régularisée par l'autorisation administrative. C. Cass., 8 novembre 1854, M. de Blanzy, S. 56, 1, 31.

587. Fixation de la valeur. — La valeur du terrain à acheter doit être estimée au double de la valeur qu'il avait avant l'exploitation de la mine, c'est-à-dire sans prendre en considération l'augmentation de valeur que l'ouverture de la mine a pu procurer aux terres dans la localité. C. Cass. Belge, 9 janvier 1845, *Pas.*, 45, 1, 186 ; Bury, 525.

388. Epoque à laquelle il faut se reporter pour fixer la valeur des terrains. — L'ancien article 44 de la loi de 1810 portait que l'évaluation du prix des parcelles occupées et à acquérir serait faite tel qu'il était avant l'exploitation de la mine; et que quant au mode de fixation, on suivait les règles établies par la loi du 16 septembre 1807. En se reportant au rapport de Girardin, il est certain que ce renvoi dont beaucoup de commentateurs de la loi de 1810 n'ont pas aperçu l'utilité et qu'ils ont considéré comme une inattention du législateur, ce que nous signalions plus haut, avait pour but d'indiquer que les terrains occupés seraient payés d'après leur valeur avant l'entreprise des travaux et sans égard pour l'augmentation que ces travaux pouvaient leur avoir procurée. L. 16 septembre 1807 art. 49.

La nouvelle rédaction de l'article 43 de la loi de 1810 a fait disparaître ce renvoi; le principe n'en reste-t-il pas moins consacré?

Il est généralement admis par nos lois. Nous le trouvons indiqué dans la loi de 1807, que nous venons de rappeler; il est suivi en matière d'emprunt à des carrières pour l'exécution des travaux publics. Et il nous paraîtrait injuste que le propriétaire qui reçoit le double de la valeur de son terrain, pût exiger de plus, que le concessionnaire lui tînt compte encore de l'augmentation de valeur, que le fait de la concession a causé à la surface, ce qui ferait que, au lieu de réclamer, ce qui a lieu dans certains cas, une plus value à celui à la terre duquel il la procure, le concessionnaire serait obligé d'en tenir compte et qu'il fournirait ainsi des armes pour se faire battre.

Cependant je dois reconnaître qu'on est généralement

d'avis que pour déterminer la valeur vénale des terrains il ne faut pas se reporter toujours à l'époque antérieure à l'ouverture de la mine. L'exploitation peut, il est vrai, avoir considérablement accru cette valeur, mais elle peut remonter bien loin au moment de l'occupation et rendre bien difficile une pareille opération. Il faudrait dès lors appliquer littéralement la loi, et constater la valeur des terrains occupés telle qu'elle était avant l'occupation, c'est-à-dire non ou moment du commencement de l'exploitation, mais au moment où le terrain dont il s'agit, d'apprécier la valeur a été occupé. Dalloz et Gouifiés *Prop. des mines*, t. 1, p. 401 ; Rey, *Prop. des mines*, p. 559 et suiv. ; Biot, n. 261 ; Naudier, p. 303; Locré, p. 374; C. Cass. 23 avril 1850 et C. Cass. belge 9 juin 1845.

On est même allé plus loin et on a décidé que lorsque, après s'être contenté longtemps de l'indemnité annuelle du double du revenu, le propriétaire de la surface oblige la mine à acquérir le terrain occupé, le prix de ce terrain doit être estimé au double de la valeur qu'il avait au moment où le propriétaire en réclame l'achat, et non au double de la valeur qu'il avait au moment où a eu lieu l'occupation du terrain, jusque là réglée annuellement par le paiement du revenu. Lyon, 14 mars 1877, M. de Montieux S. 80, 2, 102. Cela me parait en contradiction formelle avec la disposition de la loi qui porte que le terrain sera estimé d'après la valeur qu'il avait avant l'occupation ; je dois d'ailleurs reconnaître que l'arrêt de 1877 est antérieur à la révision de la loi, et je me borne à indiquer que cette jurisprudence ne pourrait pas être suivie aujourd'hui. Le rapporteur de la loi de 1880 a dit que, par sa nouvelle rédaction, le législateur avait voulu se rapprocher de l'interprétation que semblaient avoir eu l'intention d'assurer à la loi de 1810 les explications de M. Regnault de Saint-Jean-d'Angely, interprétation acceptée par la Cour de cassation dans son arrêt du 23 avril 1850, S. 50, 1, 735. Cet arrêt ne me pa-

raît avoir aucune portée pour la solution de la question,
celui du 22 décembre 1852, S. 53, 1, 14, est bien autrement direct et formel. Mais ce qui doit avoir une incontestable valeur, c'est l'avis du rapporteur nous indiquant
que lorsqu'on a dit que le terrain serait toujours estimé
d'après la valeur qu'il avait avant l'occupation on a voulu
faire disparaître toute équivoque; estimons donc toujours
à l'avenir le terrain d'après la valeur qu'il avait au moment où l'occupation a eu lieu, au moment où le dommage a été causé par l'occupation, comme dit la circulaire ministérielle du 6 août 1880.

589. Intérêts, de la valeur du terrain occupé. —
L'article 44 de la loi de 1810 déclare que le prix du terrain occupé par la mine et dont le propriétaire de la surface est privé, lui sera payé d'après l'estimation au double de la valeur qu'il avait avant l'occupation, sans
distinguer le cas où l'estimation précède ou suit la dépossession. Si la dépossession précède l'estimation et le
payement, le propriétaire aura droit, non seulement au
prix, mais aux intérêts de ce prix, à partir du jour de la
dépossession qui a entraîné pour lui une privation de
jouissance. Or, comme il n'y a qu'un prix, quelles que
soient les bases déterminées par la loi pour l'établir, les
intérêts courront sur ce prix total, sans prendre en considération si la valeur du terrain a été doublée. Ce résultat est d'autant plus dans l'esprit de la loi que, dans le
cas d'une cessation temporaire de jouissance, l'article
43 accorde pour indemnité le double du produit net du
terrain endommagé. C. Cass., 8 août 1839. Houille de
Mège-Coste (Haute-Loire), S. 39, 1, 666. Pour se conformer rigoureusement à la loi peut-être faudrait-il, pour
l'occupation antérieure à l'achat, allouer une indemnité
égale au double produit net du terrain. Mais si les tribunaux reconnaissent que la somme ainsi due est égale
à l'intérêt du prix d'achat doublé, cette constatation rendra leur décision aussi irréprochable en droit qu'en équité.

590. Capitalisation des intérêts. — Les règles relatives à la fixation du taux des intérêts sont, sans application, lorsqu'il s'agit d'établir la valeur d'un terrain
dont le propriétaire est dépossédé au profit du concessionnaire, et les tribunaux peuvent, après avoir déterminé le revenu de ce terrain, le capitaliser à deux et
demi pour cent, afin de fixer l'indemnité due au propriétaire dépossédé, s'ils constatent que c'est à ce taux que
se réalisent dans le pays les ventes immobilières.
C. Cass., 27 janvier 1885, Houil. de Faymoreau (Vendée).

591. Stipulation d'un prix double de la valeur pour
les acquisitions de terrains que la mine fera à la surface. — Le concessionnaire qui, par suite d'un accord
formel avec le propriétaire de la surface, s'est engagé à
lui payer au double de leur valeur, à dire d'experts, les
terrains qu'il lui conviendra d'acquérir, ne peut pas
ultérieurement se soustraire à cette obligation, sous le
prétexte qu'une pareille clause appliquée à des terrains
non occupés est illicite, et que son acceptation n'est que
le résultat d'une erreur de droit. C. Cass., 31 mars 1862,
M. de houille de Buxière-la-Grue, S. 62, 1, 362.

592. Faudra-t-il tenir compte des frais de remploi.
— Nous ne le pensons pas, la loi alloue une somme qui
doit être fixée dans des conditions déterminées et qui
sont assez onéreuses pour le concessionnaire, il faut
suivre ces conditions dans le règlement, mais on ne peut
à la fois puiser dans la loi spéciale et dans la loi générale pour multiplier les charges. On a pensé que la pré-
vision du remploi devait être écartée, lorsqu'au lieu de l'a-
liénation d'un immeuble, il s'agit de rembourser à un
propriétaire le prix d'une parcelle de cet immeuble plus
ou moins endommagée par l'occupation. C'est une indemnité accordée en pareil cas pour réparation du dommage causé à l'immeuble, dans une de ses parties,
beaucoup moins qu'un prix fixé pour la dépossession et
encore moins pour expropriation. Bruxelles, 18 juin
1845 ; de Fooz, p. 330. Cela est-il bien exact ?

593. Caractère du prix payé par un concessionnaire pour l'achat d'un terrain occupé, dont le propriétaire réclame l'achat. — Aux termes de l'article 43 de la loi de 1810, le terrain à acquérir sera toujours estimé au double de la valeur qu'il avait avant l'occupation.

On a conclu de cette disposition que le prix payé par le concessionnaire excédait donc, en pareil cas, la valeur réelle du terrain, et on s'est demandé, s'il n'y avait pas à distinguer pour en fixer la nature, entre cet excédant et la valeur proprement dite du terrain. Si cet excédant avait bien le caractère d'un prix d'immeuble proprement dit, ou s'il constituait une indemnité mobilière. Les droits et conséquences juridiques, soit en matière de droit civil, comme en matière de droit fiscal, seraient soumis à de toutes autres règles suivant la solution que recevraient ces questions.

Cette difficulté, qui s'est présentée spécialement en matière de perception de droits d'enregistrement, a été résolue par la Cour de cassation, dans son arrêt du 18 février 1879, S. 79, 1, 182, en repoussant toute distinction de caractère, entre les deux éléments dont se compose le prix de vente, comme nous l'avons déjà indiquée, *Suprà*, n. 491. Le principe posé en matière fiscale, a d'ailleurs été appliqué également en matière civile, pour déterminer si le prix entier était productif d'intérêts, par l'arrêt des requêtes du 8 août 1839, M. de Mège-Coste, S. 39, 1, 666, D. 39, 1, 360.

594. Résultat de l'achat au point de vue des droits des tiers. — En ce qui concerne les droits des tiers, ils sont régis par le droit commun, et l'acquéreur de la parcelle occupée se trouve vis-à-vis d'eux comme tout acquéreur ordinaire à tous les points de vue. La loi de 1810, quant à ce, ne posant pas des règles exceptionnelles, ce sont les règles posées au code civil qu'il faudra suivre. On a essayé d'appliquer aux tiers, en ces matières, les règles sur l'expropriation pour cause d'utilité publique, ce n'est ni logique ni légal. La vente que le propriétaire impose au concessionnaire n'a rien de commun avec la dépossession que l'expropriation pour cause d'utilité publique oblige le propriétaire à subir. Et la loi sur l'expropriation est une loi spéciale qui n'est applicable que dans les cas qu'elle est appelée à réglementer exceptionnellement. Je n'ai pas à développer plus longuement ce principe dont l'application devra être rigoureusement faite dans tous les cas.

595. Droit de reprise. — Le propriétaire qui est exproprié pour cause d'utilité publique a le droit de se faire rétrocéder les terrains qui ne sont pas employés à la destination qui a motivé l'expropriation. Ici, il n'en est pas de même, c'est-à-dire que le propriétaire qui a exigé l'acquisition des terrains occupés, n'est pas en droit d'en exiger la rétrocession lorsque l'occupation a cessé. Il était libre de vendre ou de ne pas vendre, il a exigé que le concessionnaire acquît son terrain, il n'a aucun droit de rachat facultatif à exercer. Bury, 528.

596. Concessions antérieures à 1810. — C'est la loi de 1810 qui autorise le propriétaire de la surface à forcer dans certains cas le concessionnaire à acheter le terrain occupé par ce dernier en payant le double de la valeur. Sous la loi de 1791, l'acquisition n'impliquait que l'obligation de payer la valeur réelle sans la doubler. Dès lors, on peut se demander si le régime de la loi de 1810 est applicable aux concessionnaires antérieurs. Pour les occupations postérieures à cette loi, quelle que soit l'époque de la concession, cela paraît peu soutenable, le droit d'occuper, pour les conditions de son application, doit se produire dans les conditions légales en vigueur lorsqu'il est exercé. Mais l'occupation eût-elle commencé avant la loi de 1810, il est généralement admis que le propriétaire autorisé à requérir l'acquisition de son terrain au double de sa valeur peut user de ce droit. C. Cass. belge, 9 janvier 1845, *Pas.* 45, 1, 186; 28 janvier 1848, *Pas.* 48, 1, 296.

597. L'indemnité pour dommages à la surface doit-elle être préalable ? — Les concessionnaires de mines doivent selon la durée de leurs travaux, à la surface, ou le paiement d'une somme pour privation de jouissance pendant l'occupation, ou l'acquisition même de la surface si le propriétaire le requiert. L'esprit de la loi et l'économie de ses dispositions affranchissent le concessionnaire d'un paiement préalable, parce que au lieu de poursuivre comme l'explorateur un résultat plus ou moins aléatoire, il offre au contraire par le titre dont le gouvernement l'a investi et par la propriété qui lui est dévolue des garanties morales et matérielles ; en outre l'incertitude sur la durée et les conséquences de l'occupation, d'après les diverses nécessités des travaux, ne permet pas toujours de fixer avant de commencer les travaux le montant du dommage. Enfin, en ces matières, de puissants motifs d'utilité générale exigeaient que la loi, tout en sauvegardant avec une juste sollicitude et dans une large mesure l'intérêt du propriétaire de la surface, ne lui permît pas de paralyser l'exercice des droits du concessionnaire par des prétentions incompatibles avec la nature de son exploitation. Liège, 9 juin 1885 ; C. Cass. belge., 21 novembre 1845, *Pas* , 47, 1, 7 ; 8 janvier 1848, *Pas.*, 48, 1, 220 ; Douai, 12 mai 1857, M. d'Anzin, S. 57, 2, 749 ; Montpellier, 9 février 1882, M. des Fillols, S. 82, 2, 156 ; Bury, 550 ; Dalloz et Gouiffès, *De la Prop. des mines*, t. I, p. 392 ; de Fooz, p. 320.

Cependant on a soutenu que l'article 10 qui, à raison des recherches, oblige au paiement préalable de l'indemnité était ici applicable, Peyret-Lallier, n. 420 ; Dupont, t. I, p. 295 ; Delebecque, 741 ; Dalloz, 341 ; et c'est en ce sens qu'il a été jugé par la Cour de Bourges, le 20 avril 1831, par confirmation d'un jugement de Nevers, M. de Decize, S. 31, 2, 321 ; mais cela nous paraît incompatible avec la nature même du dommage à apprécier, et l'avis de la Cour de cassation, chambres réunies, 3 mars

1841, M. de Couzon, S. 41, 2, 259, nous fournit un argument, bien qu'on se soit appuyé sur lui pour soutenir
l'avis contraire. D'ailleurs les partisans de cette opinion
reconnaissent eux-mêmes qu'il y aurait lieu, dans tous
les cas, de faire une distinction, l'indemnité se rapportant à l'occupation du terrain devrait seule être préalable, l'indemnité se rapportant aux dégâts résultant de
l'exploitation ne pouvant pas être soldée préalablement,
puisqu'elle ne peut être même préalablement réglée.
Dupont, t. 1, p. 295. Des distinctions sont aussi proposées par Richard, n. 240. Nous pensons que l'indemnité
ne doit pas être préalable : 1° parce que précisément
l'article 10 de la loi de 1810, qui s'en explique pour un
autre cas, est ici muette ; 2° parce qu'il ne s'agit pas
d'expropriation, mais de simples dommages à raison
desquels l'ensemble de notre législation ne prescrit pas
le paiement préalable de l'indemnité; 3° parce que si
l'explorateur ne présente pas toujours des garanties suffisantes, il n'en est pas de même en général des concessionnaires.

Dans la pratique, il serait fort fâcheux que les concessionnaires fussent soumis pour l'occupation de la surface,
à toutes les longueurs que peut entraîner la fixation de
l'indemnité lorsqu'elle est débattue.

D'un autre côté, dès que l'occupation est autorisée si
le propriétaire de la surface a intérêt à agir, il pourra
prendre l'initiative de l'action en règlement, dès que le
dommage se produira.

La nouvelle rédaction en 1880 des articles 43 et 44 de
la loi de 1810, vient à l'appui de notre opinion sur la question principale. Mais elle établit une distinction notable
entre les travaux entrepris sur le sol du périmètre de la
concession et ceux faits en dehors, ou dans certaines
conditions spéciales qu'elle indique, dans le périmètre
même, et pour l'exécution de ces derniers seulement,
elle exige qu'on suive les dispositions de la loi du 3 mai

1841 relatives à la dépossession et au règlement des indemnités.

598. Offre d'une somme pour l'indemnité qui pourra être due par l'occupation d'un terrain. — Dans le cas où contrairement à cet avis, on admettrait que les travaux ne pourraient être faits qu'après indemnité préalable, une compagnie ne pourrait valablement offrir une somme même évidemment supérieure à celle qui pourra être fixée, avant cette fixation une pareille offre ne présentant pas un caractère légal et par suite libératoire. Le réglement de l'indemnité à défaut d'entente amiable se trouvant subordonné à une décision judiciaire éventuelle, le concessionnaire ne peut y substituer son évaluation personnelle. Le montant de sa dette n'étant ni liquide, ni certain, on ne peut valider des offres faites en dehors des conditions prescrites par les articles 1257 et 1258, C. civ. ; Douai, 12 mai 1857, M. d'Anzin, S. 57, 2, 749.

599. En cas de cession de la concession, qui doit l'indemnité pour dommages résultant de l'occupation. — Il est évident qu'il existe une obligation directe et personnelle contre l'auteur du dommage pour la réparation de ce dommage. Donc l'indemnité due en réparation du dommage causé avant la cession, sera à la charge de celui qui a occasionné le dommage c'est-à-dire du cédant.

Si l'occupation se prolonge, le dommage causé postérieurement à la cession de la concession sera, à la charge du cessionnaire qui en devient l'auteur ; mais le fait personnel du cédant donnant lieu à une réparation ayant cessé, je ne vois pas à quel titre il serait tenu des indemnités nouvelles qui pourront être dues pour un fait qui ne lui est plus imputable.

D'un autre côté si le cédant ne payait point les sommes à sa charge on ne conçoit pas comment le cessionnaire pourrait être tenu d'une dette personnelle à son cédant et à laquelle il est étranger.

Je ne crois pas qu'en pareille matière on puisse considérer les actions comme foncières s'il m'est permis d'employer ces mots pour indiquer ma pensée. Ce n'est pas la mine qui est débitrice de la surface ; c'est l'existence d'un dommage qui oblige l'auteur de ce dommage à le réparer, et les conséquences des obligations résultant de ces faits doivent être circonscrites dans la limite des personnalités que leurs actes propres ont engagé.

Dans aucun cas par exemple, le vendeur d'une concession ne saurait être tenu des obligations résultant pour le cessionnatre de l'occupation de terrains commencée depuis la cession de la concession. Dalloz, n. 340 ; Delebecque, 736 ; A. Bury, 548.

600. Obligation des concessionnaires en cas d'occupation des terrains par les fermiers. — Si le concessionnaire cède sa concession, il ne peut être tenu des faits de son cessionnaire à raison de l'exploitation d'une propriété qui ne lui appartient plus, et spécialement à raison de l'occupation des terrains de la surface, mais si au lieu de la vendre il l'afferme ne sera-t-il pas tenu des actes de son fermier ? Malgré la controverse qui s'est élevée sur la solution de cette question, l'affirmative paraît devoir être admise, parce que le fermier n'est en pareil cas vis-à-vis du propriétaire de la surface, comme vis-à-vis l'Etat, que le représentant du concessionnaire et celui-ci répond civilement des faits de son préposé en ce qui concerne la gestion de sa chose. Bury, 549.

601. Le propriétaire a-t-il un privilège pour l'indemnité d'occupation. — Les privilèges sont de droit étroit, ils n'existent que lorsqu'ils ont été formellement établis ; je ne trouve un privilége de cette nature consacré par aucune loi, donc je ne saurai l'admettre. Bury, 518. On a essayé d'en constituer un par voie d'assimilation, Peyret-Lallier, n. 421. Le procédé étant par lui-même illégal, il n'y a pas à en discuter le mérite.

Il n'y a que dans le cas où une vente a été consentie

que naissent les actions privilégiées du vendeur vis-à-vis de l'acquéreur. Bury, 519.

602. Prescription des indemnités d'occupation. — Les indemnités pour occupation étant payables par année peuvent être atteintes par la prescription de cinq ans, C. civ., art. 2277, Bury, 520; de Fooz, p. 328. C. Cass. belge, 5 juillet 1845, *Pas.*, 45, 1, 417. Mais il faut pour cela évidemment qu'elles aient été fixées et liquidées, et stipulées payables annuellement, à terme fixe.

603. Exercice des droits du propriétaire de la surface si c'est un mineur. — Si le propriétaire de la surface est un mineur, l'exercice des droits ouverts par les articles 43 et 44 sera soumis aux règles générales applicables à la gestion des biens d'un mineur. C'est ainsi que le tuteur aura capacité pour régler l'indemnité annuelle de non jouissance, sous sa responsabilité seule, à condition que ce règlement soit annuel, ou, dans tous les cas, ne dépasse pas neuf ans ; les opérations de nature identique, lorsque ce délai est dépassé, étant considérées par la loi comme des aliénations.

Dans le cas où le tuteur croirait devoir requérir l'acquisition, il devrait agir avec l'autorisation du conseil de famille, sanctionnée par justice. La vente, en pareil cas, se fera tractativement sous l'approbation de la justice et non aux enchères, puisque la nature même du droit est exclusif d'un concours d'acquéreurs. Trib. Charleroi, 14 août et 7 décembre 1838 ; Trib. Valenciennes, 26 avril 1838; Bury, n. 545. Le mineur devenu majeur pourrait requérir directement cette acquisition, dès que le temps fixé par la convention intervenue entre son tuteur et le concessionnaire pour le règlement annuel de l'indemnité d'occupation serait expiré.

604. Droits de l'usufruitier à raison de l'occupation. — En cas d'usufruit, auquel serait soumis la surface, ce sera l'usufruitier qui percevra l'indemnité que doit le concessionnaire, à raison de l'occupation, puisque c'est

au préjudice de l'usufruitier que cette occupation se
produit.

Mais le propriétaire pourra-t-il exiger, malgré la volonté de l'usufruitier, l'achat du terrain ; je ne le pense
pas. Tant que durera l'usufruit, l'usufruitier seul a à se
plaindre du préjudice causé à sa jouissance, et il a droit
à ce qu'on lui tienne compte de la jouissance dont il est
privé. Le propriétaire ne subit aucune perte, ni dommage; mais, a-t-on dit, le fonds peut être modifié, déna-
turé ; quel préjudice, répondrais-je, souffre le propriétaire de ce fait pendant la durée de l'usufruit. Dès que cet
usufruit cessera, de deux choses l'une, ou les lieux seront remis en état, et il n'aura qu'à en prendre possession sans avoir à formuler aucune plainte, et s'ils ne
sont pas en état et qu'il lui plaise de réclamer un achat,
au lieu de percevoir une rente annuelle, il exercera son
droit, mais alors seulement.

Si pendant l'usufruit, d'un accord commun, le propriétaire et l'usufruitier ont requis l'achat, il est presque inutile de dire, que le droit de l'usufruitier sera reporté de la
chose sur le prix.

605. Si le terrain est loué par le superficiaire, l'indemnité appartient-elle au propriétaire ou au fermier.
— Je crois qu'elle appartient au propriétaire auquel la
loi l'attribue. Est-ce à dire que le fermier sera sans action? Non. Le propriétaire ne peut recevoir du concessionnaire le double du produit net de la parcelle occupée, et du fermier le produit de cette même parcelle.
Donc le propriétaire devra régler avec le concessionnaire, mais règlement fait, étant mis en jouissance de
son terrain intégralement par le payement de l'indemnité, il devra compte au fermier, de la jouissance
que celui-ci a perdue, tandis que le propriétaire l'a recou-
vrée. Mais il ne se peut que le concessionnaire doive une
première indemnité du double du revenu au propriétaire,
et une nouvelle indemnité égale à ce revenu simple au

fermier, de telle sorte qu'il paie trois fois le revenu du sol, et que le propriétaire le reçoive trois fois, deux fois net du concessionnaire, une fois brut de son fermier. Cependant il est des auteurs qui attribuent, en pareil cas, une action directe au propriétaire et au fermier contre le concessionnaire, je viens de dire pourquoi je ne partage pas cet avis.

S'il y avait lieu à résiliation du bail, je ne vois pas pourquoi la situation serait différente; le propriétaire d'une surface, dans laquelle s'exploite une mine, sait quel est le régime sous lequel il est placé; il doit l'accepter comme le concessionnaire doit s'y soumettre ; mais il ne peut, au moyen de conventions avec des tiers, multiplier les charges qui pèsent sur le concessionnaire. Celui-ci ne peut se prévaloir de ces conventions pour se soustraire en tout ou en partie aux obligations qui pèsent sur lui, mais elles ne peuvent aussi les multiplier.

§ 4.

Dommages causés par les travaux extérieurs en dehors de l'occupation.

606. Réparation des dommages autres que ceux qui résultent de l'occupation de la surface. — En donnant au propriétaire de la mine le droit d'occuper certains points de la surface, indispensables pour assurer l'exploitation de la mine, le législateur de 1810, comme celui de 1880, ont voulu que le propriétaire de la surface fût indemnisé assez largement de cette sujétion, et de ce préjudice, et suivant qu'il conserve le terrain endommagé ou qu'il le vend, on lui a alloué une somme double du produit net annuel, ou une valeur double du terrain. Mais cette occupation peut être nuisible au reste de la propriété, et celle-ci peut souffrir d'autres préjudices du fait de cette exploitation ; il en est qui ont prétendu que la règle du paiement au double, devait être suivie pour la réparation de cette autre classe de préjudice, Charleroi, 27 avril 1871. D'autres voulaient que l'on considérât comme un forfait l'évaluation au double des terrains occupés et refusaient toute autre indemnité. Dijon, 29 mars 1854, S. 54, 2, 243 ; Ed. Dalloz, t. I, p. 396; Rey, t. I, p. 558 ; Bourguignat, *Légis. appl. aux établis. industr.*, t. II, n. 512 ; Fourcade-Prunet, thèse sur les mines, p. 158; Ducrocq, *Cours de D. adm.*, 4ᵉ édit., t. I, n. 334. Ces deux solutions extrêmes n'étaient peut-être pas plus acceptables l'une que l'autre, mais enfin, en l'état du silence, quant à ce, de la loi, elles pouvaient avoir leurs partisans dans la doctrine et les tribunaux. La question est actuellement résolue par la nouvelle loi. Les dispositions de l'article 43, § 2 et 3, relatifs au mode de calcul de l'indemnité due au cas d'occupation ou d'acquisition des terrains, ne sont pas applicables aux autres dommages causés à la propriété par des travaux de recherche ou d'exploitation; la réparation de ces dommages reste soumise au droit commun.

Il est dès lors nettement établi que les dommages autres que ceux causés à la surface, par les travaux énumérés dans l'article 43, ne comportent pas l'application de l'indemnité double édictée par cet article. Circ. min., 6 août 1880.

Et d'un autre côté, que les indemnités payées à raison de l'occupation ne constituent pas un forfait, qui rende irrecevable à demander la réparation des autres préjudices causés à la surface, par les travaux extérieurs.

Ces indemnités doivent donc être réglées par application des principes du droit commun. Dijon, 29 mars 1854, S. 54, 2, 243; 8 novembre 1854, S. 56, 1, 31; C. d'Etat, 17 février 1862; C. Cass., ch. réun., 23 juillet 1862, S. 62, 1, 801; C. Cass., 15 novembre 1859, M. de Feymoreau, S. 70, 1, 165; Dijon, 2 juillet 1874, S, 75, 2,

134; Jurisp. belge; Bury, 539; Tambour, *Reoue crit.*, 1870, t. XXXVII, p. 1.

607. Dommages causés en dehors de l'occupation. — Ainsi il a été jugé qu'il était dû réparation, par application des règles du droit commun, des dommages causés par les ouvriers aux abords des puits et de leurs logements. Dijon, 2 juillet 1874, S. 75, 2, 134.

Des dommages causés par les eaux d'écoulement des mines, qui rendant des terrains marécageux, obligent de changer les essences d'arbres qui s'y trouvaient. Dijon, 2 juillet 1874 précité ; ou causent d'autres préjudices C. Cass., 3 août 1843 ; 9 janvier 1856, de Fooz, p. 312.

Des dommages qui résultent pour un propriétaire, de ce que les eaux corrompues d'une mine se sont mêlées aux siennes en s'écoulant, et l'ont privé d'en tirer les avantages qu'elles lui procuraient antérieurement. C. Cass., 7 juin 1869, Mines de pyrites dans l'arrondissement d'Alais, S. 70, 1, 73. Il importe peu dans ce cas que la source corrompue par le mélange des eaux de la mine, soit en dehors du périmètre de la concession, parce qu'il s'agit de l'application de ce principe de droit commun, que si le propriétaire d'une source d'où proviennent des eaux courantes, peut en disposer à son gré, il ne peut les altérer et les corrompre avant de les déverser chez les propriétaires inférieurs, sans être tenu de réparer le dommage qu'il leur cause. *Infrà*, n° 614.

608. Dommages résultats directs des travaux d'occupation de la surface. — Toutefois, lorsque les dommages causés à la surface, sont la conséquence directe des travaux opérés par la mine pour l'occupation de terrains situés à la surface du périmètre de la concession ; par exemple des travaux de remblai, qui en dehors des lieux où on les opère ont, par leur éboulement dégradé les champs voisins ; les juges en réglant l'indemnité au double de ce qu'aurait produit le terrain occupé, comme le terrain endommagé, ne font qu'une juste application de la loi de 1810. C. Cass., 15 mai 1861, M. de houille de Saint-Eugène, S. 61, 1, 959 ; Liège, 18 juillet 1883, Charb. de la Haye, D. 85, 2, 79.

609. Le propriétaire privé de son terrain par suite de l'occupation, n'a-t-il droit qu'au paiement du double des produits dont il est privé, s'il éprouve des entraves dans la jouissance du reste de son domaine ?
— Le propriétaire de la surface, par suite de l'occupation de sa propriété par l'exploitant d'une mine, peut n'être privé que des produits de son terrain, si c'est une terre cultivée, surtout lorsque la parcelle entière appartenant à un même propriétaire sera occupée ; mais dans certaines circonstances l'occupation d'un point d'un domaine, surtout lorsqu'il constitue une propriété d'agrément et de luxe peut en privant le propriétaire d'un revenu insignifiant et presque inappréciable, être d'une nocuité excessive, quoique non exclusivement matérielle, pour le reste de la propriété; en pareil cas, le propriétaire n'aura-t-il droit qu'au paiement d'une somme double des revenus dont il est privé, ou bien aura-t-il droit à une indemnité pour cette gêne dans sa jouissance, comme pour les préjudices matériels qu'il subira ? La question a été considérée comme difficile à résoudre et la doctrine a généralement admis que, en portant au double du dommage causé l'indemnité due par le concessionnaire, la loi a réglé à forfait les droits des intéressés, et pourvu ainsi, en prévenant toutes difficultés et contestations, à la réparation des préjudices directs comme des préjudices indirects que l'occupation pouvait entraîner.

La Cour de Cassation n'a point sanctionné ce système, et par voie de rejet du pourvoi contre deux arrêts de la Cour de Poitiers des 18 novembre 1872 et 18 août 1873, qui lui étaient déférés, elle a jugé le 14 juillet 1875, S. 76, 1, 9, que les articles 43 et 44 de la loi du 21 avril 1810, n'ont en vue que le règlement des indemnités dues par les propriétaires de mines pour la privation de jouissance ou l'occupation du terrain sur lequel ils ont établi leurs travaux ; que ces dispositions exceptionnelles ne dérogent pas aux principes généraux aux termes desquels les propriétaires de la mine sont tenus de réparer tous autres préjudices, et spécialement la dépréciation de valeur et la diminution de jouissance, que l'établissement et l'exploitation de la mine causent à l'ensemble du domaine. Ces principes consacrés de nouveau le 27 janvier 1885, M. de Faymoreau, ne sont pas méconnus par l'arrêt de rejet du 15 novembre 1869, M. de Faymoreau, S. 70, 1, 105 ; ils ont été adoptés par les arrêts de Lyon du 14 mars 1877, Mines de Montieux, S. 80, 2, 102 et Nancy, 3 août 1877, S. 80, 2, 103. De sorte que nous pensons que le propriétaire aura droit non seulement à la réparation du préjudice matériel causé en dehors de l'occupation, mais encore aux gênes et privations de jouissance que peut lui imposer cette occupation pour le reste de son domaine, par application des règles du droit commun.

610. Le propriétaire en cédant son terrain n'a t-il droit qu'au double de la valeur sans égard pour les préjudices exceptionnels qui peuvent en résulter ? — Lorsque le propriétaire, sans requérir l'achat de ses terrains est privé d'en retirer les fruits par l'occupation d'une compagnie minière et qu'il réclame le double des produits dont il est privé, nous avons dit qu'il avait droit, en outre à la réparation des préjudices dont il peut souffrir à raison des entraves apportées à sa jouissance, en dehors de la perte de récoltes sur un point déterminé. Il semble au premier abord que la solution doit être la même en cas de vente. Toutefois, pour ce cas, l'extension ne peut avoir lieu qu'avec réserves. L'occupation est un fait que le propriétaire de la surface doit subir dans l'intérêt de l'exploitation de la mine, qu'une loi de richesse sociale ne permet pas de laisser à l'état latent

3.

et improductif. Le concessionnaire devra en l'état de cette occupation temporaire rembourser au propriétaire les fruits dont il le prive et les préjudices exceptionnels que cette occupation lui cause, et que l'exploitant sera ainsi convié à faire cesser le plus tôt possible. Mais si ce propriétaire au lieu de hâter ce déguerpissement, le change pour ses convenances personnelles en une occupation définitive, il nous paraît fort peu recevable à se plaindre du caractère définitif qu'il aura donné de plein gré à sa dépossession, et des ennuis et préjudices que cela va lui causer dans l'avenir pour le reste de son domaine. S'il est l'auteur volontaire du morcellement de sa propriété, s'il a créé chez lui une enclave qui le gêne et modifie l'ensemble de sa jouissance, ce résultat est son fait et il ne saurait s'en faire un titre et y puiser le fondement d'un droit à des indemnités. Cependant le contraire a été jugé par la Cour de Lyon le 14 mars 1877, Mines de Montieux, S. 80, 2, 102.

La question ne saurait se présenter si le propriétaire qui requiert l'achat de la parcelle vendait ainsi tout ce qu'il possède dans la localité, cela n'a pas besoin d'explications.

611. **Dommage à la surface par travaux extérieurs, indépendants de toute occupation.** — Si la mine, à la suite de l'occupation de la surface, doit réparer les dommages causés par suite de cette occupation aux parcelles occupées et aux parcelles voisines, à plus forte raison, devra-t-elle la réparation des dommages causés à la surface sans occupation et cependant, par suite d'actes extérieurs. La réparation de tout préjudice est de droit commun et s'il est possible à l'occupant de soutenir qu'ayant satisfait aux obligations de l'occupation il est quitte vis-à-vis le propriétaire des dommages accessoires que cause cette occupation; il n'en est dans tous les cas plus de même lorsque des dommages ont eu lieu en dehors de toute occupation et de tout règlement à ce sujet; en pareil cas le principe de l'indemnité à régler suivant les principes du droit commun ne me paraît pas contestable. C. Cass., 8 novembre 1854, M. de Blanzy, S. 56, 1, 31.

612. La redevance due au superficiaire est indépendante de la réparation du préjudice causé. — La redevance imposée au concessionnaire de la mine ne représente que les droits dus par celui-ci au propriétaire privé de la jouissance du tréfonds, dès lors si l'exploitation du tréfonds en dehors de cette privation cause au propriétaire de la surface un préjudice direct et spécial dans la jouissance de cette surface, le concessionnaire ne peut s'exonérer de la réparation de ce préjudice en se prévalant de la redevance qu'il paye au propriétaire de la surface, C. Cass., 3 février 1857, M. de Combes et Egurande, S. 57, 1, 470.

613. Privation des eaux d'arrosage. — Le propriétaire de la surface, privé par les travaux du concessionnaire des eaux d'arrosage dont il avait l'usage et la libre disposition, doit être indemnisé; le concessionnaire ne saurait être admis à opposer que la redevance qu'il paye au propriétaire oblige ce dernier à subir sans réclamation les conséquences dommageables de l'exploitation. C. Cass., 4 janvier 1841. M. dans l'Ardèche, S. 41, 1, 325; D. 41, 1, 65, rejet de l'arrêt de Nimes du 30 juillet 1839; 20 juillet 1842, Houil. de la Grand'Croix, S. 42, 1, 963, D. 42, 1, 396, rejet de Lyon, 26 février 1841. Les contestations qui naissent à raison des difficultés de cette nature, sont de la compétence des tribunaux civils. C. Cass. 31 mars 1886. Lign. de Fuveau (B.-du-Rhône), à mon rapport.

614. Altération des eaux par les travaux d'exploitation. — Les concessionnaires d'une mine qui rendent une eau impropre à l'arrosage des terres inférieures auquel elles étaient employées sont tenus de réparer ce dommage. Nîmes, 12 février 1868, M. de Pyrites dans l'ard. d'Alais suivi de rejet, 7 juin 1869, S. 70, 1, 73.

En pareil cas il peut être alloué une indemnité fixe et définitive au lieu d'une somme annuelle; mêmes arrêts.

On pourrait dire que, maître du sol où naissent les eaux, le concessionnaire pouvait les détourner à son gré et les absorber et en priver ainsi le propriétaire inférieur, mais c'est là une toute autre question. Ici le propriétaire où naît la source ne détourne pas les eaux, mais il les dénature et les corrompt. Le propriétaire inférieur qui les recevait sans se plaindre, et les utilisait même lorsqu'elles étaient pures, n'est dans aucun cas tenu de les recevoir dans l'état d'impureté où l'ont mise les travaux ou les manipulations. Le même principe est consacré par l'arrêt de la cour suprême du 16 janvier 1866. S. 66, 1, 101, rendu en matière de cours d'eau, et on le retrouve appliqué dans des décisions postérieures également étrangères à la matière des mines.

Les eaux amenées artificiellement à la surface du sol ou celles qui coulent naturellement et qui, employées à des manipulations industrielles sont rejetées ensuite, chargées de sels minéraux, sur des propriétés placées en dedans comme en dehors des périmètres concédés et que ces eaux frappent de stérilité, ne peuvent être considérées comme découlant naturellement de la mine. et le préjudice qu'elles causent engage la responsabilité du concessionnaire, qui non-seulement peut être condamné à des dommages-intérêts, mais encore peut être soumis à des mesures propres à prévenir le mal. C. Cass. 9 janvier 1854, Salines de Gouhenans. S. 56, 1, 28.

615. **Prestations annuelles ou définitives.** — A raison de ces dommages causés à la surface en dehors de l'occupation, faudra-t-il allouer des indemnités fixes et définitives, ou des allocations annuelles? Ce seront les demandes et les faits et circonstances de la cause qui devront déterminer les juges à suivre l'une ou l'autre de ces voies, qui nous paraît leur être également ouverte. C. Cass. 7 juin 1869, M. de pyrites d'Alais, rejet de Nîmes, 12 février 1868, S. 70, 1, 73.

616. Compétence pour le règlement de ces indemnités. — Les règles de compétence n'avaient pas été bien nettement précisées en ces matières par la loi de 1810 dont la rédaction peu heureuse, avait fait naître au contraire des doutes et des controverses. La compétence a été formellement attribuée aux tribunaux civils par la révision de 1880, pour tous dommages résultant de l'occupation de la surface par la mine, il n'y a pas lieu de distinguer à ce sujet entre les dommages directs et indirects de l'occupation, l'attribution faite aux tribunaux de l'ordre judiciaire par la loi de 1880 étant générale et ne comportant pas d'exception de cette nature. Lors de cette révision, le rapport disait : « toutes les questions d'indemnités ou d'achat dont il vient d'être parlé (art. 43 et 44), sont de la compétence des tribunaux et cours, puisque ce sont des contestations entre propriétaires voisins à raison de leurs droits respectifs de propriété.»

617. Travaux en réparation des dommages. — Lorsque des dommages ont été causés par l'exploitation à la surface, les tribunaux chargés d'apprécier la réparation due à celui qui en a souffert, peuvent sans excéder leurs pouvoirs, ordonner une expertise pour déterminer les mesures propres à empêcher le retour de ces dommages ; pourvu qu'en définitive ils ne prescrivent aucune mesure contraire à celles prises par l'administration dans un intérêt général. C. Cass., 17 juin 1857.

618. Travaux ordonnés pour prévenir des dommages. — Les juges chargés de régler l'indemnité due pour dommages résultant de l'occupation de terrains à la surface, ont compétence pour déterminer sur la demande des intéressés des mesures à prendre pour empêcher leur aggravation; C. d'Etat, 12 août 1854, M. de Gouhenans. Ainsi ils peuvent ordonner l'établissement d'un mur, pour prévenir l'éboulement sur les terres voisines de remblais opérés par la mine. C. Cass., 15 mai 1861, M. de houille de St-Eugéne, S. 61, 1, 959.

619. Mesures de précaution ordonnées dans un intérêt privé; compétence. — S'il appartient à l'autorité administrative en exécution de l'article 50 de la loi de 1810 de prendre les mesures de précaution nécessaires pour maintenir la sûreté publique, les tribunaux ordinaires restent juges des difficultés naissant entre concessionnaires et propriétaires de la superficie et concernant les mesures réclamées par ces derniers à l'encontre des premiers dans un intérêt privé et pour leur sûreté personnelle. Il en est ainsi par exemple, lorsque le propriétaire de la surface demande qu'un chemin de fer établi sur son fonds par la mine, soit entouré de clôtures pour prévenir les dangers que l'exploitation minière fait courir à l'exploitation agricole, dans les conditions où fonctionne par rapport à elle le chemin établi. C. d'Etat, 23 avril 1850, M. de Blanzy ; 12 août 1854, Sal. de Gouhenans; Dufour, 98.

620. Nature de l'action en réparation de dommage ; droit de l'exercer. — Le droit que peut avoir le propriétaire du dessus contre un concessionnaire, à raison de dommages causés à la superficie, est un droit personnel. L'acquéreur ne représente pas son auteur tout entier, il n'est qu'un ayant cause particulier de son vendeur pour un objet singulier : la chose vendue; il ne peut donc prétendre qu'aux droits inhérents à la chose qui lui a été transmise et faisant corps avec elle. Or, le droit à l'indemnité qui peut être due par une compagnie minière au superficiaire, ne se confond pas avec l'immeuble et ne peut donc être transmis par la seule force de son titre à l'acquéreur. Douai, 1er juillet 1884, M. de Vicoigne et Nœux. Delecroix, qui reproduit le texte de l'arrêt de Douai, *Revue de législ. des M.* 1885, p. 35, ajoute que l'action en réparation du dommage causé par la mine est purement personnelle et régie par les articles 1382 du Code civil. Elle est personnelle dit-il au regard de toutes les parties, car le propriétaire lors même qu'il veut obtenir la réparation du dommage qu'il éprouve par suite des travaux d'exploitation, n'a pas une action réelle qui affecterait la mine elle-même ; mais une action personnelle qui doit être intentée contre ceux qui ont occasionné le dommage. Bruxelles, 26 juillet 1869, *Belg. jud.* 1505 ; Trib. de Charleroi, 7 avril 1866, id. 500 ; 13 avril 1861 ; Trib. de Verviers, 2 février 1876, *Pas*, 77, 310. Ces principes ne sont pas méconnus par les arrêts de Lyon, 19 novembre 1871, Houil de Saint-Etienne, S. 71, 2, 94 ; Dijon 14 juin 1877, Schistes de l'Ain et 28 mars 1879, Houil. de la Chapelle, S. 81, 2, 227, qui déclarent que le concessionnaire actuel d'une mine n'est pas responsable des dommages causés à la surface avant son acquisition, à moins qu'il ne profite lui-même actuellement des travaux causant ce dommage, dans ce cas il devrait contribuer à la réparation dans la mesure du profit qu'il en retire.

Sauf le cas, bien entendu, où il se serait engagé vis-à-vis son cédant à payer ces dommages.

Ou s'agissant d'une occupation de terrains continuée par l'acquéreur, on lui réclamerait le payement de la somme due à raison de cette occupation.

621. Conventions privées ; interprétation. — Jugé que lorsque dans une convention entre la mine et le superficiaire, il est dit que les parties entendent en rester aux termes du droit commun pour les occupations et les dommages à la surface, cette stipulation par sa généralité s'applique à toutes les couches, et aussi bien aux propriétés bâties que non bâties ; et si ultérieurement des accords spéciaux portent sur les dommages survenus aux champs, les dommages aux bâtiments restent placés sous les règles du droit commun. Lyon, 13 juin 1884, Houil. de St-Etienne, conces. de la Roche. Lorsqu'à raison de dommages causés à une maison il a été jugé, que par suite d'un accord entre la compagnie minière et le propriétaire de la surface, il a été entendu

que certaines réparations seraient dues pour dommages
à la surface, mais non pour dommages causés aux constructions qui seraient établies, le propriétaire à l'égard
duquel cette décision a été rendue, ne peut revenir sur
ce jugement à l'occasion de dommages nouveaux causés
à un autre construction élevée sur le même domaine et
soumise au même régime. Il y a quant à la détermination
de ce régime chose jugée entre les parties, qui ne peuvent proposer aux tribunaux une solution différente de
celle qui est intervenue. C. Cass., 4 janvier 1886 au
sujet de l'application d'un acte du 23 mars 1835, intervenu
entre la compagnie des mines de la Loire et divers;
acte dont la portée a été souvent discutée devant le tribunal de St-Etienne et la Cour de Lyon, et paraît avoir
reçu des interprétations différentes à diverses époques.

622. **Conventions entre anciens concessionnaires et
propriétaires à raison de dommages causés par l'exploitation.** — Les adjudicataires de biens licités qui se plai-
gnent de ce que le cahier des charges ne révèle ni directement, ni indirectement l'existence d'un acte antérieur, par lequel les auteurs des colicitants ont traité à
forfait avec une Compagnie de mines, au sujet de la dépréciation que pouvaient éprouver les immeubles par
suite de l'exploitation de la mine, et ont renoncé, moyennant le payement d'une somme déterminée, à toute action résultant de cette dépréciation tant actuelle que future, ne peuvent agir contre les vendeurs pour existence
d'un vice caché. Cette action, aux termes de l'article
1649 du Code civil, ne pouvant être exercée dans les ventes faites par autorité de justice, et les ventes par licita-
tion de biens de mineurs qui ne peuvent être accomplies
qu'avec le concours et l'autorisation de justice rentrant
dans ce cas. Mais l'éviction totale ou partielle de l'objet
vendu par suite de charges non déclarées lors de la
vente, donne lieu à un recours contre le vendeur, et cette
règle doit être appliquée dans toutes les ventes, puis-

qu'on ne rencontre dans la loi aucune disposition qui y fasse exception. Si on peut avoir quelque hésitation à l'appliquer dans les ventes sur expropriation forcée, il ne peut y avoir de doute pour les licitations, où les colicitants dress·nt eux-mêmes le cahier des charges de la vente. Une clause de non garantie insérée par eux dans ce cahier des charges ne saurait les exonérer de cette obligation personnelle. Par suite, les adjudicataires sont fondés en droit à demander une garantie dans le cas où ils justifieraient qu'ils éprouvent une éviction. Lyon, 11 janvier 1883, Houil. de Saint-Etienne, D. 84, 2, 147.

§ 5.

Dommages causés à la surface par les travaux souterrains.

623. Rapports entre la mine et la surface. — En faisant des mines une propriété nouvelle. et en la distinguant de la propriété de la surface, le législateur n'a pas entendu que l'une d'elles fût la vassale ou la suzeraine de l'autre. Chevalier, *Propr. des M.*, p. 153. Ces deux propriétés sont, par le résultat même de la situation des lieux et de cette superposition, dans un état de dépendance réciproque, qui altère de chaque côté la plénitude du droit et qui les soumet forcément à des conditions. spéciales d'existence et d'exercice. Demolombe, t. IX, p. 571. Cette constitution artificielle de deux propriétés distinctes de la superficie et du tréfonds, établit entre l'une et l'autre des rapports nécessaires, très différents de ceux qui existent entre deux héritages situés l'un à côté de l'autre, et, dès lors, aussi des obligations réciproques dont la loi de 1810 a dû tenir compte. C. Cass., 8 juin 1869, D. 70, 1, 147.

Admettons donc cette égalité devant la loi, proclamée

par des autorités si compétentes pour la reconnaître, et
sans nous placer dans le camp de ceux qui veulent attribuer une prééminence à l'une de ces propriétés sur l'autre, abordons l'examen des difficultés que peut faire naître, entre la surface et la mine, ces conditions spéciales
d'existence voisine et mêlée l'une à l'autre, loin d'être
commune.

624. Obligation pour le concessionnaire de soutenir
le toit de la mine. — Une des principales charges qui
imcombent au concessionnaire de l'exploitation, c'est
de soutenir les terrains supérieurs. Il exploite librement
mais à ses risques et périls, et il est tenu de tous les affaissements, éboulements et dégâts de ce genre qui se
manifestent à la suite des travaux intérieurs.

La propriété de la mine est sans doute la propriété du
concessionnaire; mais c'est une propriété modifiée par
sa relation immédiate avec la surface dont la propriété
a elle-même reçu une modification grave par la concession de la mine; l'obligation première et principale du
concessionnaire envers le propriétaire du sol est de supporter et de maintenir le toit de la mine, c'est une condition naturelle, absolue, perpétuelle, qui s'impose nécessairement; et lorsque les moyens ordinaires ne suffisent
pas pour soutenir le sol, le concessionnaire doit en employer d'extraordinaires, opérer des remblais, même
faire une voûte si cela est indispensable; d'où il résulte,
qu'en cas de dommages résultant pour la surface, des
mouvements du sol produits par l'exploitation souterraine la faute est présumée d'après l'événement. C. Cas.,
20 juillet 1842, M. de houille de la Grand'Croix, S 43, 1
963, D. 43, 1, 396 ; Lyon, 20 mars 1852, M. de la Loire,
S. 53, 2, 278, suivi de rejet, 16 novembre 1852, S. 52, 1,
756 ; Civ. Saint-Etienne, 23 février 1885, Comp. de la
Loire. Dans cette dernière affaire, c'était l'Etat qui était
propriétaire des terrains endommagés à la surface, et
on a reconnu en dehors des principes que nous venons

de rappeler que l'Etat, lorsqu'il était propriétaire de la surface, avait, comme tout autre propriétaire dans ces conditions, le droit d'invoquer la responsabilité de la mine.

625. Obligation pour la mine de réparer les dommages causés à la surface. — Une des principales obligations des concessionnaires est donc de maintenir le propriétaire de la surface dans la jouissance intégrale de tous ses droits, en ce sens que les travaux intérieurs de la mine ne doivent aucunement porter atteinte à la jouissance de la surface, telle que l'autorise et la comporte sa destination naturelle, Biot, *Prop. des mines*, a. 282; Naudier, p. 258; Dalloz, *Prop. des mines*, t. I, p. 411. Les concessionnaires doivent dès lors tenir compte au propriétaire de la surface de tous faits dont ils sont les auteurs, et qui seraient préjudiciables à celui-ci.

Et par surface, il faut entendre ici, non seulement le sol extérieur, mais encore le terrain intérieur recouvert par le sol et qui, après la concession, reste réservé au propriétaire. Lyon, 20 mars 1852, M. de la Loire, S. 53, 2, 277, suivi de rejet, 16 novembre 1852, S. 53, 1, 756. Ainsi la mine doit la réparation des dommages causés à des conduites d'eau établies souterrainement dans ces terrains par le propriétaire du sol. Mêmes arrêts.

Les indemnités allouées pour réparation des dégradations causées par la mine à la surface, sont purement mobilières et le mari, comme chef de la communauté, a seul le droit de les toucher. Civ. Mons, 17 janvier 1884, Charb. du Levant du Flenu; Delecroix, *Revue*, 85, p. 166.

626. Distinction entre les dommages résultant d'une exploitation normale ou irrégulière. — Le concessionnaire doit réparer tous les dommages qu'il cause à la surface par suite de ses travaux souterrains, qu'ils soient le résultat d'une exploitation vicieuse, de fautes ou de négligences de sa part, comme s'ils sont le résultat d'une exploitation normale et régulière. Il est vrai que le concessionnaire devient propriétaire de la mine et que tout propriétaire ayant le droit d'user et abuser de sa chose dans les limites déterminées par la loi, il ne commet aucune faute lorsqu'il use normalement et légalement de sa propriété et que partant d'après les principes du droit commun il n'est tenu à aucune indemnité pour le préjudice qui peut résulter de cet exercice légal d'un droit; mais précisément la loi de concession ne lui permet l'exercice de son droit qu'en tant qu'il ne porte aucun préjudice aux droits du propriétaire de la surface, et dès lors si l'exploitation souterraine, quelque régulière qu'elle soit, amène une privation de jouissance ou un trouble dans cette jouissance pour le propriétaire de la surface, celui-ci a le droit d'en réclamer la réparation. Il est vrai que la concession alloue une redevance au profit de la surface et à la charge de la mine. Mais ce n'est là en quelque sorte que le prix de la distraction du tréfonds opérée à l'encontre du droit du propriétaire de la surface et nullement un réglement à forfait pour toutes les modifications que l'exploitation du tréfonds pourra faire opérer au sol, et pour les conséquences dommageables de ces modifications. La doctrine et la jurisprudence sont presque unanimes pour le reconnaître. Et dans l'application de cette règle il n'y a pas de distinction à faire entre les diverses natures de propriété cultes ou incultes, terrains nus ou bâtis. C. Cass. 20 juillet 1842, S. 42, 1, 963 ; Lyon, 14 juillet 1846, M. de Couzon, S. 47, 2, 18; C. Cass. 16 novembre 1852, M. de la Loire, S. 53, 1, 756 ; 3 février 1857, M. de Combes et Egurande, S. 57, 1, 469; Nîmes, 16 janvier 1861, Forges d'Alais, S. 61, 2, 240 ; C. Cass. 8 juin 1869, S. 69, 1, 413; Nîmes, 27 février 1878, S. 78, 2, 267 ; C. Cass. 18 juin 1883. M. de Montieux, C. M. Cote Thiollière, S. 84, 1, 80; Saint-Etienne, 23 février 1885, dans Delecroix, *Revue* 1885 p. 124 ; Jurispr. Belge ; Dalloz, *Prop. des mines*, t. I, p. 411; Bury, 665 ; Biot, *Prop. des mines*, p. 284; de Fooz,

p. 253; Spinglard, n. 125; Dufour, 97; *Contrà*; Naudier; p. 260; Jacomy, *Etude sur la législ. des mines* p. 237. Delebecque, t. II, p. 225; Richard, t. II, 246, Dufour, *Loi des mines*; Peyret-Lallier, n. 434; et deux arrêts de Bruxelles; d'après ces auteurs et ces arrêts, il faut pour engager la responsabilité, non seulement un dommage causé par la mine à la surface, mais encore une faute. Cela serait exact si nous étions sous l'empire du droit commun, mais nous sommes sous l'empire d'une loi spéciale régissant une matière spéciale.

627. Tarissement des sources existant dans le terrain même au dessous duquel l'exploitation a lieu. – Si, aux termes de la loi de 1810, la mine une fois concédée constitue une propriété distincte de celle de la superficie, on ne saurait cependant appliquer d'une manière absolue à ces deux propriétés superposées, tous les principes établis par le droit commun à l'égard des propriétés voisines, et notamment les conséquences qui résultent de l'article 552 du Code, civil qui donne au propriétaire le droit de faire dans son terrain toutes les fouilles qu'il juge à propos, sans être tenu à aucune indemnité au cas où ses travaux exécutés dans l'exercice légitime de son droit et sans malices amèneraient le tarissement des puits et sources qui existaient sur l'héritage voisin. La constitution artificielle des deux propriétés distinctes de la superficie et du tréfonds, établit entre l'une et l'autre des rapports nécessaires, très différents de ceux qui existent entre deux héritages de même nature situés l'un à côté de l'autre, et dés lors des obligations réciproques dont la loi de 1810 a tenu compte en les protégeant réciproquement. La redevance établie par cette loi ne représente que les droits du propriétaire de la surface dans les produits de la mine, et n'est point un forfait dispensant l'exploitant d'indemniser ce propriétaire du dommage que lui causerait l'exercice de l'industrie établie sur le tréfonds. Si la loi n'a pas spécialement prévu le tarisse-

ment des sources de la surface parmi ces dommages,
c'est qu'elle les a tous également indiqués sans distinction parmi les causes d'indemnités. C. Cass. 4 janvier
1841, M. de Lavernéde dans l'Ardèche, S. 41, 1, 325, D.
41, 1, 65 ; 20 juillet 1842, M. de la Grand'Croix, S. 42, 1,
963 ; Nîmes, 24 juin 1862, M. houille Robiac et Bessèges,
suivi de rejet, 8 juin 1869, S. 69, 1, 413; Nîmes, 12 août
1868, M houille Saint-Jean-du Pin, suivi de rejet 8 juin
1869, S 69, 1, 415 ; C. Cass. 13 août 1872, Comp. des
forges de Tamaris-Alais, S. 72, 1, 353 ; Nimes, 27 février
1878, Comp. de Mokta pour ses houill. du Gard, S. 78,
2, 267; Dijon 18 février 1879, Schistes des Abots, S. 79,
2, 171; Riom, 21 février 1881, M. de Pontgibaud, S. 82, 2,
15; C. Cass 27 janvier 1885, Houil. de Faymoreau,
(Vendée), S. 86, 1, 61. Dupont, t. I, p. 287.

La responsabilité du concessionnaire est engagée en pareil cas vis-à-vis du preneur à bail à locaterie perpétuelle
de prairies ; alors que le bailleur primitif devenu ensuite concessionnaire prive par ses travaux d'exploitation le preneur de la jouissance des eaux, il ne peut
prétendre que le droit de redevance tréfonciaire perçu
par le preneur à location perpétuelle, est le prix de la suppression d'arrosage. C. Cass. 4 janvier 1841, cité.

Toutefois, *Contrà,* Jacomy, *Etudes sur la législ. des
mines,* p. 236, qui considère la surface et la mine comme
devant avoir les mêmes rapports que deux domaines
voisins.

Nous admettons cette solution, mais dans le cas où
le tarissement des sources se produirait non point sur
le terrain compris dans le périmètre superficiel, mais au
delà de ce périmètre, les règles ordinaires du voisinage
ne pouvant être applicables que dans ce cas. Nimes,
27 février 1878, cité, et Dijon, 18 février 1879, cité. C.
Cass. 12 août 1872, Forges de Tamaris, D. 72, 1, 369;
S. 72. 1, 353. Nous reviendrons tantôt sur cette question.

628. Réparation des dommages causés à la **surface**

par des travaux autorisés au-dessous. — A moins de stipulation formelle, l'autorisation donnée par le propriétaire de la surface au concessionnaire, de faire certains travaux que celui-ci n'avait pas le droit d'établir, tel que l'établissement d'une galerie sur une partie du sol affranchi par la loi de cette servitude, soumet la compagnie non seulement à la réparation des dommages matériels mis à sa charge par les conventions des parties, mais à la responsabilité que la loi spéciale et le droit commun mettent à la charge de tout auteur de dommages sans distinction, elle doit rendre le propriétaire indemne de tout le préjudice qu'il souffrira par suite du travail exécuté par le concessionnaire. Dès lors celui-ci doit non-seulement la réparation du dommage matériel causé au sol du propriétaire superficiel, mais encore il doit lui tenir compte, le cas échéant, de la diminution des revenus soit en fruits, soit en valeur locative, que les travaux lui ont causés, ainsi que des troubles de jouissance, ennuis et inconvénients provenant de cette même cause. Nîmes, 20 juillet 1875, M. de pyrites de Saint-Jean-du-Pin, S. 76, 2, 14.

D'un autre côté, si, par suite de son titre, le propriétaire de la surface devait subir sans indemnité les dommages causés à son fonds par l'exploitation régulière de la mine, il ne saurait prétendre à des indemnités que cet acte lui refuse le droit d'obtenir. Si des doutes s'élevaient sur la portée de son titre quant à ce, et qu'ils fussent judiciairement résolus contre lui, l'autorité de la chose jugée s'opposerait à ce que, au cas de nouveaux dommages, il put soulever de nouveau la question d'interprétation . C. Cass., 4 janvier 1886, Houil. de Saint-Etienne, D. 86, 1, 10.

629. Evaluation des dommages causés par des travaux exécutés dans l'intérieur de la mine. — Le nouvel article 43 porte que les dispositions relatives au mode de calcul de l'indemnité due au cas d'occupation ou d'acquisition de terrain, ne sont pas applicables aux autres dommages causés à la propriété par les travaux de recherche ou d'exploitation; la réparation de ces dommages reste soumise au droit commun, L. 1880, art. 43, § dernier.

A côté des dommages causés par les travaux exécutés à la surface, il en est d'autres visés par le paragraphe que nous venons de rappeler, occasionnés par les travaux souterrains et pour lesquels réparation est due par les exploitants. Depuis plusieurs années, avant 1880, la jurisprudence était établie en ce qui concernait les indemnités à allouer en pareil cas. Elles étaient réglées suivant le droit commun, c'est-à-dire par application des articles 1382 et 1383 C. Civ., et non des articles 43 et 44 de la loi de 1810. La nouvelle rédaction de la loi adoptée en 1880 est conforme à cette jurisprudence. On ne s'expliquerait pas pourquoi le concessionnaire serait tenu de payer une indemnité double pour les fissures et les autres dégats résultant de l'exploitation souterraine, comme lorsqu'il s'agit de travaux entrepris à la surface; en effet, lorsque ces dommages se produisent, l'exploitant se trouve chez lui, il extrait des richesses qui sont siennes, il jouit de son bien propre ; lorsqu'au contraire, il exécute des travaux superficiels, il prend possession du bien d'autrui, prive le propriétaire de la jouissance de ce qui lui appartient et ne travaille plus chez lui ; il est donc naturel d'admettre une différence entre les deux cas et d'allouer une indemnité plus forte dans le second que dans le premier; Rapp. de M. Brossard sur la loi de 1880.

C'est la consécration législative de la jurisprudence résultant des arrêts de Dijon, 29 mars 1854, M. de Blanzy, S. 54, 2, 243 et 21 août 1856, M. de Blanzy, S. 56, 2, 716; Lyon, 5 août 1858, M. de la Loire, S. 58, 2, 664; Grenoble, 20 mars 1861, M. de la Loire, S, 61, 2, 253 ; de la C. de Cass. des 23 juillet 1862, ch. réunies, M. de la Loire, S. 62, 1, 801 ; 4 août 1863, Régie d'Aubin, S. 63, 1, 432;

18 novembre 1863, M. de Blanzy, S. 64, 1, 836 ; Toulouse, 17 janvier 1866, Régie d'Aubin, S. 66, 2, 127. Les débats qui ont eu lieu à l'occasion de l'arrêt de juillet 1862, ont été l'objet d'une publication spéciale de la part des comités des houillères françaises, Paris 1862, que l'on pourra consulter.

Les anciens articles 43 et 44 contenaient une disposition exceptionnelle et déterminaient nettement le cas où cette disposition était applicable, c'était en abuser que de l'étendre par analogie. Certainement, en vertu de leur pouvoir d'appréciation, les tribunaux pourront allouer des indemnités assez élevées à raison de l'ensemble du préjudice causé, et dépassant même le double de la valeur vénale du lieu restreint où ils se produisent matériellement, à raison de l'extension du préjudice hors de ces limites ; mais ce sera par application des principes du droit commun et pour les cas seulement où ceux-ci entraîneront une pareille application, et non en vertu des dispositions exceptionnelles des articles 43 et 44 relatifs à l'occupation des parcelles de la surface par les travaux que le concessionnaire sera dans le cas d'y établir, Dijon, 30 mars 1849 et C. Cass., 23 avril 1850, M. de Blanzy, S. 50, 1, 735. Toutefois, si en dernier lieu, la jurisprudence paraissait généralement admettre que les dommages causés à la surface par les travaux souterrains devaient toujours être réglés d'après le droit commun, l'avis contraire admettant l'application des articles 43 et 44 pour ce cas, et le règlement au double de la valeur avait eu de nombreux défenseurs. C. Cass., 23 avril 1850, S. 50, 1, 735 ; 22 décembre 1852, S. 53, 1, 14 ; 2 décembre 1857, M. de Blanzy, S. 58, 1, 377 ; 17 juillet 1860, M. de la Loire, et même jour, M. de Blanzy, S. 60, 1, 701 ; Nîmes, 10 février 1857, M. de Vialas, S. 57, 2, 243 ; 15 décembre 1858, Bessèges, S. 59, 2, 20 ; 16 janvier 1861, Forges d'Alais, 61, 2, 250 ; Dijon, 24 mars 1858, M. de Blanzy ; Riom, 22 décembre 1852, 2 février 1855 ;

4

Nancy, 7 juillet 1858, M. de Blanzy, S. 58, 2, 572, Lamé-Fleury, texte, p. 46, note; de Fooz, p. 329; Peyret-Lallier, n. 419; Dufour, Lois, n. 97; Dupont, t. I, p. 287; Paraud, Question de la double indemnité en matière de mines.

Quant aux frais de l'instance en liquidation, voyez C. Cass., 28 février 1849, D. 49, 1, 158; Douai, 12 mai 1857, Anzin, D. 57, 2, 153; C. Cass. 9 août 1872, D. 72, 1, 332; Trib. Saint-Etienne, 1885, H. de Saint-Etienne, Delecroix, Revue, 1886, p. 104.

630. Evaluation des dommages subis par la ruine d'une maison. — Dans la fixation de la réparation du dommage dont se plaint le propriétaire d'une maison dont les travaux de la mine ont entraîné la ruine, il peut y avoir lieu de prendre en considération tous les frais et toutes les pertes que ce propriétaire peut supporter, ainsi que les dépenses à faire par suite de la nécessité où il se trouvera de reconstruire sa maison dans un lieu hors d'atteinte des travaux d'exploitation, et par conséquent la valeur estimative de la maison eu égard à son état de ruine imminente, et le montant des dépenses à faire et des pertes à subir pour sa reconstruction ailleurs. Nimes, 16 janvier 1861, forges d'Alais, S. 61, 2, 249.

D'un autre côté, en décidant que l'indemnité due au propriétaire pour la maison que les travaux de la compagnie ont rendue inhabitable, doit être égale à la valeur réelle de cette maison au moment où le fait s'est produit, sans égard à ce que la construction a pû coûter, les juges loin de violer les articles 1149 et 1382 C. Civ., ne font qu'une exacte application des principes les plus certains, la réparation ne pouvant excéder l'importance du préjudice causé au moment où il se réalise. C. Cass. 7 avril 1868, M. de Beaubrun, S. 68, 1, 300.

631. Travaux souterrains, utilité, compétence. — L'autorité administrative reste seule juge de l'utilité des travaux d'exploitation souterraine qu'elle prescrit, et aucun obstacle ne peut être apporté à leur exécution par des décisions judiciaires antérieures ou postérieures. L. 1810, art. 47 et 50. C Cass., 5 mars 1884, Saline.

632. Travaux ordonnés à la mine pour prévenir le retour de dommages à la surface. — Le droit de police et de surveillance que la loi de 1810 confère à l'administration dans un intérêt général, ne fait pas obstacle à ce que les tribunaux saisis d'une demande en réparation du préjudice causé par les travaux d'exploitation, ordonnent dans un intérêt privé en souffrance, les mesures propres à prévenir le retour du dommage. Le pouvoir des tribunaux ne saurait aller jusqu'à prescrire des mesures contraires à celles que l'administration croira devoir commander dans l'intérêt général dont le soin lui est exclusivement réservé. Mais alors qu'une expertise est seulement ordonnée pour constater les dommages et les moyens propres à prévenir ces dommages exclusivement, on ne saurait reprocher aux magistrats un empiétement qui ne pourra, dans tous les cas, se produire que dans la décision qui interviendra après le rapport ordonné. Dijon, 21 août 1856, M. de Blanzy, S. 56, 2, 518; suivi de rejet, 17 juin 1857, S. 57, 1, 639. *Infra*, n° 638.

633. — Dommages causés à la surface par le fait d'un tiers empiétant sur une concession. — Le dommage dont se plaint le propriétaire de la surface, lorsqu'il n'a point eu pour cause un vice ou un défaut de la chose appartenant à une compagnie de mines, mais le fait d'un tiers qui n'était point le préposé de cette compagnie, et qui en faisant dommage à la propriété de la compagnie minière a en même temps porté indirectement dommage à la propriété du superficiaire, ne peut engager la responsabilité du concessionnaire qu'autant qu'on établirait contre lui une négligence dans la gestion de sa propriété ; négligence par suite de laquelle auraient été rendues faciles les entreprises du tiers qui a causé le dommage. Par application de ces principes, il faut décider qu'un concessionnaire ne devrait être tenu d'aucune responsabilité, dans le cas où des effondrements et des dégradations se seraient manifest's sur le sol placé au-dessus de sa concession, s'ils étaient déterminés par des travaux souterrains faits par un concessionnaire voisin qui aurait empiété clandestinement sur un massif concédé à d'autres, agissant ainsi autant au préjudice de ces derniers qu'au préjudice du propriétaire de la surface. On ne peut reprocher aux concessionnaires inconsciemment dépossédés, une négligence consistant dans un défaut de surveillance suffisant de la concession, alors que les travaux ne portaient que sur les limites de cette concession et que rien ne leur permettait de les soupçonner et de les réprimer. Lyon, 19 novembre 1869, Houillières de St-Etienne, grand Ronzy et de la Baraillère, S. 71, 2, 94. Mais je dois ajouter que l'appréciation de la responsabilité en pareil cas est subordonnée à des circonstances de fait principalement.

634. — **Dommages causés à la surface par un fait antérieur à la mise en possession d'un adjudicataire de mine.** — Spécialement les travaux souterrains préjudiciables au propriétaire de la surface, même s'ils ont été poursuivis après l'adjudication de la mine vendue par expropriation forcée, ne peuvent engager la responsabilité du nouveau propriétaire désigné par l'adjudication, s'il est certain que pendant l'exécution de ces travaux l'adjudicataire ne s'était pas mis et n'avait pu se mettre en possession de la concession ; que dès lors il n'en avait pas la garde. Lyon, 19 novembre 1869, M. St-Etienne, du grand Ronzy et de la Baraillère ; S. 71, 1, 94.

635. Acquéreur de mine, travaux antérieurs. — L'acquéreur d'une mine n'est pas responsable des dommages causés à la surface par des travaux antérieurs à son acquisition. Lyon, 19 novembre 1869, Houil. de St-Etienne, S. 71, 1, 94; Dijon, 14 juin 1877, S. 81, 2, 227 et 28 mars 1879, M. de la Chapelle, S. 81, 2, 227. Le principe est posé dans l'arrêt de la C. de Cass., du 5 avril 1870, S. 70, 1, 237 à l'occasion d'une carrière ; Bury, 710 et suiv. A moins que ces travaux se confondant avec ceux postérieurs à l'achat il ne soit pas possible de distinguer entre leurs auteurs. Cah. des ch. des concessions. La Cour de Lyon, le 11 décembre 1843, M. de Couzon, S. 47, 2, 18 a reformé un jugement qui avait trop largement admis la responsabilité de l'acquéreur.

Les conditions de la cession peuvent aussi largement peser sur les obligations de l'acquéreur qui, sans être tenu de toutes les réclamations des tiers, lorsqu'il se sera obligé de prendre la mine dans son état actuel sans répétition pour vices de construction ou mauvais état des travaux, pourra être considéré avoir pris à sa charge vis à vis de la surface, toutes les responsabilités résultant de l'état des lieux qu'il acceptait. Bruxelles, 12 août 1864, *Belg. jud.*, t. 23, p. 1457 ; Dijon, 28 mars 1879, M. de la Chapelle, S. 81, 2, 227 ; Bury, 714.

L'arrêt de Caen, 26 juillet 1876, S. 77, 2, 253 va plus loin, et il admet d'une manière générale que l'acquéreur est en pareil cas censé avoir pris à sa charge la réparation des préjudices que peut causer le mauvais état d'un immeuble qu'il a fait sien par l'achat.

La responsabilité de l'acquéreur sera engagée, s'il utilise les travaux de son vendeur cause du dommage, *ubi emolumentum, onus*. Bury, 711. S'il est personnellement la cause de la nocuité des anciens travaux. Bury, 712.

S'il est possible de lui reprocher une faute pour n'avoir pas surveillé et entretenu des anciens travaux. Bury, 717 ; Peyret-Lallier, 433.

636. Travaux effectués pendant que la mine et la surface appartenaient au même propriétaire. — L'acquéreur de la surface qui était auparavant réunie à la mine, ne peut se plaindre que des dommages ont été causés à la surface par les travaux effectués alors que la pro-

4.

priété de la mine et celle de la surface étant réunies, il
ne pouvait en résulter une cause de responsabilité. Dès
lors l'acquéreur de la surface ne peut réagir à raison de
ces travaux contre le propriétaire de la mine, alors même
que les dommages se sont accentués depuis, parce que
le fait du propriétaire de mine, dans les conditions où il
s'est produit, ne pouvait donner naissance à une responsabilité de cette nature. Lyon, 19 novembre 1869,
Houil. de St-Etienne, S. 71, 2, 94.

637. Dommage causés par les travaux; cessation
d'exploitation. — En principe, les auteurs des travaux
miniers qui causent un préjudice sont tenus de le réparer
que l'exploitation soit actuelle ou qu'elle ait été abandonnée. La Cour de Lyon a dit dans son arrêt du 20
mars 1852, M. de la Loire, S. 53, 2, 278, que la principale
obligation pour le concessionnaire est d'assurer et de
maintenir la stabilité du toit de la mine, pendant et
après l'exploitation. Le même principe engageant le
propriétaire de la mine alors même que l'exploitation
aurait cessé a été appliqué dans d'autres conditions par
l'arrêt de rejet du 18 juin 1883, M. de Montieux, S. 84, 1, 80.

Cependant ce principe a été discuté et le tribunal de
St-Etienne le 28 février 1842 a admis que la réparation
du dommage n'était due que s'il provenait d'une mine
dont l'exploitation n'avait pas cessé.

638. Travaux ordonnés par les tribunaux pour réparer les dommages causés à la surperficie par l'exploitation souterraine. — En droit les tribunaux peuvent
sans doute ordonner, dans un intérêt privé en souffrance,
les mesures propres à réparer et même à prévenir les
dommages résultant des travaux des mines, mais ils
doivent user de cette faculté avec réserve, de manière à
en concilier l'exercice avec les droits de police et de
surveillance que la loi de 1810 confère à l'administration
dans un intérêt général, ils doivent écarter les modes de
réparations qui pourraient constituer un empiètement

sur les droits de l'autorité administrative et choisir parmi les mesures indiquées, celles qui ne présentent aucune contrariété avec les mesures que l'administration a cru devoir ordonner. Alais, 30 juin 1874, M. de St-Jean du Pin. Sans contester ces principes, la Cour en appel, constatant que les travaux ordonnés étaient inefficaces pour obtenir le but poursuivi a ordonné ceux qui avaient été repoussés par le tribunal. Nimes, 20 juillet 1875, suivi de rejet, Ch. civile, 22 avril 1879. *Suprà,* n° 632.

639. — Travaux intérieurs ; zône réservée. — L'article 11 de la loi de 1810 revu en 1880 qui prohibe l'ouverture des puits et galeries dans une zône de protection des habitations et enclos, ne s'applique qu'aux travaux de la surface, et les tribunaux ne peuvent que prescrire la fermeture des puits et galeries ouverts indument dans cette zône, mais non leur comblement. C. Cass., 19 mai 1856 ; S 56, 1, 497 ; 5 mars 1884, M. de Sel·

640. — Droit pour le propriétaire de la surface d'établir des constructions en tout temps. — Le propriétaire de la surface, par suite de la concession de la mine, n'est dépouillé d'aucun des droits qu'il a de disposer de la surface en en faisant un usage qui ne soit pas contraire aux lois générales qui règlent les limites de cette jouissance. La transformation du sol, les changements de culture, l'établissement de constructions ne dépassent pas ces limites. Dès lors, la responsabilité du concessionnaire qui comprend les dommages que les travaux intérieurs peuvent occasionner à la surface s'étend aux constructions non seulement antérieures à la concession, mais encore aux constructions élevées postérieurement à cette concession ou à l'exploitation de la mine. Le propriétaire n'a fait qu'user de son droit en les élevant, quelle que soit l'époque où il les a édifiées, son terrain n'est pas frappé par la concession d'une servitude *non altius tollendi,* ni *non œdificandi;* et d'autre part le concessionnaire devait prévoir que des terrains affectés jusqu'alors à la culture pourraient changer de destination et se couvrir de constructions. Obligé de prévoir cette éventualité il devait prendre les précautions nécessaires pour y parer. S'il ne l'a pas fait, sa responsabilité est fondée sur son imprudence. Dijon, 21 août 1856, S. 56, 2, 518; C. Cass., 3 février 1857, M. de Combes et Egurande, S. 57, 1, 470, D. 57, 1, 193, pour constructions élevées depuis la concession ; 17 juin 1857, M. de Blanzy, D. 57, 1, 275, pour constructions élevées depuis l'exploitation souterraine ; Dalloz, Rép. v° *Mines*, n. 203 ; Delebecque, n. 744 ; Peyret-Lallier, 271, 432.

Il est admis d'une manière générale que la mine doit réparer tous les dommages qu'elle occasionne à la surface par les travaux souterrains, quelle que soit l'époque à laquelle remontent les ouvrages extérieurs, qu'ils soient antérieurs ou postérieurs à la concession ou au commencement des travaux d'exploitation. Lyon, 20 mars 1852, M. de la Loire, S. 53, 2, 278, suivi du rejet, 16 novembre 1852, S. 53, 1, 758 ; C. Cass., 31 mai 1859, M. de manganèse de Romanèche, S. 59, 1, 721, de Fooz, p. 312, et les arrêts déjà cités. Le principe contraire qu'on a voulu voir sanctionné par les arrêts des 18 juillet 1837, S. 37, 1, 664, et 3 mars 1841, S. 41, 1, 259, ne résulterait que de déductions assez contestables qu'on tirerait de ces arrêts.

Ce qui n'empêcherait pas, le cas échéant, les tribunaux de se souvenir de la règle *malitiis non est indulgendum*, et de se montrer très avares d'indemnités pour des travaux qui ne devraient leur origine que dans un esprit d'hostilité et de taquinerie n'ayant d'autre but que de paralyser l'exploitation de la concession. Le superficiaire a le droit de réclamer la jouissance de sa propriété, mais il n'a pas le droit d'empêcher l'exploitation, et tout acte de sa part que l'on prouverait n'avoir d'autre but ne pourrait lui conférer une action utile ; mais il faut que le dol soit justifié pleinement.

641. Conventions privées ; légalité; interprétation.
— Il est licite entre propriétaires et concessionnaires de
régler amiablement les conséquences des faits qui ont
une influence de la surface dans la mine ou de la mine
sur la surface, et de pareils accords formant la loi des
parties doivent être sanctionnés par les tribunaux.

Au cas de stipulations nettes, claires et précises, les
tribunaux ne peuvent que ramener les parties à l'exécution de leurs accords.

Si les clauses sont au contraire obscures, contradic-
toires, insuffisantes, il appartient aux tribunaux de les
interpréter, et quant à ce nous n'aurions qu'à reproduire
ici les règles posées dans le Code civil sur l'interprétation des contrats.

Citer des décisions ne nous paraît pas utile, car nous
arriverions parfois, dans la même affaire, à indiquer des
interprétations différentes données par les juridictions
du premier degré et celles du second; par exemple, une
convention portant l'obligation de réparer les dommages matériels pouvant survenir à la suite de l'ouverture
d'une galerie, a été considérée par le tribunal d'Alais,
30 juin 1874, M. de Saint-Jean-du-Pin, comme interdisant au propriétaire de réclamer des indemnités pour
autres choses que dommages matériels, et spécialement des indemmités pour troubles à la jouissance,
discrédit de la propriété, ennuis, etc. Tandis que sur
appel, la Cour de Nîmes a jugé le contraire par arrêt du
20 juillet 1875 suivi de rejet, 22 avril 1879; cette appréciation de l'intention des parties ne pouvant être l'objet
d'un contrôle de la part de la Cour suprême.

642. Stipulation de non garantie à raison de préjudice pouvant résulter pour la superficie des travaux
souterrains. — Lorsque des compagnies minières sont
à la fois propriétaires du fonds et de la surface, il peut
leur convenir de céder à des tiers des parties de propriété de cette surface, mais la prévoyance la plus vul-

gaire les amènera en pareil cas, à ne faire ces ventes
qu'en sauvegardant le droit d'exploitation du tréfonds,
sans avoir à payer au propriétaire de la surface des indemnités qui pourraient de beaucoup dépasser le prix
de cession des terrains. Il sera dit, par exemple, dans
la cession, qu'il est expressément convenu que la Compagnie ne devra jamais à l'acquéreur, à ses héritiers ou
ayants cause, aucune garantie ni indemnité quelconque
pour les dommages que les travaux souterrains de la
mine pourront occasionner de quelque manière et à
quelque époque que ce soit, à la surface du terrain vendu.
Cette clause est-elle licite ? Des cessionnaires de terrains ont essayé de soutenir le contraire, parce que, aux
termes de l'article 1628 C. civ., toute convention qui aurait pour effet d'affranchir le vendeur de la garantie de
ses faits personnels envers l'acquéreur est nulle. Il est
évident qu'on ne peut à la fois vendre et continuer à
disposer de la chose, et le législateur par l'article 1628
du C. civ. a voulu que, par une stipulation de non garantie, le vendeur ne pût se réserver la faculté de trou-
bler impunément et à son caprice l'acquéreur dans la possession de la chose vendue. Mais cet article n'a nullement empêché de prévoir les conséquences qui naîtraient
d'un contrat loyalement exécuté, par suite de la nature
même des stipulations et des conditions dans lesquelles
elles intervenaient ; la clause de non garantie étendue aux
conséquences des fautes que pourrait commettre la compagnie eût été illégale ; mais la clause de non garantie
restreinte aux conséquences des travaux faits ou à faire
d'une manière normale et régulière pour l'exploitation
de la mine, était parfaitement licite, elle s'appliquait,
en effet, aux conséquences probables d'un fait légitime,
connu de l'acquéreur au moment de la vente, déclaré et
précisé par le vendeur dans le contrat qui la réalisait, et se
renfermant dans les limites de la liberté laissée aux contractants par la loi. Elle oblige donc l'acquéreur à subir

sans recours contre la compagnie, les dommages qu'ont
pu ou pourront subir, soit la surface du sol, soit les constructions que l'acquéreur aura élevées sur les terrains,
par lui acquis, en tant que ces dommages résulteront
de l'exploitation régulière de la mine dont la Compagnie
venderesse était concessionnaire au moment de la vente.
C'est ce qu'a jugé, le 10 février 1880, la Cour de Limoges
et, après elle, la Cour de cassation, le 8 décembre 1880,
Houillères d'Ahun, S. 82, 1; 297, et C. Cass., 18 juin 1879,
le Creuzot, S. 79, 1, 449; Dalloz, *Prop. des M.*, 1, 1;
p. 438.

Mais le propriétaire de la mine ne pourrait stipuler
l'irresponsabilité de ses fautes, parce que, en principe,
on ne peut légalement acquérir un bill d'indemnité pour
sa propre faute. C. Cass., 19 août 1878, S. 79, 1, 422 et
surtout pour ses fautes lourdes. C. Cass., 15 mars 1876,
S. 76, 1, 337. Et il ne pourra pas stipuler davantage
une décharge de garantie pour les faits des préposés
dont il dépend, et dont les fautes indiquent un défaut de
surveillance de sa part, une négligence constitutive
elle-même d'une faute personnelle et directe.

§ 6.

Dommages causés aux fonds voisins.

843. Dommages causés aux propriétaires voisins par
les travaux de la mine. — Les concessionnaires des
mines sont tenus de réparer les dommages que leur
exploitation cause au propriétaire de la surface sous
laquelle a lieu l'exploitation et même à la surface du
propriétaire immédiatement voisin, si ces travaux ont
pour résultat de modifier l'état de cette propriété. En
effet il est permis d'user et d'abuser de sa chose mais à
condition de respecter les droits des propriétaires voisins,

et si par les travaux qu'on exécute sur son fonds on modifie l'état matériel du sol du voisin, si on fait couler des terres d'une propriété sur l'autre activement ou passivement, si on détruit les constructions en amenant des éboulements et des effondrements déterminés par le vide que l'on fait sur la ligne séparative, on commet une faute, en ce sens qu'on dépasse ses droits en n'usant pas de sa chose suivant les règles du voisinage. Ce sont là des principes que nous appliquons au propriétaire de la mine comme nous les appliquerions au propriétaire de la surface en exécution de l'article 544 du Code civil. Le droit d'user de la propriété à son gré, outre les restrictions légales et réglementaires, devant se combiner avec l'obligation d'assurer au voisin l'exercice d'un droit égal. C'est ce qui a été jugé entre deux propriétaires de surface voisins et par application des lois générales, par la Cour de cassation, le 12 février 1845, S. 45, 1, 428 et la Cour de Colmar, le 25 juillet 1861, S. 61, 2, 578, précisément à l'occasion d'éboulements se produisant à la suite de travaux soit du fonds ou les opérations avaient eu lieu sur le fonds voisin, soit de ce fonds sur celui où avaient été exécutés les travaux. Le même principe a été posé d'une manière plus générale par un grand nombre de décisions. Pourquoi ne serait-il pas applicable lorsque ce voisin est une mine? La mine voisine, pas plus que le propriétaire ordinaire voisin, ne peut impunément par des travaux faits sur la limite des héritages bouleverser le fonds voisin, elle est en faute par cela seul qu'elle n'a pas pris les mesures nécessaires pour prévenir les conséquences dommageables pour autrui d'une pareille jouissance.

Cela ne nous paraît que très juste et en même temps très légal, et cela n'est nullement en contradiction avec ce que nous dirons de la perte des eaux dont un propriétaire souffre par suite de travaux pratiqués sur une autre propriété. En ces matières la doctrine comme la jurisprudence n'hésitent pas à reconnaître que le propriétaire tient des articles 544 et 552 le droit de fouiller son terrain et de se mettre en possession des eaux qui s'y trouvaient, et qui ont pu jusque-là être utilisées par un voisin ; et si nous reconnaissons que quant à ce, le droit commun est encore applicable, que l'on ne nous accuse pas de nous mettre en contradiction avec nous même.

644. Droits et obligations contractées par le concessionnaire vis-à-vis des tiers. — Les engagements pris par le concessionnaire ou ses ayants droit, vis-à-vis des tiers ne peuvent être modifiés par les décisions administratives auxquelles donne lieu la concession et c'est aux tribunaux à statuer sur toutes les difficultés auxquelles ils donnent lieu. C. d'Etat, 3 décembre 1823 ; Didier.

645. Suppression des sources naissant sur les fonds voisins de ceux sous lesquels s'opère l'exploitation. — La responsabilité que nous venons de signaler ne peut être imposée à l'exploitant lorsque les fonds qui sont privés des sources qui y naissaient, ne sont pas superposés aux galeries d'exploitation de la mine, et n'en sont pas même dans le voisinage immédiat, ou contact spécifié par l'article 15 de la loi de 1810. Ces réclamants n'ont en effet aucun droit acquis sur les eaux provenant des fonds voisins. Un propriétaire ordinaire aurait pu légalement les en priver par des fouilles faites dans son terrain à une profondeur quelconque, et la même privation résulte non moins légitimement de l'exploitation d'une mine voisine. Si cette exploitation peut avoir à ce point de vue spécial plus d'inconvénient que l'exploitation agricole d'une terre pour les propriétés qui l'entourent, on ne saurait se soustraire pour cela à l'application des règles générales de nos lois, tant que leur application n'a pas été modifiée législativement. Le respect de ces règles est d'autant plus obligatoire, que si les inconvénients généraux du voisinage ne continuaient pas à subsister, au profit de l'exploitation des mines, cette industrie si importante dans l'intérêt public, pourrait devenir fatalement ruineuse et par cela même impossible. Riom, 21 février 1881, Mines de Pontgibaud, S. 82, 2, 15.

Si la jurisprudence rend le concessionnaire responsable du tarissement des puits ou sources existant à la surface du terrain sous lequel les travaux sont exécutés, la raison en est dans la constitution artificielle des deux propriétés distinctes, de la superficie et du tréfonds, qui établit entre l'une et l'autre des rapports nécessaires, très différents de ceux qui existent entre deux héritages situés l'un à côté de l'autre, et, dès lors, aussi des obligations réciproques diverses. Dans un cas le concessionnaire qui travaille dans le tréfonds, d'un côté doit prendre les mesures nécessaires pour ne point ébranler les constructions qui sont à la surface, car il commet une faute s'il manque à cette obligation, d'un autre côté il doit veiller à ce que ses travaux ne fassent pas disparaître les eaux qui alimentent le puits de la propriété qui est immédiatement superposée et s'il ne le fait pas, il encourt encore la responsabilité de sa faute. Il en est tout autrement lors qu'entre le fonds sur lequel les travaux sont exécutés et la surface où existe la source ou le puits, il n'y a aucune corrélation dans ce cas ces eaux ne sont pour le propriétaire, d'après le droit commun, et l'unanimité de la doctrine et de la jurisprudence qu'un avantage accidentel dont il peut être privé par les fouilles pratiquées dans la propriété voisine. Art. 552, C. civ.; entre autres, C. Cass., 4 décembre 1849, 22 août 1859 ; Demolombe, Aubry et Rau, Toullier, Duranton, Pardessus, Daviel, etc. La concession ne doit pas améliorer la situation du propriétaire de la surface voisine de cette concession, et lui donner sur les eaux qui se rendent chez lui en passant par le fonds voisin un droit plus certain, que celui qu'il avait avant la concession. Nîmes, 27 février 1878, Comp. de Mokta el Hadid, S. 78, 2, 268.

Citons dans le même sens, Nîmes, 14 janvier 1873;

Mines de Rochebelle, Alais, S. 74, 2, 129, D. 74,   244;
Dijon, 18 février 1879, M. des Abots et de Dracy Saint-
Loup, S. 79, 2, 172, et surtout l'arrêt de la Cour de Cassation du 12 août 1872. Cie des forges de Tamaris, Alais,
S. 72, 1, 353, Arrêt rejetant un pourvoi contre l'arrêt
de Nimes du 2 août 1871, et rendu contrairement aux
observations présentées dans le rapport de M. le conseiller Rau, et conformément aux conclusions de M. l'a-
vocat général Reverchon, reproduits l'un et l'autre dans
les recueils.

Cet arrêt a été l'objet d'observations critiques notamment de la part de M. Labbé, Sirey, 72, 1, 353 et 74, 2, 129,
notes, et de M. Paradan, *Revue critique de législ.* 1873,
t. II, p. 321.

La jurisprudence de la Cour de Cassation a d'autant
plus d'autorité, que le législateur l'a acceptée comme
point de départ de ses résolutions sur ce point, lors du
vote de la révision en 1880 de la loi de 1810. Explications
du rapporteur, M. Paris, Sénat, 18 décembre 1878.

Pour éclairer la question on a voulu interroger les
jurisprudences étrangères dans les pays où la loi française avait été en vigueur.

On cite un arrêt de la Cour de Cassation belge admettant le recours du voisin dépouillé de sa source, à la
date du 30 mai 1872, S. 74, 2, 132, qui repousse un pourvoi formé contre l'arrêt de Bruxelles du 30 janvier 1871,
Société du grand Bordia : mais à cette décision on peut
opposer un arrêt de la même Cour, rendu en sens contraire à la date du 4 février 1869, et un arrêt de la Cour
de Liège du 11 janvier 1867, Houillère de Halbesart, S.
69, 1, 415 notes. D'ailleurs le cahier des charges des
concessions belges contient une clause expresse permettant le recours du propriétaire voisin, et ce droit stipulé à son profit étant une condition de la propriété du
concessionnaire on comprend comment il lui est difficile d'en repousser l'application ; je remarque de plus, en

parcourant un arrêt de la Cour de Cassation belge, du 11 avril 1885, Soc. des M. de Vedrin, D. 85, 1, 275, que dans tous les cas, la Cour déclare que, pour que l'action en dommages-intérêts soit recevable, « s'il ne faut pas que les travaux soient poussés sous les terrains mêmes qui contiennent ou supportent les eaux, il faut du moins qu'ils en soient très rapprochés. »

On n'est pas d'accord sur la portée à donner aux arrêts de la Cour de Cologne, du 20 juin 1853, *Belg. jud.* t. XIX, p. 612 et de la Cour de Cassation de Berlin, du 22 mars 1853, *Belg. jud.* t. XIX, p. 611, statuant sur des difficultés nées dans la Prusse Rhénane, puisqu'on s'en prévaut des deux côtés, et si la loi prussienne sur les mines, article 148, ainsi que la loi bavaroise du 20 mars 1869, article 151, sont plus favorables aux propriétaires de la surface, cela ne peut avoir d'influence sérieuse sur l'application de la loi de 1810 en France, dont les dispositions restreignent davantage ces droits ; au contraire il faudrait en conclure qu'en se conformant à cette restriction la jurisprudence française fait une juste application de la loi dont elle doit assurer l'observation.

Diverses décisions ont admis la responsabilité du concessionnaire dont les travaux ont tari les sources qui jaillissaient hors du périmètre concédé. Trib. St-Etienne, 30 juin 1884; Houil. de Rive de Gier; et nous devons reconnaître que la doctrine est en principe plus favorable au propriétaire voisin. Lyon-Caen, *Cours de législ. industr. sur les mines*, 1873-1874; Paradan, *Revue crit.* 1873, p. 321; Bury, n. 676; Biot, p. 283; Naudier, p. 258; Demolombe et Carel ont signé une consultation dans ce sens.

Divers arrêts rendus à l'occasion de sources supprimées par suite de travaux publics ou de mouvements de terrains opérés sur les parcelles expropriées pour cause d'utilité publique, pourraient être invoqués dans ce sens, s'il ne s'agissait là d'une matière exceptionnelle régie

par une législation spéciale. C. d'Etat, 24 février 1865 ;
9 mai 1873 ; 28 avril 1876; 6 août 1878 ; 21 février 1879;
25 février et 29 juillet 1881 ; 11 mai 1883 ; 29 février 1884.
Et même dans ce cas la solution n'est pas sans difficulté,
comme le prouve la divergence de la jurisprudence. C.
d'Etat, 16 août 1860; 16 mars 1870; 14 décembre 1877;
11 juillet 1879.

En résumé la question est délicate, mais nous croyons
que les principes généraux de droit auxquels la législation spéciale sur les mines ne nous paraît pas avoir
apporté de dérogation assez formelle, justifie la jurisprudence de la Cour de Cassation. Quand est intervenue
la loi du 27 juillet 1880, cette jurisprudence ne pouvait
être ignorée des auteurs de la loi, ils ont modifié la
législation antérieure et inséré de nouvelles dispositions
pour régler le régime des eaux publiques et des eaux
minérales par rapport à la mine, et ils ont laissé les
eaux privées sous l'empire de la législation existante et
de l'application que les tribunaux français et notamment
la Cour de Cassation faisaient de cette loi, n'ont-ils pas
en agissant ainsi consacré la jurisprudence en vigueur?

Pour ceux qui ouvrent un recours au propriétaire de
la surface voisin de la mine, une question d'application
se présente en sous-ordre : par voisin de la mine, faudra-t-il entendre exclusivement le voisin immédiat, ou
tous les propriétaires qui se trouveront dans le voisinage. Si le voisin immédiat a une propriété fort étendue
la responsabilité du concessionnaire est-elle acquise à
ce voisin, quelque soit le point où surgit la source tarie,
où est creusé le puits privé d'eau ? faut-il au contraire
limiter le rayon de responsabilité au profit du voisinage
dans les cent mètres, comme pour les travaux prévus
par l'article 11 de la loi de 1810, ou enfin, le point de
savoir où finit ce voisinage est-il une question de fait
abandonné à l'appréciation du juge. C'est à cette dernière
opinion que se rallie l'arrêt de la Cour de Cassation de

Belgique du 30 mai 1872. Bacon a dit : *optima lex quæ
minimum judici, optimus judex qui minimum sibi.*
Cette maxime ne nous paraît pas présider à cette solution, qui menace également les propriétaires et les concessionnaires toujours incertains de leurs droits et de
leurs devoirs.

La Cour d'Aix vient de juger que l'action en revendi-
cation d'une source détournée est une action réelle qui
doit être portée en conséquence devant le tribunal du
lieu, 13 août 1885, M. de Riabaux, (Basses-Alpes)

646. Conservation des eaux minérales et des sources
qui alimentent les villes, villages, hameaux et établissements publics. — La loi du 27 juillet 1880, modificative de la loi de 1810, porte que si les travaux de recherche ou d'exploitation d'une mine sont de nature à compromettre la conservation des eaux minérales ou l'usage
des sources qui alimentent les villes, villages, hameaux
ou établissements publics, il y sera pourvu par le préfet.

Avant 1880, le Conseil d'Etat s'était refusé à l'insertion dans le cahier des charges d'une disposition d'après
laquelle le concessionnaire serait tenu de conserver les
sources communales, il n'admettait pas que l'administration pût trouver dans l'article 50 de la loi de 1810 le
droit de régler les relations des concessionnaires de
mines avec les propriétaires voisins. C'était également
l'avis du Conseil général des mines. Et conformément
à cette doctrine si une source publique était détournée,
c'était l'autorité judiciaire seule qui pouvait en connaître ; mais il n'existait pas de moyen préventif pour
conjurer le mal. En l'état des modifications apportées à
l'article 50 de la loi du 27 juillet 1880, le préfet pourra
prendre des mesures dans l'intérêt de la conservation
des sources et des eaux minérales. Rapport de M. Brossard à la Chambre des Députés. Toutefois, ce droit ne
lui appartient que dans la mesure déterminée par la loi,
c'est-à-dire en ce qui concerne les sources qui alimen-

tent les villes, villages, hameaux ou établissements publics. Quant aux sources privées, elles restent sous le
régime du droit commun. Pour celles appartenant aux
communes, villes, villages, etc., faut-il distinguer entre
les eaux destinées à l'alimentation et celles qui sont
destinées à un tout autre usage public, lavoir, arrosage
des rues et promenades? l'emploi du mot « alimentent »
qui peut seul permettre de soulever la difficulté n'a pas
été pris dans un sens restreint, et comme le dit le rapporteur, il s'agit de toute eau affectée à un service public,
des eaux qui alimentent les fontaines publiques, qui alimentent les bouches d'égout ou d'incendie, etc., et non
qui servent à alimenter la population.

647. **Travaux hors du périmètre.** — En ce qui concerne les travaux directs d'exploitation, l'occupation des
terrains de la surface compris dans le périmètre concédé était généralement suffisante pour pourvoir à toutes
nécessités; mais il n'en était pas de même lorsqu'il
s'agissait d'assurer le transport des matières extraites,
l'établissement des galeries d'écoulement et autres travaux de même nature. Dans ces cas, il fallait parfois recourir à une extension de concession pour parer aux difficultés
que rencontrait l'entreprise, et ce moyen, le cas échéant,
pourra être employé encore de nos jours, mais parfois,
il resterait inefficace ou du moins d'une application difficile. Par suite des modifications apportées en 1880 à la
loi de 1810, un décret rendu en Conseil d'Etat peut
déclarer d'utilité publique les canaux et les chemins de
fer, modifiant le relief du sol, à exécuter dans l'intérieur
du périmètre, ainsi que les canaux, les chemins de fer,
les routes nécessaires à la mine et les travaux de
secours, tels que puits ou galeries destinés à faciliter
l'aérage et l'écoulement des eaux, à exécuter hors du
périmètre. Dans ce cas, la dépossession et le réglement
de l'indemnité ont lieu en se conformant aux dispositions
de la loi de 1841 sur l'expropriation pour cause d'utilité
publique. L. 1810, revue en 1880, art. 44.

Le choix de l'emplacement d'une exploitation minière
dans une contrée, n'est pas laissé à la volonté de l'industriel, comme l'emplacement d'une usine ; il dépend surtout de l'allure, de la richesse des gisements, des conditions naturelles que l'homme ne saurait modifier ; il
advient donc fréquemment que l'exploitant se trouve
dans l'obligation d'ouvrir ses travaux dans les localités
éloignées de toutes voies de communications, et vers
lesquelles il ne pourrait aboutir qu'après avoir opéré
des transports onéreux, s'il était contraint de se servir
des chemins existants.

Depuis longtemps, l'administration, d'accord avec la
jurisprudence, avait permis dès avant 1880, la construction, hors des périmètres concédés, de voies de communication destinées à relier les exploitations aux autres
chemins, à la condition de n'occuper les terrains qu'après
s'être conformé aux prescriptions de la loi du 3 mai 1841.

En Belgique, la loi du 2 mai 1837 a décidé que le gouvernement pourra déclarer qu'il y a utilité publique à
établir des communications dans l'intérêt d'une exploitation de mines.

A côté des voies de communication, l'exploitant peut
se trouver encore dans l'obligation d'ouvrir au delà des
limites des terrains concédés, ce que l'on appelle des
travaux de secours, destinés à faciliter et à rendre possible son exploitation, comme une galerie d'écoulement,
un puits d'aérage, ou des rigoles nécessaires au passage
des eaux ; aucune disposition de la loi de 1810, ne vise
ces travaux et l'exposé des motifs du projet de la loi de
1880, cite un exemple remarquable des inconvénients
qui dérivaient pour l'exploitation, de cet état de choses.

Si la loi de 1810 était muette sur ce point, il n'en était
pas de même de la loi du 28 juillet 1791, celle-ci permettait d'entreprendre des travaux de secours, hors du
périmètre concédé, tels que galerie d'écoulement, prise
d'eau, ou passage des eaux et autres de ce genre, à la

condition de ne point gêner les exploitations voisines, et d'indemniser les propriétaires de la surface.

La rédaction du nouvel article 44 a eu pour but de combler la lacune laissée par la loi de 1810, en permettant de déclarer qu'il y a utilité publique à entreprendre certains travaux indispensables à l'exploitation des mines, et, pour leur exécution, elle autorise l'expropriation des terrains situés en dehors des périmètres, à la condition de se conformer aux formalités prescrites par la loi du 3 mai 1841. Rapp. de M. Brossard sur la loi de 1880.

648. **Dommages aux voisins par les travaux d'extraction en dehors des périmètres concédés.** — Lorsque l'extraction a lieu en dehors des périmètres concédés, le propriétaire de la surface sous laquelle elle se produit a droit à des dommages-intérêts à raison de cette atteinte portée à son droit de propriété, et ces dommages-intérêts doivent être déterminés par application des principes de droit commun et nullement des règles spéciales de la loi de 1810. Les mines, en effet, ne forment une propriété distincte par elles-mêmes, que lorsqu'elles sont séparées du sol, ce qui ne peut s'opérer que par la concession qu'en fait le gouvernement; alors seulement le dessus et le dessous du sol constituent deux propriétés différentes. La mine exclusivement au concessionnaire, le sol supérieur au propriétaire de la surface. Jusqu'à l'acte du gouvernement qui opère cette division, les choses restent soumises au droit commun, suivant lequel, article 552 C. civ., la propriété du sol emporte la propriété du dessus et du dessous; d'où il suit que celui qui a dans son fonds des matières minérales, non séparées du sol par une concession régulière, ne peut en être dépossédé par un fait illégal, sans une indemnité qui constitue non-seulement la réparation d'un dommage, mais la répression d'une voie de fait. C. Cass., 1er février 1841, M. de Greasque et Belcodène, B.-du-Rhône, S. 41, 1, 121 ; D. 41, 1, 97.

§ 7.

Dommages causés par la surface à la mine.

649. **Travaux à la surface préjudiciables à la mine.** — Du moment que la loi a constitué la propriété de la mine avec les attributs légaux de la propriété, il est évident que les droits qu'implique l'institution de cette propriété doivent être pris en considération et qu'il faut les combiner et les déterminer en les mettant en présence d'autres droits de même nature. Il en résultera que le propriétaire de la surface s'il se livre à des travaux exceptionnels, autres que ceux que comporte l'exploitation normale de son héritage, ne pourra les exécuter qu'en ayant égard aux droits concédés à la propriété sur laquelle son fonds se trouve superposé, et surtout qu'il ne pourra pas abuser de ce voisinage pour se dispenser de prendre des mesures qu'il eût été obligé de prendre dans son propre intérêt à défaut de l'exploitation souterraine.

Ainsi un propriétaire a dans son champ des amas de sable, il songe à les utiliser en ouvrant une carrière, le voisinage de sources voisines ou d'eaux d'écoulement pourrait lui faire craindre une gène dans son exploitation, mais il connait l'existence des galeries souterraines de la mine et il s'en sert pour drainer les eaux qui l'embarrasseraient en soumettant ainsi l'exploitation à des épuisements plus couteux et à des dangers d'inondation. La mine aura le droit d'obtenir qu'il soit fait défense par les tribunaux à ce propriétaire de faire les excavations auxquelles il s'est livré, à moins qu'il ne fasse en même temps les travaux nécessaires pour prévenir les infiltrations abusives des eaux dans la mine et la diminution de la solidité du sol. Angers, 5 mars 1847, M. de Maupertuis, S. 47, 2, 276.

Les auteurs ont admis en principe que, d'après le droit commun, les propriétaires de la surface qui causent un préjudice à la mine lui doivent une indemnité. Richard, n°s 150 et 243.

Et on a appliqué ce principe au cas, où dans son intérêt, le propriétaire de la surface a obtenu que l'exploitation de la mine serait prohibée sur certains points. C. Cass. 18 juillet 1837, Houil. de Couzon, S. 37, 1, 664.

§ 8.

Travaux qui ne peuvent être entrepris qu'à la charge de garanties préalables.

680. Caution à fournir en cas de travaux à faire près les habitations. — Le concessionnaire doit, le cas arrivant de travaux à faire sous des maisons ou lieux d'habitation, sous d'autres exploitations ou dans leur voisinage immédiat, donner caution de payer toute indemnité, en cas d'accidents : les demandes ou oppositions des intéressés seront, en ce cas, portées devant les tribunaux et cours. L. 21 avril 1810 art. 15.

Cet article provoqué par une observation de Napoléon, lors de la sixième rédaction, s'est produite à la septième.

681. Obligation de fournir un cautionnement, — peut être imposée au concessionnaire lorsque les travaux sont à exécuter sous des maisons ou lieux d'habitation, sous d'autres exploitations ou dans leur voisinage immédiat.

Le mot de voisinage est applicable soit aux exploitations, soit aux maisons et lieux d'habitation, quelle que soit la place qu'il occupe dans la rédaction de la loi. Peyret-Lallier, 263 ; Richard, 153.

Cette disposition de la loi de 1810 établit le droit de réclamer dans certains cas un cautionnement préventif pour un dommage futur, incertain et éventuel. C. Cass. 12 août 1872, D. 72, 1, 369; C. Cass. belge 19 février 1880, *Pas.* 80, 1, 77. Mais lorsque le dommage s'est réalisé alors que les travaux ont été exécutés sans opposition et que le propriétaire de la surface en demande aux tribunaux la réparation, il ne peut à ce moment et pendant l'instance qu'il a introduite réclamer une caution. Bruxelles, 18 décembre 1883, Soc. du Carabinier et de Marcinelle. D. 85, 2, 218.

652. Qui a le droit de former opposition. — Tous ceux qui ont le droit de réclamer la caution ont le droit de s'opposer aux travaux jusqu'à ce qu'elle soit réglée et fournie. Peyret-Lallier, n. 264.

Mais pour pouvoir réclamer une caution il faut avoir un intérêt né et actuel et non un intérêt futur. De Fooz, p. 313.

C'est-à-dire fondé sur des travaux qui menacent d'atteindre des localités dans lesquelles ils ne peuvent être pratiqués qu'à la charge de donner caution.

653. Constructions postérieures à la concession. — Richard qui est d'avis que la mine doit réparer le préjudice causé aux constructions supérieures qu'elles soient antérieures ou postérieures à la concession, pense n. 150, que la caution déterminée par l'article 15 ne peut être exigée par le propriétaire du sol que si les bâtiments ont été construits avant la concession, sinon d'après lui comme des villes ont pu s'établir sur le sol supérieur de la mine, son exploitation serait placée sous une charge excessive et qui aménerait le plus souvent l'abandon. Mais si la mine doit la réparation du dommage et si le dommage est imminent comment lui permettre de continuer ses travaux, sans garantir le paiement de l'indemnité qu'elle devra. Et où trouver dans la loi une distinction pareille?

684. Droit pour le superficiaire de visiter la mine. —
On a conclu de ce que le superficiaire avait le droit
d'exiger caution à raison de certains travaux, qu'il avait
par suite le droit d'inspecter les travaux de la mine pour
s'assurer s'ils ne constituaient pas des œuvres donnant
lieu à requérir l'octroi d'une caution. Je reconnais avec
l'arrêt du 4 février 1847 de la Cour de cassation de Belgique, qu'il est difficile d'assimiler une mine au domicile
inviolable du citoyen ; mais je ne crois cependant pas
que l'intérêt possible du superficiaire l'autorise à s'introduire, suivant son bon plaisir, dans une mine pour y
constater les travaux. Sa qualité peut l'autoriser à intervenir auprès de l'administration pour en recevoir des
communications, et au besoin, lui donner droit d'agir en
référé ou autrement pour provoquer des vérifications,
mais je ne crois pas qu'elle l'autorise à s'introduire directement et suivant son bon plaisir dans des mines, où
la plupart des propriétaires de la superficie seraient fort
incapables de se rendre un compte exact de la régularité
des travaux et de leur influence probable sur la surface.
C'est ainsi que l'entend, ce me semble, Richard, 154.

685. Compétence. — Ce sont les tribunaux de l'ordre judiciaire qui sont juges de la question de savoir
s'il y a lieu à cautionnement, L. 1810, art 15 ; Peyret-
Lallier, n. 262; de Fooz, p. 313 ; Richard, 154; et qui doivent en fixer la quotité, s'il y a lieu de l'exiger. Peyret-
Lallier, n. 262.

686. La caution entraîne-t-elle une charge hypothécaire pour celui qui s'y est soumis. — On a dit : la
soumission de la caution au greffe est un acte judiciaire
qui emporte hypothèque judiciaire. C'est se méprendre
étrangement sur la portée d'un acte qui n'a aucun caractère de jugement et ne peut entraîner les conséquences
de cet acte. La caution qui s'engage personnellement
n'est pas pour cela tenue hypothécairement à un tout
autre titre, que tout autre obligé personnel. C'est aux

tribunaux, lorsqu'ils statuent entre les concessionnaires et ceux qui à la suite d'une opposition réclament une caution, à régler, sur les conclusions réciproques des parties, les conditions dans lesquelles la caution doit être fournie. Peyret-Lallier, 265.

657. Droit de s'opposer aux travaux malgré l'existence d'une caution. — Il ne saurait être soutenu que, dès qu'un concessionnaire a fourni une caution agréée, à raison du danger que faisaient courir les travaux qu'il a entrepris, il puisse les poursuivre impunément au mépris de la vie des hommes. Si le danger devient imminent et certain, et doit forcément amener une catastrophe, les intéressés pourront, s'adresser de nouveau aux tribunaux qui, s'ils constatent un péril imminent, devront ordonner une suspension, au moins provisoire, Peyret-Lallier, 276 ; sauf aux intéressés à se pourvoir devant l'administration pour les déterminations à prendre, au sujet des travaux à exécuter, et les conditions dans lesquelles cette exécution devra avoir lieu.

658. Décharge de la caution. — Dès que les causes qui ont autorisé les intéressés à réclamer une caution cessent, le concessionnaire est recevable à demander que cette charge cesse également, et à défaut de consentement amiable, à obtenir cette décharge de la part des tribunaux, si ceux-ci reconnaissent que la prétention est justifiée, Peyret-Lallier, 275 ; Richard, 152. Mais la cessation des travaux, si l'imminence du dommage persiste, n'autorise pas à décharger la caution. Richard. 151.

659. Réserve pour les mesures administratives de sûreté. — Le droit accordé à de simples particuliers de demander aux tribunaux de fixer une caution qui répondra des accidents qui pourront résulter de l'exécution de travaux dangereux pour certaines propriétés, est indépendant du pouvoir réservé à l'administration, en vertu de l'article 50, notamment de la loi de 1810, révisée en 1880, de prendre les mesures nécessaires pour sauvegarder la sûreté publique et les services généraux intéressant le public.

660. Obligations des concessionnaires si les travaux présentent des dangers pour la sécurité publique ou privée. — L'article 50 de la loi de 1810, modifiée par la loi du 27 juillet 1880, impose aux concessionnaires certaines obligations dans le cas où pour une cause quelconque, les travaux sont de nature à compremettre la sécurité publique, la conservation de la mine, la sécurité des ouvriers mineurs, la conservation des voies de communications, celle des eaux minérales, la solidité des habitations, l'usage des sources qui alimentent les villes, villages, hameaux et établissements publics. La disposition de la loi de 1810, complétée par le décret de 1813, avait été suivie à la date bien postérieure du 26 mars 1843, d'une ordonnance réglementant la matière. Cette ordonnance a été modifiée elle-même en partie par le décret du 25 septembre 1882, qui la met en concordance avec la révision de 1880.

CHAPITRE III.

RÉGIME DES MINES VOISINES; DROITS ET OBLIGATIONS A RAISON DES CONCESSIONS D'UNE AUTRE NATURE, CHEMINS DE FER, CANAUX, ÉCLAIRAGE AU GAZ.

§ 1.

Régime des mines voisines ; droits et obligations.

661. Régime des concessions voisines. — Lorsque des concessions diverses seront accordées à divers bénéficiaires, dans le voisinage les unes des autres, les cahiers des charges de ces concessions régleront les rapports des concessionnaires entr'eux pour la conservation de leurs droits mutuels et pour la bonne exploitation des matières concédées. Cah. de ch. modèle, art. 6.

Si ces concessions sont faites en même temps, ces prescriptions doivent être littéralement exécutées telles qu'elles sont formulées. Si l'une des deux concessions est antérieure à l'autre, il est évident que le plus souvent la première ne pourra contenir des clauses destinées à régler une situation qui n'était pas née au moment de la concession nouvelle, et que d'un autre côté dans les clauses insérées dans la seconde, en conciliant les droits mutuels des concessionnaires, il faudra bien avoir égard aux droits acquis au plus ancien d'entr'eux, et établir un régime qui respecte à la fois ces droits et les nécessités de l'exploitation nouvelle. Le principe est de droit commun dans notre législation civile, il serait consacré s'il était nécessaire dans notre législation spéciale, par l'article 15 de la loi de 1810.

662. Concessions diverses dans un même périmètre. — Plusieurs concessions peuvent être faites dans le même périmètre à des personnes ou sociétés étrangères les unes aux autres, à raison de mines de natures diverses. Circ. 18 messidor an IX et 3 août 1810 ; Cah. des ch. art. 6 ; en Belgique, Arrêté royal du 4 mars 1824.

Ici encore pour les mines superposées comme pour les mines voisines, les droits et obligations réciproques des concessionnaires, sont réglés par les divers actes de concession, dont ils doivent rigoureusement observer les conditions.

A défaut de stipulations formelles leurs droits doivent se concilier selon les règles établies pour assurer un bon voisinage. Et ils doivent se tenir compte des torts et préjudices qu'ils peuvent respectivement se causer. Je répète que c'est là une règle de droit commun qui est d'une application générale et que la loi de 1810 rappelle pour ce cas spécial, puisque l'article 15 porte que le concessionnaire, le cas arrivant de travaux à faire sous des maisons ou lieux d'habitation, sous d'autres exploitations ou dans leur voisinage immédiat, doit donner caution, de payer toute indemnité en cas d'accidents. Les demandes ou oppositions des intéressés devant être portées devant les tribunaux et cours.

Les concessions successives de gites de nature différente dans le même perimètre, font naître des difficultés qu'il est toujours bon de prévenir lorsque cela est possible, et qui disparaissent dès que le conéessionnaire des divers gites est le même ; aussi peut-il être sage dans bien des cas d'accorder aux anciens concessionnaires une préférence lorsqu'ils réclameront en concurrence d'autres personnes une concession nouvelle dans leur périmètre. Ce droit de préférence est écrit dans la loi belge, d'après laquelle il prime les autres causes de préférence. L Belge 2 mai 1837,

663. Empiétement par un concessionnaire sur le périmètre du concessionnaire voisin. — L'un des principaux devoirs d'un concessionnaire est de respecter les limites de sa concession et de ne pas empiéter sur le périmètre d'une concession voisine. Les conséquences d'un empiétement, et de l'enlèvement des matières qui en a été la suite, sont toutefois différentes suivant qu'il a eu lieu de bonne ou de mauvaise foi.

664. Extraction de bonne foi. — Si l'extraction d'un produit qui ne lui appartenait pas, a été faite de bonne foi par un concessionnaire dans la mine contiguë, il n'en doit pas moins la restitution des matières extraites, mais il ne doit en tenir compte que dans la mesure du préjudice causé, c'est-à-dire, qu'il en doit le prix net, déduction faite des frais d'extraction ; car c'est de ce produit brut dont il a seulement privé le propriétaire de la chose; et aucune fraude ne pouvant être lui imputée, il n'est pas juste que ce propriétaire s'enrichisse à son détriment.

Ici, je suis ainsi que Peyret-Lallier, n. 447, en désaccord avec M. Bury, qui pense n. 49 et 726, que si le concessionnaire a exploité de bonne foi la mine voisine, il n'est tenu à rien restituer, parce que étant de bonne foi, il a fait les fruits siens ; au surplus, cet auteur admet très difficilement la bonne foi en pareil cas, parce que le concessionnaire qui a un titre indiquant les limites de sa concession, fait faute lorsqu'il ne se reporte pas à son titre, avant de se livrer à des exploitations sur les limites du périmètre qu'il ne doit pas dépasser.

Les empiétements commis sans mauvaise foi justifiée ne constituent que de simples quasi-délits Ils ne peuvent dès lors donner lieu à des poursuites correctionnelles contre les directeurs et administrateurs, mais seulement à des actions civiles.

Par conséquent ils ne tombent pas sous le coup des prescriptions opposables aux actions civiles et correctionnelles résultant de délits. Trib. Saint-Etienne 15 mai 1884. Houil. de Saint-Etienne.

665. **Réclamations résultant d'empiétement ; compétence.** — C'est à l'autorité judiciaire qu'il appartient de prononcer sur les demandes d'indemnité formées par des exploitants de mines ou minières à raison d'extractions qui seraient faites en dehors des limites respectives de leurs exploitations. C. d'Etat, 21 février 1814, Charbonnage de la Hestre ; C. Cass. 3 mai 1843, Lignites des B.-du-Rhône, S. 43, 1, 768 ; Trib. des conflits, 28 février 1880, mines de Fillols.

Ils statueront donc sur les questions de restitution et dommages-intérêts qui leur seront soumises ; mais ils ne sauraient attribuer, à celui qui aurait ainsi empiété sur une concession voisine le droit d'exploiter sauf indemnité le massif dans lequel auraient eu lieu les empiétements. Ce massif doit rester la propriété exclusive du concessionnaire dans le périmètre duquel l'acte de concession l'a placé ; toutefois on a jugé, que d'un autre côté, ce dernier ne peut user pour son exploitation des travaux indûment effectués par le concessionnaire voisin. Dijon, 24 décembre 1873, Schistes, *Ann. des mines* 1883, p. 94.

Si en sortant de son périmètre, le concessionnaire empiétait sur un terrain non concédé, le propriétaire de la surface aurait une action pour s'y opposer, puisqu'aucune concession n'ayant constitué légalement une mine détachée de la surface et ne l'ayant privé de ses droits sur le tréfonds, il en resterait légitime possesseur. Peyret-Lallier, 449.

Le concessionnaire qui agit pour avoir raison des empiétements de son voisin peut agir par voie possessoire comme par voie pétitoire. Quant à l'exploitant il ne pourrait se prévaloir de sa possession annale pour repousser l'action, parce que sa possession dans ce cas ne peut être fondée que sur des actes obscurs, équivoques, qui ne peuvent constituer une possession ayant des effets légaux contraires au titre de concession. Peyret-Lallier. 448.

666. **Extractions faites de mauvaise foi.** — Le directeur d'une mine qui, sciemment et de mauvaise foi, empiète sur une concession voisine, en extrait des matières concédées et se les approprie pour sa compagnie, commet le délit de vol prévu et puni par les articles 379 et 401 du C. p. Les mines, il est vrai, considérées en elles-mêmes sont des immeubles, et l'occupation même frauduleuse d'un immeuble ne peut constituer un vol, puisque l'un des éléments essentiels du vol est la soustraction, c'est-à-dire l'appréhension et le déplacement de l'objet soustrait; que dès lors le vol doit avoir pour objet des choses mobilières. Mais il y a lieu de distinguer l'empiètement qui porte sur la mine et qui n'est que l'acte préparatoire de la soustraction, et la soustraction elle-même, qui a pour objet la houille, ou toutes autres matières concédées, et qui ne s'accomplit qu'alors que par le travail du mineur, celles-ci ont été

détachées du sol et sont devenues meubles, aux termes
de l'article 9 de la loi de 1810; et par le fait même de ce
détachement, sont devenues susceptibles, d'être manuel-
lement appréhendées, transportées hors des galeries d'extraction et transmises à des tiers. Lyon, 7 mai 1884, et
C. Cass., 17 juillet 1884, M. de la Baraillère, S. 85, 1,
190, D. 85, 1, 43. Des décisions semblables sont intervenues à l'occasion de pierres et graviers détachés du
sol par des délinquants et vendus par eux au préjudice
des propriétaires du sol. C. Cass., 9 septembre 1824; 14
juillet 1864, S. 64, 1, 469, D. 64, 1, 322; 27 avril 1866,
S. 66, 1, 449, D. 66, 1, 288; Faustin-Hélie, C. pén. t. V,
n. 1707.

Pour que l'enlèvement soit considéré comme constituant un délit, il faut non seulement qu'il soit certain,
mais encore qu'il soit établi qu'il y a été procédé sciemment et frauduleusement. Trib. Saint-Etienne, 15 mai
1884, M. de Saint-Etienne, C. M. de la Baraillère. Le fait
de la contravention à la loi de 1810 ne pourrait faire attribuer à lui seul un caractère de fraude à cet acte; même
jugement.

667. Prescription des actions civile et criminelle. —
Lorsque des empiètements d'une concession sur une
autre ont eu lieu à une époque assez ancienne, et que le
concessionnaire qui en a souffert, forme une action en
justice, à raison des enlèvements qui les ont suivis;
quelque qualification que la citation donne aux faits, il y
a lieu de rechercher quel est leur véritable caractère;
C. Cass., 13 mai 1868, et 12 janvier 1869, D. 69, 1, 217;
1er février 1882, D. 82, 1, 454, et s'ils constituent un
délit, l'action civile comme l'action publique doivent être
déclarées éteintes lorsque plus de trois ans se sont écoulés entre l'enlèvement et la citation, Instr. crim. art. 637
et 638; Trib. Saint-Etienne 1884, M. de Montaud, *Revue
de législ. des M.* 1884, p. 117, *Journ. la Loi*, 10 mars
1884.

En supposant que celui qui a commis frauduleusement des extractions dans une mine concédée à un autre, puisse renoncer à opposer la prescription de trois ans contre l'action civile en dommages intérêts résultant de ce fait; C. Cass., 28 février 1860, D. 60, 1, 191; Angers, 24 août 1865, D. 66, 2, 214; la renonciation ne peut résulter de ces circonstances, qu'une correspondance a été engagée entre les deux parties, dans laquelle l'une d'elles a sans cesse visé à faire reconnaître par l'autre sa responsabilité, si celle-ci, se tenant sur sa réserve, n'a point fait cette reconnaissance. Il importerait peu que la partie à laquelle on reprochait les enlèvements, eût consenti à faire vérifier s'ils avaient eu réellement lieu, et quelle avait été leur importance, Trib. Saint-Etienne, 29 janvier 1884, précité.

668. Réparations civiles. — M. Bury, n. 47, 48 et 725, pense que celui qui a empiété chez son voisin, de mauvaise foi, et qui a ainsi extrait des substances minérales concédées à d'autres, ne doit les restituer que sous déduction des frais d'extraction, autrement le propriétaire s'enrichirait à son détriment, puisqu'il aurait dû débourser ces frais s'il l'avait faite lui-même. Mais ce n'est pas par application des principes sur la jouissance des fruits que la question doit être vidée. Le concessionnaire ou son mandataire qui, sciemment, sort du périmètre concédé, et sciemment entre chez son voisin pour y prendre frauduleusement les récoltes minérales appartenant à ce voisin, me paraît faire un acte entièrement semblable au propriétaire de la surface qui, dépassant sciemment les limites de son héritage, va sur l'héritage voisin couper les bois ou ramasser les autres produits qui appartiennent à ce voisin et n'appartiennent nullement à celui qui s'en empare. Cela s'appelle une soustraction frauduleuse, et lorsque le propriétaire victime du vol viendra réclamer la restitution de sa chose, il me paraîtrait singulier que le voleur entrât en compte

avec lui comme le ferait l'ouvrier choisi par le propriétaire du champ pour assurer la rentrée de sa récolte,
et je ne vois pas comment un pareil fait pourrait donner lieu à un salaire.

669. **Ouverture de puits sans autorisation dans une
concession voisine.** — Le concessionnaire d'une mine
de sel n'a pas qualité pour agir par la voie répressive
contre le concessionnaire d'une mine voisine qui a ouvert un puits sans autorisation, mais sur sa propriété.
L'absence d'accomplissement des formalités prescrites
par l'article 15 de l'ordonnance du 7 mars 1841, dans un
intérêt public, ne peut être relevée dans un intérêt exclusivement privé. Le préjudice qui peut résulter pour le
concessionnaire voisin de l'ouverture illicite de ce nouveau puits, ne donne pas lieu davantage à l'action répressive de sa part, puisque vis-à-vis de lui l'exploitation faite par le propriétaire dans son fonds n'a point ce
caractère illicite. C. Cass., crim., 22 mars 1844, Sels de
Bayonne, rej. d'arrêt de Pau, 24 mai 1883.

670. **Secours que se doivent les concessionnaires
voisins.** — Non seulement les concessionnaires voisins
ne doivent point empiéter sur leurs droits réciproques,
et ils doivent respecter mutuellement leur propriété;
mais encore les exploitants et directeurs de mines voisines de celle où il serait arrivé un accident, doivent
fournir tous les moyens de secours dont ils pourront
disposer, soit en hommes, soit de toute autre manière,
sauf le recours pour leur indemnité, s'il y a lieu, contre
qui de droit. D. 3 janvier 1813, art. 17.

C'est à celui dont la mine est compromise à apprécier
la nécessité du secours et à le requérir. Delebecque,
911, 914, 915.

Le refus d'obtempérer à une demande ou à des réquisitions régulièrement adressées, peut, en pareil cas,
donner lieu à l'application de peines correctionnelles en
vertu de l'article 96 de la loi de 1810; Delebecque, n. 915,
A. Bury, 769.

Mais pourrait-il motiver une action en dommages-intérêts en faveur de celui dont l'appel n'aurait pas été répondu? Bury, 770, soutient l'affirmative et il pense, en s'appuyant sur l'autorité de plusieurs auteurs, que en droit, il est de principe qu'une personne qui, par omission, a occasionné du dommage à autrui, en est responsable, si une disposition de la loi imposait l'obligation d'accomplir le fait omis. D'un autre côté, il est non moins certain en principe général que celui qui n'empêche pas un dommage de se réaliser, alors qu'il l'aurait pu, n'est pas tenu par cela seul de le réparer De plus l'article 17 de notre décret réglant le cas, parle bien d'une indemnité qui peut être due à celui qui a porté secours, mais nullement de celle qu'il pourrait devoir en cas d'omission. Puis, dans l'application, comment régler les limites du concours et du dévouement auquel il est fait appel en pareil cas, et régler dans quelle mesure son absence a été préjudiciable, quand il est impossible d'apprécier s'il s'était produit comment il se serait produit et dans quelle mesure il eût été possible et profitable En pareil cas, des dommages-intérêts ne seraient pas la réparation d'un préjudice causé, mais une véritable amende imposée à celui qui n'aurait pas répondu à l'appel qu'on lui faisait. Or, cette amende, s'il la doit comme pénalité de sa faute, peut-on la lui réclamer en outre une seconde fois, à titre de réparation civile? Aussi ne sommes-nous pas étonné de voir M. Delebecque, 913, repousser l'action civile en pareille circonstance.

Une indemnité est allouée, s'il y a lieu, porte le décret, à celui qui a prêté son concours. Les tribunaux sont ainsi souverains appréciateurs, suivant les circonstances, des bases qu'ils doivent adopter pour la fixer, et tandis qu'ils devront comprendre les pertes matérielles en outils et autres de cette nature, qu'a entraîné ce concours, ils pourront l'étendre, le cas échéant, même à des pertes de temps, au payement de gratifications et autres dépenses auxquelles a pu donner lieu le sinistre.

671. **Travaux en commun.** — Le cahier des charges porte : Dans le cas où il serait reconnu nécessaire à l'exploitation de la concession ou d'une concession limitrophe d'exécuter des travaux ayant pour but, soit de mettre en communication les mines de deux concessions pour l'aérage et pour l'écoulement des eaux, soit d'ouvrir des voies d'aérage, d'écoulement ou de secours destinés au service des mines de la concession voisine, le concessionnaire sera tenu de souffrir l'exécution de ces travaux et d'y participer dans la proportion de son intérêt.

Les ouvrages seront ordonnés par le préfet, sur le rapport des ingénieurs des mines, le concessionnaire ayant été entendu, et sauf recours au ministre des travaux publics.

En cas d'urgence, les travaux pourront être entrepris sur la simple réquisition de l'ingénieur des mines de l'arrondissement, conformément à l'article 14 du décret du 3 janvier 1813.

Dans les divers cas, il pourra y avoir lieu à une indemnité d'une mine en faveur de l'autre, et le règlement en sera fait par experts, conformément a ce qui a été prescrit par l'article 45 de la loi de 1810, pour les travaux servant à l'évacuation d'une mine dans une autre.

L'exécution de ces dispositions doit être combinée avec la loi du 22 avril 1838 et les articles 43 et 44 de la loi de 1810 révisée en 1880, lorsqu'il s'agira, sur le refus des concessionnaires, d'agir par voie de contrainte.

672. **Réparation des dommages autres que ceux causés par les eaux.** — Nous étudierons dans des paragraphes spéciaux les mesures à prendre dans un intérêt commun pour assurer l'assèchement des mines. Si les dommages causés par une mine à une autre au lieu d'être le résultat d'inondations, étaient la suite d'éboulements, d'incendies et toutes autres causes, l'article 45 de la loi de 1810 ne serait pas applicable, puisqu'il est fait pour un cas spécial ; mais la réparation de ce dommage n'en serait pas moins due par celui qui l'aurait causé. On a soutenu toutefois que dans ce cas, les principes du droit commun étant seuls applicables, il faudrait pour justifier une responsabilité et motiver une indemnité, établir que l'auteur du dommage a commis une faute, une imprudence ou une inobservation des règlements. Peyret-Lallier, n. 442 et 446 ; Bury, n. 765. La faute en ces matières existe du moment où, en exploitant, le concessionnaire qui doit soutenir sa mine et ne pas préjudicier à ses voisins leur cause un dommage, et on ne saurait considérer à ce point de vue les concessions comme des propriétés ordinaires. Entre celles-ci les principes fixés dans le droit commun ou plutôt dans les articles 1382 et suivants du Code civil sont seuls applicables. Mais les concessions, bien qu'elles constituent des propriétés définitives, perpétuelles, transmissibles comme les autres, sont cependant quant à leur nature et à leur origine des propriétés spéciales. La concession n'est faite qu'à la condition de réparer les torts qu'elle pourra causer à la surface, quelle que soit la régularité des travaux, par l'excellente raison que, détachée de la surface, la mine ne peut en outre imposer à cette surface des charges nouvelles et spécialement des dommages matériels, sans réparation. Et, si à une concession déjà faite dans un périmètre s'en adjoint une autre, la nouvelle concession ne saurait porter atteinte à des droits acquis, diminuer une propriété antérieurement établie, en lui imposant des pertes, sans lui devoir une réparation. En pareil cas, le propriétaire nouveau doit respecter tous les droits de l'ancien, et par cela seul que volontairement ou involontairement il nuit à la jouissance du propriétaire antérieur, il dépasse ses droits de jouissance propres qui lui commandent de respecter les droits préexistants et il doit réparer le préjudice qu'il cause par cet abus, qui légalement le constitue en faute.

673. Mesures contre les incendies. — Lors de la discussion à la Chambre des Pairs du projet de loi du 27 avril 1838, le baron de Morogues présenta un amendement pour étendre aux cas d'incendie, les dispositions proposées pour les cas d'inondation. On repoussa l'amendement en faisant observer que l'administration était suffisamment autorisée par le décret de 1813 pour prescrire toutes les mesures nécessaires pour garantir la sécurité et la conservation des travaux.

A ce sujet, l'autorité administrative peut donc prendre toutes les mesures nécessaires pour prévenir et éteindre les incendies, comme les embrasements spontanés résultant notamment du mélange de la houille et des pyrites de fer. Les exploitants doivent enlever avec soin les matières sulfureuses détachées dans l'exploitation et susceptibles de s'enflammer. Peyret-Lallier, 446.

Le refus du concessionnaire d'exécuter les travaux prescrits par l'administration pour prévenir et éteindre les incendies, permettrait à celle-ci d'agir d'office à ses frais et de provoquer la révocation de la concession. L. 27 avril 1838, art. 9. Peyret-Lallier, 446.

L'incendie qui, s'étant déclaré dans une mine par suite de la faute de l'exploitant, communiquerait le feu à la mine voisine, donnerait lieu à une action en réparation du préjudice contre l'auteur de cette faute. Il y aurait faute, si on avait négligé d'exécuter les mesures prescrites par l'administration pour prévenir l'incendie, ou si dans les travaux on n'avait pas pris les précautions que commandent dans ce but les conditions normales d'exploitation.

S'il n'y avait aucune faute, négligence ou imprudence à reprocher au concessionnaire de la mine atteinte par le feu, il ne me paraît ni équitable, ni légal de lui demander la réparation du dommage que pourrait causer à la mine voisine la communication du feu. Peyret-Lallier, 446, qui s'appuie sur les arrêts de la Cour de Cass. du 18 décembre 1827.

674. Caution à donner pour travaux à faire sous d'autres exploitations. — Aux termes de l'article 15 de la loi de 1810, le concessionnaire doit, le cas arrivant, de travaux à faire sous d'autres exploitations ou dans leur voisinage immédiat donner caution de payer toute indemnité en cas d'accident. Nous avons déjà expliqué la portée de cette disposition à propos des travaux sous les maisons ou lieux d'habitation auxquels elle s'applique également.

675. Contestations, compétence. — Le jugement des difficultés relatives aux indemnités réclamées par un concessionnaire contre son voisin appartient aux tribunaux. C. Cass., 5 janvier 1858, Rive-de-Gier ; Richard, n. 248 ; Biot, p. 306 ; Dupont, t. II, p. 87.

676. Esponte ou investison. — En droit français, l'investison n'est point obligatoire, dès lors le fait d'exploiter une mine jusqu'à cinquante centimètres de la concession voisine est licite. Lyon, 21 août 1824; 4 décembre 1867; 1er mars 1882 ; Lallier, 371, 439. *Contrà*, Saint-Etienne, 12 mars 1856. Toutefois, si plus tard, la mine voisine veut en faire autant et que l'administration reconnaisse alors que dans un intérêt de sécurité publique, les travaux doivent être arrêtés à une certaine distance des limites, il y aurait lieu d'obliger le premier concessionnaire à tenir compte au second dans une certaine mesure du préjudice causé à la partie de concession dont l'exploitation est interdite pour maintenir une séparation entre les deux mines. Lyon, 1er mars 1882, M. de Montieux, c. M. de Cote Théollière, suivi de rejet, S. 84, 1, 80. Dans tous les cas, il ne saurait être prescrit par les tribunaux, de respecter le maintien d'un investison, alors que la partie exploitée par l'un des concessionnaires n'est point contiguë à la mine voisine, et ce n'est que lorsque l'exploitation se porterait sur ce point qu'il y aurait lieu de statuer sur la difficulté. Trib. civ. d'Autun, 15 avril 1873, Schistes, *An. des m.*, 1883, p. 89.

En France, c'est au préfet, en autorisant les travaux, à exiger le maintien ou à permettre la disparition de l'esponte. Dupont; Bury, 729; Peyret-Lallier, 371. C'est également au préfet à déterminer l'épaisseur qu'il doit avoir. Peyret-Lallier, 440.

L'inférieur qui, en détruisant l'esponte réglementaire aurait amené chez lui les eaux de son voisin pourrait suivant les circonstances, être privé de toute action, contre ce voisin, *quod quis, ex suâ culpâ damnum sentit, non intelligitur damnum sentire.* L. 103, *de reg. juris.* Lallier, 441 ; Delebecque, 901.

En Belgique, à moins d'autorisation contraire, par arrêté royal, les concessionnaires sont obligés de maintenir entre les mines voisines un massif de protection. Avis du C. des M., 8 juin 1838; Bury, 375 et 728. L'esponte, investison ou serre est généralement de 6 toises. En cas de rupture de l'esponte, l'indemnité due consiste non seulement dans la valeur vénale des charbons extraits, mais dans les frais à faire pour remplacer cette clôture naturelle par une séparation artificielle équivalente. C Cass. belge, 7 janvier 1853. *Belg. jud.*, 1853, p. 305; *Pass.*, 1853, 1, 139.

§ 2.

Application de l'article 45 de la loi de 1810 concernant les eaux.

677. Conséquence réciproque des travaux sur le régime des eaux de deux mines voisines. — Lorsque, par l'effet du voisinage ou pour toute autre cause, les travaux d'exploitation d'une mine occasionnent des dommages à l'exploitation d'une autre mine, à raison des eaux qui pénètrent dans cette dernière en plus grande quantité ; lorsque, d'un autre côté, ces mêmes travaux produisent un effet contraire et tendent à évacuer tout ou partie des eaux d'une autre mine, il y aura lieu à indemnité d'une mine en faveur de l'autre : le réglement s'en fera par experts. L. 21 avril 1810, art. 45.

678. Obligation de recevoir les eaux qui découlent du fonds supérieur. — Cette obligation écrite dans l'article 640 du Code civil pour les propriétés de la surface, ne pouvait être étendue aux mines, puisque c'est ici le résultat du fait de l'homme et une des conséquences de l'exploitation, aussi des règles spéciales ont-elles été inscrites à ce sujet dans l'article 45 de la loi de 1810 que je viens de reproduire.

679. Indemnité due à raison des eaux se déversant d'une mine dans une autre. — Aux termes de cet article l'indemnité est due dès que les travaux d'exploitation d'une mine occasionnent des dommages à l'exploitation d'une autre mine, à raison des eaux qui pénètrent dans cette dernière en plus grande quantité.

Ce n'est point à raison du bénéfice que la mine qui déverse ses eaux dans la mine voisine retire de ce fait que l'indemnité est due, mais à raison du dommage causé à cette dernière par ce fait. Dès lors, il importe peu que la mine qui envahit l'autre n'en retire aucun avantage, il suffit pour qu'une indemnité soit due à cette dernière, que ce fait ait causé un dommage à l'exploitation de la concession dans laquelle s'est opéré le déversement.

L'article 45 établit une responsabilité sous deux conditions clairement déterminées, il exige d'une part qu'un préjudice ait été occasionné, d'autre part que les travaux soient la cause de ce préjudice. C. Cass., 18 juin 1883, M. de Montieux, C. M. de Cote Thiollière, S. 84, 1, 80.

680. Evaluation des dommages causés par les eaux introduites dans une mine par l'exploitation voisine. — La fixation de l'indemnité due en pareil cas varie à l'infini suivant les circonstances et suivant la nature et l'étendue

6.

du préjudice causé. Devra-t-elle comprendre les bénéfices perdus par la suspension de l'exploitation due à
l'envahissement des eaux. La Cour de Bruxelles, par
son arrêt du 3 mai 1855, *Pas.*, 56, 1, 53, dans l'affaire de
la société charbonnière de Bonnet et Veine à Mouches,
a refusé de l'admettre, parce que la suspension du travail ne cause aucune perte dans l'avoir de la mine inondée. Le bénéfice suppose le charbon exploité et partant
n'existe plus ; on ne peut avoir tout à la fois le bénéfice du charbon exploité et le charbon à exploiter qui
procurera de nouveau le même bénéfice, quand il sera
extrait, il n'y a donc lieu d'accorder qu'une indemnité
pour le retard dans la perception du bénéfice, c'est-à-
dire les intérêts de ce bénéfice pendant le temps qu'a
duré la suspension. C'est là une décision qui paraît équitable ; mais en ces matières, la fixation du chiffre de
l'indemnité étant laissée à l'arbitraire des tribunaux,
chaque affaire se présente avec ses allures propres et il
est difficile de poser à l'avance des règles de solution
certaines et invariables. Les conditions dans lesquelles
le préjudice a été causé doivent influer elles-mêmes sur
la fixation de l'indemnité. Ainsi j'admets volontiers avec
Peyret-Lallier, 436, que lorsqu'aucune faute ne pourra
être reprochée au concessionnaire de la mine d'où est
provenue l'eau, on puisse se borner de mettre à sa charge
les frais d'épuisement, alors qu'il devra supporter l'entière réparation du préjudice causé s'il y a eu faute de
sa part.

681. Le fait du dommage causé suffit-il pour motiver
l'indemnité ou faut-il une faute imputable à son auteur.
— L'article 45 de la loi de 1810 n'est point conçu dans
les mêmes termes ni dans le même esprit que les articles
1382 et suivants du Code civil. Pour qu'il y ait lieu à
indemnité d'après l'article 45, il suffit que l'infiltration
des eaux en plus grande quantité dans l'autre mine,
soit occasionnée par les travaux de la première, par

l'effet du voisinage ou de toute autre cause. Dès lors le dommage causé est le motif et la base de la réparation due, sans qu'il soit nécessaire qu'il y ait faute de la part de l'exploitant, et sans qu'on soit obligé de justifier que ses travaux ont été irréguliers, illicites ou exécutés à dessein de nuire. Il suffit que le dommage ait été causé par les travaux d'exploitation, ce sont les termes de l'article 45. Les expressions il y aura lieu à indemnité d'une mine en faveur de l'autre, employées une seule fois pour les deux cas dont s'occupe cet article, celui où il y a avantage produit et celui où il y a dommage causé par les travaux, indiquent clairement que cette indemnité est due en acquit d'une charge purement réelle inhérente à l'exploitation de la mine, abstraction faite du point de savoir s'il y a délit ou quasi délit. C. Cass., belge, 17 juin 1854. *Pas.*, 54, 1, 292 ; Soc. des grands et petits tas. Liége, 12 juillet 1855, *Pas.*, 56, 2, 106 ; Bruxelles, 3 mai 1855, *Pas.*, 56, 2, 23 ; Gand, 1er mai 1865, *Pas.*, 67, 2, 125. Liége, 31 décembre 1884, Soc. de Patience et Beaujonc, D. 85, 2, 268 ; Liége, 22 janvier 1885, Charb. de Belle-Vue, D. 85, 2, 270. Je dois cependant reconnaître que cette solution trouve des contradicteurs même dans certaines décisions des tribunaux belges, et quelque n'est pas admise par la plupart des auteurs qui proposent des atténuations de diverses natures dans son application. Delebecque, 895 et 1109 ; Richard, 246 et 247 ; Dufour, *Lois des M.* 118 ; et même Lallier, 436 et 454. Mais je pense qu'il a été bien jugé par la Cour de Dijon lorsque le 7 août 1868, Schistes de Poisot, S. 68, 2, 315, elle déclarait que notre article n'est pas applicable au cas où le dommage est causé par l'infiltration des eaux pluviales sans aucun fait d'exploitation personnel au concessionnaire ou à ses ouvriers. Je persiste d'un autre côté à penser que l'article 1382 est inapplicable en cette matière, et que l'article 45 implique une responsabilité résultant du fait, sans qu'il soit accompagné d'une faute ou d'un acte illicite. Lyon, 1er mars 1882, M. de Montieux, C. houil. de St-Etienne, suivi de rejet 18 juin 1883 ; Fooz, p. 253 ; Spinglard, n. 125 ; Bury, 659 et 765.

682. Qu'en est-il si la mine d'où proviennent les eaux n'est pas exploitée. — L'abandon ou le délaissement de la mine n'ayant pas pour effet légal de dessaisir le concessionnaire de la propriété, ne peuvent l'exonérer des obligations que lui imposent la loi et le cahier des charges. Spécialement il doit réparer les dommages causés à la mine voisine par suite des infiltrations des eaux qui se sont réunies dans la mine inexploitée. L'article 45 de la loi de 1810 ne fait pas de distinction entre les travaux actuels d'exploitation ou les travaux antérieurs. C. Cass. 18 juin 1883, M. de Montieux, C. Houil. de Saint-Etienne, S. 84, 1, 81 ; D. 83, 1, 413 ; Trib. civ. de Liège, 9 avril 1884, Charb. de Bonnefin, *Rev. de la Législ. des Mines*, 1885, p. 41, et les arrêts de la Cour de Cass. belge du 17 juin 1854, *Pas.* 292, et de Bruxelles, 3 mai 1855, *Pas.* 56, 2, 83.

Il a été jugé d'un autre coté, que le concessionnaire de la mine qui a causé une inondation ne peut, en délaissant l'exploitation, s'exonérer de la responsabilité qui lui incombe à raison de ses obligations comme exploitant C. Cass. 18 juin 1883, Houil. de Saint-Etienne, D. 83, 1, 413 ; Liège, 22 janvier 1885, Charb. de Bellevue, D. 85, 1, 270.

683. Sur qui pèse la responsabilité pour les mines affermées. — L'article 1384 du Code civil n'établit entre le bailleur et le preneur aucun de ces liens de dépendance et de subordination qui font peser sur le maître ou le supérieur la responsabilité du fait d'autrui, et en admettant que le propriétaire puisse être tenu des conséquences civiles du mode abusif ou illégal de jouissance de la chose louée, quand cet abus ou cette illégalité est l'effet nécessaire ou l'exécution directe des stipulations du bail, il ne saurait répondre des faits personnels du locataire qui n'a agi que d'après sa volonté, dans son intérêt exclusif, sans l'aveu et à l'insu du bailleur. Par suite le concessionnaire d'une mine qui en a affermé l'exploitation à un tiers agréé par l'administration, n'est pas responsable du fait personnel de son fermier, qui placerait ce dernier sous le coup de l'application de l'article 45 de la loi de 1810. Dijon, 7 août 1868, S. 68, 2, 315.

684. Indemnité à laquelle a droit la mine exhaurante. — Lorsque les travaux d'exploitation d'une mine ont pour résultat d'évacuer tout ou partie des eaux d'une autre mine, il y a lieu à indemnité d'une mine au profit de l'autre. L. 1810, art. 45.

L'indemnité est basée sur le bénéfice que reçoit une mine des travaux de l'autre.

Il importe peu que ce soit par le fait de la mine exhaurante et dans son intérêt que les travaux se rapprochant de la mine exhaurée lui aient procuré ce bénéfice : il suffit que ce bénéfice existe et que sans l'épuisement opéré par la mine voisine, l'autre eût été gênée dans son exploitation, obligée de faire elle-même ses épuisements ou de renoncer partiellement, et à plus forte raison, complètement à cette exploitation. A. Bury, 745.

L'indemnité à payer ne doit pas être calculée sur les frais que l'épuisement occasionne à celui qui l'opère, mais d'après le bénéfice procuré à celui qui est débarrassé des eaux ; sans que toutefois cette indemnité puisse dépasser une quotité proportionnelle à déterminer entre les avantages réciproques obtenus par les deux mines de l'opération, et être supérieure aux frais qu'aurait à supporter l'exhauré s'il fesait lui-même l'opération. Ainsi, les niveaux d'exploitation de deux mines voisines sont différents, la mine la plus basse, se livre à des travaux d'épuisement qui assèchent complètement la mine voisine, celle-ci lui devra une indemnité pour les facilités d'exploitation qu'elle retire de ces travaux. Mais supposons que par suite de sa situation et du niveau supérieur de ses couches, une mine ait pu établir des galeries d'écoulement qui permettent aux eaux de s'écouler facilement dès qu'elles émergent dans les chantiers; il est évident que les travaux d'épuisement de la mine inférieure lui seront à peu près indifférents, et que s'il peut être dû une indemnité à raison de la siccité du sous sol facilitant les conditions de l'abatage et des transports, il n'en sera dû aucune pour la préservation des eaux d'inondation, puisque l'écoulement de ces eaux est assuré par les galeries de vidange.

Dans certains pays l'indemnité, pendant longtemps, était payée en nature avec l'abandon d'une quotité de matières extraites.

Autrefois, dans le pays de Liège, des redevances assez élevées étaient dues par la fosse (exploitation), à l'arnier (constructeur de galeries) qui, par le fait du percement d'areines (galeries d'épuisement) démergeait la mine. M. A. Bury fait remarquer que longtemps dans ce pays, lorsque l'exhaure était procuré à une mine par des travaux d'épuisement du voisin au moyen de machines, il n'était au contraire rien dû. La mine exhaurante n'avait droit qu'à un remerciement, *un coup de chapeau*.

Dans le Hainaut, l'indemnité dont nous nous occupons portait le nom d'exhaure d'équité.

685. **Origine des eaux**. — Lorsqu'une indemnité est réclamée à une mine à raison des travaux opérés dans la mine voisine et qui l'ont préservée ou délivrée des eaux, il importe peu de rechercher d'où elles viennent; il suffit que l'exploitation en soit délivrée. Peu importe que ces eaux soient prises à un vaste réservoir commun entre plusieurs concessions, ou qu'elles proviennent d'une zône dont l'exploitation n'a été entreprise que postérieurement; il suffit que l'une des mines ait épuisé les eaux qui grevaient l'autre, et que celle-ci aurait dû extraire pour pouvoir exploiter. D'un autre côté, on ne saurait accorder une indemnité lorsque l'évacuation se fait au moment où les eaux sont déjà descendues dans les travaux, et la refuser lorsque cette évacuation a eu lieu au préalable, et a procuré au concessionnaire voisin l'immense avantage de lui permettre d'exploiter sans frais d'épuisement, des couches antérieurement asséchées par d'autres. Liége, 12 juin 1876.

686. **Pour l'attribution de l'indemnité, n'y-a-t-il pas lieu de distinguer entre la nature des travaux.** — Si la mine qui opère les travaux d'épuisement dont profite la mine voisine, les réalise au moyen de machines, cet épuisement, en dehors des frais d'établissement et d'entretien, est la cause de dépenses de fonctionnement auxquelles on comprend que la mine voisine soit obligée de coopérer dès qu'elle en tire un avantage direct. Mais si l'assèchement a été obtenu par l'une des mines au moyen de travaux qu'elle aurait dû effectuer dans les conditions où elle y a pourvu dans son intérêt propre et exclusif et qui une fois établis, tels que des galeries d'écoulement, fonctionnent naturellement et sans frais, la mine voisine devra-t-elle indemnité pour ces travaux qui, sans ce voisinage, eussent été faits et fonctionneraient dans les mêmes conditions? Pourquoi pas, quel que soit dans tous les cas le but que le concessionnaire ait poursuivi dans un intérêt personnel lors de l'exécution des travaux, il n'en procure pas moins par ces travaux un avantage direct, matériel et commercial à la mine voisine, dont celle-ci doit lui tenir compte dans une certaine mesure. Et si ce résultat est obtenu par des moyens faciles et peu coûteux, tant mieux pour celui qui en profite, puisque le concours qu'on lui réclamera sera pour lui une charge moins lourde, et que cependant l'écoulement des eaux qui lui garantit la liberté de l'exploitation et la conservation de sa concession, sera plus assuré, puisque cet écoulement, grâce à la nature des travaux, s'opérera sûrement et nécessairement, tandis qu'il pourrait cesser si on ne l'obtenait qu'à l'aide de machines et du concours incessant de l'homme. Bruxelles, 13 avril 1844, *Pas.*, 45, 2, 72, réformant un jugement de Charleroi, Soc. Charb. de la Sablonnière et autres ; Bury, 748.

687. Effet direct et certain des travaux. — Il faut pour qu'il y ait lieu à indemnité qu'il soit certain que les travaux entrepris par une mine aient été réellement et directement avantageux à d'autres. Ainsi, dans certains pays miniers, on a constaté l'existence d'eaux souterraines, répandues en nappes plus ou moins étendues sur un point du sous-sol. Ces eaux ont un écoulement dans une direction déterminée et sauf des déviations partielles, les exploitations en amont contrariées par les eaux sont bien obligées de se livrer à des travaux d'épuisement ou de démergement, souvent fort coûteux, et qui diminuent forcément dans une certaine proportion la quantité d'eau qui continue à suivre le sous-sol et à passer dans les concessions voisines. Si ces eaux étaient complètement détournées, ces concessions en aval devraient une indemnité. Mais le plus souvent, les eaux continuent à se répandre dans ces dernières, diminuées peut-être de celles que les épuisements supérieurs ont déviées. Il n'y a dans ces circonstances aucun avantage assez sérieux et assez certain pour donner lieu à une action de la part du concessionnaire placé en amont par rapport à ceux qui sont en aval et dont les exploitations continuent à être fatiguées par des eaux, que les épuisements supérieurs n'ont point diminuées d'une manière appréciable au point de vue des exploitations inférieures.

688. Exhaure d'une mine non exploitée. — Pour qu'il y ait lieu à indemnité au profit de la mine exhaurée, il faut qu'elle soit en état d'exploitation, car dans le cas contraire, qu'importerait que la mine fût ou non envahie par les eaux, et, puisque l'épuisement ne lui procurerait aucun bénéfice, aucun avantage, comment pourrait-elle être obligée de tenir compte à la mine voisine d'un fait dont les résultats seraient indifférents pour elle. A. Bury, 745; Lallier, 438. Cependant la Cour de Liège a décidé le 23 janvier 1885, Soc. de Belle-Vue, Delecroix, 85, p. 228, que l'exhaure d'une mine épuisée ou inexploitée donnait une action au profit de la mine exhaurante, et que cette action était à la fois réelle contre la mine épuisée ou abandonnée et personnelle contre les propriétaires.

689. Sur qui pèse l'indemnité due en vertu de l'article 45 de la loi de 1810. — L'article 45 de la loi de 1810 dit que dans les cas qu'elle prévoit, il y a lieu à indemnité d'une mine en faveur de l'autre. Ces termes indiquent que le législateur a voulu que l'on considérat cette indemnité comme une charge réelle pesant sur la mine ou soit sur ceux qui en sont propriétaires au moment où l'action se réalise. Il en résulte que tout propriétaire d'une mine inondée par une mine voisine aura une action contre les propriétaires de celle-ci, quelle que soit la nature du fait qui donne lieu à l'introduction des eaux dans la mine d'où elles proviennent, et l'époque à laquelle ce fait remonte, Bruxelles, 6 mai 1846, *Pas.* 46, 2, 330; *Dict. de législ. des m.* v° *Eau*, p. 211 et que le propriétaire qui a cédé la mine d'où proviennent les eaux ne sera pas tenu des dommages postérieurs à cette aliénation. C. Cass. belge, 24 octobre 1856, *Pas.* 57, 1, 41; Gand, 1 mai 1865, *Pas.* 67, 2, 124. A. Bury, 767. Mais si les rapports de mine à mine doivent être ainsi réglés en exécution de l'article 45 de la la loi de 1810, les dispositions de cette loi ne sauraient entraver l'exercice des actions en responsabilité et en garantie que le propriétaire actionné pourra faire valoir, suivant les circonstances et d'après le droit commun, à l'égard de ses cédants ou de tous auteurs d'une faute ayant donné lieu au fait qui motive l'action dirigée contre lui.

690. Expertise pour le réglement des indemnités. — Lorsqu'il y a lieu à indemnité en exécution de l'article 45 de la loi de 1810, le règlement en sera fait par experts d'après la disposition expresse de cette loi. Dufour, *L. des m.* n. 119.

Le titre IX de la loi de 1810 que nous aurons à étudier plus loin est consacré à la réglementation des expertises auxquelles on doit recourir en exécution de ses dispositions.

§ 3.

Application de la loi de 1838 sur l'asséchement des mines.

691. Nécessité de combiner les moyens pour parer à des dangers communs dans un territoire concédé à plusieurs. — Lorsqu'une mine est menacée d'une inondation, l'administration tenait de la loi de 1810, articles 49 et 50, le droit de prescrire les mesures nécessaires pour empêcher que les travaux d'exploitation, la sureté publique et les besoins des consommateurs fussent compromis. Mais dans certains territoires divisés en plusieurs concessions, le danger, lorsqu'il devenait commun, impliquait la nécessité de travaux d'ensemble, et un concours, que la législation de 1810 ne réglementait pas suffisamment pour assurer à l'administration des moyens sérieux et efficaces d'action. Cet inconvénient se manifesta dans de telles conditions à l'occasion des inondations qui se produisirent après 1830 dans certaines mines voisines du Bassin de Rive-de-Gier, qu'on ne put différer davantage de prendre les mesures législatives que commandait la situation.

La loi de 1838 repose sur deux principes. D'après le premier, un danger commun doit appeler une résistance commune. Il ne saurait être permis à un seul de compromettre par l'égoïsme ou l'apathie le salut des intérêts de tous. Le second dérive de la nature même des mines

concédées gratuitement par l'Etat pour être exploitées.
Elles doivent suivre la loi de leur destination. Le concessionnaire qui s'y refuse doit être considéré comme renonçant à la conservation de sa propriété, au droit que
la société lui avait conféré sous la foi de sa promesse. Faciliter la production, encourager l'association; tel est, sans
contredit, le double but d'un gouvernement qui comprend
le devoir de protéger la liberté commerciale. Les mines
touchent de près à ces deux principes, et le projet de
loi se rattache également à l'un et à l'autre; car il impose à chaque concessionnaire le devoir de produire
conformément à son titre, et il soumet tous les concessionnaires ensemble à la nécessité d'une collaboration
commune contre des dangers communs. Rapp. de M. Sauzet à la Ch des députés, 1er mars 1838.

692. **Travaux communs contre l'inondation et pour
les assèchements.** — Lorsque plusieurs mines situées
dans des concessions différentes seront atteintes ou menacées d'une inondation commune, qui sera de nature
à compromettre leur existence, la sûreté publique
ou les besoins des consommateurs, le gouvernement
pourra obliger les concessionnaires de ces mines à exécuter en commun et à leurs frais les travaux nécessaires, soit pour assécher tout ou partie des mines inondées, soit pour arrêter les progrès de l'inondation.

L'application de cette mesure sera précédée d'une enquête administrative à laquelle tous les intéressés seront
appelés, et dont les formes seront déterminées par un
règlement d'administration publique. L. 27 avril 1838,
art. 1.

La Commission de la Chambre des Pairs avait proposé par amendement, que les formes de l'enquête fussent réglées, pour chaque cas particulier, par un arrêté
ministériel; mais cette proposition fut abandonnée et on
s'est rangé à l'avis qui soumet ce règlement à un acte
général d'administration publique.

Cet acte, dont je vais reproduire les dispositions, porte la date du 23 mai 1841.

693. Nature du danger autorisant l'application de la loi.. — La première rédaction de l'article 1ᵉʳ ne contenait pas les mots : qui sera de nature à compromettre leur existence, la sûreté publique ou les besoins des consommateurs. M. Peyret-Lallier, dont les observations sont ici d'autant plus précieuses qu'il a été appelé à prendre une large part à la préparation et au vote de la loi de 1838, rappelle, n. 754, qu'ils ont été ajoutés sur la proposition de la Commission, pour exprimer quelle doit être la nature de l'inondation qui autorise le gouvernement à recourir aux mesures rigoureuses de la loi.

Il ne suffit pas, portait le rapport présenté à la Chambre des députés, que des mines soient inondées, pour autoriser les mesures coercitives et extraordinaires de la loi. Il faut encore que la suspension de l'exploitation qui en résulte, ou qui pourrait en résulter, soit de nature à compromettre la sûreté publique, les besoins des consommateurs, ou l'existence même des mines, qui est inséparable de ceux-ci. C'est la limite posée par l'article 49 de la loi de 1810 et dont il importe de ne pas sortir. La liberté des exploitations privées ne doit s'arrêter que devant ces grandes raisons d'intérêt public dont tous les concessionnaires ont pu lire la réserve dans la loi fondamentale de leur titre. Cette restriction, en laissant à l'administration toute la latitude nécessaire, caractérise mieux l'esprit de la loi et doit rassurer tous les hommes raisonnables contre la possibilité des abus.

694. Inondation des mines d'une même concession. — L'article 1ᵉʳ de la loi de 1838 n'est pas applicable à ce cas C'est aux intéressés à y pourvoir et à l'administration à prescrire les ouvrages indispensables pour prévenir les inondations, éboulements et incendies qui pourraient résulter d'une exploitation irrégulière ou dangereuse. D. 3 janvier 1813; L. 27 avril 1838, article

9; Instruct. du 29 décembre 1838; Arrêtés préfect. de la Loire, 25 décembre 1837, 2 février 1838, 18 novembre 1844. Peyret-Lallier, 757 ; Dufour, *L. des mines*, 122; Dupont, t. I, p. 433.

695. Déclaration de l'utilité publique des travaux. — Est faite par le gouvernement seul et sans recours possible. Dufour, *L. des mines*, 122. Mais pour rassurer tous les intérêts, elle doit être précédée de formalités protectrices que nous allons indiquer.

696. Enquête administrative qui doit précéder l'application de la loi de 1838 sur les mines inondées. — L'enquête administrative qui doit précéder l'application des dispositions de la loi de 1838 relatives aux mines inondées ou menacées d'inondation, sera ordonnée par le ministre des travaux publics et aura lieu dans les formes ci-après déterminées. Ord. 23 mai 1841, art. 1er.

L'enquête s'ouvrira sur un mémoire de l'ingénieur en chef des mines indiquant ; la quantité de produits que les mines inondées fournissaient avant leur envahissement, la quotité fournie par les mines que l'inondation peut atteindre ; les relations de ces mines entr'elles ; les causes de l'inondation, comment elle se propage, ses progrès faits et qu'elle peut faire. Les circonstances d'où il résulte qu'elle est de nature à compromettre l'existence des mines, la sûreté publique ou les besoins des consommateurs, et qu'il y a lieu pour le gouvernement de recourir à la loi de 1838, pour obliger les concessionnaires à exécuter en commun, et à leurs frais, les travaux nécessaires soit pour assécher les mines inondées, soit pour garantir de l'inondation les exploitations qui n'en sont pas encore atteintes. A ce mémoire seront joints les plans et coupes nécessaires pour en faciliter l'intelligence ; art. 2.

Toutes les pièces seront visées par le préfet et déposées à la sous-préfecture de l'arrondissement dans lequel les mines sont situées ; art. 3.

Un registre destiné à recevoir les observations auxquelles la mesure projetée pourra donner lieu sera ouvert pendant deux mois à cette sous-préfecture; le mémoire et les plans produits par l'ingénieur en chef y demeureront déposés pendant ce délai. Des registres seront également ouverts dans chaque commune de la circonscription des mines auxquelles il s'agit de faire application de la loi de 1838; à ces registres seront annexées les copies conformes des pièces déposées à la sous-préfecture; art. 4.

L'enquête sera annoncée par des affiches placées au chef-lieu du département, à celui de l'arrondissement et dans toutes les communes dans lesquelles sont situées les mines inondées ou menacées d'inondation. Les représentants des concessionnaires, ou des sociétés propriétaires de chacune de ces mines, nommés en exécution de l'article 7 de la loi de 1838, seront informés individuellement par notification administrative de l'ouverture de l'enquête; art. 5.

Une commission de cinq membres au moins et de sept au plus sera formée au chef-lieu d'arrondissement; les membres et le président seront nommés par le préfet; art. 6.

Cette commission se réunira immédiatement après le délai fixé par l'article 4. Elle examinera les déclarations consignées au registre; recevra les dires, mémoires et observations de toute espèce; entendra les propriétaires des mines inondées ou menacées, les ingénieurs des mines, les chefs des établissements industriels et toutes les personnes qu'elle jugera à même de lui fournir d'utiles renseignements; puis elle donnera son avis motivé sur la question de savoir s'il y a lieu à l'application de la mesure indiquée dans l'article 1er de la loi de 1838. Ces diverses opérations devront être terminées dans le délai d'un mois. Il en sera dressé procès-verbal, lequel sera transmis immédiatement au préfet par le président, avec les registres et les autres pièces de l'enquête; art. 7.

Les chambres de commerce et les chambres consultatives des arts et manufactures des villes situées tant à l'intérieur qu'au dehors du département, qu'il paraîtrait utile de consulter, seront appelées à donner leur avis; art. 8.

Toutes les pièces de l'enquête seront transmises au ministre des travaux publics par le préfet, lequel y joindra son avis motivé; art. 9.

Il résulte de cette ordonnance que l'enquête ne peut-être prescrite que par le ministre des travaux publics. Il est donc nécessaire que les pièces mentionnées à l'article 2 du règlement et qui doivent servir de base à l'enquête soient préalablement communiquées à l'administration supérieure, pour que le ministre apprécie s'il y a lieu de recourir à la loi de 1838.

Le choix des membres de la commission doit porter non seulement sur des personnes possédant les connaissances nécessaires pour apprécier les questions qui leur sont soumises, mais encore dégagées de tout intérêt personnel dans ces questions, de telle sorte que l'impartialité de leur opinion ne puisse être mise en doute. Comme il s'agit de prendre des mesures qui peuvent entraîner des dépenses considérables, il importe que l'administration soit parfaitement éclairée et que ses décisions ne reposent que sur des motifs incontestables d'intérêt public. Circ. min. 29 juin 1841.

697. Désignation par le ministre des concessions devant se syndiquer; organisation des syndicats. — Le ministre décidera, d'après l'enquête, quelles sont les concessions inondées ou menacées d'inondation, qui doivent opérer, à frais communs, les travaux d'assèchement.

Cette décision sera notifiée administrativement aux concessionnaires intéressés. Le recours contre cette décision ne sera pas suspensif.

Les concessionnaires ou leurs représentants, désignés ainsi qu'il sera dit à l'article 7 de la présente loi, seront convoqués en assemblée générale, à l'effet de nommer un syndicat composé de trois ou cinq membres pour la gestion des intérêts communs.

Le nombre des syndics, le mode de convocation et de délibération de l'assemblée générale, seront réglés par un arrêté du préfet.

Dans les délibérations de l'assemblée générale, les concessionnaires ou leurs représentants auront un nombre de voix proportionnel à l'importance de chaque concession.

Cette importance sera déterminée d'après le montant des redevances proportionnelles acquittées par les mines en activité d'exploitation, pendant les trois dernières années d'exploitation, ou par les mines inondées, pendant les trois années qui auront précédé celle où l'inondation aura envahi les mines. La délibération ne sera valide qu'autant que les membres présents surpasseraient en nombre le tiers des concessions, et qu'ils représenteraient entre eux plus de la moitié des voix attribuées à la totalité des concessions comprises dans le syndicat.

En cas de décès ou de cessation des fonctions des syndics, ils seront remplacés par l'assemblée générale dans les formes qui auront été suivies pour leur nomination. L. 27 avril 1838, art. 2.

La décision qui désigne les concessionnaires tenus de participer aux travaux, procédant de l'office du juge, il en résulte un recours possible devant le Conseil d'Etat par la voie contentieuse. Dufour, *L. des M.*, 123; Naudier, p. 185. Toutefois, Dupont est d'avis qu'il n'y a lieu qu'à un recours gracieux par la voie administrative, 2e édit., t. 1, p. 431; c'est aussi l'opinion adoptée par Cotelle dans son *Cours*.

La nullité des délibérations non régulières sera prononcée par le préfet sur la demande des intéressés, avec recours au ministre. Dufour n. 126.

La décision qui désigne les concessionnaires appelés à contribuer aux travaux est exécutoire malgré l'opposition. Il importe en effet que les travaux ne soient pas retardés, et les modifications qui peuvent intervenir ultérieurement dans le nombre des intéressés primitivement désignés, se produiront normalement sans qu'il soit nécessaire d'interrompre l'exécution des mesures qu'il est urgent de prendre. Au contraire, en ce qui concerne les délibérations de la commission, l'exécution provisoire, si elles sont attaquées, n'est plus possible, puisque si on poursuivait l'exécution et que le recours fût accueilli il faudrait détruire tout ce qui aurait été fait en exécution des délibérations annulées.

698. Attributions du syndicat; approbation des travaux. — Un décret, rendu dans la forme des règlements d'administration publique, et après que les syndics auront été appelés à faire connaître leurs propositions, et les intéressés leurs observations, déterminera l'organisation définitive et les attributions du syndicat, les bases de la répartition, soit provisoire, soit définitive, de la dépense entre les concessionnaires intéressés, et la forme dans laquelle il sera rendu compte des recettes et des dépenses.

Un arrêté ministériel déterminera, sur la proposition des syndics, le système et le mode d'exécution et d'entretien des travaux d'épuisement, ainsi que les époques périodiques où les taxes devront être acquittées par les concessionnaires.

Si le ministre juge nécessaire de modifier la proposition du syndicat, le syndicat sera de nouveau entendu. Il lui sera fixé un délai pour produire ses observations. L. 27 avril 1838, art. 3.

699. Commission désignée par l'administration à défaut d'organisation de syndicat et pour en tenir lieu. — Si l'assemblée générale, dûment convoquée, ne se réunit pas, ou si elle ne nomme point le nombre de syndics fixé par l'arrêté du préfet, le ministre, sur la proposition de ce dernier, instituera d'office une commission composée de trois ou cinq personnes, qui sera investie de l'autorité et des attributions des syndics.

Si les syndics ne mettent point à exécution les travaux d'assèchement, ou s'ils contreviennent au mode d'éxécution et d'entretien réglé par l'arrêté ministériel, le ministre, après que la contravention aura été constatée, les syndics préalablement appelés, et après qu'ils auront été mis en demeure, pourra, sur la proposition du préfet, suspendre les syndics de leurs fonctions, et leur substituer un nombre égal de commissaires.

Les pouvoirs des commissaires cesseront de droit à l'époque fixée pour l'expiration de ceux des syndics. Néanmoins le ministre, sur la proposition du préfet, aura toujours la faculté de les faire cesser plus tôt.

Les commissaires pourront être rétribués; dans ce cas, le ministre, sur la proposition du préfet, fixera le taux des traitements, et leur montant sera acquitté sur le produit des taxes imposées aux concessionnaires. L. 27 avril 1838, art. 4.

Les commissaires peuvent être choisis parmi des intéressés dans les exploitations. Rap. de M. Sauzet à la Ch des Députés. On a retranché du projet primitif une disposition portant qu'ils devaient être choisis parmi les personnes étrangères à la concession.

Le droit de désignation des commissaires par le gouvernement est absolu. Richard, 448, Dufour, *L. des M.*, 131.

700. Réclamations relatives à l'exécution des travaux. — Sont jugées comme en matière de travaux publics, c'est-à-dire portées devant le Conseil de préfecture avec recours au Conseil d'Etat. L. 1838, art 5; L. 28 pluviôse, an VIII, art. 4; Circ. 29 décembre 1838.

701. Recouvrement des rôles, réclamations, recours. — Les rôles de recouvrement des taxes réglées en vertu des articles précédents seront dressés par les syndics, et rendus exécutoires par le préfet.

Les réclamations des concessionnaires, sur la fixation de leur quote-part dans lesdites taxes, seront jugées par le Conseil de préfecture sur mémoires des réclamants, communiqués au syndicat, et après avoir pris l'avis de l'ingénieur des mines.

Les réclamations relatives à l'exécution des travaux seront jugées comme en matière de travaux publics.

Le recours, soit au Conseil de préfecture, soit au Conseil d'Etat, ne sera pas suspensif. L. 27 avril 1838, art. 5.

Mais le Conseil d'Etat, une fois saisi, peut, en appréciant les circonstances, ordonner la suspension des travaux. Réponse à une observation de M. Mermilliod dans la discussion de la loi de 1838.

702. Retard dans l'acquittement des taxes, intérêts. — Peyret-Lallier, n. 76:, se demande, si à défaut de paiement des taxes, à l'époque fixée, l'intérêt courra de plein droit. Il répond affirmativement parce qu'il ne s'agit pas ici de contribution publique, mais de dépenses utiles à une association et il applique l'article 1846 du Code civil. Dupont, t. II, p. 431, adopte cet avis. Puisque pour le recouvrement de ces taxes, on suit les règles établies pour le recouvrement des contributions publiques, je ne vois pas pourquoi, en cas de retard dans le recouvrement, on appliquerait les règles ordinaires établies par le Code civil pour le retard dans les paiements. L'action du comptable est suffisamment aidée par les moyens exceptionnels mis à sa disposition pour qu'on n'invoque pas contre le redevable les règles applicables à des recouvrements soumis à toutes les formalités des lois de procédure.

703. Défaut d'acquittement des cotisations; retrait et vente de la concession. — A défaut de payement dans le délai de deux mois, à dater de la sommation qui aura été faite, la mine sera réputée abandonnée ; le ministre pourra prononcer le retrait de la concession, sauf le recours au chef de pouvoir exécutif en Conseil d'Etat, par la voie contentieuse.

La décision du ministre sera notifiée aux concessionnaires déchus, publiée et affichée à la diligence du préfet.

L'administration pourra faire l'avance du montant des taxes dues par la concession abandonnée, jusqu'à ce qu'il ait été procédé à une concession nouvelle, ainsi qu'il sera dit ci-après.

A l'expiration du délai de recours, ou, en cas de recours, après la notification de l'ordonnance confirmative de la décision du ministre, il sera procédé publiquement, par voie administrative, à l'adjudication de la mine abandonnée. Les concurrents seront tenus de justifier des facultés suffisantes pour satisfaire aux conditions imposées par le cahier des charges.

Celui des concurrents qui aura fait l'offre la plus favorable sera déclaré concessionnaire, et le prix de l'adjudication, déduction faite des sommes avancées par l'Etat, appartiendra au concessionnaire déchu ou à ses ayant droit. Ce prix, s'il y a lieu, sera distribué judiciairement et par ordre d'hypothèque.

Le concessionnaire déchu pourra, jusqu'au jour de l'adjudication, arrêter les effets de la dépossession, en payant toutes les taxes arriérées et en consignant la somme qui sera jugée nécessaire pour sa quote-part dans les travaux qui resteront encore à exécuter.

S'il ne se présente aucun soumissionnaire, la mine restera à la disposition du domaine libre et franche de toutes charges provenant du fait du concessionnaire déchu. Celui-ci pourra, en ce cas, retirer les chevaux, machines et agrès qu'il aura attachés à l'exploitation, et qui pourront être séparés sans préjudice pour la mine, à la charge de payer toutes les taxes dues jusqu'à la dépossession, et sauf au domaine à retenir, à dire d'experts, les objets qu'il jugera utiles. L. 27 avril 1838, art. 6.

La faculté donnée au concessionnaire d'intervenir tant que l'adjudication n'a pas eu lieu, appartient également à ses créanciers, soit hypothécaires, soit même chiro-graphaires. C'est ce qui a été indiqué à l'occasion d'une modification de rédaction proposée lors de la discussion de la loi de 1838 par M. Lavielle.

Le concessionnaire dépouillé de la concession faute de soumissionner à l'enchère n'a droit à aucune indemnité. Rap. de M. Sauzet, sur la loi de 1838.

704. Mesures pour obtenir le remboursement des travaux exécutés d'office par l'administration. — Dans tous les cas où les lois et réglements sur les mines autorisent l'administration à faire exécuter des travaux dans les mines aux frais des concessionnaires, le défaut de payement, de la part de ceux-ci, donnera lieu contre eux à l'application des dispositions de l'article 6 de la présente loi. — L. 27 avril 1838, art. 9.

§ 4.

Etablissement de chemins de fer par les concession-naires de mines. Rapport de ces concessionnaires avec les concessionnaires de chemins de fer, canaux et autres.

705. Objet de ce paragraphe. — Le voisinage des concessions de mines donne lieu à un ensemble de droits et devoirs réciproques que nous venons d'indiquer. Lors-que les concessions voisines sont de natures différentes, ces règles ne sauraient être les mêmes et le plus souvent elles ne sont pas déterminées par des actes spéciaux, et ce sont les règles générales sur le voisinage qu'il faut suivre et auxquelles nous ne pouvons que renvoyer. Toutefois, en ce qui concerne les concessions de che-

mins de fer, canaux, éclairage au gaz, leur régime dans
leur voisinage avec les mines a été en partie fixé par
des documents judiciaires ou réglementaires et je crois
utile d'indiquer divers principes qui en résultent. De
plus, pour ne pas multiplier les divisions à l'infini, qu'on
me permette préalablement d'indiquer ici les conditions
dans lesquelles les concessionnaires de mines peuvent
eux-mêmes établir des chemins de fer pour faciliter leur
exploitation.

Je ne dois pas omettre d'indiquer ici que la législation
sur les chemins de fer d'embranchement des mines en
France et en Belgique, a fait l'objet d'une étude spéciale
de la part de M. Delecroix, p. 71 à 256 de son *Commentaire sur la loi de 1880, suivi d'une Etude sur les chemins de fer d'embranchement des mines, 1882*

706. Chemins de fer établis par les concessionnaires
de mines. —Les concessionnaires de mines peuvent être
autorisés par arrêté préfectoral, pris après que les propriétaires auront été mis à même de présenter leurs observations, à occuper dans le périmètre de la concession les terrains nécessaires à l'établissement de chemins de fer ne modifiant pas le relief du sol, à charge
de payer une indemnité double du produit net du terrain
endommagé, si les travaux ne sont que passagers, et si
le sol où ils ont eu lieu peuvent être mis en culture au
bout d'un an. A défaut, le propriétaire peut exiger l'achat
des terrains occupés et le paiement au double de leur
valeur avant l'occupation.

Un décret rendu en Conseil d'Etat peut déclarer d'utilité publique les chemins de fer modifiant le relief du
sol à exécuter dans l'intérieur du périmètre ou en dehors,
à charge de se conformer à la loi de 1841 sur l'expropriation, pour ce qui concerne la dépossession des terrains et le règlement des indemnités. — L. 1810, art. 43
et 44, revus en 1880.

En l'état de ces dispositions législatives, je dois me

borner à signaler divers arrêts du Conseil d'Etat rendus sur ces matières et entr'autres ceux des 8 mars 1851, Houil. de la Roche (Puy-de-Dôme) ; 7 mai 1863, M. de Beaubrun (Loire) ; 20 février 1868, M. de Longpendu (Saône-et-Loire) ; 23 février 1870, M du Desert (Maine-et-Loire) ; 9 juillet 1875, M. de fer du Montet (Meurthe-et-Moselle) ; 15 juin 1877, M. de l'Escarpelle ; 16 novembre 1877, M. de Trets (Bouches-du-Rhône), et 5 août 1881, M. de Marly ; ainsi que les arrêts de la Cour de Cassation des 23 juillet 1862. M. de la Loire. S. 62, 1, 601 ; 4 août 1863, Cⁱᵉ d'Orléans, S. 63, 1, 432 ; 18 novembre 1863, M. de Blanzy, S. 64. 1, 836.

707. Chemins à établir dans le périmètre concédé ; législation étrangère. — Au sujet des chemins de fer à établir dans l'intérieur du périmètre concédé la loi fait une distinction entre les chemins modifiant le relief du sol et ceux qui ne le modifient pas. Les exploitations minières ont lieu le plus souvent dans des contrées montagneuses et fort accidentées et il est difficile d'y établir des voies même de terre en respectant toujours strictement le relief du sol. Où s'arrêteront les limites de cette modification dans le sens de la loi, c'est ce qu'il est difficile de préjuger. Je pense qu'il faudra se montrer assez facile pour étendre ces limites en n'attribuant qu'à des modifications considérables suivant la nature du terrain, le changement de relief du sol Un pont établi sur un ravin à franchir, quelle que soit son importance ; un tunnel établi pour franchir un escarpement, font bien que le chemin ne suit pas le relief du sol, mais ces ouvrages, en assurant à la voie des pentes et des courbes acceptables, ne changent pas le relief du terrain s'ils ne le suivent pas eux-mêmes, et le propriétaire qui resterait en possession du sol pourrait au moment de la cessation de l'exploitation en jouir dans l'état où il se trouvait avant les travaux, qui n'auraient pas modifié le relief du sol, bien qu'on eût éludé les accidents. Il y a bien aussi dans cette appréciation à faire une distinction entre les chemins à large voie, praticables par les locomotives et les wagons d'un fort tonnage, et les voies étroites, servant aux transports sur les divers points du périmètre concédé, pour faciliter les manipulations et mettre la matière extraite à même de faire la toilette nécessaire pour la présenter à l'agrément du commerce.

La loi confère aux concessionnaires de mines une servitude active sur les propriétés de la surface renfermées dans les périmètres concédés, et avant la révision de 1880 les exploitants pouvaient établir des chemins de charroi, et même aux termes d'une jurisprudence libérale, Conseil d'Etat, 9 juillet 1875 et 15 juin 1877, des chemins de fer à voie étroite. Il ne leur était interdit que d'établir des chemins de fer à voie normale, sans un décret d'autorisation. — C. d'Etat, 23 février 1870; Rapport de M. Brossard sur la loi de 1880.

La nouvelle loi n'a pas voulu entraver des facilités déjà existantes, mais au contraire les augmenter pour se conformer aux progrès déjà accomplis dans ce sens par les législations étrangères. En Autriche, la loi du 23 mai 1854, donnait aux concessionnaires de mines, le droit d'ouvrir et de faire des routes, ponts et chemins de fer, moyennant le consentement de l'autorité publique et après avoir averti l'administration des mines de l'exécution des travaux. En Prusse, la loi du 24 juin 1865, obligeait le propriétaire à céder, moyennant une indemnité simple, les terrains nécessaires à la construction des chemins de fer. La loi Saxonne du 16 juin 1868, renferme une disposition analogue. Le gouvernement belge de son côté, peut déclarer, sur la proposition du Conseil des mines, qu'il y a utilité publique à établir des communications dans l'intérêt d'une exploitation. Rap. de M. Brossard, sur la loi de 1880 ; voir pour la Belgique, la loi du 2 mai 1837, art. 12. On peut consulter utilement, sur l'établissement des chemins de fer d'exploitation des mines, dans le périmètre concédé et en dehors de ce périmètre, les observations qui accompagnent l'article 45 du projet de code minier pour la République Argentine, de Enrique Rodriguez, Cordoba, 1882, p. 100 et suiv.

Divers décrets ont autorisé l'établissement de chemins de fer appelés à desservir des mines; je puis citer ; 17 novembre 1882 concernant la concession de Thivencelles : 21 novembre 1882, concession de Flechinelle et autres ; 14 février 1883, Mines de sel de Montmorot ; 11 mai 1883, mines de Drocourt rappelées plus loin.

708. Instruction de ces affaires. — Elle est confiée aux ingénieurs des mines qui, surtout pour les cas où il y a lieu de recourir à l'expropriation, devront se conformer aux dispositions contenues dans les ordonnances des 18 février 1834 et 15 février 1835, sur les formalités des enquêtes relatives aux travaux publics; la loi du 3 mai 1841 sur l'expropriation pour cause d'utilité publique ; la circulaire du 12 juin 1850, sur les travaux concernant divers services ; la loi du 7 avril 1851 ; le décret du 16 août 1853, la circulaire du 5 août 1851, les décrets des 15 mars 1852, 3 mars 1874, 8 septembre 1878, et les circulaires des 4 et 24 octobre 1878, sur la zone frontière ; le décret du 13 avril 1861, articles 2 et 3, sur la décentralisation ; la loi du 27 juillet 1870 sur les travaux publics ; le décret du 2 avril 1874, sur les chemins de fer ; la loi du 11 juin 1880 sur les chemins de fer d'intérêt local ; le décret du 6 août 1880 pour son exécution, et les circulaires des 18 août 1881 et 21 novembre 1881.

709. Embranchements industriels. — Le cahier des charges des concessions de chemins de fer porte dans son article 62, les dispositions suivantes, concernant les embranchements réclamés par les propriétaires de mines pour mettre leurs concessions en communication avec les réseaux de chemins de fer :

La compagnie sera tenue de s'entendre avec tout propriétaire de mines ou d'usines qui, offrant de se sou-

mettre aux prescriptions ci-après, demanderait un embranchement; à défaut d'accord, le gouvernement statuera
sur la demande, la compagnie entendue.

Les embranchements seront construits aux frais des
propriétaires de mines ou d'usines, de manière à ce
qu'il ne résulte de leur établissement aucune entrave à la
circulation générale, aucune cause d'avarie pour le matériel, ni aucuns frais particuliers pour la compagnie.

Leur entretien devra être fait avec soin et aux frais
de leurs propriétaires, et sous le contrôle de l'administration. La compagnie aura le droit de faire surveiller
par ses agents cet entretien, ainsi que l'emploi de son
matériel sur les embranchements.

L'administration pourra, à toutes époques, prescrire
les modifications qui seraient jugées utiles dans la soudure, le tracé ou l'établissement de la voie desdits embranchements, et les changements seront opérés aux
frais des propriétaires.

L'administration pourra même, après avoir entendu
les propriétaires, ordonner l'enlèvement temporaire des
aiguilles de soudure, dans le cas où les établissements
embranchés viendraient à susprendre en tout ou en partie leurs transports.

La compagnie sera tenue d'envoyer ses wagons sur
tous les embranchement autorisés destinés à faire communiquer des établissements de mines ou d'usines avec
la ligne principale du chemin de fer.

La compagnie amènera ses wagons à l'entrée des embranchements.

Les expéditeurs ou destinataires feront conduire les
wagons dans leurs établissements pour les charger ou
décharger, et les ramèneront au point de jonction avec
la ligne principale, le tout à leurs frais.

Les wagons ne pourront d'ailleurs être employés
qu'au transport d'objets et marchandises destinés à la
ligne principale du chemin de fer.

Le temps pendant lequel les wagons séjourneront sur les embranchements particuliers ne pourra excéder six heures, lorsque l'embranchement n'aura pas plus d'un kilomètre. Le temps sera augmenté d'une demi-heure par kilomètre en sus du premier, non compris les heures de de la nuit, depuis le coucher jusqu'au lever du soleil.

Dans le cas où les limites de temps seraient dépassées, nonobstant l'avertissement spécial donné par la compagnie, elle pourra exiger une indemnité égale à la valeur du droit de loyer des wagons, pour chaque période de retard après l'avertissement.

Les traitements des gardiens d'aiguille et des barrières des embranchements autorisés par l'administration seront à la charge des propriétaires des embranchements. Ces gardiens seront nommés et payés par la compagnie, et les frais qui en résulteront lui seront remboursés par lesdits propriétaires.

En cas de difficultés, il sera statué par l'administration, la compagnie entendue.

Les propriétaires d'embranchements seront responsables des avaries que le matériel pourrait éprouver pendant son parcours ou son séjour sur ces lignes.

Dans le cas d'inexécution d'une ou de plusieurs des conditions énoncées ci-dessus, le préfet pourra, sur la plainte de la compagnie et après avoir entendu le propriétaire de l'embranchement, ordonner par un arrêté la suspension du service et faire supprimer la soudure, sauf recours à l'administration supérieure et sans préjudice de tous dommages-intérêts que la compagie serait en droit de répéter pour la non-exécution de ces conditions.

Pour indemniser la compagnie de la fourniture et de l'envoi de son matériel sur les embranchements, elle est autorisée à percevoir un prix fixe de douze centimes (0 fr. 12) par tonne pour le premier kilomètre, et, en

outre, quatre centimes (0 fr. 04) par tonne et par kilomètre en sus du premier, lorsque la longueur de l'embranchement excèdera un kilomètre.

Tout kilomètre entamé sera payé comme s'il avait été
parcouru en entier.

Le chargement et le déchargement sur les embranchements s'opéreront aux frais des expéditeurs ou destinataires, soit qu'ils les fassent eux-mêmes, soit que
la compagnie du chemin de fer consente à les opérer.

Dans ce dernier cas, ces frais seront l'objet d'un règlement arrêté par l'administration supérieure, sur la
proposition de la compagnie.

Tout wagon envoyé par la compagnie sur un embranchement devra être payé comme wagon complet, lors
même qu'il ne serait pas complètement chargé.

La surcharge, s'il y en a, sera payée au prix du tarif
légal et au prorata du poids légal. La compagnie sera
en droit de refuser les chargements dépassant le maximum de trois mille cinq cents kilogrammes, déterminé
en raison des dimensions actuelles des wagons.

Le maximum sera révisé par l'administration, de manière à être en rapport avec la capacité des wagons.

Les wagons seront pesés à la station d'arrivée par les
soins et aux frais de la compagnie.

Ces dispositions se retrouvent également dans les concessions de chemins de fer d'intérêt local, avec ces seules modifications que, au lieu de désigner le bénéficiaire
sous la désignation de la compagnie, on le désigne sous
le nom du concessionnaire, et les pouvoirs réservés au
gouvernement, pour les grandes lignes, passent aux
préfets sur les lignes d'intérêt local.

L'article 11 de la loi du 11 juin 1881, sur les chemins
de fer d'intérêt local, autorise les préfets à dispenser de
poser des barrières au croisement des chemins peu fré-
quentés.

L'établissement de ces chemins industriels, avec les

conditions de réglementation qui régissent leur fonctionnement ne sont nullement en contradiction avec la prohibition des traités de faveur, comme nous l'avons expliqué dans le *Code des transports*, n. 11 ; C. Cass., 14 novembre 1860, S. 61, 1, 631.

Les chemins industriels sont d'ailleurs soumis à la fois
à la surveillance des compagnies sur le réseau desquelles
ils s'embranchent et à celle de l'administration publique.

Pour les diverses conditions de détail d'établissement,
on n'a qu'à consulter un cahier des charges de concession de chemins de fer industriels que nous ne pouvons
rapporter ici dans son entier, et où l'on trouvera toutes
les indications constituant le régime spécial de ces voies.

Il me parait inutile de citer ici tous les décrets qui ont
déclaré l'utilité publique de chemins de fer destinés à relier
les mines avec des chemins de fer ou d'autres points ;
je me borne à indiquer, parmi les plus récents, les suivants : 17 novembre 1882, du puits de la concession
houillère de Thivenceles, à un puits de la concession d'Escaupont ; 24 février 1883, des mines de sel de
Montmorot (Jura), avec le chemin de fer d'intérêt local
de Chalon-sur-Saône à Lons-le-Saulnier ; 11 mai 1843, de
l'un des puits des mines de Drocourt (Pas-de-Calais), à
la gare d'Hénin-Liétard, chemin de fer du Nord. Un décret du 7 décembre 1885 a accordé un nouveau délai à
la compagnie des mines de Thivencelles et Fresnes-
Midi, pour les expropriations nécessaires à l'établissement d'une voie ferrée du puits de Saint-Pierre au puits
Soult, dépendants de deux concessions différentes.

710. **Régime des chemins de fer d'embranchement
concédés comme dépendances de lignes d'intérêt général.**
— Lorsque des lignes secondaires destinées à desservir
des bassins houillers ou des mines ont été compris dans la
concession faite à la compagnie chargée d'établir des
lignes d'intérêt général et sans distinction de régime, il
n'appartient pas aux tribunaux d'établir entre elles des

distinctions que la concession n'établit pas, et de déclarer que certains embranchements n'étant utiles que pour
la desserte d'une mine doivent être considérés comme
créés uniquement dans son intérêt et être soumis au régime des chemins industriels ou tout autre. C. Cass.
belge 4 janvier 1883. M. des Xhawirs, Rejet de Liège,
17 mars 1880.

711. **Modifications occasionnées à l'embranchement,
par les chagnements opérés à la ligne principale ; indemnité; compétence.** — Lorsqu'une compagnie de chemin
de fer d'intérêt général, modifie le tracé de sa ligne
de manière à obliger une compagnie minière à compléter
des travaux de raccordement de sa ligne industrielle, il
n'y a point dans ce fait une expropriation motivant une
indemnité à régler par le jury d'expropriation, mais des
dommages dont la réparation appartient aux conseils de
préfecture. C. Cass. 20 août 1856, Comp. du Cluzel S. 57,
1, 143.

De l'article 62 § 4 du cahier des charges de la Compagnie de l'Est, il résulte que l'établissement des embranchements industriels a lieu aux risques et périls des
propriétaires d'usines et ne doit entraîner pour la Compagnie aucuns frais particuliers, ni aggravations de
charges. Au cas où l'administration croirait devoir prescrire des modifications qui seraient jugées utiles, pour
la soudure, le tracé ou l'établissement de la voie des
embranchements, ces changements seraient opérés
aux frais des propriétaires intéressés, ce qui non seulement laisse à la charge de ces propriétaires les dépenses
nécessaires pour effectuer le raccordement nouveau,
mais encore dispense la compagnie de leur payer un
dédommagement à raison de l'inutilité relative dont se
trouveraient frappés, par suite du déplacement du point
de soudure, les ouvrages exécutés pour l'établissement
des voies abandonnées. Toutefois si la compagnie du
chemin de fer pour opérer des modifications à sa ligne

principale s'empare, par voie d'expropriation, des terrains sur lesquels se trouvent les voies de raccordement des chemins industriels desservant la mine, elle doit indemniser la mine, non-seulement à raison de la valeur des terrains expropriés dont elle lui enlève la propriété pour l'incorporer au domaine de la ligne ferrée, mais encore en tenant compte des ouvrages établis sur ces terrains, n'eussent-ils été construits que dans le but d'assurer le fonctionnement du raccordement des chemins industriels ; tels que les ponts par exemple. C. d'Etat, 9 février 1883, M du Mont Saint-Martin.

712. **Négligence dans la desserte d'un embranchement houiller par une compagnie de chemin de fer.** — La Compagnie de chemin de fer au réseau de laquelle s'est raccordée une mine par un embranchement industriel est tenue de la desservir d'une manière normale et régulière, et si elle lui a causé un préjudice en ne mettant point au service des transports de la mine, malgré les demandes de celle-ci, le nombre des wagons nécessaires pour opérer le transport des matières extraites disponibles et destinées à satisfaire aux obligations prises vis-à-vis des acheteurs, la compagnie doit indemniser la mine des préjudices qu'elle lui a ainsi causés. Trib. Béthune 17 février 1870, Lamé-Fleury, *Code des Ch. de fer*, p. 787

Mais les expéditeurs de houille chargés d'opérer eux-mêmes leurs chargements d'après l'article 14 des conditions générales d'application des tarifs généraux, ne sont pas autorisés à obliger une compagnie à leur livrer des wagons avant que les houilles à charger aient été présentées à la gare pour être expédiées, et les acheteurs ne peuvent contraindre la compagnie à mettre dans une gare désignée, un nombre de wagons déterminé par jour pour enlever les houilles qu'ils ont achetées ; les expéditions devant avoir lieu sans tour de faveur, suivant l'ordre de leur enregistrement, dans un délai déterminé à partir de leur remise. C. Cass. 3 mars 1875. M. de Trelys, (Gard), Lamé-Fleury, *Bull. des Ch. de fer*, 1875, p. 83.

Au surplus, sur le transport des houilles et cokes voy. dans la collection de l'Encyclopédie Juridique, notre *Code des transports*, n. 575.

713. Traité spécial entre une société minière et un chemin de fer au sujet des transports. — Il a été jugé que le traité, par lequel une compagnie de chemins de fer consent à une compagnie minière une réduction sur le prix de transport sur son tarif et une part dans les produits de certains transports et par lequel, d'autre part, la compagnie s'engage à ne pas faire transporter sur un canal dont elle est concessionnaire plus d'une quantité déterminée des produits de la mine, n'est pas contraire aux dispositions de la loi sur l'égalité des tarifs, s'il est établi que les avantages reçus par le chemin de la mine, compensant les avantages exceptionnels qui sont consentis par le chemin de fer, ramènent les transports effectués sur le chemin de fer au prix du tarif en vigueur. C. Cass., 7 avril 1862, M. de la Loire, S. 62, 1, 984.

714. Droits et obligations réciproques des concessionnaires de mines et de chemins de fer voisins. — Après avoir indiqué quelles sont les conditions dans lesquelles peuvent être établis par les concessionnaires de mines les chemins de fer destinés à faciliter leur exploitation, examinons quelles sont les règles applicables aux concessionnaires de mines et aux concessionnaires de chemins de fer voisins, dans leurs rapports entr'eux.

715. Etablissement d'un chemin de fer dans le périmètre concédé. — L'établissement d'un chemin de fer dans les parties superficielles d'une concession et qui motive l'expropriation des terrains de la surface, n'oblige pas le concessionnaire de ce chemin à exproprier aussi le tréfonds concédé à une société minière, si le chemin se maintient sur la surface dans les terrains expropriés.

Ce n'est que si des défenses d'exploitation se produisaient à l'avenir, qu'il pourrait y avoir lieu à règlement d'indemnité pour ce fait. La compagnie du chemin de fer a d'ailleurs à se conformer à l'article 24 de son cahier des charges. Nîmes, 21 mars 1881, M. de Celas, C. ch. fer Alais au Rhône. Argument *a contrario* de l'arrêt de la C. de Cass. du 1er août 1866. D. 66, 1, 305 ; Delecroix, *Loi de 1880 et études sur les ch. de fer d'embranchement*, p. 78.

Pour les carrières, au contraire, comme elles font partie de la propriété du sol, dès que ce sol est exproprié pour l'établissement d'un chemin de fer, l'expropriation s'applique aux diverses parties de ce sol et l'indemnité doit porter sur le tout. Delecroix, *L. de 1880, ch. de fer d'embranchement*, p. 108.

716. Etablissement sans autorisation d'un chemin de fer sur les matières minérales concédées ; indemnité, compétence. — Lorsqu'un concessionnaire de mines se plaint que, sans l'accomplissement d'aucune formalité, une compagnie de chemin de fer, pour exécuter ses travaux, s'est établie en souterrain sur les matières mêmes faisant l'objet de la concession dont partie ont été ainsi enlevées, l'instance constitue une demande en réparation d'une expropriation manifestée par des faits d'usurpation dont la réparation appartient à la justice ordinaire. Trib. Seine, 20 novembre 1856, C. d'Etat, 15 avril 1857, Desbordes ; Paris, 24 juillet 1857, M. de Pyrimont-Seyssel, S. 58, 2, 495.

717 Dommages causés à une mine par l'exécution d'un chemin de fer. — Mais les simples dommages causés par une compagnie de chemin de fer à une mine dans l'exécution de son œuvre, constituent des dommages causés par des travaux publics dont le contentieux est du domaine des tribunaux administratifs, sans qu'il y ait lieu à distinguer entre les travaux spécialement autorisés et ceux qui résultent de la construction du

8

chemin de fer lui-même. Dans l'un et l'autre cas, ce sont des conséquences de travaux publics. L. 28 pluviôse, an VIII, art. 4. Paris, 24 juillet 1857, cité.

718. **Etablissement d'un chemin de fer au-dessus d'une mine exploitée.** — Le toit de la mine doit être assez solide et résistant pour supporter les charges qu'il peut convenir au propriétaire superficiaire d'imposer un jour ou l'autre au tréfonds, mais à condition que ce propriétaire n'impose pas à la mine des surcharges anormales et exceptionnelles que le concessionnaire ne devait pas prévoir. Ainsi la construction d'un chemin de fer destiné à l'usage du public, établi au-dessus d'une mine ne peut être considéré comme un acte normal et à prévoir de l'exercice du droit de propriété. C'est un usage tellement anormal et extraordinaire que ces chemins ne peuvent être établis qu'après autorisation préa·lable de l'autorité publique ; que par leur nature de voie publique, les chemins de fer de cette catégorie, ne sont point susceptibles de propriété privée. Lamé-Fleury, *Code annoté des ch. de fer*, p. 67; Féraud-Giraud, *Législ. des ch. de fer par rapport aux propriétés riveraines*, p. 9; Duvergier, L. 15 juillet 1845, art. 1er note ; Aucoc, *Conférences*, t III, p. 519. Et il serait dès lors contraire aux articles 544 et 1382 du Code civil et à la loi de 1810, d'imposer à la mine la responsabilité d'affaissements venant à se manifester dans ces conditions en l'absence de toute faute ou négligence constatée dans l'exploitation.

C'est à la compagnie qui établit son tracé sur la mine exploitée, en acceptant cette situation qui lui est connue, à prendre ses mesures en respectant les droits acquis.

La question a été vidée dans ce sens par le cahier des charges de 1853, applicable depuis le 1er janvier 1856. L'article 24 est ainsi conçu : Si la ligne du chemin de fer traverse un sol déjà concédé pour l'exploitation d'une mine, l'administration déterminera les mesures à prendre pour que l'établissement du chemin de fer ne nuise pas à l'exploitation de la mine, et réciproquement, pour que le cas échéant, l'exploitation de la mine ne compromette pas l'existence du chemin de fer. Les travaux de consolidation à faire dans l'intérieur de la mine et tous dommages résultant de cette traversée pour les concessionnaires de la mine seront à la charge de la compagnie.

L'article 4 du cahier des charges des concessions de mines porte une disposition corrélative : Dans le cas où les travaux projetés par le concessionnaire devraient s'étendre sous un chemin de fer ou à une distance moindre de .... mètres, ces travaux ne pourront être exécutés qu'en vertu d'une permission du préfet, donnée sur le rapport des ingénieurs des mines, après que les propriétaires du chemin de fer auront été entendus, et après que le concessionnaire aura donné caution de payer l'indemnité exigée par l'article 15 de la loi de 1810. S'il est reconnu que l'autorisation peut être accordée, l'arrêté du préfet prescrira toutes les mesures de conservation et de sûreté qui seront jugées nécessaires.

Donc, depuis l'insertion de ces clauses dans les concessions, le régime du chemin de fer et de la mine sont parfaitement défini.

Mais qu'en est-il des situations de cette nature à l'égard des concessions antérieures à cette époque. Nous pensons qu'il y a même raison de décider, parce que nous ne pensons pas que le régime des mines et des chemins de fer ait pu être déterminé uniquement par les cahiers des charges; que ces cahiers des charges ne sont obligatoires, surtout en ce qui concerne les anciennes mines dont la concession est bien antérieure aux dernières lois, qu'à la condition qu'ils respectent les règles générales du droit tenant à la constitution de la propriété et, partant, à l'ordre public.

Or, nous tenons les dispositions que nous venons de

relever dans les cahiers des charges comme très licites et absolument obligatoires, préci-ément parce que, en traduisant et en appliquant des principes de droits pré-existants, en en assurant l'exécution par leur rappel et l'indication des modes à suivre pour y pourvoir, elles n'ont introduit aucune innovation dans la législation.

Si l'établissement d'un chemin de fer sur la mine oblige à des travaux que ne nécessitait pas l'usage de la surface comme propriété privée, ce sera à la compagnie à pourvoir à ses frais aux travaux de consolidation que son œuvre nouvelle, anormale, placée en dehors du domaine de propriété privée, nécessite. Comme si pour pourvoir à la sûreté de ce chemin, il est nécessaire de restreindre l'exploitation, de la limiter en l'interdisant sur certains points, ce sera au chemin de fer à défrayer le concessionnaire des pertes que lui occasionnent les mesures prises dans l'intérêt de la sûreté de la voie ferrée. C. Cass., 18 juillet 1837 et 3 mars 1841 ; Lyon, 14 juillet 1846, M. de Couzon, S. 47, 2, 17; Bury, 699.

La Cour de cassation a cependant jugé le 21 juillet 1885, M. de Rive-de-Gier, au rapport de M. le Conseiller Tappie, S. 85, 1, 500, que si, d'après l'article 54 du cahier des charges de 1853, les travaux de consolidation dans l'intérieur d'une mine, antérieurement concédée, et tous les dommages résultant de leur traversée pour les concessionnaires de la mine sont à la charge de la compagnie du chemin de fer, cette disposition nouvelle ne saurait rétroagir et porter atteinte aux droits antérieurement acquis. Dans cette même affaire, dans les observations publiquement lues et consignées dans le rapport dont j'avais été chargé devant la chambre des requêtes, j'avais soutenu que le rapport des droits acquis devait précisément sauvegarder la situation ancienne de la mine à laquelle aucune faute dans son exploitation n'était relevée ni alléguée. Je ne puis reproduire ici les développements qui accompagnaient mes observations;

elles ne devaient point être accueillies puisque la Chambre civile les a repoussées, je ne puis dès lors, en l'état, qu'inviter les intéressés à prendre pour règle de leur conduite les principes sanctionnés par l'arrêt du 21 juillet 1885.

719. Qu'en serait-il si le chemin de fer était établi non sur la surface mais en souterrain. — Si la mine doit la réparation des dommages causés à la surface même à la suite d'une destination anormale et exceptionnelle qu'elle recevrait, cette règle devrait cesser d'être applicable lorsqu'il s'agirait non plus d'un travail établi sur la surface, mais d'un chemin de fer souterrain autorisé et construit depuis la concession de la mine. Une œuvre si exceptionnelle qui n'existe pas à la surface, et détruit la solidité naturelle des couches se trouvant entre cette surface et le toit de la mine, ne constitue point une jouissance de la superficie et ne peut imposer à la mine dont elle traverse le périmètre des pertes ni des dépenses que celle-ci n'aurait point éprouvées si le tunnel n'avait pas été créé après la concession. Lorsqu'en pareil cas, l'exploitation de la mine est interdite sur certains points déterminés par suite de mesures administratives une indemnité est due à la mine par le chemin de fer. Les travaux d'entretien et de consolidation imposés à la mine doivent suivre la même règle et être à la charge du chemin souterrain qui les motive. Lyon, 14 juillet 1846, M. de Couzon. S. 47, 2, 18 ; Bury, n. 698.

720 Responsabilité des exploitants à raison de travaux anciens. — L'exploitation des mines est, quant à ses effets à l'égard du propriétaire de la surface, une entreprise indivisible, en ce sens que ceux qui obtiennent la concession d'une mine déjà exploitée, doivent maintenir jusqu'à épuisement l'activité de l'exploitation existante, prendre les travaux anciens ou récents dans l'état où ils se trouvent, et supporter par conséquent les charges de l'exploitation tant ancienne que nouvelle,

8.

comme s'ils sont appelés à en recueillir les bénéfices. De sorte que lorsque des dommages se produisent à la surface, ils doivent être réparés par les concessionnaires en possession à ce moment et sans qu'il y ait lieu de faire une distinction entre les travaux anciens et nouveaux. Cah. des ch. de concessions ; Trib. Lyon, 11. décembre 1843. M. de Couzon, S. 47, 2, 18.

Il n'en serait pas de même si une mine étant abandonnée la concession nouvelle ne comprenait qu'un périmètre restreint et que les dommages vinssent à se produire sur la partie du périmètre retranché.

721. Interdiction d'exploiter pour garantir la sécurité sur un chemin de fer. — Un concessionnaire de mine qui reçoit de l'autorité administrative l'injonction de ne pas exploiter une partie des terrains concédés dans l'intérêt de la sûreté de la circulation sur un chemin de fer, est tenu de respecter cette prohibition. Les pouvoirs dont use l'administration en pareil cas résultent pour elle des règles générales de son institution et des dispositions des lois spéciales. L. 1810, art. 50, révisé en 1880.

722. Est-il dû une indemnité à la mine. — Lorsqu'une concession de mine antérieure à l'établissement d'un chemin de fer est obligée de ne point exploiter une partie de la richesse minérale comprise dans le périmètre, pendant un certain temps pour garantir la sécurité de la circulation sur le chemin de fer, elle éprouve un dommage à raison duquel le chemin de fer dans l'intérêt de l'exploitation duquel la mesure est prise, doit une réparation. Le contraire soutenu par L. Wolowski et Pardessus, *Rev. de législ. et de jurisp.* t. IV, p. 130 et suiv ; Delecroix, *Loi de 1880, ch. de fer d'embranch.* p. 85 et suiv. avait été jugé à l'encontre de la mine de Couzon par la Cour de Lyon, le 12 août 1835 ; sur pourvoi, cet arrêt ayant été cassé le 18 juillet 1837, S. 37, 1, 664 ; la Cour de Dijon devant laquelle la cause fut renvoyée persista par son arrêt du 25 mai 1838, S. 38, 2, 469 dans la jurisprudence inaugurée par l'arrêt de Lyon, mais l'arrêt de Dijon fut de nouveau cassé par la Cour de Cassation, chambres réunies le 3 mars 1841, S. 41, 1, 259, D. 41, 1, 164, malgré les conclusions contraires de M. le procureur général Dupin. La jurisprudence de la Cour de Cassation affirmée de nouveau par l'arrêt du 3 janvier 1853, Ch. de fer de St-Etienne, S. 53, 1, 347 est conforme sur ce point avec celle du Conseil d'Etat, 15 juin 1864, M. de Combes; 5 février 1875, M. de Terre noire, et à la doctrine ; journal *La Loi*, 18-19 février 1884; Dupont, t. II, p. 81 ; Spinglard, n** 39 et suiv.; Perriquet, *Traité des trav. publics*, n. 921 ; je me range à cet avis dont j'ai paru m'écarter dans mon étude *sur la législation des chemins de fer par rapport aux propriétés riveraines*, p. 68.

S'il s'agissait de chemins déjà établis lorsque la mine a été concédée, et même si la concession de la mine étant antérieure à celle du chemin de fer, des réserves spéciales avaient été faites prévoyant l'interdiction de partie de l'exploitation en cas d'établissement postérieur de travaux publics à la surface, que la mine devrait souffrir sans indemnité, ce droit cesserait de pouvoir être exercé. Concl. de M. Robert, com. du gouv. dans l'aff. jugée par le C. d'Etat, le 15 juin 1864.

723. A la charge de qui est l'indemnité. — C'est à celui qui profite de la mesure administrative qui frappe d'interdit une partie de la concession, à payer l'indemnité due à raison d'une mesure que motive un intérêt public il est vrai, mais intérêt auquel le bénéficiaire de la mesure a pris la charge de satisfaire à ses frais risques et périls et à la condition de payer les indemnités dues à raison de droits dont il exigerait le sacrifice Ce n'est pas une simple mesure de police relative à l'exploitation de la mine et qui dans ce cas devrait être en entier à la charge du concessionnaire, mais une mesure d'administration prise au profit du chemin de fer et pour

la conservation de ses travaux à l'encontre des propriétaires de la surface et des concessionnaires de la
mine. C. Cass., 18 juillet 1837 ; M. de Couzon, S. 37, 1,
664 ; 3 janvier 1853, M. de St-Etienne, S. 53, 1, 347 ; C.
d'Etat, 14 avril 1864, M. de St-Etienne ; 15 juin 1864,
M de Combes.

724. A qui appartient-il de la règler. — On a soutenu que l'interdiction d'exploiter constituant une véritable expropriation d'une portion de la mine, ce serait
à l'autorité compétente pour déterminer l'indemnité due
en cas d'expropriation, à la règler. On a cru pour soutenir cette opinion pouvoir s'appuyer indirectement au
moins sur les arrêts de la Cour de Cassation de 1837 et
1841 déjà cités, et plus directement sur l'arrêt de la
Chambre civile de cette Cour du 3 janvier 1852, M. de la
Loire, S, 53, 1, 347 ; sur les arrêts de Lyon, 24 janvier
1850, même affaire, 28 juillet 1860, M. de Combes et Ega-
rade, S. 61, 2, 197, et 9 janvier 1884, M. de Rive-de-Gier,
D. 85, 2, 70 ; le jugement du tribunal de là Seine du 11
juin 1880, M. de Faymoreau, (Vendée), et sur une ancienne
décision très formelle du Conseil d'Etat sur conflit, du
24 février 1831, M. de Couzon ; Dupont, t. II, p. 84.
Mais une opinion contraire qui attribue compétence à
l'autorité administrative sous le prétexte que ces faits
constituent de simples dommages et non des expropriations semble prévaloir. Ainsi, sans nous arrêter à l'arrêt
du Conseil du 18 juin 1860, M. de la Ricamarie, qui indique la question, mais ne la résoud pas ; c'est dans ce
sens qu'a statué le Conseil d'Etat, 16 février 1878, 18
mars et 3 juin 1881, et les arrêts de Lyon précités ont
été annulés sur conflits, les 11 mars 1861 et 7 avril 1884;
la doctrine semble adopter cette compétence administrative, Jousselin, *Servit. d'utilité p.*, t II, p. 382 ; Serri-
gny, *Quest.* p. 532 ; Daffry de la Monnaye, *Expr.*,
p. 288 ; Delecroix, *Com. sur la loi de 1880*, p. 85 et 103,
et *Revue*, 1884, p. 101. On dit dans ce sens, l'expropria-

tion est la dépossession définitive ; ici l'interdiction d'exploiter est temporaire puisque la prohibition peut être levée, par exemple, si le tracé du chemin est rectifié, partant, ce n'est qu'une occupation temporaire, un dommage. Mais alors pourquoi ne pas agir par voie d'occupation temporaire, lorsqu'il s'agira d'établir un chemin de fer, puisqu'en cas de rectification de tracé, il pourra être abandonné. Le Conseil d'Etat, le 5 mai 1877, Houill. de Saint-Etienne , a décidé que l'autorité judiciaire était compétente pour statuer sur la demande d'indemnité formée par le concessionnaire d'une mine dont l'exploitation avait été interdite dans l'intérêt de la sûreté d'un chemin de fer, lorsque en fait, cette interdiction devant se prolonger indéfiniment, doit être considérée comme définitive. Mais cela n'a pas empêché le tribunal des conflits d'annuler, le 7 avril 1884, l'arrêt de Lyon du 9 janvier 1884, qui n'attribuait compétence à l'autorité judiciaire qu'après avoir constaté qu'en fait la prohibition avait entraîné une dépossession consommée et définitive. La vérité est, que l'arrêté du préfet en pareil cas, n'est qu'une mesure de police essentiellement révocable, quelle que soit la durée souvent indéterminée de ses effets, et que pour qu'il y ait expropriation, il faut qu'il y ait mutation de la propriété passant de l'exproprié à l'expropriant : Conflits, 11 janvier 1873 ; 1er mars 1873 ; C. Cass., 28 mars 1876, D. 78, 1, 13 ; C. d'Etat, 18 mars 1881 ; et non une simple gêne, quelque grave qu'elle soit dans la jouissance, se produisant sans que la propriété change de mains. Or, ici, la propriété du concessionnaire devient en partie stérile dans ses mains, mais elle ne passe pas de son domaine dans celui du tiers. Le préjudice qui lui est ainsi occasionné provient non d'une expropriation, mais d'un dommage causé par l'exécution du chemin de fer travail public. Ce dommage, aux termes de la loi de l'an VIII, doit être apprécié par les tribunaux administratifs.

Cons. d'Etat, 11 mars 1861, 15 juin 1854, 5 février 1875, 16 février 1878, 18 mars et 3 juin 1881. Conflits, 7 avril 1884.

728. Indeminité due au propriétaire de la surface à la suite d'un arrêté interdisant l'exploitation sur un point déterminé pour la sûreté d'un chemin de fer. — En dehors du préjudice qu'occasionne au concessionnaire de la mine l'interdiction d'exploiter une partie de la concession, cette interdiction peut être encore une cause de dommage pour le propriétaire de la surface qui se trouve ainsi privé des avantages que lui assurerait l'exploitation de la mine. Le réparation de ce préjudice peut-elle être demandée en justice ? On l'avait contesté pour le concessionnaire, comme je l'ai indiqué, et Delecroix, *Loi de 1880, Ch. de fer d'embranchement*, p 100, persiste à la refuser au superficiaire ; mais le principe de l'indemnité est généralement admis, même au profit du propriétaire de la surface, C. Cass., 3 janvier 1853, M. de Saint-Etienne, S. 53, 1, 347 ; C. d'Etat, 14 avril 1864, M. de Saint-Etienne ; 5 février 1875, M. de Terre-Noire ; Lyon, 9 janvier 1884, M. de Rive-de-Gier, qui n'a été annulé qu'en ce qui concerne l'attribution de compétence ; Bury, 701. Mais comment sera-t-il procédé au règlement ? Cette indemnité sera nécessairement très variable suivant les cas, et il est impossible de déterminer d'avance d'une manière fixe les bases mêmes sur lesquelles elle devra reposer, car, suivant les circonstances, telle considération déterminante pour cette fixation devra être mise complètement à l'écart dans d'autres. Habituellement, les tribunaux auxquels a été dévolu le soin de cette fixation, ont renvoyé préalablement les parties devant des experts, en laissant à ces derniers une assez large latitude dans leurs opérations, en s'en réservant ensuite le contrôle après discussion. Dans l'instance vidée par l'arrêt du Conseil du 5 février 1875, Mine de houille de Terrenoire, le propriétaire de la surface demandait que l'on prît pour base de l'indemnité à accorder la perte des redevances qui lui auraient été payées par les concessionnaires si l'exploitation des couches n'avait pas été interdite, et il concluait à l'intérinement du rapport des experts qui avaient cherché à déterminer, pour apprécier le dommage dont la réparation était due, quel eût été le montant de ces redevances à raison du nombre et de la puissance des couches et à quelle époque et pendant combien d'années aurait eu lieu l'exploitation. La compagnie du chemin de fer repoussait cette base d'appréciation par le motif que les calculs des experts sur le montant des redevances et sur l'époque où elles auraient pu être touchées, reposaient sur des conjectures dont il était impossible de contrôler l'exactitude et dont les erreurs seraient constatées par l'exagération évidente des résultats obtenus. Elle demandait qu'on adoptât comme seule base légale d'appréciation du dommage causé, la dépréciation de la valeur vénale de la propriété de la surface, depuis l'arrêté d'interdiction, en se référant aux éléments d'appréciation que fournissaient pour faire cette appréciation les circonstances particulières relevées dans l'affaire. Le Conseil des mines consulté, avait repoussé vivement le système présenté par le propriétaire et cet avis, conforme d'ailleurs à la décision du Conseil de préfecture qui l'avait précédé, a été sanctionné par le Conseil d'État, qui a considéré qu'il était impossible de déterminer les quantités de houille existant dans le tréfonds du demandeur, les conditions où l'exploitation aurait pu avoir lieu, l'époque et la durée de cette exploitation, d'une manière assez précise pour servir de base à la fixation de l'indemnité ; que les experts n'avaient pas tenu compte suffisamment des accidents géologiques, des difficultés d'exploitation et des causes de toute nature qui pourrait ralentir ou même arrêter les travaux ou en changer la direction ; que le Conseil de préfecture avait décidé avec raison, que pour régler l'indemnité, il y avait lieu de rechercher la différence entre la valeur de la propriété du demandeur au moment où est intervenu l'arrêté d'interdiction et celle qu'elle a conservé depuis cette époque. Le Conseil d'État ajoute toutefois que le Conseil de préfecture n'ayant pas fait une suffisante appréciation de la valeur que la hausse du prix de la houille donnait aux redevances, n'ayant pas tenu un compte suffisant du nombre et de la puissance des couches existant dans le massif interdit, de cette circonstance que, au moment de l'interdiction d'exploiter les travaux avaient atteint les limites de ce massif; il y avait lieu d'élever dans une certaine mesure l'indemnité allouée. On le voit, le Conseil repousse en principe le système du propriétaire pour adopter celui du chemin de fer, mais il faut bien reconnaître que lorsqu'il s'agit d'apprécier la différence de valeur de la propriété au point de vue de la fixation de l'indemnité, il est amené à faire un retour sur le système qu'il a condamné, et il prend en considération une partie des éléments d'appréciation admis par les experts et tirés de la puissance et de la valeur d'exploitation des gîtes souterrains. Le Conseil prend en considération l'éventualité d'une levée de l'interdiction, elle ne nous paraît pas inadmissible ; mais pourquoi se montrer alors si difficile pour admettre l'éventualité bien autrement sérieuse des produits de l'exploitation souterraine acceptée par les experts, que l'on repousse d'abord.

La conclusion à tirer de ces trop longs détails, est que dans chaque espèce, ce sera aux tribunaux, qui auront à déterminer le chiffre de l'indemnité, à prendre en considération les éléments de décision qui leur seront présentés, dans la mesure où ils pourront en contrôler la vérité et la portée. C'est le retour à ce que nous disions avant cette excursion.

Les accords entre les propriétaires de la surface et le concessionnaire réglant leurs droits et obligations réciproques, doivent être pris dans une certaine mesure en considération pour ce règlement. C. Cass., 3 janvier 1853, M. de Saint-Etienne, S. 53, 1, 350.

Cet arrêt décide encore que la contestation qui s'élève entre les propriétaires de la surface, redevanciers de la mine, et l'individu, ou l'entreprise dans l'intérêt desquels l'interdiction d'exploiter a été prononcée est une contestation purement civile de la compétence des tribunaux ordinaires, comme ne provoquant que l'application des principes du droit commun, et respectant les actes administratifs, loin de se mettre en contradiction avec eux. Cela est exact comme formule générale et abstraite ; mais lorsque l'entreprise au profit de laquelle a été prononcée l'interdiction, est une entreprise de travaux publics, le dommage dont on se plaint est un dommage résultant de l'exécution de travaux publics dont la compétence est attribuée aux tribunaux administratifs par l'art. 4 de la loi du 28 pluviôse an VIII.

726. Intérêts des indemnités allouées à raison de l'interdiction frappant l'exploitation de partie de la concession. — Les indemnités qui sont dues dans les cas que nous venons d'examiner, quand elles sont demandées en justice, sont allouées par des condamnations à des sommes qui portent intérêts à partir du jour de la demande. C. d'Etat, 5 février 1875, M. de Terrenoire, ch. de fer de P.-L.-M.

Aux termes de l'article 1154 du Code civil, les intérêts échus pouvant être capitalisés, pourvu qu'ils soient dus au moins pour une année entière et qu'il en soit fait une demande spéciale ; les indemnitaires pourront se prévaloir de cette disposition pour en réclamer, le cas échéant, le bénéfice à leur profit. C. d'Etat, 5 février 1875, précité.

727. Frais d'expertise. — Les frais d'expertise auxquels donne lieu une demande en indemnité formée contre une partie qui, dans son intérêt, a donné lieu à une interdiction partielle d'exploitation de mines, doivent être à la charge de la partie qui donne lieu au paiement de l'indemnité, puisqu'elle en est la cause. Il n'y a pas à faire une exception pour le cas où entre la demande et la condamnation se trouve un écart assez grand, ni pour le cas où le rapport des experts n'est point entériné C. d'Etat, 5 février 1875, M. de houille de Terrenoire. Il n'en serait autrement que si l'expertise venait à établir que la demande n'a aucun fondement et doit être rejetée ou, si ce rejet complet était prononcé même pour un autre motif, l'expertise devant être alors à la charge de celui des plaideurs qui l'a réclamée sans raison.

728. Canaux. — Les principes que nous venons de poser relativement à l'établissement des chemins de fer construits sur des concessions en exploitation, sont applicables à l'établissement des grands canaux d'arrosage régionaux ou des canaux de navigation, et sauf ce qui va être dit, nº 730.

729. Ouverture de canaux. — Un décret rendu en Conseil d'Etat peut déclarer d'utilité publique les canaux à exécuter par les concessionnaires dans le périmètre concédé ou en dehors, à charge, pour la dépossession des terrains et le règlement des indemnités, de se conformer à la loi du 3 mai 1841, sur l'expropriation pour cause d'utilité publique. L. 1810, art. 44, revu en 1880.

730. Dommages causés à la mine par l'établissement d'un canal sur la surface. — Les concessionnaires des mines sont tenus de subir toutes les conséquences des travaux et constructions effectués à la surface, pourvu qu'ils aient été faits dans un but utile, sans intention de nuire et conformément aux règles de l'art. L'établissement d'un canal est un de ces travaux utiles auxquels le propriétaire du sol peut se livrer sans que le concessionnaire de la mine puisse se plaindre des infiltrations qui pourront résulter pour la mine de l'affluence des eaux à la surface, lorsque le constructeur de ce canal a observé les règles de l'art et solidifié, autant qu'il était possible, le sol sur lequel il a assis son canal. Dès lors, on doit décider que le propriétaire du canal ne doit aucune indemnité au concessionnaire de la mine pour avoir établi son œuvre sur la mine, tant qu'il n'est pas démontré qu'il a agi imprudemment, ou qu'il a conduit les eaux sur un terrain qui n'était pas approprié à ce genre d'usage. Lyon, 9 janvier 1845, M. des Verchères, S. 46, 2, 404, D. 47, 2, 26.

Il ne faudrait pas donner à cette règle une extension qui la fausserait certainement; le propriétaire de la superficie peut disposer de ses terrains, et on ne pourrait l'empêcher de profiter des eaux dont il pourrait disposer pour assurer ou accroître les produits parce qu'il y a une mine dans le sous-sol; mais bénéficiaire de cette exploitation souterraine par les redevances qui lui sont attribuées, il ne peut agir en ignorance de son existence, il devra donc prendre les mesures nécessaires pour prévenir autant que possible les dommages que l'abus de sa propriété pourrait causer à la mine et se conduire de manière à ce qu'une imprudence ou une négligence constituant une faute dont il devrait réparation, ne puissent pas lui être reprochées.

L'obligation sera plus étroite encore si l'auteur des travaux est un nouveau concessionnaire autorisé à établir un canal; celui qui sollicite une concession qui doit se développer sur un périmètre dont le sous-sol est occupé par des exploitations minières, connaît toutes les difficultés auxquelles va être soumise son œuvre, et c'est à lui avant d'établir ses travaux sur un sol fouillé, à s'assurer qu'il pourra l'établir sans nuire à des droits acquis; sa tentative en pareil cas est déjà une témérité sinon une faute qui doit rester à sa charge et ne peut aggraver des situations préexistantes. Il aura d'autant plus de peine pour se dégager des responsabilités qui pèseront sur lui, si son œuvre, malgré ses efforts, ne peut prévenir des dégâts qui étaient prévus et dont il avait accepté la charge en sollicitant l'autorisation d'établir les travaux qui en sont la cause.

731. Arrêtés généraux des préfets prohibant certains travaux des mines aux abords des canaux. — Le préfet qui peut par mesure de sûreté interdire spécialement une exploitation sur un point déterminé dans l'intérêt de la sécurité, en l'état de l'existence d'un canal à la surface ne peut pas prendre des arrêtés généraux pour son département entier et prescrire que les exploitations de mine ne pourront avoir lieu au moyen de telle nature de travaux précisée, dans tout ce département, à une distance déterminée de tous les canaux qu'ils traversent. C. d'Etat, 4 mars 1881, Salines de la Neuville, de Rozières de Sainte-Valdrée ; 13 mai 1881, Salines de Sommerviller.

732. Dommages portés par la mine à une canalisation opérée par une compagnie du gaz. — Il est dû réparation du préjudice causé à une compagnie d'éclairage par le gaz dont la canalisation a souffert à la suite d'un affaissement de terrain causé par le fléchissement du toit de la mine. Peu importe que les travaux aient eu lieu pour cette canalisation sous le sol au lieu de se trouver sur la surface ; que la compagnie ne soit pas propriétaire du sol où se trouvent ses tuyaux, du moment qu'elle est autorisée à les placer dans ces lieux elle se trouve quant à ce, aux droits du propriétaire ; que la compagnie eût pu choisir des tuyaux plus flexibles que ceux qu'elle a employés, des tuyaux en plomb par exemple au lieu de tuyaux en fonte ou autre nature, se prêtant plus aux mouvements du sol ; peu importe encore que la mine fut exploitée avant la canalisation pour le gaz et qu'elle fût régulièrement exploitée. Lyon, 20 mars 1852, M. de la Loire, S. 53, 2, 277, suivi de rejet, 16 novembre 1852, S. 53, 1, 756 ; Lyon, 4 décembre 1885, M. de Beaubrun ; Bury, 647.

733. Dommages à des travaux militaires. — L'Etat est autorisé à poursuivre la réparation des dégradations causées aux ouvrages d'une forteresse par des travaux d'exploitation de mines, ces travaux eussent-ils été autorisés; l'autorisation ne pouvant jamais laisser supposer qu'elle aurait dispensé de conduire les travaux de manière à ne causer aucun dommage aux propriétés de la surface. Il importerait peu que la propriété de la mine eut été constituée antérieurement à la construction de la forteresse, la propriété de la mine distincte de celle de la surface n'altérant pas les droits du propriétaire dn sol. Avis du Cons. des M. de Belgique, du 31 décembre 1851 ; Bury, 688.

CHAPITRE IV.

OBLIGATIONS DES CONCESSIONNAIRES A RAISON DES ATE-
LIERS DANGEREUX, INSALUBRES OU INCOMMODES CRÉÉES
A L'OCCASION DE LEURS EXPLOITATIONS MINIÈRES (1).

734. Etablissements dangereux insalubres ou incommodes. — Les concessionnaires de mines qui pour l'exploitation de leurs concessions sont dans le cas d'établir dans le périmètre ou dans des lieux voisins, des établissements dangereux, insalubres ou incommodes dénommés dans les règlements, sont tenus de remplir toutes les formalités auxquelles est soumis l'établisse-

(1) Je n'ai pas à exposer ici la législation sur les établissements industriels, plusieurs travaux ont été publiés sur la
matière ; je dois signaler spécialement le *Code des établissements industriels*, publié en 1881, par M. Ch. Constant, dans
cette même Encyclopédie Juridique.

ment de ces ateliers, d'après les lois spéciales. Ils devront donc les observer à peine d'encourir les poursuites prévues par ces lois et règlements, et ils se trouveront placés au point de vue de l'exploitation de ces ateliers, en cas de préjudice aux propriétés voisines, au régime fait à ces établissements par les règlements spéciaux et par le droit commun, lorsqu'il n'y est pas dérogé.

735. — Ateliers classés réglementairement comme dangereux, insalubres ou incommodes, le plus généralement annexés aux exploitations minières.

DÉSIGNATION de L'ATELIER.	NATURE des INCONVÉNIENTS.	CLASSES	DATE de l'ordonnance ou décret de CLASSEMENT.
Fabrication des agglomérés ou briquettes de houille. 1° Au brai gras...........	Odeur, danger d'incendie.	2ᵉ classe.	31 décemb. 1866
2° Au brai sec.............	Odeur.	3ᵉ —	id.
Dépôts d'asphaltes, bitumes, brais et matières bitumineuses solides.,...........	Odeur, danger d'incendie.	3ᵉ —	id.
Travail des asphaltes et bitumes à feu nu...........	Odeur, danger d'incendie.	2ᵉ —	id.
Bains et boues provenant du dérochage des métaux (traitement de) ; 1° Si les vapeurs ne sont pas condensées...............	Vap. nuisibles.	1ʳᵉ —	22 juin 1883.
2° Si les vapeurs sont condensées.................	Vap. accident.	2ᵉ —	id.
Baryte caustique par décomposition du nitrate (fabrication de la) : 1° Si les vapeurs ne sont ni condensées ni détruites....	Vap. nuisibles.	1ʳᵉ —	id.
2° Si les vapeurs sont condensées ou détruites........	Vap. accident.	2ᵃ —	id.
Bocards à minerai ou à crasse.	Bruits.	2ᵃ —	31 janvier 1872.
Briqueteries avec fours non fumivores.................	Fumée.	3ᵉ —	31 décemb. 1866
Fours pour la calcination des cailloux..................	id.	3ᵉ —	id.

DÉSIGNATION de L'ATELIER.	NATURE des INCONVÉNIENTS.	CLASSES	DATE de l'ordonnance ou décret de CLASSEMENT.
Fours à chaux : 1° permanents.	Fumée, poussièr*	2e classe.	31 décemb. 1866
2° Ne travaillant pas plus d'un mois par an.	id.	3e —	id.
Fours à ciment : 1° permanents.	id.	3e —	31 janvier 1872.
2° Ne travaillant pas plus d'un mois par an.	id.	3e —	31 décemb. 1866
Fabrication du coke : 1° en plein air ou avec des fours non fumivores.	id.	1re —	id.
2° En fours fumivores.	Poussière.	2° —	id.
Dérochage du cuivre.	Odeur, émanations nuisibles.	3e —	id.
Dérochage du fer.	Vap. nuisibles.	3e —	7 mai 1878.
Fonderie de cuivre, laiton et bronze.	Fumées métal.	3e —	31 décemb. 1866
Fonderies en 2e fusion.	Fumée.	3e —	id.
Hauts-fourneaux.	Fumée, poussièr*	2e —	id.
Fabrication du gaz d'éclairage et de chauffage : 1° pour le public.	Odeur, danger d'incendie.	2e —	id.
2° Pour l'usage particulier.	id.	3e —	id.
Gazomètres pour l'usage particulier, non attenant aux usines de fabrication.	id.	3e —	id.
Traitement des goudrons et dépôts.	id.	2e —	id.
Fabrication des huiles de pétrole, schiste, goudron, etc.	id.	1re —	id.
Dépôts de substances inflammables suivant la nature et les quantités.	id.	1re, 2e, 3e cl.	id.
Lavoirs à houille.	Altération des eaux.	3e classe.	id.
Incinération des lignites.	Fumées, émanations nuisibles.	2e —	id.
Marcs ou charrées de soude (exploitation des) pour extraire le soufre.	Odeur, émanations nuisibles.	1re —	22 juin 1883.
Nitrates métalliques obtenues par l'action directe des acides. 1° Avec vapeurs non condensées.	Vap. nuisibles.	1re —	id.
2° Avec vapeurs condensées.	Vap. accident.	2e —	id.
Ateliers de construction de machines et wagons.	Bruit, fumée.	2e —	31 décemb. 1866

DÉSIGNATION de L'ATELIER.	NATURE des INCONVÉNIENTS.	CLASSES	DATE de l'ordonnance ou décret de CLASSEMENT.
Moulins à broyer le plâtre, la chaux, les cailloux, les pouzzolanes................	Poussières.	2º classe.	31 décemb. 1866
Fabrique de noir minéral ...	Odeur, poussière	3º —	id.
Platine (fabrique de)........	Emanations nuisibles.	2º —	22 juin 1883.
Ateliers pour l'extraction et le lavage des phosphates de chaux....................	Altération des eaux.	3º —	7 mai 1878.
Fours à plâtre: 1º permanents................	Fumée, poussièrᵉ	2º —	31 décemb. 1866
2º Ne travaillant pas plus d'un mois.................	id.	3º —	id.
Fours à pouzzolane artificielle....................	Fumée.	3º —	id.
Fabrication des sulfate de cuivre, mercure, soude, fer et des sulfures............	Divers.	1ʳᵉ, 2ᵉ, 3ᵉcl.	5 décemb. 1866 7 mai 1878.
Grillages des terres pyriteuses et alumineuses........	Fumées, émanations nuisibles.	1ʳᵉ classe.	31 décemb. 1866
Carbonisation de la tourbe à vases ouverts	Odeur et fumée.	1ʳᵉ —	id.
Carbonisation de la tourbe à vases clos................	Odeur.	2º —	id.

La fabrication, l'emmagasinage et la vente des huiles minérales, ainsi que leur importation, ont été réglementés par les décrets des 19 mai 1873 et 30 décembre 1875.

736. Lavoirs à mines. — Le 20 février 1852, une circulaire spéciale a été transmise par le ministre aux préfets pour simplifier et accélérer l'instruction des demandes en autorisation de lavoirs à mines. Le texte en est rapporté spécialement par Dupont, *Traité prat. de la juris. des mines*, 2ᵉ édit. t. III, p. 427.

737. Dépôts de dynamite. — Les concessionnaires obligés d'employer la dynamite pour leur exploitation ne peuvent organiser des dépôts qu'après y avoir été autorisés par un décret. Ces actes sauf quelques prescriptions particulières de détail sur les dispositions à prendre autour des bâtiments qui contiennent les dépôts et la fixation des quantités de matière explosible qu'ils pourront renfermer, sont conçus dans les mêmes termes; et il nous suffira au lieu de reproduire l'un d'eux de renvoyer aux recueils officiels où ils sont insérés en grand nombre.

Ces décrets, signés par le président de la République, sont contresignés par le ministre du commerce, le ministre de l'intérieur, le ministre des finances et le ministre de la guerre. On peut indiquer ceux qui ont été rendus les 7 juin 1880 pour les forges de Châtillon et de Commentry; 11 juin pour les houilles de Bessèges; 29 août 1882, La roche la Molière et Firminy; 9 juin, même année, M. de Manganèse de Romanèche; 10 mars 1883, M. de plomb de Vialas; 16 août, Société de Commentry; 13 octobre, M. de Terre Noire; 7 février 1884, M. de Genest; 22 février, M. de Vicoigne; 24 mars Houil. de Liévin; 4 avril, M. de Courrières; 4 avril, Société de Commentry et Fourchambault; 8 décembre, Roche la Molière.

Lorsqu'il y a lieu de modifier les dispositions d'un décret d'autorisation de dépôt de dynamite, il faut procéder comme pour l'obtention de l'autorisation elle-même. Il en est notamment ainsi lorsqu'une compagnie veut être autorisée à augmenter les quantités maxima de dynamite qu'elle pourra introduire à la fois. D. 26 août 1883, M. de Blanzy à Montceau; 26 décembre 1884, Soc. de dynamite de Matagne la Grande, *Off.*, 9 janvier 1885.

A défaut d'autorisation, indiquons ici que les infractions à la loi du 8 mars 1875 sur la dynamite, peuvent être poursuivies par le ministère public avec le droit d'intervention de la part de l'administration des contributions indirectes; que l'article 8 de cette loi édicte deux pénalités l'une fiscale, l'autre répressive, de sorte que lorsque par suite de l'application de l'article 463 du code pénal

9.

sur les circonstances atténuantes, la peine de l'emprisonnement n'est pas prononcée, il y a lieu de prononcer
deux amendes, l'une fiscale, qui ne peut être réduite par
application de l'article 463, l'autre pénale distincte de la
première. C. Cass., 9 janvier 1879, D. 80, 1, 357; Lyon,
16 février 1883, D. 84, 2, 48 ; Limoges, 14 août 1884, D.
85, 2, 24. Voy. sur l'emploi de la dynamite les instructions ministérielles, *infrà* n° 1334, et consultez encore
divers documents généraux sur la matière, la loi du
8 mars 1875 et les décrets des 24 août 1875 et 28 octobre
1882.

738. **Appareils à vapeur; rapport et décret du 30
avril 1880**. — Il n'y a pas une exploitation minière qui
n'exige dans les buts les plus variés, l'établissement
d'appareils à vapeur ; c'est ce qui fait qu'il nous a paru
utile de rapporter ici la réglementation de ces appareils
par le décret du 30 avril 1880 accompagné d'un rapport
qui lui sert d'explication et de commentaire. Cet acte avait
été précédé par la loi du 21 juillet 1856, les décrets des
23 et 25 janvier 1865.

Voici d'abord le rapport du ministre.

Lorsqu'en 1865 le gouvernement révisa le règlement
auquel étaient soumises, depuis plus de vingt ans, les
machines et chaudières à vapeur autres que celles placées à bord des bateaux, il se proposait de supprimer
une partie de la tutelle administrative qui n'était plus en
harmonie avec les progrès de la construction de ces
appareils, le développement de leur emploi et l'instruction
technique des ouvriers chargés de leur fonctionnement.
Son but fut de dégager l'industrie d'entraves devenues
inutiles, dans toute la mesure compatible avec les exigences de la sécurité publique. Mais cette mesure ne
pouvait être que préjugée ; il appartenait à l'expérience
seule de la fixer ; et c'est ce qui explique le besoin de
réviser à son tour le décret du 25 janvier 1865 et de le

remplacer par le nouveau règlement que je viens soumettre à votre haute sanction.

En effet, une enquête qui a été ouverte à l'expiration de la période décennale, auprès de tous les ingénieurs chargés de la surveillance des appareils à vapeur, a montré l'utilité d'assujettir à des prescriptions administratives les récipients de vapeur, qui en sont complétement exonérés depuis 1865, et d'apporter en outre quelques modifications de détail aux dispositions en vigueur concernant les chaudières proprement dites. Les résultats de cette enquête ont été communiqués à la commission centrale des machines à vapeur et au conseil d'Etat, qui se sont appliqués à concilier dans une sage mesure les nécessités de la sécurité publique avec les exigences de l'industrie.

Rien n'a été changé aux conditions essentielles de l'épreuve des chaudières neuves; mais le renouvellement de cette épreuve pourra être exigé dans d'autres cas que ceux de réparation notable, seuls admis par le décret de 1865, et ne devra jamais être retardé de plus de dix ans.

Antérieurement à ce décret, les ingénieurs pouvaient provoquer la réforme des chaudières qu'un long service ou une détérioration accidentelle leur faisait regarder comme dangereuses. La commission centrale des machines à vapeur, sans doute préoccupée du rôle amoindri attribué à l'administration depuis 1865, avait exprimé le vœu que la faculté d'interdire l'usage d'un générateur réputé dangereux lui fût restituée. Le conseil d'Etat n'a point été favorable à ce retour partiel à un régime abandonné ; j'ai pensé avec lui qu'une telle mesure, rarement applicable dans la pratique, ne serait pas suffisamment motivée par des faits qu'aurait révélés l'application du décret de 1865.

Le renouvellement obligatoire de l'épreuve tous les dix ans donnera d'ailleurs un nouveau gage à la sécurité publique.

En raison de cette innovation, il a paru convenable d'admettre des motifs de dispense quant aux épreuves réglementaires à exécuter entre temps à la suite des réparations, des déplacements ou des chômages prolongés des chaudières, et de tenir compte, à cet effet, de l'existence des associations de propriétaires d'appareils à vapeur, qui se sont formées depuis quelques années.

Ces associations, employant et rémunérant un personnel spécial, ont en vue d'assurer le meilleur fonctionnement possible des appareils, notamment en procédant à des visites intérieures et extérieures des générateurs de vapeur, en les examinant au double point de vue de la sécurité et de la réalisation d'économies de combustible. Il convient d'encourager ces pratiques salutaires et d'appeler les institutions de ce genre à prêter leur concours à l'administration. Déjà le Gouvernement vient de reconnaître l'utilité publique de l'association des propriétaires d'appareils à vapeur du Nord de la France. Je me propose, en portant le nouveau réglement à la connaissance des préfets et des ingénieurs des mines, de donner des instructions pour que dans les régions industrielles où fonctionnent de telles associations la surveillance officielle tienne compte, dans une juste mesure, des constatations faites par le personnel exerçant la surveillance officieuse dont il s'agit. Le renouvellement de l'épreuve réglementaire pourra, en conséquence, ne pas être exigé avant l'expiration de la période décennale, lorsque des renseignements authentiques sur l'époque et les résultats de la dernière visite intérieure et extérieure d'une chaudière constitueront des présomptions suffisantes en faveur de son bon état ; et les ingénieurs des mines seront autorisés à considérer, à cet égard, comme probants les certificats délivrés aux membres des associations de propriétaires d'appareils à vapeur par celles de ces associations que le ministre aura désignées.

Le classement des chaudières à demeure continuera à comprendre trois catégories, sous le rapport des conditions d'emplacement, ainsi que le prescrit le décret de 1865. La détermination de ces catégories aura lieu d'après une nouvelle base de calcul, que la commission centrale des machines à vapeur a considérée comme plus rationnelle que la base actuelle, mais qui s'en écarte peu, et dont l'effet est de réduire légèrement, au point de vue du classement, l'importance de la pression maximum sous laquelle une chaudière est appelée à fonctionner, comparativement à son volume.

Les conditions d'emplacement demeureront à très peu près les mêmes qu'aujourd'hui pour les chaudières de la première catégorie, qu'il est permis d'établir à 10 mètres de distance d'une maison d'habitation sans aucune disposition particulière.

Les chaudières de la deuxième catégorie ne peuvent être placées dans l'intérieur des ateliers que lorsque ceux-ci ne font pas partie d'une maison d'habitation. Il n'y aura plus d'exception pour les maisons réservées aux manufacturiers, à leurs familles, à leurs employés, ouvriers et serviteurs, comme l'admettait le décret de 1865. Le nouveau règlement supprime avec raison, sur ce point, une tolérance contraire à la sécurité publique.

Les chaudières de la troisième catégorie continuent à pouvoir être établies dans une maison quelconque.

La faculté précédemment reconnue aux tiers de renoncer à se prévaloir des conditions réglementaires cessera d'exister ; il a paru à la commission centrale des machines à vapeur et au conseil d'Etat qu'elles ne pouvaient pas cesser d'être obligatoires, et je partage complètement cet avis.

De même, l'exécution de la disposition relative à la non production de fumée par les foyers de chaudières à vapeur a paru au conseil d'Etat de nature à donner lieu à des incertitudes de la part de l'administration et aussi de l'autorité judiciaire. J'ai considéré avec lui que les inconvénients de la fumée ne sont pas particuliers à l'emploi d'un appareil à vapeur, et ne touchent en rien à la sécurité, objet essentiel du décret dont il s'agit. Les contestations auxquelles la production de la fumée donnerait lieu appartiendront donc exclusivement au domaine judiciaire, qu'il s'agisse d'un foyer d'appareil à vapeur ou de tout autre foyer.

La plus importante innovation du nouveau règlement est, sans contredit, l'assujettissement des récipients de vapeur d'une certaine capacité à quelques mesures de sûreté. Omis dans l'ordonnance de 1843, ils avaient été assimilés aux générateurs en vertu d'une circulaire ministérielle de 1845, puis volontairement omis encore dans le décret de 1865. De nombreux accidents sont venus démontrer la nécessité de subordonner l'emploi de ces appareils à l'exécution de certaines prescriptions. En conséqnence, la commission centrale des machines à vapeur et le conseil d'Etat ont été d'avis que les récipients d'un volume supérieur à 100 litres fussent soumis à l'épreuve officielle, munis dans certains cas d'une soupape de sûreté et assujettis à la déclaration. Un délai de six mois sera accordé pour l'exécution de ces mesures.

Elles seront applicables, non seulement aux cylindres sécheurs chaudières à double fond et appareils divers employés dans l'industrie, mais encore aux machines locomotives sans foyer et aux autres réservoirs dans lesquels est emmagasinée l'eau à haute température, pour dégager de la vapeur ou de la chaleur.

Enfin, le décret de 1865 n'avait point reproduit la disposition de l'ordonnance de 1843, aux termes de laquelle l'administration avait la faculté de dispenser les chaudières présentant un mode particulier de construction, de l'application d'une partie des mesures de sûreté réglementaires pour les soumettre à des conditions spéciales.

Il se bornait à prévoir des cas de dispense, en ce qui touche le niveau du plan d'eau dans les générateurs dont la forme ou la faible dimension semblait exclure toute crainte de danger. Dorénavant, le ministre, après instruction locale et sur l'avis de la commission centrale des machines à vapeur, pourra accorder toute dispense qui ne paraîtra pas de nature à entraîner des inconvénients.

Telles sont les principales modifications du règlement de 1865, concernant les chaudières à vapeur fixes ou locomobiles, les locomotives et les récipients, qui me paraissent devoir être adoptées dans l'intérêt commun des industriels et du public.

DÉCRET. relatif aux appareils à vapeur autres que ceux qui sont placés à bord des bateaux.

Le Président de la République française,

Sur le rapport du ministre des travaux publics ;

Vu le décret du 25 janvier 1865, relatif aux chaudières à vapeur autres que celles qui sont placées sur des bateaux ;

Vu les avis de la commission centrale des machines à vapeur ;

Le conseil d'Etat entendu,

Décrète :

Art. 1er. — Sont soumis aux formalités et aux mesures prescrites par le présent règlement: 1° les générateurs de vapeur, autres que ceux qui sont placés à bord des bateaux ; 2° les récipients définis ci-après (Titre V).

TITRE Ier

MESURES DE SURETÉ RELATIVES AUX CHAUDIÈRES PLACÉES A DEMEURE.

Art. 2. — Aucune chaudière neuve ne peut être mise en service qu'après avoir subi l'épreuve réglementaire ci-après définie. Cette épreuve doit être faite chez le constructeur et sur sa demande.

Toute chaudière venant de l'étranger est éprouvée, avant sa mise en service, sur le point du territoire français désigné par le destinataire dans sa demande.

Art. 3. — Le renouvellement de l'épreuve peut être exigé de celui qui fait usage d'une chaudière :

1º Lorsque la chaudière, ayant déjà servi, est l'objet d'une nouvelle installation ;

2º Lorsqu'elle a subi une réparation notable ;

3º Lorsqu'elle est remise en service après un chômage prolongé.

A cet effet, l'intéressé devra informer l'ingénieur des mines de ces diverses circonstances. En particulier, si l'épreuve exige la démolition du massif du fourneau ou l'enlèvement de l'enveloppe de la chaudière et un chômage plus ou moins prolongé ; cette épreuve pourra ne point être exigée, lorsque des renseignements authentiques sur l'époque et les résultats de la dernière visite, intérieure et extérieure, constitueront une présomption suffisante en faveur du bon état de la chaudière. Pourront être notamment considérés comme renseignements probants les certificats délivrés aux membres des associations de propriétaires d'appareils à vapeur par celle de ces associations que le ministre aura désignée.

Le renouvellement de l'épreuve est exigible également lorsque, à raison des conditions dans lesquelles une chaudière fonctionne, il y a lieu, par l'ingénieur des mines, d'en suspecter la solidité.

Dans tous les cas, lorsque celui qui fait usage d'une chaudière contestera la nécessité d'une nouvelle épreuve il sera, après une instruction où celui-ci sera entendu, statué par le préfet.

En aucun cas, l'intervalle entre deux épreuves consécutives n'est supérieur à dix années. Avant l'expiration de ce délai, celui qui fait usage d'une chaudière à vapeur doit lui-même demander le renouvellement de l'épreuve.

Art. 4. — L'épreuve consiste à soumettre la chaudière à une pression hydraulique supérieure à la pression effective qui ne doit point être dépassée dans le service. Cette pression d'épreuve sera maintenue pendant le temps nécessaire à l'examen de la chaudiere dont toutes les partiés doivent pouvoir être visitées.

La surcharge d'épreuve par centimètre carré est égale à la pression effective, sans jamais être inférieure à un demi-kilogramme ni supérieure à 6 kilogrammes.

L'épreuve est faite sous la direction de l'ingénieur des mines et en sa présence, ou, en cas d'empêchement, en présence du garde-mine opérant d'après ses instructions.

Elle n'est pas exigée pour l'ensemble d'une chaudière dont les diverses parties, éprouvées séparément, ne doivent être réunies que par des tuyaux placés sur tout leur parcours, en dehors du foyer et des conduits de flamme, et dont les joints peuvent être facilement démontés.

Le chef d'établissement où se fait l'épreuve fournit la main-d'œuvre et les appareils nécessaires à l'opération.

Art. 5. — Après qu'une chaudière ou partie de chaudière a été éprouvée avec succès, il y est apposé un timbre, indiquant, en kilogrammes par centimètre carré, la pression effective que la vapeur ne doit pas dépasser.

Les timbres sont poinçonnés et reçoivent trois nombres indiquant le jour, le mois et l'année de l'épreuve.

Un de ces timbres est placé de manière à être toujours apparent après la mise en place de la chaudière.

Art. 6. — Chaque chaudière est munie de deux soupapes de sûreté, chargées de manière à laisser la vapeur s'écouler dès que sa pression effective atteint la limite maximum indiquée par le timbre réglementaire.

L'orifice de chacune des soupapes doit suffire à maintenir, celle-ci étant au besoin convenablement déchargée ou soulevée et quelle que soit l'activité du feu, la vapeur dans la chaudière à un degré de pression qui n'excède, pour aucun cas, la limite ci-dessus.

Le constructeur est libre de répartir, s'il le préfère, la section totale d'écoulement nécessaire des deux soupapes réglementaires entre un plus grand nombre de soupapes.

Art. 7. — Toute chaudière est munie d'un manomètre en bon état placé en vue du chauffeur et gradué de manière à indiquer, en kilogrammes, la pression effective de la vapeur dans la chaudière.

Une marque très apparente indique sur l'échelle du manomètre la limite que la pression effective ne doit point dépasser.

La chaudière est munie d'un ajustage terminé par une bride de 0^m04 de diamètre et 0^m005 d'épaisseur, disposée pour recevoir le manomètre vérificateur

Art. 8. — Chaque chaudière est munie d'un appareil de retenue, soupape ou clapets, fonctionnant automatiquement et placé au point d'insertion du tuyau d'alimentation qui lui est propre.

Art. 9. — Chaque chaudière est munie d'une soupape ou d'un robinet d'arrêt de vapeur, placé autant que possible à l'origine du tuyau de conduite de vapeur, sur la chaudière même.

Art. 10. — Toute paroi en contact par une de ses faces

avec la flamme doit être baignée par l'eau sur sa face opposée.

Le niveau de l'eau doit être maintenu, dans chaque chaudière, à une hauteur de marche telle qu'il soit, en toute circonstance, à 0^m,06 au moins au-dessus du plan pour lequel la condition précédente cesserait d'être remplie. La position limite sera indiquée, d'une manière très apparente, au voisinage du tube de niveau mentionné à l'article suivant.

Les prescriptions énoncées au présent article ne s'appliquent point :

1° Aux surchauffeurs de vapeur distincts de la chaudière ;

2° A des surfaces relativement peu étendues et placées de manière à ne jamais rougir, même lorsque le feu est poussé à son maximum d'activité, telles que les tubes ou parties de cheminées qui traversent le réservoir de vapeur, en envoyant directement à la cheminée principale les produits de la combustion.

Art. 11. — Chaque chaudière est munie de deux appareils indicateurs du niveau de l'eau, indépendants l'un de l'autre, et placés en vue de l'ouvrier chargé de l'alimentation.

L'un de ces deux indicateurs est un tube en verre, disposé de manière à pouvoir être facilement nettoyé et remplacé au besoin.

Pour les chaudières verticales de grande hauteur, le tube en verre est remplacé par un appareil disposé de manière à reporter, en vue de l'ouvrier chargé de l'alimentation, l'indication du niveau de l'eau dans la chaudière.

TITRE II

ÉTABLISSEMENT DES CHAUDIÈRES A VAPEUR PLACÉES A DEMEURE.

Art. 12. — Toute chaudière à vapeur destinée à être employée à demeure ne peut être mise en service qu'après une déclaration adressée, par celui qui fait usage du générateur, au préfet du département. Cette déclaration est enregistrée à sa date. Il en est donné acte. Elle est communiquée sans délai à l'ingénieur en chef des mines.

Art. 13. — La déclaration fait connaître avec précision :

1. Le nom et le domicile du vendeur de la chaudière ou l'origine de celle-ci ;

2. La commune et le lieu où elle est établie ;

3. La forme, la capacité et la surface de chauffe ;

4. Le numéro du timbre réglementaire ;

5. Un numéro distinctif de la chaudière, si l'établissement en possède plusieurs ;

6. Enfin, le genre d'industrie et l'usage auquel elle est destinée.

Art. 14. — Les chaudières sont divisées en trois catégories.

Cette classification est basée sur le produit de la multiplication du nombre exprimant en mètres cubes la capacité totale de la chaudière (avec ses bouilleurs et ses réchauffeurs alimentaires, mais sans y comprendre les surchauffeurs de vapeur) par le nombre exprimant, en degrés centigrades, l'excès de la température de l'eau correspondant à la pression indiquée par le timbre réglementaire sur la température de 100 degrés, conformément à la table annexée au présent décret.

Si plusieurs chaudières doivent fonctionner ensemble dans un même emplacement et si elles ont entre elles une communication quelconque, directe ou indirecte, on prend, pour former le produit, comme il vient d'être dit, la somme des capacités de ces chaudières.

Les chaudières sont de la première catégorie quand le produit est plus grand que 200 ; de la deuxième, quand le produit n'excède pas 200, mais surpasse 50; de la troisième, si le produit n'excède pas 50.

Art. 15. — Les chaudières comprises dans la première catégorie doivent être établies en dehors de toute maison d'habitation et de tout atelier surmonté d'étages. N'est pas considérée comme un étage, au-dessus de l'emplacement d'une chaudière, une construction dans laquelle ne se fait aucun travail nécessitant la présence d'un personnel à poste fixe.

Art. 16. — Il est interdit de placer une chaudière de première catégorie à moins de 3 mètres d'une maison d'habitation.

Lorsqu'une chaudière de première catégorie est placée à moins de dix mètres d'une maison d'habitation, elle en est séparée par un mur de défense.

Ce mur, en bonne et solide maçonnerie, est construit de manière à défiler la maison par rapport à tout point de la chaudière distant de moins de 10 mètres, sans toutefois que sa hauteur dépasse de 1 mètre la partie la plus élevée de la chaudière. Son épaisseur est égale au tiers au moins de sa hauteur, sans que cette épaisseur puisse être inférieure à un mètre en couronne. Il est séparé du mur de la maison voisine par un intervalle libre de 30 centimètres de largeur au moins.

L'établissement d'une chaudière de première catégorie à la distance de 10 mètres ou plus d'une maison d'habitation n'est assujetti à aucune condition particulière.

Les distances de 3 mètres et de 10 mètres, fixées ci-dessus, sont réduites respectivement à 1 m. 50 et à 5 mètres, lorsque la chaudière est enterrée de façon que la partie supérieure de ladite chaudière se trouve à 1 mètre en contre-bas du sol du côté de la maison voisine.

Art. 17. — Les chaudières comprises dans la deuxième catégorie peuvent être placées dans l'intérieur de tout atelier, pourvu que l'atelier ne fasse pas partie d'une maison d'habitation.

Les foyers sont séparés des murs des maisons voisines par un intervalle libre de 1 mètre au moins.

Art. 18. — Les chaudières de troisième catégorie peuvent être établies dans un atelier quelconque, même lorsqu'il fait partie d'une maison d'habitation.

Les foyers sont séparés des murs des maisons voisines par un intervalle libre de 0^m,50 au moins.

Art. 19. — Les conditions d'emplacement prescrites pour les chaudières à demeure, par les précédents articles, ne sont pas applicables aux chaudières pour l'établissement desquelles il aura été satisfait au décret du 25 janvier 1865, antérieurement à la promulgation du présent règlement.

Art. 20. — Si, postérieurement à l'établissement d'une chaudière, un terrain continu vient à être affecté à la construction d'une maison d'habitation, celui qui fait usage de la chaudière devra se conformer aux mesures prescrites par les articles 16, 17 et 18 comme si la maison eût été construite avant l'établissement de la chaudière.

Art. 21. — Indépendamment des mesures générales de sûreté prescrites au titre Ier de la déclaration prévue par les articles 12 et 13, les chaudières à vapeur fonctionnant dans l'intérieur des mines sont soumises aux conditions que pourra prescrire le préfet, suivant les cas et sur le rapport de l'ingénieur des mines.

TITRE III

CHAUDIÈRES LOCOMOBILES.

Art. 22. — Sont considérées comme locomobiles les chaudières à vapeur qui peuvent être transportées facilement d'un lieu dans un autre, n'exigent aucune construction pour fonctionner sur un point donné et ne sont employées que d'une manière temporaire à chaque station.

Art. 23. — Les dispositions des articles 2 à 11 inclusivement du présent décret sont applicables aux chaudières locomobiles.

Art. 24. — Chaque chaudière porte une plaque sur laquelle sont gravés, en caractères très apparents, le nom et le domicile du propriétaire et un numéro d'ordre, si ce propriétaire possède plusieurs chaudières locomobile.

Art. 25. — Elle est l'objet de la déclaration prescrite par les articles 12 et 13. Cette déclaration est adressée au préfet du département où est le domicile du propriétaire.

L'ouvrier chargé de la conduite devra représenter à toute réquisition le récépissé de cette déclaration.

TITRE IV

CHAUDIÈRES DES MACHINES LOCOMOTIVES.

Art. 26. — Les machines à vapeur locomotives sont celles qui, sur terre travaillent en même temps qu'elles se déplacent par leur propre force, telles que les machines des chemins de fer et des tramways, les machines routières, les rouleaux compresseurs, etc.

Art. 27. — Les dispositions des articles 2 à 8 inclusivement et celles des articles 11 et 24 sont applicables aux chaudières des machines locomotives.

Art. 28. — Les dispositions de l'article 25, paragraphe 1er, s'appliquent également à ces chaudières.

Art. 29. — La circulation des machines locomotives a lieu dans les conditions déterminées par des réglements spéciaux.

TITRE V

RÉCIPIENTS.

Art. 30. — Sont soumis aux dispositions suivantes les récipients de formes diverses, d'une capacité de plus de 100 litres, au moyen desquels les matières à élaborer sont chauffées, non directement à feu nu, mais par de la vapeur empruntée à un générateur distinct, lorsque leur communication avec l'atmosphère n'est point établie par des moyens excluant toute pression effective nettement appréciable.

Art. 31. — Ces récipients sont assujettis à la déclaration prescrite par les articles 12 et 13.

Ils sont soumis à l'épreuve, conformément aux articles 2, 3, 4 et 5. Toutefois, la surcharge d'épreuve sera, dans tous les cas, égale à la moitié de la pression maximum à laquelle l'appareil doit fonctionner, sans que cette surcharge puisse excéder 4 kilogrammes par centimètre carré.

Art. 32. — Ces récipients sont munis d'une soupape de sûreté réglée pour la pression indiquée par le timbre, à moins que cette pression ne soit égale ou supérieure à celle fixée pour la chaudière alimentaire.

L'orifice de cette soupape, convenablement déchargée ou soulevée au besoin, doit suffire à maintenir, pour tous les cas, la vapeur dans le récipient à un degré de pression qui n'excède pas la limite du timbre.

Elle peut être placée, soit sur le récipient lui-même, soit sur le tuyau d'arrivée de la vapeur, entre le robinet et le récipient.

Art. 33. — Les dispositions des articles 30, 31 et 32 s'appliquent également aux réservoirs dans lesquels de l'eau à haute température est emmagasinée, pour fournir ensuite un dégagement de vapeur ou de chaleur, quel qu'en soit l'usage.

Art. 34. — Un délai de six mois, à partir de la promulgation du présent décret, est accordé pour l'exécution des quatre articles qui précédent.

TITRE VI

DISPOSITIONS GÉNÉRALES.

Art. 35. — Le ministre peut, sur le rapport des ingénieurs des mines, l'avis du préfet et celui de la commission centrale des machines à vapeur, accorder dispense de tout ou partie des prescriptions du présent décret, dans tous les cas où, à raison de la forme, soit de la faible dimension des appareils, soit de la position spéciale des pièces contenant de la vapeur, il serait reconnu que la dispense ne peut pas avoir d'inconvénient.

Art. 36. — Ceux qui font usage de générateurs ou de récipients de vapeur veilleront à ce que ces appareils soient entretenus constamment en bon état de service.

A cet effet, ils tiendront la main à ce que des visites complètes, tant à l'intérieur qu'à l'extérieur, soient faites à des intervalles rapprochés pour constater l'état des appareils et assurer l'exécution, en temps utile, des réparations ou remplacements nécessaires.

Ils devront informer les ingénieurs des réparations notables faites aux chaudières et aux récipients, en vue de l'exécution des articles 3 (1°, 2° et 3°) et 31, § 2.

Art. 37. — Les contraventions au présent règlement sont constatées, poursuivies et réprimées conformément aux lois.

Art. 38. — En cas d'accident ayant occasionné la mort ou des blessures, le chef de l'établissement doit prévenir immédiatement l'autorité chargée de la police locale et l'ingénieur des mines chargé de la surveillance. L'ingénieur se rend sur les lieux, dans le plus bref délai, pour visiter les appareils, en constater l'état et rechercher les causes de l'accident. Il rédige sur le tout :

1° Un rapport qu'il adresse au procureur de la République et dont une expédition est transmise à l'ingénieur en chef, qui fait parvenir son avis à ce magistrat ;

2° Un rapport qui est adressé au préfet, par l'intermédiaire et avec l'avis de l'ingénieur en chef.

En cas d'accident n'ayant occasionné ni mort ni blessures, l'ingénieur des mines seul est prévenu, il rédige un rapport qu'il envoie par l'intermédiaire et avec l'avis de l'ingénieur en chef, au préfet.

En cas d'explosion, les constructions ne doivent point être réparées et les fragments de l'appareil rompu ne doivent point être déplacés ou dénaturés avant la constatation de l'état des lieux par l'ingénieur.

Art. 39. — Par exception, le ministre pourra confier la surveillance des appareils à vapeur aux ingénieurs ordinaires et aux conducteurs des ponts et chaussées, sous les ordres de l'ingénieur en chef des mines de la circonscription.

Art. 40. — Les appareils à vapeur qui dépendent des services spéciaux de l'Etat sont surveillés par les fonctionnaires et agents de ces services.

Art. 41. — Les attributions conférées aux préfets des départemeuts par le présent décret sont exercées par le préfet de police dans toute l'étendue de son ressort.

Art. 42. — Est rapporté le décret du 25 janvier 1865.

Paris, le 30 avril 1880.

Table DONNANT LA TEMPÉRATURE (EN DEGRÉS CENTIGRADES) DE L'EAU CORRESPONDANT A UNE PRESSION DONNÉE (EN KILO-GRAMMES EFFECTIFS).

VALEURS CORRESPONDANTES

de la pression effective EN KILOGRAMMES	de la température EN DEGRÉS CENTIGRADES
0.5	111
1.0	120
1.5	127
2.0	133
2.5	138
3.0	143
3.5	147
4 0	151
4.5	155
5.0	158
5.5	161
6.0	164
6.5	167
7.0	170
7.5	173
8.0	175
8.5	177
9.0	179
9.5	181
10.0	183
10.5	185
11.0	187
11.5	189
12.0	191
12.5	193
13.0	194
13.5	196
14 0	197
14.5	199
15 0	200
15.5	202
16.0	203
16.5	205
17.0	206
17.5	208
18.0	209
18.5	210
19.0	211
19.5	213
20.0	214

Le décret de 1880 a été modifié et complété comme suit par celui du 29 juin 1886 ainsi conçu :

Vu le décret du 30 avril 1880, relatif aux chaudières à vapeur autres que celles qui sont placées sur des bateaux ;

Vu l'avis de la commission centrale des machines à vapeur en date du 4 février 1886 ;

Le Conseil d'Etat entendu,

Décrète :

Art. 1er. — Lorsque plusieurs générateurs de vapeur, placés à demeure, sont groupés sur une conduite générale de vapeur, en nombre tel que le produit, formé comme il est dit à l'article 14 du décret du 30 avril 1880, en prenant comme base du calcul le timbre réglementaire le plus élevé, dépasse le nombre 1800, les dits générateurs sont répartis par séries correspondant chacune à un produit au plus égal à ce nombre : chaque série est munie d'un clapet automatique d'arrêt, disposé de façon à éviter, en cas d'explosion, le déversement de la vapeur des séries restées intactes.

Art. 2. — Lorsqu'un générateur de première catégorie est chauffé par les flammes perdues d'un ou plusieurs fours métallurgiques, tout le courant des gaz chauds doit, en arrivant au contact des tôles, être dirigé tangentiellement aux parois de la chaudière.

A cet effet, si les rampants destinés à amener les flammes ne sont pas construits de façon à assurer ce résultat, les tôles exposées aux coups de feu sont protégées, en face des débouchés des rampants dans les carneaux, par des murettes en matériaux réfractaires, distantes des tôles d'au moins 50 millimètres, et suffisamment étendues dans tous les sens pour que les courants de gaz chauds prennent des directions sensiblement tangentielles aux surfaces des tôles voisines, avant de les toucher.

Art. 3. — Les dispositions de l'article 35 du décret du 30 avril 1880 sont applicables aux prescriptions du présent réglement.

Art. 4. — Un délai de six mois est accordé aux propriétaires des chaudières, existant antérieurement à la promulgation du présent réglement, pour se conformer aux prescriptipns ci-dessus.

Sur la législation des appareils à vapeur, je crois devoir signaler les ouvrages récents de L. Delaunay-Belleville, *Lois et réglements concernant les chaudières à vapeur en France, Allemagne, Angleterre, etc.* in-8°, 1886, et Hervier, *Appareils à vapeur, description, application, explication des lois et réglements*, 1885.

CHAPITRE V.

INTERDICTION PARTIELLE OU TEMPORAIRE D'EXPLOITER.
RETRAIT ET ABANDON DE LA CONCESSION.

§ Ier

Interdiction partielle ou temporaire d'exploiter.

739. Objet de ce paragraphe. — Nous avons examiné diverses questions qui se placent sous ce titre en étudiant les obligations réciproques qui existent entre les concessionnaires des mines et les concessionnaires des chemins de fer, nous n'avons qu'à renvoyer à ce que nous avons dit à cet égard. *Suprà*, n°s 721 et suiv., 731 et suiv. Nous nous bornerons ici à rappeler certains principes dont il doit être fait une application plus générale.

740. Droit pour l'administration de restreindre par mesure de police le droit d'exploiter. — L'administration dans un intérêt de sûreté publique, ou pour sauvegarder la vie des ouvriers et des habitants voisins, comme dans certains autres cas d'intérêt public indiqués par les lois, peut frapper temporairement une concession d'une interdiction partielle d'exploiter. L. 1810, art. 50, revisé en 1880; D. 3 janvier 1813; L. 27 avril 1838, art. 8 et suiv., Ord. 26 mars 1843.

Mais les préfets ni le ministre ne peuvent prendre que des mesures spéciales, motivées par les situations exceptionnelles qui se présentent, et ils ne peuvent statuer en pareil cas par voie de dispositions générales et réglementaires; un pareil droit n'appartient qu'au gouver-

10.

nement. C. d'Etat, 4 mars 1881, diverses salines de l'Est; 13 mai 1881, Sal. de Sommerviller ; 16 juin 1882, Sal. de Sainte-Valdrée. Ainsi l'autorité administrative ne peut, en modifiant les conditions d'exploitation des concessions dans un département, prescrire que les concessionnaires seront tenus de reporter le siège de leurs travaux à une distance déterminée des voies ferrées et des canaux, et d'abandonner ceux de leurs travaux établis à une distance moindre. Mêmes arrêts.

741. Suspension complète de l'exploitation d'une mine. — Il a été jugé que le préfet ou le ministre ne pouvaient pas ordonner même provisoirement la suspension de l'exploitation complète d'une mine concédée par décret. C. d'Etat, 12 janvier 1812, M. de Bèze (Aude) 18 janvier 1813, M. de Castels (Aude).

Ces décisions ne doivent pas être entendues d'une manière trop générale et absolue, les recueils à cette époque donnent des détails trop succints pour que j'aie pu me rendre compte des circonstances exactes dans lesquelles ces arrêts sont intervenus, mais il me paraît cependant certain que le préfet avait agi par mesure d'administration et non par mesure de police, et je comprends très bien que lorsqu'un décret a autorisé quelqu'un à exploiter une mine, le préfet chargé d'en assurer l'exécution, ne puisse pas en quelque sorte par voie de réformation imposer son veto. Mais si l'exploitation est de nature à compromettre la sécurité publique, la conservation de la mine, la sûreté des ouvriers, etc., le préfet chargé d'y pourvoir aux termes de l'article 50 de la loi de 1810, révisé en 1880, me paraît autorisé à prescrire la suspension provisoire de l'exploitation entière, si c'est un moyen nécessaire pour assurer l'efficacité des mesures de police qu'il est chargé de prendre.

Les arrêts que je citais tantôt, auxquels on peut joindre celui d'une date voisine, C. d'Etat, 29 décembre 1812, Fourneau de Glaer, décident que l'arrêté du préfet intervenu dans le cas qu'ils signalent étant un acte d'administration, il ne pourrait être soumis au conseil d'Etat par la voie contentieuse qu'après avoir été déféré préalablement à l'autorité supérieure du ministre.

742. Droit à l'indemnité. — Le concessionnaire dont une partie de la propriété est frappée d'interdit par suite d'une mesure de sûreté publique, aura-t-il droit à une indemnité ? J'ai répondu oui précédemment lorsque l'interdiction résultait d'une mesure prise dans l'intérêt d'une voie ferrée concédée pour en faciliter et en assurer l'exploitation. La jurisprudence, après des hésitations a admis que la mesure prise en pareil cas, à la fois dans un intérêt public et dans un intérêt privé d'exploitation commerciale, engageait la compagnie qui s'était établie sur la mine exploitée à réparer le préjudice matériel qu'elle lui causait ainsi et en en bénéficiant elle-même dans sa gestion commerciale et financière. « S'il s'agit de propriétés publiques, édifices de l'Etat, du département ou de la commune, routes, canaux, chemins de fer et autres déjà construits au moment de la concession disait M. Robert, commissaire du gouvernement dans l'affaire jugée par le conseil d'Etat, le 15 juin 1864, M. de Combes ; s'il s'agit d'ouvrages publics établis postérieurement à la concession, mais sur le sol dont l'Etat, le département ou la commune était déjà propriétaire quand la mine a été concédée ; s'il s'agit enfin d'édifices, de routes, de chemins de fer, à l'égard desquels une réserve formelle ait été insérée dans l'acte de concession de la mine, de telle sorte que le concessionnaire ait su à l'avance, que, sous une région déterminée ou sous un point quelconque du périmètre concédé où un tel ouvrage serait plus tard établi, le tréfonds serait frappé d'interdiction sans indemnité ; dans tous ces cas, le concessionnaire de la mine ne pourrait se plaindre ; sa position vis-à-vis de ces propriétés publiques est évidemment la même qu'à l'égard des propriétés privées. Son droit est né avec des restrictions que l'acte de concession lui a fait connaître, ou qui résultaient de l'existence même de droits antérieurs au sien. Mais si la concession ayant eu lieu, sans aucune réserve relative à l'établissement futur d'un chemin de fer ou de tout autre ouvrage public sur le périmètre concédé, l'Etat vient à projeter un tel ouvrage, à exproprier les propriétaires à la surface, à se substituer à eux, à charger la surface du poids énorme d'un grand édifice, à y créer une voie de fer, et que pour la conservation de ces travaux extraordinaires il faille immédiatement, ou un peu plus tard, frapper d'interdit une portion de la richesse minérale concédée ; le droit à indemnité existe pour le propriétaire de la mine...» C'est en adoptant cette distinction qui doit être admise suivant nous, que l'arrêt du Conseil du 15 juin 1864 au rapport de M. Pascalis disait : « Considérant que s'il appartenait à l'administration dans un intérêt de sûreté publique, aussi bien que dans l'intérêt de l'exploitation du chemin de fer, d'imposer à la compagnie minière l'interdiction prononcée, cette mesure qui est la conséquence directe de l'établissement du chemin de fer, ne rentre pas dans le cas de l'article 50 de la loi de 1810 qui prescrit au préfet de pourvoir à ce que la sûreté des habitations de la surface ne soit pas compromise par l'exploitation de la mine et qui est exclusif du droit du concessionnaire à une indemnité. » L'interdiction motivée par un intérêt public seul, n'ouvre pas de droit à l'indemnité, mais si l'entreprise qui en bénéficie en retire directement un avantage commercial, industriel, financier, elle ne peut s'enrichir ainsi aux dépens de la mine.

743. Compétence. — J'ai déjà dit que lorsque l'interdiction qui porte sur partie de la mine est causée par la nécessité d'assurer la circulation sur un chemin de fer, il s'agit là de difficultés auxquelles donnent lieu l'exécution et la conservation des travaux publics, et qu'en pareil cas la loi du 28 pluviôse an VIII par son article 4 attribue compétence aux tribunaux administratifs. C. d'Etat, 11 mars 1861 ; Trib. des conflits, 7 avril 1884, M. de Combes. Cependant il ne paraît pas répugner, même dans ce cas, à l'autorité administrative d'attribuer compétence à l'autorité judiciaire, si l'interdiction est de telle nature et a un caractère tellement définitif, qu'elle puisse être considérée non comme un simple dommage, mais comme une expropriation pour cause d'utilité publique. Conflits 13 février 1875, Badin, et 5 mai 1877, Houil. de Saint-Etienne. Mais si la mesure était prise non pour la conservation ou le fonctionnement de travaux publics, il me paraît difficile d'enlever aux tribunaux ordinaires le soin de reconnaître si le préjudice que l'interdiction cause à la mine, interdiction qu'ils doivent dans tous les cas respecter, est de nature à donner lieu à une réparation; de déterminer dans le cas où la réparation serait due, qui doit la supporter et d'en fixer le montant ; mais c'est là une solution plus théorique que pratique, car les mesures de cette nature prises pour garantir la sécurité publique, la conservation de la mine, la sûreté des ouvriers, la conservation des voies de communication, celle des eaux minérales, la solidité des habitations, l'usage des sources qui alimentent des villes, villages hameaux et établissements publics, ne sont que la mise en vigueur des obligations imposées par la loi, art. 59 de la loi de 1810 revue en 1880, à tout concessionnaire, une des conditions de sa concession, et il doit se soumettre, sans droit à indemnité, aux conditions d'existence de la concession qu'il a sollicitée et obtenue.

744. Mise à interdit d'une portion de mine compromettant la sûreté des ouvriers. — Lorsqu'une partie ou la totalité d'une exploitation sera dans un état de délabrement et de vétusté tels que la vie des hommes aura été compromise ou pourrait l'être, et que l'ingénieur des mines ne jugera pas possible de la réparer convenablement, l'ingénieur en fera son rapport motivé au préfet, qui prendra l'avis de l'ingénieur en chef et entendra l'exploitant ou ses ayants-cause.

Dans le cas où la partie intéressée reconnaîtrait la réalité du danger indiqué par l'ingénieur, le préfet ordonnera la fermeture des travaux.

En cas de contestations, trois experts seront nommés, le premier par le préfet, le second par l'exploitant et le troisième par le juge de paix du canton.

Les experts se transporteront sur les lieux ; ils y feront toutes les vérifications nécessaires, en présence d'un membre du conseil d'arrondissement, délégué à cet effet par le préfet, et avec l'assistance de l'ingénieur en chef. Ils feront au préfet un rapport motivé.

Le préfet en référera au ministre en donnant son avis.

Le ministre, sur l'avis du préfet et sur le rapport du directeur général des mines, pourra statuer, sauf le recours au Conseil d'Etat.

Le tout sans préjudice des dispositions portées, pour les cas d'urgence, dans l'article 4 du présent décret. D. 3 janvier 1813, art. 7.

745. Mise à l'interdit de travaux exécutés en contravention aux réglements. — Tout puits, toute galerie, ou tout autre travail d'exploitation, ouvert en contravention aux lois ou règlements sur les mines, pourront aussi être interdits dans la forme énoncée en l'article précédent sans préjudice également de l'application des articles 93 et suivants de la loi du 21 avril 1818. L. 27 avril 1838, art. 8.

746. Indemnité. — C'est parce que nous avons indiqué que lorsqu'une mine est frappée d'une interdiction d'exploiter partielle dans l'intérêt de la sûreté d'une autre œuvre, il peut être dû une indemnité, que nous faisons remarquer qu'il ne saurait en être de même ici, le concessionnaire par son exploitation vicieuse pouvant encourir des responsabilités, mais non acquérir des droits.

L'examen de plusieurs autres questions concernant les mesures de police concernant une gêne apportée à l'exploitation, se présenteront dans le titre spécialement consacré par la loi de 1810 dont nous suivons les divisions, à la surveillance de l'administration.

§ 2.

Retrait des Concessions.

747. Retrait des Concessions. — La loi de 1791, dans ses articles 14 et 15 autorisait le Gouvernement à prononcer la révocation de la concession, si dans les six mois de l'obtention le concessionnaire n'avait pas commencé l'exploitation ou justifié d'une cause légitime de retard, ou si l'exploitation commencée était abandonnée sans cause légitime pendant plus d'un an. La loi de 1810 ne reproduisit pas ces dispositions que le législateur avait sous les yeux et les travaux préparatoires, comme l'article 7 de la loi qui proclame la propriété perpétuelle de la mine dont on ne peut être exproprié que dans les formes prescrites pour les autres biens, témoignent de l'intention de remplacer le droit de retrait et de déchéance par un simple droit de police et de surveillance. Dans le titre des rédactions primitives du projet de loi de 1810, consacré à l'action de l'administration sur les mines, une section était consacrée à l'exercice de la surveillance sur les mines par l'administration, la seconde à la vacance par abandon de la mine, la troisième à la vacance par cessation de l'exploitation. Enfin un titre spécial avait pour objet l'expropriation forcée.

Le titre VI du projet présenté par Fourcroy dans la séance du 8 avril 1809 portait la rubrique suivante : De la déchéance et de l'expropriation forcée. Le Conseil d'Etat en admit les dispositions, et une deuxième et troisième discussion n'y amena aucun changement. Mais dans la séance du 3 février 1810, Napoléon les combattit vivement : « On n'oblige pas un propriétaire à abandonner sa ferme lorsqu'il cesse de l'exploiter, pourquoi en serait-il autrement des mines..... Le principe de l'abandon ne peut être admis dans un pays où la propriété est libre ; et, puisque les mines sont de véritables propriétés, il est impossible de faire à leur égard des exceptions au droit commun. » Séance du 3 février 1810, Locré, p. 297. Voy. encore l'exposé des motifs de la loi de 1810, présenté par Reynaud de Saint-Jean-d'Angely. On pourrait bien trouver ailleurs dans les travaux préparatoires des restrictions à l'application de ces principes si absolus émanant de celui-là même qui les avait proclamés. Quoi qu'il en soit le droit pour l'administration de déclarer un retrait ou une déchéance ne fut pas inscrit dans la loi de 1810 et l'article 7 fut adopté. Des dispositions avaient bien été insérées depuis dans les cahiers des charges pour réserver à l'administration le droit de retrait, mais ces conditions imposées contrairement à la volonté du législateur étaient-elles valables ? Et l'instruction du 3 août 1810, dans son paragraphe 11, avait-elle pu en affirmant ce droit, aller au-delà des volontés du législateur ? Alors surtout qu'un projet de loi préparé dans ce sens en novembre 1813 par le Conseil d'Etat n'avait pas abouti.

Dès lors bien que des auteurs aient pensé que sous la loi de 1810 l'administration tenait de l'article 49 le droit implicite de dépossession pour inaccomplissement des conditions de la concession, Lallier, 114, 471 ; Richard, 453 ; dans ce sens, avis du Conseil d'Etat du 21 novembre 1817 ; on s'accordait généralement à reconnaître que cette loi n'autorisait pas le Gouvernement à retirer une concession de mines faite et acceptée et tombée ainsi dans le domaine de propriété privée. Delebecque, n. 854 et suiv.; Brixhe, *Essai*, v° *Déchéance*; Bury, 285 à 316.

Il résultait parfois de cet état de choses des inconvénients majeurs, la loi du 27 avril 1838 a voulu les faire disparaître en indiquant les cas où le concessionnaire pourrait être déchu de son droit. Biot, p. 119; Spinglard, n°ˢ 47 et suiv.; Richard, 454; Dufour, 148; De Fooz, p. 172.

748. Cas de retrait. — Le retrait de la concession est autorisé spécialement dans les trois cas suivants : 1° Refus d'acquittement des taxes pour travaux d'intérêt commun relatifs à l'assèchement des mines ; 2° pour défaut d'exécution de travaux prescrits en exécution de l'article 50 de la loi de 1810, ou de paiement de leur prix s'ils ont été exécutés d'office ; 3° pour le cas où le concessionnaire laisserait l'exploitation de sa mine restreinte ou suspendue, de manière à inquiéter les besoins des consommateurs ou la sûreté publique. L. 1810, art. 49 et 50; L. du 27 avril 1838 et discussion de cette loi à la Chambre des Pairs, reproduite au *Moniteur* et dans les travaux de Cotelle et Peyret-Lallier. Consultez spécialement les explications données par M. Legrand, commissaire du roi, dans la séance du 11 avril 1838 à la Chambre des Pairs; Dupont. t. I, p. 432 et suiv.

749. Pluralité de concessions. — Lorsque plusieurs mines constituant des concessions distinctes sont devenues la propriété du même concessionnaire avec l'agrément même de l'administration, les obligations de celui-ci, au point de vue de l'exploitation de chacune de ces mines, sont les mêmes que s'il n'y avait pas eu cette réunion. Toutes les concessions doivent donc être en activité permanente. L. 1810, art. 31. Toutefois la suspension d'exploitation d'une mine pouvant être tolérée par l'administration, pourquoi ne pourrait-elle pas faire pour le propriétaire de plusieurs mines ce qu'elle peut faire pour le propriétaire d'une seule, et tolérer une suspension qui ne préjudicierait pas à la consommation ; aussi des autorisations pareilles ont-elles été parfois accordées. Décision ministérielle du 11 août 1845, M. de Blanzy ; Dupont t. I, p. 439.

750. Suspension momentanée des travaux; appréciation de son excusabilité. — C'est à l'administration à apprécier quels sont les motifs qui ont donné lieu à une suspension momentanée de l'exploitation et à reconnaître s'il y a lieu ou non d'autoriser la compagnie concessionnaire à maintenir cette suspension ou à la mettre en demeure de reprendre l'exploitation. Lyon, 3 juin, 1841, S. 41, 2, 625 ; Décision min., 21 août 1845, M. de Blanzy; Dupont, t. I, p. 420, t. II, p. 65.

La jurisprudence administrative n'a admis le retrait de la concession que lorsqu'il y a abandon absolu, complet de l'exploitation ; lorsque l'enquête a prouvé que l'intention bien manifeste du concessionnaire était de ne pas remplir ses engagements. Il n'a jamais été admis que l'arrêt momentané d'une exploitation pût être une cause de déchéance. Déclaration du Min. des Tr. pub., Ch. des Députés, 6 mars 1884, *Officiel*, p 654.

Il serait aussi injuste qu'illégal de prononcer la déchéance à raison d'une suspension résultant d'un cas de force majeure, telle qu'une grève par exemple.

On ne pourrait pas dépouiller davantage de sa propriété, un concessionnaire ou une société que des embarras financiers momentanés gêneraient dans la marche de l'exploitation et feraient apporter une certaine intermittence. Du moment où les mines constituent une propriété, il faut bien admettre dans le cours de leur possession des périodes de prospérité et de revers pour leurs propriétaires, et les embarras pécuniaires et de gestion de ces derniers ne sauraient être un motif légal de dépossession d'une manière générale.

On peut d'ailleurs consulter les termes de la loi de 1810 et la discussion qui a accompagné son adoption, pour s'assurer que le mot de déchéance n'y est pas prononcé et que c'est sciemment et très volontairement. Il suffit de se reporter à la séance du 18 janvier 1810 pour qu'il ne reste aucun doute à ce sujet. Le chef de l'Etat ne voulait pas que cette nouvelle propriété qui ne pouvait être fécondée que par la confiance des capitaux dans son avenir, pût être menacée par les procès-verbaux d'un ingénieur passionné et haineux. Si le législateur de cette époque ne s'expliquait pas directement sur d'autres passions et d'autres haines, il n'entendait pas moins les repousser également sans distinction et aussi énergiquement, voulant avant tout assurer la propriété minière, et cela contre les entreprises et les tendances des agents administratifs eux-mêmes. Aujourd'hui il existe des tendances au retour vers le régime du *Freifahrung* allemand et au *Denuncio* espagnol ; disons à la décharge de ceux qui le préconisent qu'ils ne connaissent sans doute pas l'expérimentation ruineuse qui en a été faite, et les effets désastreux qu'il a produits.

781. Défaut d'exploitation de diverses parties du périmètre concédé. — On ne saurait considérer comme un défaut d'exploitation, le ralentissement apporté à l'exploitation ou son cantonnement sur diverses parties de la concession, bien souvent les mines n'étant régulièrement exploitées que successivement sur certaines parties du périmètre concédé.

Cela a été jugé ainsi pour répondre à une demande de prescription qu'on soutenait atteindre une partie d'une concession inexploitée, par la cour de Grenoble, 14 août 1875, Cie gén. des Asphaltes, S. 76, 2, 13 ; et cela est vrai également au point de vue de l'appréciation de la non exploitation pouvant faire encourir la déchéance.

Peyret-Lallier, n. 800, dit bien que si une mine n'était pas exploitée sur une partie de son périmètre, qu'une commune réclamât l'exploitation sur ce point pour les besoins de la population, et qu'il fût reconnu que cela fut possible et nécessaire, l'administration pourrait prescrire au concessionnaire de porter ses travaux sur ce point. Mais je ne pense pas qu'on puisse voir dans la désobéissance à ces invitations, un refus d'exploiter la concession, donnant lieu à déchéance, à moins que l'importance industrielle de la localité à desservir fût tout à fait exceptionnelle; mais dans ce cas comment supposer que la mine ne voudra pas la desservir.

752. Action du propriétaire du sol pour provoquer la déchéance. — Il a été jugé que le propriétaire de la surface était sans qualité pour demander à être substitué au concessionnaire, sous le prétexte que celui-ci ne remplissait pas les conditions qui lui avaient été imposées par l'acte de concession. C. d'Etat, 11 août 1808, Boussier. Mais l'exploitant qui a pris vis-à-vis le propriétaire du sol l'obligation de se livrer à une exploitation sérieuse et non interrompue, ne peut s'en exonérer alors même que ses opérations le constitueraient en perte, et, s'il manque à ses engagements quant à ce, il encourt des condamnations à des dommages-intérêts. Lallier, 457.

753. Action des tiers pour provoquer le retrait. — D'ailleurs la déchéance du concessionnaire pour les causes prévues par les lois, n'étant pas établie dans l'intérêt privé des particuliers, le défaut de droit de leur part leur ferme toute espèce de recours par la voie du contentieux. C. d'Etat, 4 mars 1809, M. de la Motte-d'Availlans ; Proudhon, *Dom., de prop.*, t. II, n. 783 ; Même jurisp. en Belgique, de Fooz, p. 275.

754. Droit de prononcer la déchéance. Compétence. — L'autorité gouvernementale a seule le droit de prononcer la déchéance et d'apprécier les motifs qui peuvent y donner lieu. L. 1810, art. 49 ; L. 1838, art. 6 et 10 et la discussion de cette loi, notamment les observations de M. Legrand, commissaire du roi, *Mon.*, 14 avril 1837, p. 883 ; Lallier, 774 ; Richard, 455. M. de Fooz, p. 275

qui soutient qu'il en est autrement en Belgique reconnaît la compétence administrative pour la France ; C. d'Etat, 12 décembre 1868, Cie des Asphaltes ; Aix, 12 mars 1838.

Les juges civils sont complétement incompétents non seulement pour la prononcer, mais encore pour examiner les faits desquels aurait pu résulter dans certaines circonstances toutes spéciales, une déchéance de plein droit par application de lois étrangères ; il n'appartiendrait qu'à l'autorité administrative de constater ces faits et d'appliquer au besoin en pareil cas ces lois étrangères. C. Cass., 17 mars 1873, C. gén. des Asphaltes, S. 73, 1, 170 ; Grenoble, 14 août 1875, C. gén. des Asphaltes, S. 76, 2, 13.

Si les faits qui peuvent motiver la déchéance se sont produits pendant qu'une partie de la concession, par suite d'une modification de territoire se trouvait momentanément régie par une législation étrangère, la compétence dès lors n'est pas changée, alors même que cette législation étrangère aurait prévu des cas de déchéance de plein droit. C. Cass., 17 mars 1873, précité.

755. Reconnaissance de l'abandon d'une mine. — Aux termes des dispositions de l'article 49 de la loi de 1810 et des articles 6 et 10 de la loi du 27 avril 1838, dans les cas où une mine est réputée abandonnée ou cesse d'être exploitée, c'est à l'administration, sauf le recours par la voie contentieuse, qu'il appartient de prononcer le retrait ou la déchéance de la concession ; il suit de là, que l'autorité administrative est seule compétente pour vérifier et constater les faits sur lesquels est fondée devant les tribunaux, une exception tendant à faire déclarer que des personnes qui se prétendent propriétaires de mines ont ou non encourues une déchéance. C. d'Etat, 30 novembre 1877, mines métalliques en Savoie, à Hurtières.

756. Usage que l'administration fait du droit de retrait. — En résumant ses instructions sur l'application de la loi de 1838, le ministre, dans la circulaire du 29 décembre suivant, disait : Le droit de révocation pour l'administration est bien marqué maintenant, et il ajoutait, il faut y marcher avec prudence, mais aussi avec fermeté. On peut suivre dans les explications contenues dans la circulaire du 15 juin 1877, comment ce programme a été appliqué et pourquoi l'administration a dû se montrer si sobre dans l'application d'une mesure d'une extrême rigueur même lorsqu'elle est justifiée par la conduite des concessionnaires ; elle doit être réservée seulement pour des circonstances extraordinaires et lorsqu'il y a une absolue nécessité à y recourir. Circ. min., 10 mai 1843. De 1838 à 1877 on ne comptait en effet que six déclarations de déchéance.

20 novembre 1841, mines de plomb de Pontpean (Ile-et-Vilaine) ;

17 novembre 1846, fer de Estavar (Pyrénées-Orientales);

28 décembre 1853, plomb de Manère (Pyrénées-Orientales) ;

21 janvier 1874, houille de Ferques (Pas-de-Calais);

6 septembre 1876, plomb de Giromagny (Haut-Rhin);

16 décembre 1876, antimoine de Chazelles (Haute-Loire).

Les principales instructions administratives sur cet objet sont les suivantes : 29 décembre 1838, instructions sur l'exécution de la loi du 27 avril 1838 ; 10 mai 1843 sur la police des mines ; 30 septembre 1873 ; 24 avril 1874 sur les redevances; 10 février 1877, assignant un délai de deux mois pour la reprise des travaux dans les mines inexploitées ; 15 juin 1877, rapportant les instructions du 10 février. Des circulaires postérieures se sont occupées des mines inexploitées au point de vue seulement des redevances, des états à fournir, des renseignements à faire parvenir par les agents des mines au ministère et autres mesures semblables.

En 1873, il y avait en France 627 concessions de mines de combustible minéral, 333 seulement étaient exploitées. En 1877 il y avait un ensemble de 1216 concessions de mines sur lesquelles 717 inexploitées.

787. Instructions de 1877. — Aux termes de l'article 49 de la loi de 1810, de l'article 10 de la loi du 27 avril 1838 et des prescriptions des cahiers des charges, le 10 février 1877 le ministre invita les préfets à assigner à tous les propriétaires de mines inexploitées un délai de deux mois pour opérer la reprise sérieuse de leur exploitation.

Ils devaient transmettre au ministre les observations auxquelles cette mise en demeure donnerait lieu et le ministre statuerait après avoir consulté le conseil des mines.

Quant aux propriétaires qui ne répondraient pas, ou qui, après avoir promis la reprise des travaux ne se mettraient pas à l'œuvre, le ministre était dans l'intention de prononcer le retrait. Ampliation de cette décision serait transmise aux préfets pour être notifiée aux concessionnaires déchus et être publiée et affichée. Après expiration des délais de recours ou du jugement de ce recours par le conseil d'Etat au contentieux, il serait procédé publiquement et par voie administrative à l'adjudication de la mine.

L'instruction du 27 décembre 1838 recommandait de n'user qu'avec une grande réserve de la faculté de poursuivre la déchéance pour cause d'inexploitation, mais le temps écoulé depuis permettait de modifier ces instructions. Circ. 10 février 1877.

Mais dès le 15 juin 1877 le ministre abandonnait l'idée de poursuivre l'exécution des instructions données en février précédent.

La sanction, dit-il, à laquelle était soumise sa réalisation était si sévère que depuis 1810 il n'en a été usé que six fois. Ces questions tiennent d'ailleurs à un ensemble de considérations, de besoins, de circonstances, qu'il est difficile de combiner ensemble pour donner satisfaction aux droits de propriété, aux intérêts et au besoin du commerce et de l'industrie; quel intérêt y a-t-il à dépeupler les centres de productions minières en éparpillant la population minière dans des localités où les produits difficilement obtenus, sont encore plus difficilement conduits dans les pays de consommation. D'ailleurs, en faisant vendre la mine, vous aurez encore pour adjudicataire l'ancien propriétaire, qui en sera quitte pour quelques frais; et comment définir l'activité d'une mine pour la considérer en exploitation régulière lorsqu'au point de vue technique et économique cela sera si difficile. Les dispositions des lois de 1810 et même de 1838 ne sont pas assez nettes pour assurer un droit indiscutable à l'administration. Partant il y a lieu de procéder comme on le faisait avant la circulaire du 10 février 1877. Circ., 15 juin 1877.

Ces précédents nous ont paru utiles à rappeler.

788. Recours contre le retrait. — Un recours est ouvert au contentieux devant le Conseil d'Etat en cas de retrait, par celui contre lequel il est prononcé. L. 1838, art. 6. Il sera admis si le concessionnaire justifie avoir rempli ses engagements, ou si les formalités qui doivent précéder le retrait n'ont pas été remplies. Lallier, 782. Il est procédé par décret rendu sur la décision du contentieux, a dit le comte d'Argout, rapporteur, dans la séance de la chambre des Pairs du 12 avril 1837.

789. Formalités à remplir pour le retrait de la concession. — Dans tous les cas prévus par l'article 49 de la loi du 21 avril 1810, le retrait de la concession et l'adjudication de la mine ne pourront avoir lieu que suivant les formes prescrites par le même article 6 de la présente loi. L. 27 avril 1838, art. 10. Le ministre des travaux publics, dans la séance de la Chambre des Députés du 6 mars 1884, *Officiel*, a affirmé et en quelque sorte généralisé cette règle, en déclarant sans distinction des cas, que le retrait de la concession ne pouvait avoir lieu qu'en observant les formes prescrites par la loi du 27 avril 1838.

Le ministre après avoir indiqué dans ses instructions du 29 décembre 1838 sur l'application de la loi du 27 avril précédent, qu'on ne devait employer qu'avec une grande réserve la faculté de poursuivre la déchéance pour cause d'inexploitation, indiquait ainsi la marche à suivre lorsqu'il serait nécessaire de recourir à cette mesure. Il convient d'abord d'adresser des avertissements au propriétaire, de le prévenir des mesures qui pourraient être prises contre lui, s'il ne se met pas en règle et de l'engager à s'expliquer. Il convient aussi de procéder à une enquête administrative, ayant pour objet de faire connaître si, et jusqu'à quel point, l'interruption des travaux est de nature à porter préjudice aux consommateurs. La loi n'exige pas absolument ici cette enquête, qui n'est explicitement exigée que lorsqu'il s'agit de contraindre les concessionnaires à exécuter en commun des travaux contre les inondations, mais elle se réfère à l'article 49 de la loi de 1810, elle indique que les poursuites ne devront être exercées que s'il y a un véritable intérêt public compromis. Il est donc convenable avant d'user des voies de rigueur, de bien constater qu'on s'est trouvé obligé d'y recourir. Il faut entendre les intéressés, voir s'il y a des plaintes, recueillir toutes les informations. Le préfet juge alors s'il y a lieu de prendre un arrêté spécial enjoignant au concessionnaire de reprendre les travaux dans les deux mois, passé lequel délai, il transmettrait à l'administration, avec un rapport des ingénieurs, ses propositions sur le retrait de la concession, s'il lui paraissait qu'elle dût être prononcée. Il serait ensuite, après la décision du ministre et l'expiration des délais de recours, ou après la notification de l'ordonnance confirmative de la décision, procédé

11.

publiquement par voie administrative à l'adjudication de
la mine, ainsi qu'il est déterminé par la loi de 1838.

La circulaire du 30 janvier 1837 indiquait que les pro-
cés-verbaux constatant l'abandon partiel ou total d'une
mine devaient être dressés par les ingénieurs ou autres
agents du service, en se conformant à l'instruction ministérielle du 3 août 1810.

760. Offre par un des intéressés de continuer l'exploitation d'une mine abandonnée lorsque la société
concessionnaire est menacée de déchéance. — Lorsqu'une
société minière est menacée de déchéance par suite de
l'abandon de l'exploitation, un des intéressés est recevable à conjurer le danger en justifiant des moyens nécessaires pour la reprise sérieuse de cette exploitation.
L. de 1838, art. 6, § 6 ; Lallier, 778. Mais il ne peut le
faire en se mettant en hostilité avec les décisions définitives de la société concessionnaire alors que cette société s'est déjà mise en liquidation ; que sa déchéance a
été antérieurement prononcée ; que le liquidateur a déclaré qu'il ne voulait pas s'opposer à l'adjudication et
entendait toucher le prix moyennant lequel avait été
tranchée l'adjudication. Le préfet, en pareil cas, et après
lui le ministre, ont régulièrement considéré comme non
avenue l'offre faite par un intéressé de consigner la
somme nécessaire pour arrêter les effets de l'acte de
déchéance, et ont eu raison de faire procéder à l'adjudication de la concession. C. d'Etat, 26 mai 1876, M. de
Ferques, S. 78, 2, 223.

761. Avance des taxes par l'Etat. — Dans le cas où
le retrait de la concession est poursuivi faute par le
concessionnaire d'acquitter les taxes qui lui sont imposées à raison de travaux entrepris en commun contre
les inondations, l'administration pourra faire l'avance
du montant des taxes dues par la concession abandonnée, jusqu'à ce qu'il ait été procédé à une concession
nouvelle. L. 1838, art. 6, § 3. Mais ce n'est là qu'une

faculté pour l'administration. Un amendement, présenté par le duc de Bassano, lors de la discussion de la loi de 1838, rendait ce paiement obligatoire pour l'Etat. Sur les observations de M. Dupin qui craignait que ce fût un moyen de faciliter des fraudes, cette proposition fut écartée. Lallier, 777 ; Richard, 456.

762. **Effets du retrait sur les droits antérieurs.** — La révocation de la concession, d'après un principe général de droit commun, doit faire rentrer dans les mains du concédant les biens libres de toutes charges du chef du concessionnaire. Aussi d'après les avis et la jurisprudence du Conseil des mines de Belgique, la mine doit être remise à la disposition de l'Etat, libre de toutes charges et de tous droits conférés aux tiers pendant la concession qui se trouve résolue. de Fooz, p. 275.

En France, dans tous les cas où il y a lieu à retrait de la concession, ce n'est point une confiscation qui se produit mais une sorte d'expropriation forcée. Biot, p. 120 ; Lallier, n. 775. On procède en conformité des dispositions de la loi du 27· avril 1838. Il en résulte que la mine est mise aux enchères et adjugée publiquement et que le prix d'adjudication, déduction faite des sommes avancées par l'Etat, est attribué au concessionnaire déchu ou à ses ayants-droits. L. 1838, art. 6, § 5. Dès lors il est procédé à la répartition des deniers, le cas échéant, entre les créanciers suivant leurs droits, privilèges et hypothèques, au moyen d'ordres ou de distributions dont le réglement se poursuit devant l'autorité judiciaire. C'est la conservation du droit commun en ces matières, comme l'a fait remarquer le rapporteur lors de la discussion de la loi de 1838. Lallier, 775 et 776.

Ce n'est que dans le cas où il ne se présente aucun soumissionnaire au moment des enchères que la mine reste à la disposition du domaine, libre et franche de toutes charges provenant du concessionnaire déchu. L. 1838, art. 6, § 7.

Il est même juste de reconnaître que les ayants droits du concessionnaire ne peuvent avoir plus de droits que le concessionnaire lui-même dont ils sont les représentants, les ayants-cause, et dont tout au moins ils tiennent leurs droits; et s'ils peuvent suivre le prix d'adjudication attribué par la loi sous certaines conditions au concessionnaire, ils ne peuvent se prévaloir des dispositions prises par celui-ci en leur faveur et qui auraient pour résultat de démembrer la concession, de la modifier, et de ne la transmettre, après déchéance, que privée d'une partie des droits qui la constituent et lui permettent de se continuer utilement entre les mains tierces des nouveaux adjudicataires ; nous admettons qu'à ce point de vue le principe posé dans l'article 2124 du Code civil doit être appliqué, et nous redirons ici avec d'autres : *soluto jure dantis, solvitur et jus accipientis.* Lallier, 780; Richard, 458. Voy. toutefois Proudhon, *Droit de propr.* 796.

Nous n'entendons pas revenir toutefois sur ce que nous avons dit à raison des droits acquis par prescription par des tiers sur le sol de la mine, au point de vue du régime des propriétés voisines et du sol concédé ou du moins incorporé à la concession de la mine. L'exercice de ces droits peut bien gêner l'exécution de certains travaux d'exploitation, mais ils sont par eux-mêmes distincts et indépendants de la concession.

763. Indemnités réclamées à la suite du retrait. — Le retrait de la concession, par suite de l'inexécution des obligations prises par le concessionnaire et par suite le plus souvent de contraventions graves et réitérées, ne peut donner lieu à une action en indemnité, qui ne serait dans ce cas qu'une prime attribuée à l'inaccomplissement des engagements pris. Lallier 774, *in fine.*

764. Sursis à statuer en cas de demande en déchéance. — Si, dans une instance portée devant les tribunaux civils, au sujet de débats concernant des questions de

propriété, l'une des parties demande un sursis fondé sur
une demande en déchéance qui serait instruite devant
l'autorité administrative, il n'y aurait pas lieu de prononcer ce sursis, ces difficultés devant être vidées en l'état
de la situation qu'avaient les parties lorsque ces questions sont nées et qu'elles ont été portées devant les tribunaux civils ; et généralement il n'y aurait pas à prendre en considération la situation nouvelle qui leur serait
faite par un décret de déchéance, sauf les modifications à
l'exercice des droits reconuus et constatés par les tribunaux, que cet acte ultérieur pourrait entraîner.

Mais le sursis ne saurait être prononcé, surtout si l'autorité administrative saisie en cours d'instance civile
avait renvoyé elle-même les parties devant l'autorité judiciaire, pour qu'il fût préalablement statué sur le réglement ou tout au moins sur la détermination de leurs
droits réciproques. Grenoble 14 août 1875. C. gén. des
asphaltes, S. 76, 2, 13.

765. Anciennes concessions : règles de déchéance. —
Les anciens concessionnaires de mines soumis pour la
déchéance aux dispositions de la loi de 1791, sont passés
sous le régime de la loi de 1810, lorsque celle-ci a remplacé celle de 1791, et c'est ce régime qui leur est applicable, quelle que soit l'époque où remonte leur concession
primitive, au point de vue de l'application des règles
de déchéance. A. Bury, 864. Mais par la même raison ils
se trouvent aujourd'hui soumis à la loi de 1838 et les dispositions de cette loi relatives à la perte de la concession
dans les cas qu'elle prévoit leur sont applicables, quelle
que soit la date de leur concession primitive, un même
régime légal régissant toutes les propriétés minières en
France. Les difficultés transitoires que pouvait faire
naître l'application successive de l'ancienne législation,
puis de la loi de 1791 et enfin de celle de 1810 au point de
vue de la question qui précéde ayant perdu presque
tout leur intérêt aujourd'hui, nous ne croyons pas devoir
nous livrer à cet examen rétrospectif.

766. Difficultés existant entre les concessionnaires successifs. — Toutes les difficultés d'intérêt privé qui peuvent s'élever entre les concessionnaires successifs, soit que le dernier titulaire soit complètement déchu sans retrocession, soit que la concession soit réintégrée par l'administration entre les mains de son cédant, doivent être portées devant les tribunaux de l'ordre judiciaire et vidées par eux, puisqu'il ne s'agit que du règlement d'intérêts qui n'ont aucun caractère administratif. C. d'Etat, 11 août 1808, Boussier; 16 mai 1810, M. de Saint-Georges-Chatelaison; 24 novembre 1810, M. dans l'enclave de Maine-et-Loire. C'est spécialement à ces tribunaux à statuer sur la valeur des ustensiles servant à l'exploitation rétrocédés au vendeur; sur les dégradations et améliorations; sur les indemnités prétendues pour non-jouissance. C. d'Etat, 16 mai 1810, cité.

§ 3.

Renonciation partielle ou totale à la concession.

767. Renonciation à la concession. — Il peut arriver par suite de circonstances diverses que le concessionnaire ait intérêt à renoncer complétement à la concession dont il est titulaire, et aux charges de laquelle il ne peut se soustraire par voie de cession, ou tout autre mode de substitution de propriétaire. Il peut également arriver qu'il entre dans ses convenances de voir circonscrire le périmètre de sa concession, et de renoncer partiellement à une partie du territoire qu'elle comprend. Cela lui sera-t-il permis, et dans ce cas, comment devra-t-il agir?

768. La renonciation est-elle licite? — On a soutenu que la constitution de la propriété créée par la concession est de telle nature qu'une mine concédée ne peut pas être abandonnée. Et on a dit que non-seulement la loi de 1810 ne permettait pas cette renonciation, mais que la section du projet de loi de 1810 dans laquelle avait été organisée cette renonciation, avait été retranchée par le motif qu'elle impliquait contradiction avec le principe que les mines étaient des propriétés réelles et de la même nature que toutes les autres propriétés immobilières; et on a ajouté que l'administration en France, en acceptant ces renonciations après des formalités arbitraires, violait la loi de 1810; après avoir reconnu en 1813, qu'il fallait une loi pour atteindre ce résultat et que cette loi préparée n'avait pas abouti. Aussi en Belgique en se conformant à l'avis persistant du conseil des mines, notamment, 3 juillet et 24 octobre 1840, le gouvernement ne se considère pas comme autorisé à accepter le désistement ou l'abandon d'une concession de mines. C. Cass. belge, 26 novembre 1885 ; Charb. de Bellevue ; A. Bury, 1277 et suiv.

En France la pratique administrative est contraire, et cette acceptation peut intervenir après l'accomplissement des formalités qui précèdent la concession. D. 18 juin 1880, acceptation de la renonciation par la compagnie des forges de Châtillon et de Commentry de la concession des mines de fer de Creux de fer et Beauregard, Haute-Marne et Côte-d'Or. D 8 juillet 1880, renonciation par la même, à la concession des mines de fer de Thoste, Beauregard et Etrochey, Côte-d'Or.

Il est bien difficile de ne pas admettre le déguerpissement du concessionnaire qui réduira la mine à la situation d'un bien vacant considéré dès lors comme bien sans maître, par suite de l'abandon ; et il est aussi bien difficile, en fait, d'empêcher quelqu'un d'abandonner une concession. Ici le retour ne s'opère pas en faveur de l'Etat mais la mine abandonnée redeviendra l'accessoire de la surface dont-elle a été séparée pour redevenir disponible dans les conditions où elle l'était avant. En acceptant les abandons, l'Etat arrive à les régulariser, à prévenir tous les inconvénients qu'ils pourraient présenter s'ils se produisaient en fait arbitrairement et hors de conditions essentiellement désirables.

Il est d'ailleurs excessif d'obliger un concessionnaire de conserver une qualité qu'il a équitablement au moins le droit de décliner, dans certains cas. Lorsqu'une concession est demandée, les études préparatoires les plus sérieuses ne peuvent donner le plus souvent une certitude suffisante sur les résultats d'exploitation. Il se peut que les travaux postérieurs aient démontré que le gissement ou le filon est de telle nature, se comporte dans de telles conditions, que son exploitation est commercialement impossible, que ses produits sont sans valeur, et ne peuvent fournir qu'une quantité trop bornée de matières pour donner lieu à une exploitation. Dans ces conditions on aura beau avoir concédé une mine, il n'y aura de la mine que le nom. Pourquoi l'Etat attacherait-il, malgré eux, des intérêts à cette propriété fictive et n'acccpterait-il pas une renonciation à un droit que les deux parties croyaient exister et qui en fait n'était qu'une fiction. Et alors au lieu d'un abandon faisant tomber l'objet dans la classe des biens vacants, quelle illégalité y a-t-il à admettre que le concessionnaire pourra s'adresser au concédant et détruire avec son consentement le contrat qui a existé entre eux. Ce contrat sera bien définitif si l'une des deux parties ou les ayants-droits de l'une d'elles l'exige, mais il n'a aucune raison de subsister si tous les intéressés s'entendent pour le déchirer.

D'autres cas peuvent se présenter encore dans lesquels l'intérêt de tous conduise à la renonciation et à son acceptation, ainsi lorsqu'il s'agira de concessions portant sur des matières non concessibles et que le maintien de la concession peut exposer le concessionnaire à un procès couteux et à la perte de travaux importants, pourquoi ne pourrait-il pas, s'il reconnaît les droits du propriétaire de la surface, renoncer à sa concession et se faire délier par l'administration, qui se délierait ainsi elle-

même. Et si en pareil cas on suit une autre marche pour
arriver au même but, ne sera-ce pas toujours au fond une
renonciation à une concession acceptée par le concédant.

Que si le concessionnaire s'est lié vis-à-vis des tiers
à l'occasion de la concession il ne puisse rompre les
liens ainsi formés, soit, mais lorsqu'il y aura accord
entre le concessionnaire et le concédant pour annuler
la concession sans opposition de la part des tiers, je ne
vois pas quel obstacle légal s'oppose à ce que l'administration prête son concours comme elle l'a fait jusqu'à
ce jour. D. 3 janvier 1813, art. 8 ; Circ. Min. 30 novembre
1834 ; 29 décembre 1838. Cah. des ch. de 1843, art. 4 ; Cir.
13 novembre 1848.

15 ordonnances de résiliation de concessions avaient
été rendues sur la demande des concessionnaires au
moment où le comte d'Argout présentait à la Chambre
des Pairs son rapport sur la loi de 1838.

Les rôles des contributions directes et taxes assimilées
donnaient pour les exercices 1883 et 1884 des renseignements que l'on a traduits ainsi :

Nombre de mines exploitées.................... 506
Non exploitées mais comprises dans les rôles. 771
Non comprises dans les rôles pour cause d'in-
    solvabilité..........................   54
                                            ———
                                            1331

769. Nécessité de l'acceptation de la renonciation. —
Si on est d'accord en France pour admettre que le concessionnaire d'une mine peut renoncer à sa concession,
on s'accorde à reconnaître que cette renonciation n'est
valable et régulière qu'autant qu'elle a été acceptée par
le gouvernement. Cela est textuellement indiqué dans la
plupart des instructions ministérielles, celle du 13 novembre 1848 prescrit même, dans les publications de la
demande, d'indiquer que la renonciation n'aura d'effet
que lorsqu'elle aura été acceptée par acte rendu dans les

mêmes formes que la concession. La doctrine est unanime pour affirmer la nécessité de cette acceptation.
Dufour, *L. des M.* n. 115 et 159; Dupont, t. I, p. 419;
de Fooz, p. 224.

Cela a été jugé au contentieux par le C. d'Etat le
5 avril 1826, houil. du Treuil, Loire.

770. **Qui a qualité pour statuer.** — Il n'a jamais été
contesté, qu'en pareil cas, c'est l'autorité administrative
qui était seule compétente pour statuer sur la demande
en abandon ou renonciation à la concession. Explications du comte d'Argout, rapp. à la ch. des Pairs, lors
de la discussion de la loi de 1838.

771. **Instruction de ces affaires.** — Il est défendu à
tout propriétaire d'abandonner, en totalité, une exploitation, si auparavant elle n'a été visitée par l'ingénieur des
mines.

Les plans intérieurs seront vérifiés par lui; il en dressera procès-verbal, par lequel il fera connaître les
causes qui peuvent nécessiter l'abandon.

Le tout sera transmis par lui, ainsi que son avis, au
préfet du département. D. 3 janvier 1813, art. 8.

L'instruction des demandes en renonciation ou réduction des concessions a été réglementée par la circulaire
du directeur général du 30 novembre 1834.

L'administration veut que dans l'intérêt du propriétaire
de la superficie, des créanciers, comme de tous autres
intéressés, la demande soit publiée dans les mêmes
conditions de forme et de délai que les demandes en
concession. Il faut de plus que le concessionnaire justifie que la mine n'est pas devenue le gage d'autrui et
qu'à cet effet il produise un certificat du conservateur
des hypothèques constatant qu'aucune inscription n'existe
sur la mine, ou en cas d'inscription, qu'il rapporte le consentement des créanciers hypothécaires inscrits à lever
leurs hypothèques, ou à les restreindre sur la portion du
gîte à conserver.

Il faut encore que la situation des travaux soit constatée par une description exacte au moment de l'abandon
et que le concessionnaire fournisse un état descriptif et
un plan des ouvrages souterrains exécutés depuis la concession. Les oppositions ou réclamations qui surviennent
pendant l'instruction doivent être reçues à la préfecture
et notifiées au concessionnaire, comme cela est prescrit
par l'article 26 de la loi.

Les ingénieurs des mines sont ensuite consultés. Les
préfets donnent leur avis, conformément à l'article 27, et
ils transmettent avec les rapports des ingénieurs les
pièces produites au ministre, pour qu'il soit statué par
décret délibéré en Conseil d'Etat D. 3 janvier 1813, art.
8 et 9; Instr. min. 3 août 1810; Circ. dir. gén. 30 novembre 1834; Dufour, *L. des M*. 159.

772. Publication de la demande en renonciation —
Le Gouvernement avant de donner suite à une demande
en renonciation à une concession de mines, exige que
cette demande soit publiée. Circ. dir. gén. 30 novembre 1834.

Je reproduis à ce sujet la publication suivante extraite
du *Journal officiel*.

PRÉFECTURE DE...............

DEMANDE EN RENONCIATION
A UNE CONCESSION DE MINES

AVIS

Par une pétition en date du........., complétée le.........,
M........, propriétaire, domicilié à..........., rue.........,
n°..., demande à renoncer à la concession des mines de houille
de.............

Cette concession, instituée par décret du............. a une
superficie de........... hectares et s'étend sur les communes
de............., arrondissement de.................

A la demande sont annexés :

1° Le plan des exploitations à l'échelle de un millimètre
pour un mètre ; 2° un certificat du conservateur des hypothèques constatant qu'il n'existe point d'inscriptions hypothécaires
sur la concession ; 3° une déclaration du pétitionnaire faisant
connaître que, faute de documents, il ne peut fournir l'état
descriptif des exploitations.

Le préfet du département d...............,
Vu la loi du 21 avril 1810, modifiée par la loi du 27 juillet 1880;

Arrête :

Le présent avis sera affiché pendant deux mois à (*communes
de la situation de la mine et ville du chef-lieu de département*).

Il sera inséré deux fois, et à un mois d'intervalle, dans les
journaux du département et dans le *Journal officiel*.

Il sera, en outre, adressé au préfet de la Seine, qui est prié
de le faire également afficher, pendant le même délai, à Paris,
dans l'arrondissement où est situé le domicile du pétitionnaire.

Il sera publié, dans les communes ci-dessus désignées, devant la porte de la maison commune et de l'église, à la diligence des maires, à l'issue de l'office, un jour de dimanche, au
moins une fois par mois, pendant la durée des affiches.

La pétition et les documents annexés seront déposés à la
préfecture, où le public pourra en prendre connaissance pendant la durée de l'enquête, en vue des oppositions auxquelles
la demande actuelle pourrait donner lieu.

A............, le............. 18 .

Le Préfet de..............

Dans le but d'éclairer chacun sur ses droits, on doit énoncer dans les publications, que la renonciation n'aura d'effet que quand elle aura été acceptée, s'il y a lieu, par un acte rendu dans les mêmes formes que la concession. Circ. 13 novembre 1848.

773. Mesures de sûreté en cas d'abandon d'exploitation. — Lorsque l'exploitation sera de nature à être abandonnée par portions ou par étages, et à des époques différentes, il y sera procédé successivement et de la manière ci-dessus indiquée.

Dans les deux cas, le préfet ordonnera les dispositions de police, de sûreté et de conservation qu'il jugera convenables d'après l'avis de l'ingénieur des mines. D. 3 janvier 1813, art. 9.

De Fooz, page 226, considère l'abandon d'une mine sans l'accomplissement des formalités prescrites par les articles 8 et 9 du décret de 1813 comme constituant un délit, il appuie son opinion sur l'instruction du 3 avril 1810, A. § 4.

774. Effets de la renonciation du concessionnaire quand elle est acceptée; redevances. — La renonciation à la concession acceptée dans les formes voulues par le gouvernement a pour effet notamment :

D'affranchir le concessionnaire renonçant du paiement des redevances établies en faveur de l'Etat. D. d'acceptation des 4 février 1852, 5 janvier 1853. etc.

Et même en faveur des propriétaires de la surface, la concession disparaissant, le propriétaire de la surface est replacé dans l'état où il était avant. Décrets administratifs des 4 février 1852, 5 janvier 1853 et autres. A. Bury n. 1272.

Alors même que la redevance aurait été fixée par accords privés entre le propriétaire de la surface et le propriétaire de la mine, la validité des conventions de cette nature étant contestée et surtout l'obligation devant cesser avec la cause qui l'a produite, le concession-

naire n'étant engagé vis-à-vis du propriétaire qu'en la
qualité qu'il perd par la renonciation acceptée. Bury, 1273.

775. Droits de l'ancien concessionnaire sur le prix de
la cession de la concession. — Si la concession abandonnée est accordée purement et simplement à une
tierce personne, l'ancien concessionnaire ne pourra pas
demander au nouveau une indemnité à un titre quelconque. L'acceptation de l'abandon emportant résolution
de la concession les parties, sont mises au même état
qu'auparavant. Cependant par respect pour le caractère
d'irrévocabilité reconnu par la loi de 1810 à la propriété
minière, et des dispositions de la loi de 1838, dans le cas
où le gouvernement rétrocéderait la mine moyennant un
prix, en suite d'adjudication par exemple, le net produit
devrait être attribué à l'ancien concessionnaire ou à ses
ayants droit. Dufour *L. des M.* n° 160. Il en serait de même
si la nouvelle concession attribuait un droit direct à
l'ancien concessionnaire à titre d'inventeur ou autre de
nature semblable.

776. Droits du concessionnaire de la mine abandonnée sur les objets qui s'y trouvaient.— En cas d'abandon,
le concessionnaire peut vendre les matériaux extraits,
les machines et bâtiments qu'il a placés sur l'exploitation. De Fooz. p. 226.

Il ne peut enlever les échelles établies à demeure, les
étais, les charpentes et autres matériaux nécessaires à
la conservation des travaux intérieurs de la mine. Mais
s'il se présente de nouveaux concessionnaires ils devront
lui en tenir compte. L. du 28 juillet 1791 art. 17 et 18 ;
De Fooz p. 227.

777. Effets de la renonciation ; hypothèques. — L'administration n'accepte les renonciations, que lorsque
aucune charge hypothécaire ne grève la mine. Circ.
30 novembre 1834. Si malgré l'existence des hypothèques l'acceptation intervenait elle ne pourrait porter
préjudice aux droits acquis aux tiers, qui pourraient

toujours saisir et poursuivre la vente de la mine contre leur débiteur. C'est ce que soutient De Fooz, p. 226 en appuyant son opinion sur divers actes administratifs.

778. Droits acquis par prescription avant l'abandon. — Si une mine est abandonnée et qu'avant qu'elle ait fait l'objet d'une concession nouvelle après une déclaration de déchéance il s'est passé un temps assez long pour que des tiers puissent acquérir par la possession des droits fonciers sur des dépendances de cette mine, on a décidé qu'ils le feraient utilement, parce qu'en pareil cas la condition de la mine doit se régler d'après le droit commun. C. cass. 15 mars 1843, M. de Phennungthurm, S. 43. 1. 666. D. 43, 1, 307, il s'agissait d'une source sortant d'une mine et que les habitants d'une localité voisine avaient captée par des travaux de barages établis dans une des anciennes galeries ; il existe un arrêt d'Aix dans le même sens et rendu dans les mêmes circonstances à raison d'une source captée dans les lignites des Bouches du Rhône. En effet, si la mine concédée est une propriété perpétuelle disponible et transmissible comme toute autre propriété, il doit en résulter qu'elle pourra être soumise à des servitudes soit par suite de titres, soit par suite de prescription suppléant à ces titres ; mais il ne faudrait pas pousser à ses extrêmes limites l'application de cette règle. En effet si la concession fait de la mine une propriété avec tous ses droits et attributs, cette propriété n'en reste pas moins une propriété spéciale, c'est la propriété d'une mine, que reçoit le concessionnaire, il ne peut dès lors en jouir que comme mine, c'est la condition essentielle de son titre et de sa jouissance, et il ne peut utilement concéder des droits qui paralyseraient la concession en empêchant l'exploitation, parce que lui-même, par suite de la nature de son titre, n'a pas reçu de droit de cette nature. Ce qu'il ne peut faire directement par acte formel, il ne doit pas pouvoir le faire indirectement par abstention. Et nous croyons que la déchéance entrainerait la perte des droits acquis, qui en ayant pour objet de démembrer la propriété concédée pourraient avoir pour résultat de paralyser l'exploitation c'est-à-dire l'usage de la propriété concédée, constituée comme mine, cette propriété n'a pu changer de nature par le fait du concessionnaire. Cela nous parait aussi conforme au droit, que commandé par le même intérêt public supérieur qui a fait autoriser le gouvernement à séparer la propriété de la mine de la propriété de la surface.

779. Retrait de la demande en renonciation. — Les concessionnaires après avoir fait une déclaration, ont voulu quelquefois revenir sur cette déclaration et reprendre leurs travaux, ils en ont le droit tant que la renonciation n'a pas été acceptée par une décision administrative.

D'un autre côté sur le simple avis de la demande en renonciation, les tiers parfois font des recherches à l'insu de l'administration sur les terrains concédés. Ils doivent se retirer sans droit à aucune indemnité si le concessionnaire retire sa demande en renonciation. A ce sujet il est bon lorsqu'une demande de cette nature est publiée, que les affiches indiquent qu'elle ne peut avoir d'effet que lorsqu'elle aura été régulièrement accueillie. Circ. 15 novembre 1848.

780. Renonciation dans le but de modifier le périmètre. — Parfois le concessionnaire ne renonce à sa concession que pour en faire modifier le périmètre, lorsque l'expérience lui a prouvé qu'on y a inutilement compris des parcelles sans valeur minière et sans intérêt pour l'exploitation, et qu'on a négligé d'y comprendre des terrains qui avaient de la valeur à ces deux points de vue, ou à l'un d'eux au moins. Dans ce cas les formalités qui précèdent l'acceptation d'une renonciation ou qui précèdent les concessions, étant les mêmes, lorsqu'elles ont été remplies, le même acte accepte la renonciation et constitue une nouvelle propriété minière en constatant une nouvelle concession ; Décret adm. 7 mars 1863.

781. Formalités à remplir pour restreindre une concession ; Compétence. — Les mêmes formalités sont à remplir quand il s'agit d'obtenir l'acceptation d'une renonciation à une concession, comme lorsque le concessionnaire veut obtenir une simple réduction du périmètre concédé. Circ. direct. gén. 30 novembre 1834 ; Dupont t. I, p. 418, t. II p. 64.

L'administration est seule compétente pour consentir cette réduction, C. d'Etat 5 avril 1826, Jovin, (Loire) ; Dupont, t. I, p. 416 ; Dufour, *L. des M.* n. 115. Le Conseil de préfecture serait tout à fait incompétent pour y procéder en tous cas, et accessoirement à une demande en réduction de redevance, C. d'Etat, 5 décembre 1833, M. de Saint-Julien-Molin-Mossettes.

782. Annulation d'une concession. — Si la concession avait été indûment faite, parce qu'elle porterait sur une substance non concessible par exemple, Bury, 1282, pense que le concessionnaire pourrait se prévaloir de cette nullité pour renoncer à la concession s'il y avait intérêt, mais il n'admet pas en principe le droit d'un concessionnaire de renoncer à sa concession et et il n'admet l'abandon en pareil cas, que comme conséquence de la nullité. Il est évident que tout individu qui a intérêt pour demander la nullité d'une concession et qui se trouve dans les délais et conditions requises pour être recevable à proposer cette nullité, s'il obtient gain de cause, cessera d'avoir un titre à la concession et de subir les charges qu'elle lui imposait ; mais comment cette voie lui sera-t-elle ouverte alors que sa mise en possession et le défaut d'opposition ont donné un caractère définitif à l'acte qui l'a investi.

783. Recours du concessionnaire contre le fermier failli pour avoir cessé l'exploitation, action contre la

masse. — Le concessionnaire d'une mine qui a cédé à un tiers pour un temps plus ou moins long l'exploitation de la mine, à la condition qu'aucune interruption ne se produirait dans l'exploitation, peut bien si ce tiers est déclaré en faillite, agir contre le failli à raison du préjudice qui peut résulter du défaut d'exécution du bail; mais dans le cas où, après la faillite déclarée, il intervient entre le concessionnaire et les créanciers, une convention portant que l'exploitation continuerait par les soins du syndic auquel serait fournie une somme déterminée pour y pourvoir, si cette exploitation est interrompue faute de fonds ou par toute autre cause, le concessionnaire ne peut, en se fondant sur le préjudice que cause cette interruption, à la suite de laquelle la mine a été inondée, exercer une action directe contre la masse. La convention qui est intervenue entre elle et lui, ne peut être considérée comme la suite du bail primitif conclu avec le failli et ne constitue qu'un simple mandat spécial et déterminé, dont l'inexécution ne résultait pas de la faute de la masse ni du syndic qui la représentait, C. Cass. 2 avril 1879, Mines des Touches, S. 80, 1, 63.

TITRE V

De l'exercice de la surveillance sur les mines par l'administration.

---

784. Objet de ce titre. — Pour suivre l'ordre adopté par la loi de 1810 nous ne nous occuperons ici que de l'action réservée à l'administration des mines par les articles 47 et 48 de la loi, et aux préfets par les articles 49 et 50. Nous renverrons au titre X et à la seconde partie de notre travail, l'examen de certaines mesures de police auxquelles doivent se soumettre les exploitants dans l'intérêt des populations minières, et nous avons déjà parcouru quelques-unes des obligations imposées à l'exploitation et pouvant être classées parmi les mesures de police.

§ 1.

Droit de surveillance de l'administration, unité de la direction des exploitations pour la faciliter.

785. Droit d'intervention de l'administration dans la surveillance des exploitations. — Ce droit auquel les auteurs donnent des sources diverses n'est contesté par aucun d'eux. Dufour, *Lois* n. 144; de Fooz, p. 279; Biot, p. 122; Dupont, t. I, p. 403 et suiv. Dans sa déclaration faite à la Chambre des Députés, séance du 6 mars 1884, *Officiel*, p. 654, le ministre des travaux publics le caractérisait ainsi. La loi donne à l'Etat le droit d'intervenir dans l'exploitation des mines au triple point de vue de la conservation de la richesse minérale, dans le but de prévenir la disparition par une exploitation abusive et vicieuse au détriment de la nation ; de la sécurité des ouvriers, au point de vue des dangers que l'exploitation peut faire courir à leur vie et à leur santé ; et enfin, de la protection de la surface au point de vue des propriétaires du sol.

786. Dispositions des articles 47 à 50 de la loi de 1810. — Les deux premiers de ces articles visent plus spécialement les agents du corps des mines, les deux autres les préfets. Les mesures que l'administration est autorisée à prendre ont un double caractère ; les unes ont pour but de prévenir les abus, vices et accidents, les autres d'y porter remède lorsqu'ils se sont produits. Voici le texte de ces dispositions :

Art. 47. Les ingénieurs des mines exerceront sous les ordres du ministre et des préfets une surveillance de police pour la conservation des édifices et la sûreté du sol.

Art. 48. Ils observeront la manière dont l'exploitation sera faite, soit pour éclairer les propriétaires sur ses inconvénients ou son amélioration, soit pour avertir l'administration des vices, abus ou dangers qui s'y trouveraient.

Art. 49. Si l'exploitation est restreinte ou suspendue de manière à inquiéter la sûreté publique ou les besoins des consommateurs, les préfets après avoir entendu les propriétaires, en rendront compte au ministre, pour y être pourvu ainsi qu'il appartiendra.

Art. 50 revisé en 1880. Si les travaux de recherche ou d'exploitation d'une mine sont de nature à compromettre la sécurité publique, la conservation de la mine, la sûreté des ouvriers mineurs, la conservation des voies de communication, celle des eaux minérales, la solidité des habitations, l'usage des sources qui alimentent les villes, villages, hameaux et établissements publics, il y sera pourvu par le préfet. Voy. *Infrà.* n. 809

787. Caractère de la surveillance exercée par l'administration des mines. — L'action de l'administration sur les mines est réduite aux plus simples termes, elle est renfermée dans le strict besoin de la société. Le corps des ingénieurs portera partout des lumières et des conseils sans imposer des lois, sans exercer aucune contrainte sur la direction des travaux. Ils n'auront d'action que pour prévenir les dangers, pourvoir à la conservation des édifices, à la sûreté des individus. Ils éclaireront les propriétaires et l'administration, ils rechercheront les faits, les constateront et ne statueront jamais. Ce droit est réservé aux tribunaux ou à l'administration. Exposé des motifs par le comte Regnauld de St-Jean d'Angely.

En général les hommes sont assez clairvoyants sur ce qui les touche, on peut se reposer sur l'énergie de l'intérêt personnel du soin de veiller sur la bonne culture. La liberté laissée aux propriétaires et aux cultivateurs, fait de grands biens et de petits maux; l'intérêt public est en sûreté, quand au lieu d'avoir un ennemi, il n'a qu'un garant dans l'intérêt privé. Les conseils que les ingénieurs donneront aux exploitants seront d'autant plus efficaces qu'ils n'auront pas le caractère de l'autorité et du commandement. Ils seront les intermédiaires par lesquels les lumières de l'expérience, recueillies et épurées au sein de l'administration générale, parviendront jusqu'aux exploitants. On s'adressera à eux avec confiance; l'on eut redouté leurs visites s'ils avaient apporté des ordres ou des directions absolues; on les verra avec satisfaction dans les établissements, quand on saura qu'ils ne s'y présentent que comme des observateurs bienveillants ou des amis éclairés.

Les travaux souterrains, en général, et surtout les exploitations de mines, doivent être sous la surveillance et sujets à l'action de la police, à cause des accidents dont ces travaux sont quelque fois la cause, mais cette surveillance et cette action de police donneraient lieu à des abus, si les exploitants pouvaient être jugés sans avoir été entendus, ou si l'instruction préalable pouvait se faire sans l'intervention des préfets C'est l'explication des mesures protectrices qui se trouvent dans la loi de 1810, *Rapport* du C. de Girardin.

Pour se rendre un compte exact des attributions que le législateur de 1810 a voulu conférer aux ingénieurs des mines, il est très instructif de se reporter à la discussion qui a eu lieu dans la séance du 3 février 1810, qu'on retrouvera dans les ouvrages de Locré, p. 292 et suiv. et de Richard, t. II., p. 470 et suivantes. C'est dans le courant de cette discussion que Napoléon dit : « C'est « un grand défaut pour un gouvernement de vouloir être « trop père, à force de sollicitude il ruine et la liberté « et la propriété. » Ces longs débats aboutirent à cette conclusion que les ingénieurs avaient un droit de conseil auprès des exploitants, et le devoir d'avertir le gouvernement de tous les vices, abus et dangers qu'ils découvriraient dans les exploitations. L. 1810 art. 48, Richard, 256 ; Lallier, 459 et suiv. 465 ; Dufour, *L. des M.* 146.

Toutefois on ne serait point dans la réalité si on s'en tenait à ces indications sur le rôle de l'administration vis à vis des exploitants. Elles peuvent bien indiquer la situation vraie en 1810 ; mais depuis, les circulaires, les instructions, les décrets et ordonnances et les lois ont sans cesse accru l'action de l'administration et lui ont donné le droit de s'immiscer plus ou moins directement par action de police dans les exploitations minières comme nous serons dans le cas de le signaler bien souvent. Voir notamment la circ. du 29 décembre 1838, sous l'un des numéros suivants.

L'administration des mines, il est vrai, ne peut exercer une action directe par voie de commandement, sauf le cas que nous allons signaler, mais elle peut provoquer de la part des préfets et du ministre les mesures préventives et répressives qu'elle juge nécessaires, le cas échéant, relatives à la conservation des édifices, à la sûreté du sol, aux vices, abus ou dangers de l'exploitation, à l'insuffisance ou la suspension de cette exploitation, à la sécurité publique, à la conservation de la mine, à la sûreté des ouvriers, à la conservation des voies de communication, des sources minérales ou d'alimentation publique, à la solidité des habitations, aux menaces d'inondation des mines et à leur assèchement etc. Dans de pareilles conditions il est facile de se rendre compte de l'étendue de l'action de l'administration des mines sur les exploitations. Il y aurait lieu de s'en effrayer si une longue expérience n'avait appris que le fonctionnement de ce corps, par suite de sa composition, de son organisation hiérarchique et du contrôle auquel sont soumises ses propositions, présente toutes les garanties voulues pour prévenir les abus et les excès de pouvoirs.

788. Action directe des ingénieurs. — Lorsque dans une visite, les ingénieurs reconnaissent une cause de danger imminent, ils peuvent faire sous leur responsabilité les réquisitions nécessaires aux autorités locales pour qu'il y soit pourvu sur le champ d'après les dispositions qu'ils jugent convenables. Ils agissent alors ainsi qu'il est disposé en matière de voirie, lorsqu'il y a péril imminent de la chute d'un édifice. D. 3 janvier 1813 art. 5. Dufour ; 152.

Naudier, p. 201, pense que suivant la loi *aquilia*, qui atteignait ceux qui voués à l'exercice d'une profession, faisaient preuve d'incapacité et causaient un dommage, il y aura lieu d'apprécier si les mesures ordonnées ont été prises suivant les règles de l'art et si elles ont été prises à tort; il est d'avis que l'ingénieur pourra être condamné à des dommages-intérêts par application de l'article 1382 du code civil et en prenant en considération sa bonne ou sa mauvaise foi.

789. Unité de direction de chaque exploitation. — Pour assurer l'exploitation régulière des mines et une action facile, sûre et immédiate à la surveillance administrative, le gouvernement a voulu que l'administrateur trouvât dans chaque exploitation une personne unique spécialement désignée pour répondre aux observations qui lui seraient faites et exécuter les mesures prescrites. Dès lors, lorsqu'une concession de mines appartiendra à plusieurs personnes ou à une société, les concessionnaires ou la société, devront, quand ils seront requis par le préfet, justifier qu'il est pourvu par une convention spéciale, à ce que les travaux d'exploitation soient soumis à une direction unique et coordonnée dans un intérêt commun.

Faute par les concessionnaires d'avoir fait dans le délai qui leur aura été assigné, la justification requise, ou d'éxécuter les clauses de leur convention, qui auront pour objet d'assurer l'unité de la concession, la suspension de tout ou partie des travaux pourra être prononcée par un arrêté du préfet, sauf recours au ministre, et, s'il y a lieu au Conseil d'État, par la voie contentieuse, sans préjudice d'ailleurs de l'application des articles 93 et suivants de la loi du 21 avril 1810. L. 27 avril 1838 art. 7.

L'unité dans les concessions est la condition prévue du bon aménagement des substances minérales. Dupont, *Jurisp.* t. I, p. 385 ; *Cours*, p. 277. Elle forme la base de la législation des mines. Les gîtes que la terre renferme doivent être exploités avec ensemble. Ils exigent des travaux convenablement coordonnés pour en poursuivre sous le sol les ramifications, prévenir les envahissements des eaux souterraines, les gaz délétères, les éboulements. C'est afin de les soustraire au morcellement qui ont lieu à la surface qu'on en a fait une classe de biens distincte, dont l'acte de concession détermine les limites. La loi de 1810, repose sur le principe conservateur de l'indivisibilité des mines, elle défend de les morceller sans autorisation. La loi de 1838 à eu pour but de consacrer le même principe d'une manière plus explicite et d'assurer par une sanction efficace son application. Circ. min. 29 décembre 1838.

La convention que les concessionnaires doivent présenter doit indiquer un plan de travaux s'appliquant réellement à l'ensemble de la concession ; qui fasse connaître comment les travaux existants sont ou seront coordonnés entre eux relativement à l'aérage, à l'expulsion des eaux, à l'aménagement des gîtes, à l'extraction des minerais ; et les nouveaux ouvrages que la Compagnie se propose d'exécuter, comme le développement ou le remplacement des anciens.

Elle doit aussi instituer au chef-lieu de l'établissement un bureau spécial pour la réunion de tous les plans et coupes des travaux pratiqués dans les mines et des registres d'avancement de ces travaux. Même circ.

De ce qu'il est nécessaire de confier à un seul et même directeur la direction générale de l'exploitation, il ne s'en suit pas que des agents secondaires ne soient chargés, sous cette direction unique qui ne peut être le fait de plusieurs personnes, de la surveillance et de la conduite de certaines parties de l'exploitation.

Si c'est aux concessionnaires à nommer le directeur, l'autorité administrative doit veiller à ce qu'il offre les garanties que requièrent ses fonctions.

Les travaux d'exploitation devant être coordonnés dans un intérêt commun, ceux qui ne présenteraient pas ce caractère, doivent être défendus par le préfet sur l'avis de l'ingénieur.

Ils doivent être repoussés surtout s'ils ne sont en définitive formés que dans l'intérêt de tiers autorisés par les concessionnaires à des exploitations partielles qui ne sauraient être tolérées à cause de la division qu'elles apporteraient dans l'exploitation. On peut, lorsque la disposition des gîtes le permet, ouvrir plusieurs champs d'exploitation, mais à condition qu'ils restent dans une direction et exploitation uniques et qu'ils ne passent pas entre les mains de plusieurs personnes. Même circ.

L'unité de l'exploitation depuis la loi de 1838, art. 7, doit être invariablement maintenue, c'est le droit de l'administration de l'exiger et c'est aussi son devoir. Rapport à la ch. des Pairs ; même circ.

Les violations de cette règle devraient entraîner de la part des préfets l'ordre de suspendre les travaux. Même circ.

790. **Désignation d'une personne chargée de représenter le concessionnaire.** — Lorsqu'une concession de mines appartiendra à plusieurs personnes ou à une société, les concessionnaires ou la société seront tenus de désigner, par une déclaration authentique faite au secrétariat de la préfecture, celui des concessionnaires ou tout autre individu qu'ils auront pourvu des pouvoirs nécessaires pour assister aux assemblées générales, pour recevoir toutes notifications et significations et en général pour les représenter vis-à-vis de l'administration tant en demandant qu'en défendant. L. 27 avril 1838, art. 7 ; ord. 18 avril 1842.

Cette ordonnance exige que le concessionnaire fasse une élection de domicile administratif et qu'il le dénonce au préfet.

C'est par l'intermédiaire de cette personne que les concessionnaires doivent dénoncer à l'administration les travaux qu'ils se proposent d'ouvrir. Circ. min. 29 décembre 1838.

Le directeur des travaux et le représentant des concessionnaires peuvent être la même personne ou des personnes différentes. Dupont, *Cours*, p. 282.

A défaut de désignation de ce représentant par les concessionnaires on a dit, en se fondant sur un arrêt de Lyon du 17 juin 1835, M. de la Beraudière, que les tribunaux pouvaient les désigner d'office. Dupont *Jurisp.* t. I. p. 396.

En cas de transfert de la propriété à un titre quelconque, la même obligation est imposée au nouveau propriétaire. Ord. 18 avril 1842, art. 2 ; Dufour, *Loi* n. 145.

§ 2.

Visites des exploitations par les Ingénieurs. Production à faire par les exploitants pour les faciliter.

791. Visites des mines. — Un des moyens les plus efficaces pour assurer la surveillance des exploitations est incontestablement celui que fournit leur visite par les ingénieurs, aussi cette mesure a-t-elle été l'objet des préoccupations de l'administration centrale qui a transmis successivement à ses agents de nombreuses instructions à ce sujet ; nous les indiquerons sommairement.

Chaque concession et chaque visite opérée à des intervalles de temps différents doivent être l'objet d'un procès-verbal de visite distinct et séparé.

En dehors des procès-verbaux de visite de chaque exploitation, on doit comprendre dans l'envoi un rapport général présentant la situation de l'industrie minérale dans le département.

Les envois doivent être faits par les ingénieurs ordinaires aux préfets, mais par l'intermédiaire des ingénieurs en chef qui doivent en faire l'examen. Circ. 24 janvier 1834, 30 janvier 1837, 28 novembre 1844, 1er décembre 1852.

Les rapports doivent être remis aux ingénieurs en chef avant la fin d'année, mais ceux-ci au lieu d'être obligés de les transmettre en décembre comme portait la circulaire du 1ᵉʳ décembre 1852, peuvent les faire parvenir au ministre par l'intermédiaire des préfets en ne les remettant que le 31 janvier de l'année suivante au plus tard. Les ingénieurs en chef pourront d'ailleurs veiller à ce que les procès-verbaux de visite au lieu de leur être envoyés en bloc en fin d'année par les ingénieurs ordinaires leur soient transmis successivement au moment des tournées.

D'un autre côté, il n'est plus nécessaire que les ingénieurs rédigent leurs procès-verbaux sur les lieux. Ils doivent se borner à prendre sur les lieux les notes écrites, nécessaires pour faire leur travail, et ils pourront, une fois de retour à leur résidence, l'écrire à tête reposée et avec réflexion.

Les procès-verbaux qu'il est indispensable de rédiger à bref délai, doivent satisfaire aux prescriptions de la circulaire du 30 janvier 1837, avec ce tempérament que l'indication des travaux parcourus devra être présentée dans une forme fort concise et en l'accompagnant de croquis nécessaires pour son intelligence. Les développements qu'il est inutile de porter à la connaissance de l'exploitant et destinés à l'administration, seront ajoutés sous forme de note à l'expédition destinée au ministère.

La copie du procès-verbal sera, aussitôt la rédaction de cet acte envoyé avec l'expédition destinée aux exploitants à l'ingénieur en chef. Celui-ci examinera si le travail est régulier, s'il comporte des observations, que, dans le cas de l'affirmative il adresserait sans retard à l'ingénieur ordinaire, sauf ensuite, dans l'hypothèse de divergences sérieuses, à en référer à l'administration supérieure. C'est finalement l'ingénieur en chef qui sera chargé de faire transcrire le procès-verbal sur le registre d'avancement des travaux que l'ingénieur ordinaire se fera représenter, lors de ses visites suivantes, afin de constater si l'exploitant a opéré la transcription, et de la signer.

L'ingénieur ordinaire aura jusqu'au 15 janvier pour envoyer à l'ingénieur en chef les procès-verbaux qu'il aurait dressés dans les derniers jours de décembre, ainsi que son rapport d'ensemble sur la situation de l'industrie minérale dans son arrondissement.

Les mines inexploitées doivent être l'objet de mentions dans le rapport d'ensemble sans qu'il soit nécessaire qu'elles fassent l'objet d'un procès-verbal de visite.

Les grandes carrières exploitées souterrainement et qui doivent être visitées au moins une fois l'an, à défaut de procès-verbaux qui ne peuvent être qu'exceptionnellement nécessaires, doivent être l'objet d'un chapitre spécial dans le rapport d'ensemble. Circ. 2 janvier 1878 ; 11 juin 1881 ; 22 janvier 1883.

792. Procès-verbaux des visites des mines. — Les procès-verbaux prescrits par le décret du 3 janvier 1813, ont pour but non-seulement d'éclairer les concessionnaires sur la conduite de leurs travaux, mais encore d'assurer l'exécution des lois et règlements, tant sous le rapport de la sûreté publique et particulière, que sous celui des besoins de la consommation.

Il est donc indispensable que les ingénieurs consignent dans ces actes tous les détails qui ont dû frapper leur attention, pour que l'administration éclairée par eux soit bien plus assurée de juger des progrès de notre industrie souterraine, des améliorations qu'il peut y avoir a désirer et des dispositions administratives qui seraient nécessaires à l'égard de chaque exploitation en particulier.

Le procès-verbal de visite doit toujours faire connaître : 1° le jour et le lieu où il a été dressé; 2° le nom et l'emploi de la personne qui, aux termes de l'article 24 du décret de 1813, a dû accompagner l'ingénieur dans sa visite ; 3° l'heure à laquelle l'ingénieur est descendu dans les travaux et le temps qu'il a consacré à leur examen; 4° l'indication des parties de ces travaux qu'il a parcourus, en joignant, dans les cas où cela est utile, des croquis propres à aider l'intelligence des faits, ou des conseils donnés aux exploitants; 6° les faits principaux qu'il a observés, particulièrement ceux qui sont survenus dans l'intervalle d'une visite à l'autre; 9° l'état des plans et l'indication des améliorations et additions que ces plans peuvent exiger ; 7° l'état des registres dont la tenue est prescrite par les articles 6, 26 et 27 du décret de 1813; 8° si les ouvriers sont, aux termes de l'article 26 du décret, munis de livrets régulièrement tenus, conformément à la loi du 9 frimaire an XII; la prescription contenue dans l'article 8 doit être rayée aujourd'hui en l'état de la nouvelle légalisation sur les livrets; 9° si le service de santé est organisé conformément aux articles 13 et suivants du décret, et particulièrement si l'exploitation est pourvue de médicaments et de moyens de secours proportionnés au nombre des ouvriers employés.

Pour satisfaire à l'article 6 du décret de 1813 et à l'article 48 de la loi de 1810, il est indispensable que les ingénieurs joignent à leurs procès-verbaux des observations détaillées sur la conduite des travaux.

Les observations spéciales peuvent être placées dans le corps du procès-verbal et former un paragraphe distinct.

Les observations générales terminent le procès-verbal ; elles portent particulièremeut sur les avantages que procureraient des modifications des méthodes suivies dans les diverses parties de l'exploitation.

Le procès-verbal et les observations doivent être inscrits, en exécution de l'article 6 du décret de 1813, sur le registre d'avancement des travaux, et l'ingénieur doit laisser en outre à l'exploitant, toutes les fois qu'il le jugera utile, une instruction écrite sur ce registre, conténant les mesures à prendre pour pourvoir à la sûreté des hommes et des choses.

Ces instructions ne doivent pas être confondues avec les rapports prescrits par l'article 7 du décret, ni les réquisitions adressées en exécution de l'article 5. Circ. min., 30 janvier 1837.

Les procès-verbaux doivent être accompagnées d'un rapport général indiquant les principaux faits constatés, les améliorations qui ont eu lieu et celles qui restent à réaliser. Circ. min., 28 novembre 1844.

Un rapport d'ensemble sur la situation minérale, dans le cas où il n'existe pas de mines, doit, conformément à la circulaire du 11 juin 1881, être envoyé de la même manière et à la même époque que les procès-verbaux de visites annuelles par les ingénieurs des mines, qui y consacreront un chapitre spécial aux carrières. Circ. 22 janvier 1883.

793. Visite des mines abandonnées. — Les ingénieurs ne devaient pas se borner à visiter les mines exploitées, leur visite devait porter également sur les mines inexploitées, et ils devaient dresser un procès-verbal spécial de la visite de chacune de ces mines. Il importait que l'administration fut informée chaque année, des circonstances et des causes du chômage, des inconvénients qui en peuvent résulter, soit pour les consommateurs, soit pour la conservation des ouvrages souterrains et la sûreté publique, et qu'elle fut par là mise à même de juger s'il y avait quelque mesure à prendre. Lorsque des mines sont définitivement abandonnées, les plans de l'exploitation doivent être conservés dans les bureaux de l'ingénieur ordinaire avec des notes précises et circonstanciées sur l'allure des couches, les faits observés avant l'abandon et les causes qui l'ont déterminé. Circ. 24 janvier 1834, 30 janvier 1837, 28 novembre 1844, 1er décembre 1852. Ces instructions, en ce qui concerne les visites, ont été cependant modifiées par la circulaire du

2 janvier 1878, le nombre des mines non exploitées s'étant singulièrement accru et les renseignements qui les concernent trouvant leur place dans les rapports d'ensemble des ingénieurs, il a paru inutile au ministre d'exiger qu'elles continuent à être l'objet d'un procès-verbal de visite spécial.

794. Communication aux préfets des procès-verbaux de visite. — Les procès-verbaux de visite des mines dressés par les ingénieurs, doivent être transmis aux préfets pour que ceux-ci soient mis au courant de la marche des exploitations et des mesures que les circonstances leur commanderaient de prendre. Ces envois doivent être faits à part en dehors des états d'exploitation, et être adressés aux préfets par l'intermédiaire des ingénieurs en chef qui y joignent leurs observations, comme le préfet y joint les siennes avant de les transmettre au minstre. D. 3 janvier 1813, art. 23; Circ. 4 novembre 1833, 22 janvier 1883.

795. Projets de tournée doivent être transmis au ministère avant le 15 janvier, ils doivent être dressés sous la forme d'un cadre fixé par les instructions et être accompagnés du compte rendu sommaire des tournées effectuées l'année précédente. Les ingénieurs appelés en cours d'année à un poste, doivent poursuivre l'exécution de l'itinéraire projeté, au point où s'est arrêté leur prédécesseur. Circ. min. 1er décembre 1883.

796. Visites spéciales. — Indépendamment de leurs tournées annuelles, les ingénieurs des mines doivent visiter fréquemment les exploitations où il serait arrivé un accident, ou qui leur paraissent mériter une surveillance spéciale. Ils dressent procès-verbal de leurs visites sur des registres spéciaux et en transmettent copie aux préfets. D. 3 janvier 1813, art. 23.

797. Obligation pour les exploitants de faciliter les visites. — Les propriétaires des mines, exploitants et autres préposés, fourniront aux ingénieurs et aux conducteurs tous les moyens de parcourir les travaux, et notamment de pénétrer sur tous les points qui pourraient exiger une surveillance spéciale. Ils exhiberont le plan tant intérieur qu'extérieur, et les registres de l'avancement des travaux, ainsi que du contrôle des ouvriers ; ils leur fourniront tous les renseignements sur l'état d'exploitation, la police des mineurs et autres employés; ils les feront accompagner par les directeurs et maîtres mineurs, afin que ceux-ci puissent satisfaire à toutes les informations qu'il serait utile de prendre sous les rapports de sûreté et de salubrité. D. 3 janvier 1813, art. 24.

D'après l'arrêt de Bruxelles du 17 décembre 1840, le directeur de la mine est tenu de faire accompagner par un maître mineur ou porion, l'agent de l'administration des mines qui le demande pour procéder officiellement à la visite de la mine. Chicora et Dupont, p. 123.

798. Journal des travaux et plan d'avancement, visa des ingénieurs. — Il sera tenu, sur chaque mine, un registre et un plan constatant l'avancement journalier des travaux, et les circonstances de l'exploitation dont il sera utile de conserver le souvenir. L'ingénieur des mines devra, à chacune de ses tournées, se faire représenter ce registre et ce plan ; il y insérera le procès-verbal de visite, et ses observations sur la conduite des travaux. Il laissera à l'exploitant, dans tous les cas où il le jugera utile, une instruction écrite sur le registre, contenant les mesures à prendre pour la sûreté des hommes et celle des choses. D. 3 janvier 1813, art. 6.

La tenue des plans et registres des travaux souterrains est une obligation impérieuse dont les concessionnaires ne sauraient, sous aucun prétexte, s'affranchir. Les ingénieurs doivent veiller à ce qu'elle soit toujours et exactement remplie. Ces plans dressés à l'échelle d'un millimètre par mètre, doivent être représentés à l'ingénieur des mines à chacune de ses visites. En outre les plans et coupes doivent être adressés chaque année à la préfecture ; si ces prescriptions ne sont pas remplies ponctuellement, l'autorité a le droit d'y pourvoir d'office conformément à l'ordonnance du 26 mars 1843, et du décret du 25 septembre 1883, sans préjudice de poursuites judiciaires à exercer devant les tribunaux. Inst. 3 août 1810 ; D. 18 novembre 1810, art. 36 ; Circ. 17 février 1813; 4 novembre 1833 ; 4 octobre 1845 ; 26 août 1846 ; D. 25 septembre 1883 , art. 3 et 4. Le préfet de l'Ourte, le 3 juin 1812, et le Conseil provincial du Hainaut, le 13 novembre 1841, ont pris des arrêtés très-complets sur le dresse et la tenue de ces plans. Ces actes quoique anciens peuvent être utilement consultés.

Chaque compagnie doit établir au chef-lieu de son établissement un bureau spécial pour la réunion de tous les plans et coupes des travaux pratiqués dans les mines et des registres d'avancement de ces travaux. Circ. 29 décembre 1838.

Le tribunal de Mons a jugé en 1839, Chicora et Dupont *Code* p. 117, que le décret du 3 janvier 1813 ayant prescrit la tenue d'un plan sur chaque mine, il devait se trouver sur chacun des puits en extraction un bureau renfermant le plan d'avancement des travaux de ce puits. Cette interprétation en supposant qu'elle soit judaïque me paraît complètement fausse. Chaque ingénieur a bien dans sa section, si l'exploitation en compte plusieurs, le plan des travaux et le registre d'avancement, mais les opérations sont centralisées dans toutes les exploitations importantes, par le service des géomètres au bureau central, et le dépôt d'un plan sur le carreau de chaque puits dans la lampisterie ou ailleurs me paraîtrait une exigence excessive et inutile.

L'orientation des plans doit avoir lieu, non d'après le méridien magnétique, mais d'après le méridien vrai. Circ. 15 avril 1852, 25 juillet 1874, voy. encore la Circ. du 11 juin 1875, sur la déclinaison de l'aiguille aimentée.

799. Mesures administratives à prendre pour défaut

de production des plans. — Lorsque les plans prescrits par les lois et règlements ne sont pas tenus, ou s'ils sont tenus d'une manière inexacte ou incomplète ; sur le rapport de l'ingénieur des mines, le préfet, après avoir entendu le concessionnaire, ordonnera telles dispositions qu'il appartiendra; si le concessionnaire n'obtempère pas à l'arrêté qui lui sera notifié, il y sera pourvu d'office à ses frais. Ces frais réglés par le préfet seront recouvrés par les préposés de l'enregistrement. Les réclamations contre leur réglement seront portées devant le Conseil de préfecture avec pourvoi au Conseil d'Etat ; Ord. 26 mars 1843, art. 5 ; D. 25 septembre 1883, art. 3 et 4.

800. Poursuites judiciaires. — Le défaut de tenue des plans et registres des travaux souterrains, constitue une contravention, qui, en dehors des mesures administratives auxquelles elle doit donner lieu, peut également motiver des poursuites judiciaires devant les tribunaux correctionnels par application des articles 93 et suivants de la loi de 1810. Ord. 26 mars 1843, art. 6 et 7 ; Circ. min. 10 mai 1843 ; 4 octobre 1845 ; 26 août 1846 ; D. 25 septembre 1883.

L'exploitation doit avoir non-seulement ses plans en règle, elle doit encore les mettre à la disposition des ingénieurs en tournée, à peine de contravention susceptible de motiver des poursuites. Toutefois le défaut de représentation accidentel et momentané justifié par des circonstances passagères et indépendantes de la volonté de la direction de la mine, pourrait être excusé s'il avait donné lieu à des poursuites. Trib. cor. de Mons 28 octobre 1841.

801. Documents pour la statistique de l'industrie minérale. — Le ministère des travaux publics publie annuellement et même à des espaces de temps moindres des statistiques de l'industrie minérale, des appareils à vapeur, mines et usines. Les documents nécessaires lui sont fournis par les ingénieurs des mines ; ceux-ci doivent recevoir des exploitants tous les renseignements qui leur sont nécessaires pour pouvoir fournir eux-mêmes exactement ces mêmes renseignements groupés suivant les instructions. Des circulaires se succèdent presque chaque année à ce sujet, il est inutile de les citer, je me borne à indiquer que depuis celle du 28 mai 1883, on a demandé du ministère aux ingénieurs diverses constatations concernant les caisses de prévoyance et de secours établies dans les exploitations minières.

§ 3.

Accidents et événements graves.

802. Accidents dans les mines. Accidents et événements graves. — Lorsque des accidents se produisent dans les mines, il doit en être dressé procès-verbal à double exemplaire par les ingénieurs des mines. L'un pour provoquer, si c'est nécessaire, l'action administrative, l'autre pour éclairer la justice sur les questions de responsabilité. Ces actes doivent être adressés immédiatement à l'autorité administrative et à l'autorité judiciaire ; trop souvent des retards se produisent. Ils doivent mentionner la date exacte où l'ingénieur a été avisé de l'accident et toutes les circonstances capables de fournir d'utiles renseignements sur le fait.

L'obligation de donner connaissance de l'accident au maire et à l'ingénieur n'existe que s'il a causé la mort ou des blessures graves. On comprend qu'il est impossible de formuler d'une manière précise ce qu'on entend par blessures graves, mais dans tous les cas où le médecin hésitera à se prononcer sur la gravité des conséquences possibles de l'accident, l'exploitant devra en donner avis.

L'ingénieur averti, doit se transporter sur les lieux, ou à son défaut le garde mine, et dresser procès-verbal.

Ce document doit contenir un exposé circonstancié des faits résultant de l'enquête, le rédacteur doit le faire suivre de son avis.

Il doit signaler les moyens de prévenir l'évènement signalé, surtout lorsqu'il est dû au grisou. Dans ce cas un rapport spécial et circonstancié sur les conditions d'aérage, doit accompagner le procès-verbal.

Il en est de même des incendies, des accidents causés par l'emploi de la dynamite.

Les procès-verbaux contrairement à une procédure longtemps suivie, doivent être adressés à l'ingénieur en chef qui les fait lui même parvenir au procureur de la République et au préfet, en signalant les causes du retard dans les envois, lorsqu'il en existe.

L'exemplaire destiné à l'administration doit seul contenir les indications des mesures à prendre pour prévenir le retour d'accident de même nature.

Le procès-verbal remis au préfet, est transmis par lui avec ses observations au ministre. C'est l'ingénieur en chef qui doit signaler le résultat des poursuites au ministre. Circ. 6 juillet 1881; D. 3 janvier 1813, art. 13 et 21.

803. Accidents à l'extérieur des mines. — Il résulte des articles 11 et 13 du décret du 3 janvier 1810, que les ingénieurs des mines ont à intervenir pour la constatation des accidents survenus dans les mines ou dans leurs dépendances immédiates, toutes les fois que ces accidents, soit dans les travaux souterrains, soit à l'extérieur, proviennent du fait même de l'exploitation; ainsi leur intervention est strictement réglementaire, lorsqu'il s'agit d'accidents occasionnés par la manœuvre, sur le carreau de la mine, d'engins destinés à l'extraction ou au transport des minerais, puisque cette manœuvre constitue, avec les travaux souterrains, un ensemble indivisible pour l'exploitation de la mine. Mais il n'en est pas de même pour les accidents qui se produisent dans les usines affectées à la fabrication du coke ou des agglomérés, les-

quelles sont complètement distinctes de l'exploitation de
la mine. En définitive les ingénieurs doivent, conformément aux articles susmentionnés du décret de 1813, constater, par procès-verbaux, les accidents survenus dans
les mines ou dans leurs dépendances, même à la surface,
lorsque ces accidents résultent du fait de l'exploitation.
Circ. 25 avril 1882

804. Constatation des accidents dans les mines. —
Les employés du service des mines n'ont point à se pré-
occuper des questions d'indemnités que peuvent soulever
entre les exploitants et les ouvriers les accidents qui se
produisent dans les mines. Rechercher, au point de vue
judiciaire, quelles peuvent être les responsabilités correctionnelles encourues, et au point de vue administratif,
quelles mesures peuvent être indiquées ou prescrites
afin de prévenir le retour d'accidents semblables; tel est
le rôle du service des mines. Pour que ce rôle soit utilement rempli, il est nécessaire que les témoignages recueillis soient sincères et se produisent en parfaite
liberté. La célérité de l'information est une des règles
importantes à suivre. La visite de l'ingénieur doit être
dès lors aussi prompte que possible. Arrivé sur les lieux,
il doit interroger séparément chaque témoin en invitant
les personnes présentes à se retirer pendant qu'il reçoit
les dépositions. Les directeurs des travaux doivent
principalement être éloignés pour qu'on ne puisse
leur reprocher d'avoir influencé les témoignages de leurs
ouvriers. Les ingénieurs doivent procéder autant que
possible personnellement. Si un garde mine est délégué,
il doit, dans son procès-verbal, se borner à présenter
l'exposé circonstancié des faits établis par l'enquête, sans
indiquer ni conclusions, ni avis personnel. Les ingénieurs
doivent éviter d'établir avec les directeurs des exploitations des relations qui pourraient, même en apparence,
compromettre le caractère rigoureusement impartial de
leur intervention. Circ. 30 avril 1883.

La circulaire du 30 janvier 1837 recommandait aux ingénieurs et agents du service des mines, de se conformer aux dispositions du titre X de la loi de 1810, lorsqu'ils dressaient un procès-verbal d'accident dans les mines.

805. Action des maires. — Les maires sont appelés de leur côté à constater les accidents, concurremment avec les ingénieurs et les autres officiers de police, ou séparément. En cas d'absence d'agents de l'administration des mines, ils doivent nommer des experts ayant des connaissances spéciales, qui visiteront l'exploitation et mentionneront leurs dires dans un procès-verbal. D. 1813, art. 13.

Les maires et autres officiers de police, dès qu'ils sont avertis des accidents, doivent en prévenir les autorités supérieures. Ils prendront, conjointement avec l'ingénieur des mines, toutes les mesures convenables pour faire cesser le danger, et en prévenir les suites. Ils pourront, dans le cas de péril imminent, faire des réquisitions d'outils, chevaux, hommes, et donneront les ordres nécessaires.

L'exécution des travaux aura lieu sous la direction des agents de l'administration des mines et en cas d'absence, sous la direction des agents désignés par l'administration locale. D. 1813, art. 14.

806. Mesures à prendre ; actions publique et privée en résultant ; renvoi. — Nous venons d'indiquer quelques unes des mesures à prendre en cas d'accident, surtout en ce qui concerne leur constatation. Le titre III du décret du 3 janvier 1813, articles 21 et 22, est spécialement consacré à la matière, nous y reviendrons pour compléter nos observations à ce sujet, dans la seconde partie de notre travail, concernant plus spécialement le personnel et la population des mines. C'est alors que nous entrerons dans quelques détails également sur l'exercice des actions civile et criminelle résultant des accidents, après avoir indiqué sous le titre X quelques règles concernant l'action publique.

807. Evénements graves ; avis à donner d'urgence au ministre par les ingénieurs. — Lorsque des événements exceptionnellement graves se produisent dans le service, tels que grèves, explosion de grisou et autres accidents dépassant dans leurs effets, ceux qui peuvent être considérés comme inhérents à l'exploitation des mines, indépendamment des rapports circonstanciés et des procès-verbaux qui doivent être transmis au ministre par l'intermédiaire des préfets, un avis sommaire et direct des ingénieurs, répété autant de fois que la situation l'exigera, et donné par la voie télégraphique s'il y a lieu, doit informer le ministre immédiatement de ces événements ; sans que cela dispense les ingénieurs d'informer les préfets de tout ce qui intéresse les exploitations minières de leur département. Les préfets peuvent de leur côté, dans les cas prévus ci-dessus, transmettre au ministre des travaux publics tous les avis qu'ils jugeront utiles de lui faire parvenir. Circ. 22 mars 1883.

§ 4.

Mesures préventives.

808. Objets plus spécialement confiés à la surveillance de l'administration. — 1° Les ingénieurs des mines exerceront, sous les ordres du ministre et des préfets, une surveillance de police pour la conservation des édifices et la sûreté du sol. L. 1810, art. 47 ; 2° Ils observent la manière dont l'exploitation est faite, soit pour éclairer les propriétaires sur ses inconvénients ou son amélioration, soit pour avertir l'administration des vices, abus ou dangers qui s'y trouveraient. L. 1810, art. 48 ; 3° Si l'exploitation est restreinte et suspendue de manière à inquiéter la sûreté publique, ou les besoins des consommateurs, les préfets, après avoir entendu les propriétaires, en rendront compte au ministre pour y être pourvu ainsi qu'il appartiendra, L 1810, art. 49; 4° Si l'exploitation compromet la sûreté publique, celle des ouvriers ou des habitants, la conservation de travaux d'utilité publique, il y est pourvu par les préfets. C'est l'indication sommaire de l'article 50 de la loi de 1810, révisé en 1880, et sur lequel vont porter nos observations; nous venons en effet de parcourir les questions que peut soulever l'application des numéros 1 et 2, articles 47 et 48 de la loi de 1810; et le numéro 3, article 49 de cette même loi, a fait l'objet de notre étude, dans le paragraphe concernant la suppression des exploitations, n. 739 à 783.

809. Texte de l'article 50 de la loi de 1810. — L'article 50 de la loi de 1810 était ainsi conçu : Si l'exploitation compromet la sûreté publique, la conservation des puits, la solidité des travaux, la sûreté des ouvriers mineurs ou des habitations de la surface, il y sera pourvu par le préfet, ainsi qu'il est pratiqué en matière de grande voirie et selon les lois.

La révision opérée en 1880 y a substitué la rédaction suivante : Si les travanx de recherche ou d'exploitation d'une mine sont de nature à compromettre la sécurité publique, la conservation de la mine, la sûreté des ouvriers mineurs, la conservation des voies de communication, celle des eaux minérales, la solidité des habitations, l'usage des sources qui alimentent des villes, villages, hameaux et établissements publics, il y sera pourvu par le préfet.

810. Conservation des sources alimentant des communes et établissements publics ; eaux minérales. — L'article 50 de la loi de 1810, investissait le préfet de chaque département d'un droit de surveillance sur les mines, et le chargeait de prendre les mesures nécessaires dans l'intérêt des personnes et des choses ; cette disposition a été complétée en 1880 par une addition qui leur prescrit de veiller encore à la conservation des voies de communication et des eaux minérales, ainsi qu'à celle des sources qui alimentent les villes, villages et établissements publics. Jusqu'alors le Conseil d'Etat s'était refusé à l'insertion dans le cahier des charges d'une disposition d'après laquelle le concessionnaire serait tenu de conserver les sources communales ; il n'admettait pas que l'administration pût trouver dans l'article 50 de la loi de 1810, le droit de régler les relations des concessionnaires des mines avec les propriétaires de sources. Le Conseil général de mines était du même avis. De sorte que si une source publique était détournée, c'était l'autorité judiciaire qui seule pouvait en connaître. Mais il n'existait aucun moyen préventif pour conjurer le mal que pouvait commettre le concessionnaire. Depuis la révision de 1880, la loi a ajouté aux cas où le préfet peut prendre des mesures dans l'intérêt des hommes occupés dans les mines, ou des propriétés voisines, la protection des sources destinées à la satisfaction des besoins publics et la conservation des eaux minérales ; Rap. de M. Brossard.

811. Surveillance des cables employés dans les exploitations. — A la suite d'une enquête ouverte sur les ruptures des cables employés dans les exploitations de mines, un rapport a été présenté au ministre des travaux publics. Ce document a été inséré dans les *Annales des mines*, 1881, p. 373. Des exemplaires de ce travail ont été d'ailleurs transmis aux principales exploitations, avec invitation de prendre en considération les constatations et les conseils qu'il renferme. Circ. 4 mai 1882.

812. Dispositions réglementaires de 1813, 1843 et 1882, pour assurer l'exécution de l'article 50 de la loi de 1810. — Le décret du 3 janvier 1813 avait pourvu, ainsi qu'il suit, à l'exécution de l'article 50 de la loi de 1810, dans les cas qu'il prévoit.

Art. 4. — Le préfet, après avoir entendu l'exploitant, ou ses ayants-cause dûment appelés, prescrira les dispositions convenables par un arrêté qui sera envoyé au directeur général des mines, pour être approuvé, s'il y a lieu, par le ministre de l'intérieur.

En cas d'urgence, l'ingénieur en fera mention spéciale dans son rapport, et le préfet pourra ordonner que son arrêté soit provisoirement exécuté.

Art. 5. — Lorsqu'un ingénieur, en visitant une exploitation, reconnaîtra une cause de danger imminent, il fera, sous sa responsabilité, les réquisitions nécessaires aux autorités locales, pour qu'il y soit pourvu sur-le-champ, d'après les dispositions qu'il jugera convenables, ainsi qu'il est pratiqué en matière de voirie lors du péril imminent de la chute d'un édifice.

Ces mesures dans ces certains cas, ayant paru insuffisantes ou inefficaces et surtout d'une exécution trop lente ; pour remédier à ces inconvénients, l'ordonnance du 26 mars 1843, délibérée en Conseil d'Etat, remplaça sur ce point les dispositions du décret de 1813. D'un autre côté lorsque la loi de 1880 est venue elle-même modifier la rédaction de l'ancien article 50, il a fallu mettre les dispositions de l'ordonnance de 1843 en harmonie avec le nouveau texte, et c'est ce qu'on a fait en apportant certaines modifications aux articles 1, 3, 4, et 6, par un décret à la date du 25 septembre 1882, en combinant l'ordonnance de 1843 et le décret de 1882, voici comment il faut lire leurs prescriptions.

Art. 1er. — Dans les cas prévus par l'article 50 de la loi du 21 avril 1810, modifiée par la loi du 27 juillet 1880, et généralement lorsque pour une cause quelconque les travaux de recherche ou d'exploitation d'une mine, seront de nature à compromettre la sécurité publique, la conservation de la mine, la sûreté des ouvriers mineurs, la conservation des voies de communication, celle des eaux minérales, la solidité des habitations, l'usage des sources qui alimentent les villes, villages, hameaux et établissements publics, les explorateurs ou les concessionnaires seront tenus d'en donner immédiatement avis à l'ingénieur des mines et au maire de la commune dans laquelle la recherche ou l'exploration sera située.

Art. 2. — L'ingénieur des mines ou, à son défaut, le garde-mines, se rendra sur les lieux, dressera procès-verbal et le transmettra au préfet en y ioignant l'indi-cation des mesures qu'il jugera propres à faire cesser la cause du danger.

Le maire adressera aussi au préfet ses observations et ses propositions sur ce qui pourra concerner la sûreté des personnes et celle des propriétés.

En cas de péril imminent, l'ingénieur des mines du département fera, sous sa responsabilité, les réquisitions nécessaires pour qu'il y soit pourvu sur-le-champ ; le tout conformément aux dispositions de l'article 5 du décret du 3 janvier 1813.

Art. 3. — Le préfet, après avoir entendu l'explorateur ou le concessionnaire, ordonnera telles dispositions qu'il appartiendra.

Art. 4. — Si l'explorateur ou le concessionnaire, sur la notification qui lui sera faite de l'arrêté du préfet n'obtempère pas à cet arrêté, il y sera pourvu d'office à ses frais et par les soins des ingénieurs des mines.

Art. 5. — Quand les travaux auront été effectués d'of-fice par l'administration, tous frais de confection et tous autres frais seront réglés par le préfet ; le recouvrement en sera opéré par les préposés de l'administration de l'enregistrement et des domaines comme en matière d'amendes, frais et autres objets se rattachant à la grande voirie.

Les réclamations contre le réglement de ces frais seront portées devant le Conseil de préfecture sauf recours au Conseil d'Etat.

Art. 6. — Il sera procédé ainsi qu'il est dit aux articles 3, 4 et 6 ci-dessus, à l'égard de tout concessionnaire qui négligerait de tenir dans ses exploitations le registre et le plan d'avancement journalier des travaux, qui n'entretiendrait pas constamment sur ses établissements les médicaments et autres moyens de secours, qui n'adresserait pas au préfet, dans les délais fixés, les plans des travaux souterrains et autres plans prescrits par le cahier des charges, qui présenterait des plans qui seraient reconnus inexacts ou incomplets par les ingénieurs des mines.

Art. 7. — Les dispositions ci-dessus seront exécutées sans préjudice de l'application, s'il y a lieu, des articles 93 et suivants de la loi de 1810.

813. Travaux dangereux, réparation, contrainte. — Il peut arriver, bien qu'il n'y ait pas d'infraction absolue à l'acte de concession, que des travaux soient conduits d'une manière dangereuse, exposant à des éboulements, à des incendies, à une inondation qui, sans s'étendre à un groupe de concessions menace l'existence d'une mine isolée. Le décret du 3 janvier 1813 avait prévu ces cas et donné à l'administration le droit de prescrire les travaux de sûreté jugés indispensables. Mais cette disposition manquait de sanction, et lorsque les concessionnaires n'obtempéraient pas à ses prescriptions, aucun moyen n'était donné pour les contraindre au paiement des ouvrages de sûreté ordonnés. L'article 9 de la loi du 27 avril 1838 a comblé cette lacune en disposant que ce défaut de paiement pourra donner lieu au retrait de la concession, en conformité de l'article 6 de cette même loi. Circ., 29 décembre 1838.

814. Avis à donner par l'exploitation des circonstances menaçant la sûreté de la mine. — Lorsque la sûreté des exploitations ou celle des ouvriers pourra être compromise par quelque cause que ce soit, les propriétaires seront tenus d'avertir l'autorité locale de l'état de la mine qui serait menacée; et l'ingénieur des mines, aussitôt qu'il en aura connaissance, fera son rapport au préfet, et proposera la mesure qu'il croira propre à faire cesser les causes du danger. D. 3 janvier 1813, art. 3.

Les contraventions à cette prescription sont punies de peines correctionnelles. L. 1810, art. 93 et suiv.; D. 1813, art. 31; Liège, 21 avril 1847; de Fooz, p. 295.

815. Action des préfets et de l'administration. — Les préfets ont été invités plusieurs fois à porter leur attention sur cet objet important de leurs fonctions, qui consiste à prescrire les mesures propres à prévenir les accidents. Notamment, Circ. 28 novembre 1844.

L'autorité administrative est seule compétente pour prescrire et faire exécuter dans les mines, lorsqu'il y a lieu, des travaux nécessaires pour garantir la sûreté des personnes et des propriétés. L'autorité judiciaire est incompétente. Lyon, 19 mars 1857, sur appel du jugement de Saint-Etienne, du 12 mars 1856, M. de Montieux, C. houil. de Saint-Etienne.

Les tribunaux de l'ordre judiciaire ne pourraient prescrire des travaux pour réparer les dommages et en prévenir de nouveaux, que tout autant qu'ils auraient à statuer ainsi à la suite de procès compétemment soumis à leur juridiction pour préjudices causés, et que leur décision ne serait pas en opposition avec des prescriptions administratives antérieures.

Si les préfets doivent prescrire toutes les mesures propres à garantir la sécurité publique et la conservation du sol, ils ne doivent toutefois procéder que par voie de mesures spéciales, à la suite de constatations et d'instructions leur dénonçant la nécessité de ces mesures dans chaque cas déterminé. Mais ils ne pourraient en ces matières procéder par voie de mesures générales et règlementaires. Ce qui aurait pour résultat de leur permettre de modifier le régime légal des mines constitué par les lois, règlements ou décisions d'une autorité supérieure. C'est ce que nous avons déjà indiqué n. 740.

816. Suspension de l'exploitation. — L'exploitation peut être suspendue en tout ou en partie par mesure administrative, lorsqu'un puits, une galerie ou tout autre travail d'exploitation, a été ouvert en contravention. Le préfet statue sauf recours au ministre. L. 1838, art. 7 et 8; et sans préjudice des poursuites correctionnelles qui pourront être dirigées, le cas échéant, contre les contrevenants. Circ. 29 décembre 1838.

La suspension peut être également prononcée, lorsque la sûreté des ouvriers ou des habitations l'exige, et dans tous les autres cas où il est d'intérêt public qu'elle cesse dans les circonstances prévues par la loi. L. 1810, art. 47 et 50; D. 1813, art. 4.

C'est à l'administration seule à juger de la nécessité de la mesure et de sa durée, sans contrôle de l'autorité judiciaire. Jurisp. constante franc. et belge ; de Fooz, p. 292.

Nous avons précédemment indiqué, à propos des suspensions d'exploitation motivées par la nécessité d'assurer l'exploitation des chemins de fer, et dans nos études spéciales sur la suspension des exploitations, dans quels cas cette mesure pouvait donner droit à des indemnités au profit des concessionnaires de la mine et autres intéressés; n. 721 et suiv., 742, 746.

817. Suspension des travaux de recherches. — Il résulte de la nouvelle rédaction de l'article 50, que le droit qu'ont les préfets de prendre des mesures pour interdire des exploitations qui compromettraient la sûreté publique et autres services énumérés par la loi, s'applique non seulement aux travaux d'exploitation, comme le portait l'ancien texte, mais encore aux travaux de recherches spécifiés par le nouveau. Si ces pouvoirs, à ce dernier point de vue, résultaient indirectement de l'ensemble de la loi de 1810 et des attributions générales conférées aux préfets par leurs lois d'institution, ils sont aujourd'hui d'autant moins contestables qu'ils sont expressément inscrits dans la loi.

818. Exécution par provision des arrêtés pris d'urgence. — Les mesures prises par l'administration, en exécution de la loi de 1810, dans un intérêt de sûreté publique, doivent être exécutées d'urgence et par provision, sauf recours ultérieur. Si le concessionnaire refuse de s'y soumettre, il peut être poursuivi conformément à l'article 96 de la loi de 1810, et à l'article 31 du décret de 1813, et l'administration peut faire exécuter d'office les travaux aux frais de l'exploitant. D. 1813, art. 10; Lallier 474; Dufour, 151; De Fooz, p. 288 et 289; sauf à l'administration à user des autres droits que lui donne la loi du 27 avril 1838, si elle le croit nécessaire.

819. Pourvoi contre les dispositions des arrêtés préfectoraux. — Une compagnie concessionnaire comme une compagnie substituée au concessionnaire, ne peut se pourvoir par la voie contentieuse contre une disposition du cahier des charges de la concession, ni contre les prescriptions administratives prises en exécution de cette disposition. C. d'Etat, 16 novembre 1850, Fonderies de l'Horme, M. de Veyras.

820. Simple mise en demeure; pourvoi. — L'arrêté préfectoral qui enjoint à une exploitation de mines d'avoir à présenter dans un certain délai un nouveau projet d'organisation de travaux, sans modifier pour le moment l'ancienne exploitation, ne constitue qu'une simple mise en demeure ne portant jusque-là une atteinte réelle à aucun droit, et partant ne pouvant donner lieu à un recours contentieux. C. d'Etat, 4 mars 1881, Salines de Sainte-Valdrée.

821. Règlement des dépenses faites d'office. — C'est aux préfets à délivrer des exécutoires pour le paiement des dépenses faites d'office pour garantir la sécurité des personnes et des propriétés. Ces règlements sont des jugements qui doivent en avoir tous les effets en ce qui concerne leur force exécutoire, et qui notamment confèrent des hypothèques. Si le réglement est attaqué, la réclamation sera portée devant le Conseil de préfecture, sauf recours au Conseil d'Etat, sans qu'on puisse suspendre le recouvrement. Il y aura seulement lieu, le cas échéant, à restitution de la somme payée. Ce sont les préposés de l'enregistrement qui sont chargés d'assurer la rentrée de ces frais; ils doivent procéder comme en matière de recouvrement d'amendes prononcées en matière de grande voirie. Circ. 10 mai 1843.

822. Sanction du défaut de paiement du prix de travaux ordonnés par l'administration. — Dans tous les cas les lois et réglements sur les mines autorisent l'administration à faire exécuter des travaux dans les mines aux frais des concessionnaires, le défaut de paiement de la part de ceux-ci, autorise le ministre à agir à leur encontre par voie de retrait de la concession. L. 27 avril 1838, art. 6 et 9.

823. Saisie des machines et ustensiles servant à l'exploitation, pour avoir paiement des mesures de sûreté appliquées d'office. — Le renvoi que fait l'article 10 du décret du 3 janvier 1813 en ce qui concerne les mesures à exécuter d'office, aux formalités établies par l'article 37 du décret du 18 novembre 1810, était tout à fait inefficace. Ce dernier article qui ne se rapporte qu'à la surveillance à exercer par les ingénieurs dans les circonstances où une exploitation est délaissée, porte que les frais occasionnés par cette surveillance seront prélevés sur les valeurs existant dans la mine, telles que machines ou ustensiles servant à l'exploitation. Mais saisir ces machines ce serait aller contre le but même qu'on se propose. En privant l'exploitant des moyens d'opérer les travaux on compromettrait la conservation de la mine, on aggraverait le mal au lieu d'y remédier. C'est pourquoi les dispositions de l'ordonnance de 1813 avaient été modifiées et remplacées quant à ce par l'ordonnance du 26 mars 1843. Circ., Min., 10 mai 1843.

§ 5.

Surveillance de l'exploitation commerciale.

824. Surveillance en ce qui concerne l'exploitation industrielle. — Les ingénieurs au point de vue de l'exploitation, en dehors des questions concernant la sûreté publique et la solidité des travaux, peuvent indiquer des améliorations, mais ils n'ont pas le droit de les prescrire. Lallier, nᵒˢ 460 et 465.

Le rapporteur de la loi de 1810 avait dit : « les ingénieurs donnéront aux exploitants des conseils qui seront d'autant plus efficaces qu'ils n'auront pas le caractère de l'autorité et du commandement. » Et dans la discussion au Conseil d'Etat de la loi de 1810, Napoléon disait : « Si le mode d'exploitation n'a d'autre inconvénient que de ne pas rendre au propriétaire tout le produit qu'il pourrait en retirer, les ingénieurs n'ont pas le droit de le réformer. »

Cependant des cahiers des charges de concession contiennent des dispositions prescrivant le mode d'exploitation des substances concédées ; par exemple l'ordonnance du 28 août 1840 portant concession des mines de manganèse de Thiviers (Dordogne). Est-ce bien là obéir à la loi de 1810, et le concessionnaire une fois nanti de son titre pourra-t-il être évincé s'il ne se conforme pas strictement à ces indications ?

Ce mode de réglementation est d'ailleurs fâcheux, en ce qu'il prescrit d'avance des conditions d'exploitation, que l'expérience peut faire reconnaître parfois ruineuses, mauvaises, sinon impraticables ; et comme ces indications constituent les conditions de l'acte de concession il faudra modifier cet acte pour leur enlever leur force légale si cette force leur appartient : une décision ministérielle ni préfectorale ne pouvant modifier un décret.

La plupart des règlements anciens sur l'exploitation de telle mine déterminée sont tombés en désuétude par suite des modifications apportées à cette exploitation, et alors pourquoi les prescrire? Le concessionnaire doit rester libre de conduire l'exploitation suivant ses convenances industrielles, ses possibilités financières, ses débouchés, ses marchés; et l'administration doit rester libre de prescrire toutes les mesures nécessaires pour la sûreté des hommes et la conservation des propriétés publiques et privées.

D'un autre côté il ne faut pas se dissimuler que depuis que la loi de 1838 a autorisé les préfets à prononcer la suspension de tout ou partie de l'exploitation, lorsqu'un puits ou une galerie ou tout autre travail de cette exploitation aura été indûment ouvert, les concessionnaires toujours placés sous une menace d'interdiction s'adresseront généralement au préfet avant de commencer un travail important, et que l'administration finira par intervenir pour diriger plus que pour contrôler. Dufour, 155. Et les auteurs qui comme M. Dupont, *Jurisp.* t. I, p. 411 et suiv. et *Cours* p. 296 et suiv. attribuent un droit de direction quant à ce à l'administration, finissent par avoir raison, tout au moins en fait.

825. Limites du droit de surveillance de l'administration, en ce qui concerne les dispositions des produits de la mine. — Mais si la surveillance de l'administration doit s'exercer sur tout ce qui concerne l'exploitation de la mine, l'exercice de son droit doit être cantonné dans ce qui concerne exclusivement l'extraction, et ne peut s'étendre au mode d'emploi des produits. En un mot, elle s'applique à la partie technique de l'exploitation et non à la partie commerciale.

Le préfet de la Loire, le 31 octobre 1853, avait pris un arrêté portant: Art. 1ᵉʳ: Les exploitants de mines du département de la Loire, concessionnaires ou usufruitiers, sont tenus de livrer aux divers consommateurs, ainsi qu'aux commissionnaires ou marchands de charbons, les houilles extraites de leurs mines, sur le carreau de ces mines, sans tour de faveur et à conditions égales...

Art. 2. Les infractions aux dispositions qui précèdent seront déférées au ministre des travaux publics, pour être statué conformément à l'article 49 de la loi de 1810 et à l'article 10 de la loi du 27 avril 1838; sans préjudice des actions civiles et de la répression judiciaire qui pourrait atteindre les actes tombant sous le coup de l'article 409, C. p.

Un marchand s'est fondé sur cet arrêté pour demander des dommages-intérêts sous le prétexte qu'une des compagnies de la Loire ne lui livrait pas les qualités qu'il réclamait, et lui faisait payer plus cher qu'à d'autres les marchandises livrées. Cette demande a été repoussée successivement par le tribunal de St-Etienne et la Cour de Lyon, 3 juillet 1873, M. de Roche-la-Molière et Firminy, S. 74, 2, 133, qui ont considéré comme sans force obligatoire l'arrêté préfectoral.

Faisons observer à ce sujet qu'il ne faudrait pas se méprendre sur la portée de l'article 49 de la loi de 1810, qui autorise l'administration à intervenir si l'exploitation se trouve restreinte ou suspendue. Cette intervention aux termes de cet article, ne doit se produire pour être légale, que lorsque la restriction ou la suspension est de nature à inquiéter la sûreté publique ou les besoins des consommateurs ; mais non pour réglementer les ventes. D'ailleurs, en pareil cas, les préfets doivent en rendre compte au ministre auquel il appartient de pourvoir ainsi qu'il appartiendra, et ils n'ont pas autorité pour prendre directement des mesures eux-mêmes.

L'article 49 de la loi de 1810 porte en effet : Si l'exploitation est restreinte ou suspendue, de manière à inquiéter la sûreté publique ou les besoins des consommateurs, les préfets, après avoir entendu les propriétaires, en rendront compte au ministre de l'intérieur pour y être pourvu ainsi qu'il appartiendra.

Ajoutons avec l'article 10 de la loi du 27 avril 1838 : Dans tous les cas prévus par l'article 49 de la loi du 21 avril 1810, le retrait de la concession et l'adjudication de la mine ne pourront avoir lieu que suivant les formes prescrites par le même article 6 de la présente loi.

Naudier, dans son traité sur la législation des mines, p. 198, en citant un extrait du rapport de M. de Marcère, nous rappelle que dans un des projets de modification de la législation des mines on a proposé de taxer le prix de la houille. On taxe bien, disait-on, le pain et la viande que vendent les boulangers et les bouchers, pourquoi ne taxerait-on pas la houille qui est le pain de l'industrie. Plus tard, on est allé plus loin et on a voulu appliquer la taxe à la journée d'ouvrier mineur en ne dissimulant pas qu'il faudrait élever cette dernière et diminuer le prix de vente. Je n'ai pas à examiner ici ces propositions qui émanent généralement de personnes qui se posent comme les défenseurs de la liberté du commerce et de l'industrie, et encore moins à résoudre le problème que soulèvent ceux qui prétendent qu'on peut produire cher et vendre bon marché.

14

TITRE VI

Des concessions soumises à une législation spéciale.

---

826. Objet de ce titre. — Pour me conformer exactement aux divisions adoptées par la loi de 1810, que j'ai suivies pour le classement des matières faisant l'objet de cette étude, j'aurais dû m'en tenir au texte du titre VI de cette loi, qui porte : Des concessions ou jouissances des mines antérieures à la présente loi. J'ai cru devoir généraliser ce titre et l'appliquer aux législations spéciales étrangères à la loi de 1810, concernant les mines ; j'aurai ainsi. après l'examen rapide des articles 51 et 56 de la loi de 1810, à étudier ces diverses lois. Leur spécialité résulte soit de leur objet restreint, soit des localités particulières où elles sont applicables. C'est ainsi que nous ferons connaître les documents qui ont fixé le régime des mines de sel et sources ou puits d'eau salée, et que nous signalerons rapidement les actes qui régissent les mines en Algérie et dans les Colonies; nous serons amenés à indiquer en finissant les lois sur les mines en vigueur dans divers Etats étrangers.

SECTION Ire.

DES ANCIENNES CONCESSIONS.

§ I.

Des anciennes concessions en général.

827. Objet de cette section. — Le titre VI de la loi de 1810, relatif aux concessions ou jouissances de mines, antérieures à cette loi, avait au moment où il fut promulgué une importance qu'il a presque complètement perdue depuis. Aussi après avoir reproduit le texte des articles placés sous cette rubrique, serons-nous sobres de développements.

828. Historique de la législation des mines. — L'occasion m'est offerte ici de présenter un exposé de l'ancienne législation française, dont la loi de 1810, sanctionnait l'application. Ce travail serait facile en l'état des documents nombreux qui s'offrent pour l'entreprendre, mais la nature de cette publication doit m'en détourner. Je ne pourrais que donner des indications chronologiques sans intérêt, ou je serais obligé d'entrer dans des détails qui absorberaient une place reservée à des questions plus pratiques. Je dois donc me borner à renvoyer aux travaux de mes devanciers et à signaler entre autres, la *Législation minérale sous l'ancienne monarchie*, par M. Lamé-Fleury, le *Résumé historique des législations minières anciennes et modernes* de M. A. Caillaux, les ouvrages sur la législation des mines de MM. E. Dupon, 2e édit. t, I. p. 7 à 65 ; de Fooz, p. 23 à 67 ; Naudier, p. 11 à 49 ; Richard, t. I, p. 1 à 83 ; Bury, t. II, n°s 832 à

839 ; Peyret-Lallier, t. I, p. 1 à 60, etc. etc. Des exposés de l'ancienne législation minière de la France se retrouvent d'ailleurs dans bien d'autres travaux et spécialement dans les rapports présentés aux divers corps législatifs, toutes les fois qu'une loi sur les mines a été proposée à leurs délibérations, depuis la séance du 20 mars 1791 de l'assemblée constituante.

829. Consécration des droits des concessionnaires, antérieurs à 1810. — Les concessionnaires antérieurs à la présente loi deviendront, du jour de sa publication, propriétaires incommutables, sans aucune formalité préalable d'affiches, vérifications de terrains ou autres préliminaires ; à la charge seulement d'exécuter, s'il y en a, les conventions faites avec les propriétaires de la surface, et sans que ceux-ci puissent se prévaloir des articles 6 et 42, L. 1810, art. 51. Ainsi il n'est pas nécessaire que le concessionnaire demande, comme on l'avait projeté d'abord, une concession nouvelle pour consacrer son droit, même avec la certitude de l'obtenir, alors que la loi le lui garantissait ; d'après le texte définitivement adopté, les mines concédées devenaient de plein droit et par l'effet immédiat de la publication de la loi des propriétés incommutables. Rapport de Girardin. Donc, sans l'accomplissement d'aucune formalité les concessionnaires temporaires d'après la loi de 1791, sont devenus concessionnaires perpétuels d'après la loi de 1810 ; C. d'Etat, 4 août 1811, M. de plomb de Bleyberg ; A. Bury, t. II, n. 840 et suivants ; Dufour, *Lois*, n. 16. Richard, 268 et suivants, Lallier, 488. De plus, il faut tenir que le bénéfice de cette disposition s'applique également aux concessions que l'article 4 de la loi de 1791 avait maintenues, mais pour un terme qui ne pouvait excéder cinquante ans. Concessionnaires aux termes de la loi de 1810, ils devenaient en vertu de cette loi propriétaires incommutables, sauf à se conformer aux dispositions de l'article 53 de la loi de 1810, le cas échéant. Lallier n. 488.

Toutefois, pour bénéficier de l'article 51, il faut justifier non seulement de la possession, mais d'un titre ; sinon on est placé sous l'application de l'article 53, c'est ce qui résulte spécialement du rejet d'un projet de rédaction présenté par la Commission du corps législatif qui proposait d'appliquer le bénéfice de l'article 51 à tous ceux qui étaient en possession. E. Dupont, 2e édit, t. II, p. 101 et 108 ; Dufour, *Lois* n. 15 ; Lallier, 483 ; Richard, 274.

830. Opposition par le propriétaire de la surface à l'exercice du droit ouvert au concessionnaire par l'article 51 de la loi de 1810. — Cette opposition ne serait pas recevable puisqu'elle serait complètement en contradiction avec la disposition formelle de notre loi dont l'exécution est obligatoire pour le propriétaire de la surface comme pour tout autre. C. d'Etat, 4 août 1811. M. de Bleyberg. Dupont. 2e édit. t. II, p. 113.

831. Actes antérieurs à 1810 attribuant valablement la qualité du concessionnaire. — Il résulte des déclarations formelles contenues dans le rapport fait par M. de Girardin, qu'on a entendu valider toutes les exploitations régulièrement entreprises en conformité des anciennes lois. Le rapport porte en effet : « ne craignez pas que les mots concession ou concessionnaires puissent faire naître des incertitudes ou des difficultés. L'esprit de cette disposition est facile à saisir, elle a pour but d'imprimer le caractère de la propriété aux mines ouvertes et exploitées à titre légitime. Or, quand l'esprit de la loi est évident, il est aisé d'en fixer le véritable sens ; votre commission a eu recours aux ordonnances des rois et aux instructions du ministre de l'intérieur des 18 brumaire et 18 messidor de l'an IX, pour bien entendre la loi de 1791. En parcourant les ordonnances, elle a reconnu que les actes de l'autorité des contrôleurs généraux des finances et des grands maîtres surintendants des mines, qui ont accordé des exploitations, sont qualifiés indistinctement d'octroi, privilèges, arrêts,

14.

lettres-patentes, concessions, permissions. Depuis 1698 jusqu'à 1744, tous les propriétaires ont été autorisés à ouvrir des mines de charbon dans leurs terrains, ou d'en permettre à d'autres l'ouverture et l'exploitation. La loi du 28 juillet 1791 a respecté les exploitations légitimement établies d'après les lois ou les actes de l'administration publique, et voulant les maintenir toutes, elle s'est servie des expressions générales de concescessions ou concessionnaires. Cette loi a été publiée dans les départements réunis pour y opérer les mêmes effets qu'en France. Dans ces nouveaux départements, les mots concessions ou concessionnaires renfermaient donc aussi tous les actes et toutes les sources légitimes d'où provient le droit d'exploiter une mine. C'est dans le même sens et dans les mêmes vues générales que le ministre de l'intérieur a employé et expliqué le mot concession, dans les deux instructions dont nous venons de parler. Ces observations paraissent ne pas laisser de doute sur le sens et l'étendue des mêmes mots concessions et concessionnaires employés dans le § 1, du titre VI. »

Mais si la nature du titre qui constitue une concession régulière peut varier en l'état des variations nombreuses de la législation elle-même, il n'en faut pas moins, pour être efficace, qu'il soit positif et constitue une concession, C. d'Etat, 21 novembre 1830, M. du Creuzot ; 12 février 1832, M. de Blanzy.

832. Anciennes sociétés, durée. — L'article 51, en transformant en un droit perpétuel de propriété, les concessions temporaires accordées sous l'empire de la loi de 1791 a dû nécessairement perpétuer les rapports que les concessionnaires avaient établis entre eux et les tiers associés à l'exploitation de la mine, par des traités dans lesquels les parties avaient déclaré vouloir étendre la durée de ces rapports à la durée non seulement de la concession actuelle, mais encore de ses renouvellements ultérieurs. C. Cass. 7 juillet 1852, D. 52, 1, 236.

833. Matières concédées auxquelles s'applique l'article 51 de la loi de 1810. — Cet article n'est applicable qu'aux substances minérales classées parmi les mines par la loi ; il en est de même des articles qui le suivent puisque ces matières sont seules susceptibles d'une concession. A. Bury, t, II, nᵒˢ 871, 872 ; Dupont, 2ᵉ édit. t. II, p. 110, qui rappelle dans ce sens des décisions administratives rapportées par M. de Cheppe, *Ann. des mines*, 3· série, t. XII, p. 633.

834. Concessions dont le terme était expiré au moment de la promulgation de la loi. — L'article 51 ne s'applique point au cas où la concession, étant faite à terme, le terme était expiré au moment où a été promulgué la loi. A ce moment le concessionnaire étant sans droit aucun à la concession, et à la mine, ne pouvait recevoir de la loi, la consécration d'un droit inexistant. C. d'Etat 10 août 1825, Lignites de Trets et Peynier, Bouches-du-Rhône ; Dupont, t. II,p. 112 ; Lallier, n. 489.

835. Perte de l'ancien droit conféré aux propriétaires de la surface, d'exploiter à cent pieds de profondeur. — La législation de 1791 accordait aux propriétaires de la surface le droit d'exploiter la couche supérieure des mines jusqu'à une profondeur de cent pieds. La loi de 1810 en étendant les concessions existantes à la zône de cent pieds précédemment réservée aux propriétaires de la surface, leur a virtuellement conféré le droit d'exploitation dans cette zône de toutes les substances minérales faisant l'objet de la concession. C. d'Etat, 22 août 1853, M. de Pyrimont-Seyssel ; à moins qu'il ne s'agisse de minerai de fer. L. 1810, art. 69 ; C. d'Etat, même arrêt ; ou que avant la loi de 1810, le propriétaire de la surface ait déjà fait usage de cette faculté. C. d'Etat 22 août 1853, cité.

836. Contributions dues à l'état par les anciens concessionnaires. — Les anciens concessionnaires seront, en conséquence, soumis au paiement des contributions, comme il est dit à la section II du titre IV, art. 33 et 34, à compter de 1811. L. 1810, art. 52. Les anciens conces-sionnaires sont soumis aux redevances établies en faveur de l'Etat à titre de contribution comme il est dit par l'article 52 de la loi de 1810, qui se réfère aux articles 33 et 34. J'ajoute que c'est à ces contributions seules qu'ils sont tenus vis-à-vis l'Etat. Les anciennes redevances dues à l'Etat en vertu des lois ou réglements ou d'après les conditions énoncées en l'acte de concession, et d'après les baux et adjudications au profit de la régie du domaine, cessant d'avoir cours à compter du jour où les redevances nouvelles ont été établies, L. 1810, art. 40. Mais on ne doit pas comprendre dans l'abrogation des anciennes redevances, celles qui étaient dues à titre de rentes, droits et prestations quelconques pour cession de fonds ou autres causes semblables, sans déroger toute-fois à l'application des lois qui ont supprimé les droits féodaux. L. 1810, art. 41. Sur cette distinction, voyez Merlin *Questions de droit* v° *mines* § 4 ; Delebecque n° 969 et 970 ; A. Bury, n° 903 et suivants.

837. Redevances à la surface dues par les anciens concessionnaires. — Les concessionnaires, à quelque titre que ce soit, antérieurs à la loi de 1810, seront tenus de payer les contributions ou redevances établies en faveur de l'Etat ; mais ils ne payeront aucune rede-vance aux particuliers propriétaires de la surface, lorsque la jouissance était établie sans cette charge. C. Cass. 2 février 1858, S. 59, 1 ; 47. Il n'eût pas été juste de donner à la loi un effet rétroactif. L. 1810, art. 51, 52. Exposé des motifs, 2° partie. Cela doit évidem-ment s'entendre, en ce sens que les concessionnaires ne seront pas tenus de payer des redevances aux super-ficiaires en exécution des prescriptions de la nouvelle loi, mais si une obligation de cette nature leur avait été imposée par leurs anciens titres, ils continueraient à y

être soumis. Rapport de M. de Girardin ; Dupont, 2ᵉ édit.
t. II, p, 124. C. d'État, 22 août 1853, M. de Pyrimont-
Seyssel; C. Cass, 2 février 1858, S. 59, 1, 47.

Les auteurs belges insistent pour en conclure plus
particulièrement, que les droits de terrage qui existaient
dans l'ancien pays de Liège ont été maintenus.

§ 2.

Des exploitations pour lesquelles on n'a pas exécuté la loi de 1791.

838. Anciens concessionnaires qui n'ont pas exécuté
la loi de 1791 ; fixation des limites de concession. —
Les exploitants des mine qui n'ont pas exécuté la loi de
1791, et qui n'ont pas fait fixer conformément à cette loi
les limites de leurs concessions, obtiendront les concessions de leurs exploitations actuelles conformément à la
présente loi ; à l'effet de quoi les limites de leurs concessions seront fixées sur leurs demandes ou à la diligence
des préfets, à la charge seulement d'exécuter les conventions faites avec les propriétaires de la surface, et
sans que ceux-ci puissent se prévaloir des articles 6 et
42 de la présente loi. L. 1810, art. 53.

839. Droit de régulariser les situations qui ne l'ont
pas été sous la loi de 1791. — La loi appelle aux mêmes
prérogatives ceux qui n'ont pas exécuté la loi de 1791,
qui n'ont que des exploitations et n'ont pas de concessions, à la charge de se mettre en règle et d'obtenir par
décret, le titre régulier qui leur manque. L. 1810, art. 53 ;
Exposé des motifs, par de Saint-Jean d'Angely. Les
obligations imposées par la loi de 1791 aux exploitants
étaient les suivantes : l'article 4 leur ordonnait, dans le
cas où leur concession excéderait l'étendue de six lieues
carrées, de les faire réduire à cette étendue par les direc-

tions des départements. L'article 26 leur ordonnait de remettre aux archives du département un état contenant la désignation des lieux où étaient situées les mines qu'ils faisaient exploiter, la nature de la mine, le nombre d'ouvriers, les quantités de matières extraites, et de renouveler cette déclaration d'année en année. La loi de 1791 n'imposait pas d'autres obligations aux concessionnaires maintenus dans leurs droits. Rapport de Girardin.

840. Conditions à remplir d'après l'article 53 de la loi de 1810. — La loi de 1810, après avoir déclaré que les concessionnaires antérieurs à la présente loi deviendront du jour de la promulgation propriétaires incommutables, ajoute dans son article 53 que, quant aux exploitants qui n'ont pas exécuté la loi de 1791, ils doivent avoir à remplir les formalités prévues par cet article. Quels sont les exploitants qui sont dans ce cas? D'après ce que j'ai dit plus haut, ceux qui, lors de la publication de cette loi, ne pouvaient justifier d'un droit légitime ou qui, détenteurs d'un juste titre ou d'une juste possession n'avaient pas exploité leurs concessions, sans persister dans cet abandon au moment de la loi de 1810, alors même que leur titre n'eût pas reçu de contradiction. L'article 53 leur enjoint de faire reconnaître les limites de leurs concessions en justifiant évidemment de leurs droits. Depuis 1810, par des mesures successives en tête desquelles se placent les dispositions des décrets des 6 mai 1811 et 3 janvier 1813, le gouvernement s'est efforcé d'assurer l'exécution des dispositions de l'article 53 de la loi de 1810.

Ces exploitants ont donc dû remplir les formalités des demandes en concession. Ils obtiendront, dit l'article 53, les concessions de leurs exploitations actuelles, conformément à la présente loi. Mais n'étant pas limités en ce qui concerne le moment où ils doivent agir, ils sont toujours recevables à réclamer la maintenue de leurs droits, en remplissant les formalités voulues, dès qu'ils y ont intérêt et sans qu'on puisse leur opposer une déchéance, ni une restriction ou perte partielle de concession. A Bury, n. 876 et suiv.; Delebecque, n. 973; Lallier, n. 492; Dupont, t. II, p. 113; Richard, n. 276; Dufour, *Lois*, n. 19.

841. **Perte du titre.** — Quelque favorable que fût pour l'exploitant la loi de 1791, d'après le législateur de 1810, il fallait cependant qu'il pût se prévaloir d'un titre. Seulement, en cas d'absence ou de perte de ce titre, si l'exploitant était en possession avant 1791, il pouvait y être suppléé pour l'application de l'article 53 de la loi de 1810, par la justification d'une possession immémoriale ou même trentenaire, et même, dans certains cas de perte du titre par force majeure, la preuve testimoniale était admissible. Elle pourra toujours se faire par la production des quittances de rentes ou rétributions délivrées par ceux qui ont autorisé l'exploitation. Enfin il pourra être rapporté les diverses preuves admissibles, d'après les règles du droit commun. Lettre du min. de l'int., Chaptal, du 9 novembre 1810, au préfet de Jemmapes; Bury, n. 549 et suiv.

842. **Mise en exploitation de la mine.** — Une des conditions de maintenue du concessionnaire d'après la loi de 1791, était que la mine fût alors en état d'exploitation. L. 1791, art. 4 et 26; Dupont, 2 édit., t. II, p. 106 et 115; A. Bury, n. 851 et suiv.; C. cass., 1 pluviôse an IX. Dupont exige, p. 115, que l'exploitation soit en activité en 1810, pour pouvoir profiter du bénéfice de l'article 53. *Sic*, Bruxelles, 21 novembre 1812. Toutefois lorsque le titre était net et formel, la cessation de l'exploitation au moment de la loi de 1810, s'il n'y avait pas eu déchéance prononcée, n'a pas été considérée comme devant forcément entraîner la perte de la propriété. Lallier, n. 490, cite en ce sens la jurisprudence du conseil d'Etat, résultant de l'affaire du Mis de Mondragon, concessionnaire des mines de Saint-Chamond, restées inexploitées pendant la durée de son émigration et plusieurs années après sa rentrée. Mais autre chose est la déchéance pour défaut d'exploitation et la régularisation de la situation d'un concessionnaire qui veut profiter du bénéfice de l'article 53 de la loi de 1810, et qui doit remplir les conditions voulues par cette loi, pour bénéficier de ses dispositions.

843. Formalités à remplir pour la délimitation prévue par l'article 53. — M. Dupont pense, 2ᵉ édit., t. II, p. 118, que la délimitation spécifiée par l'article 53 ne saurait être faite qu'après une demande officielle adressée au préfet et après les publications et affiches de cette pétition opérées comme dans le cas de demande en concession. Il se fonde sur l'esprit général de la loi de 1810 ; sur ce que l'article 51 dit nettement que les concessionnaires antérieurs deviendront propriétaires incommutables sans aucune formalité préalables d'affiches, mention non reproduite par l'article 53, et sur ce que ce dernier article ne permet à l'intéressé d'obtenir une concession qu'en agissant conformément à la loi de 1810 qui, en cas pareil, prescrit cette publicité. C'est l'avis de M. Migneron. *An. des mines*, 3ᵉ série, t. III, p. 658. Une délimitation suppose, en effet, un règlement avec des intéressés divers et on ne comprend pas comment il pourrait y être procédé sans leur donner d'avertissement ; or ces intéressés étant le plus souvent inconnus, je ne sais vraiment pas comment ils peuvent être utilement prévenus autrement qu'en remplissant des formalités de publicité, et alors pourquoi ne pas suivre celles qui sont règlées par la loi spéciale à ces matières.

On est généralement d'accord qu'il faut suivre en pareil cas les mêmes formalités que pour obtenir une concession. Dufour, *Lois*, n. 20 à 23 ; Richard, 280 ; Lallier, 493.

844. Paiement des redevances. — A l'occasion des exploitants de mines qui, n'ayant pas exécuté la loi de

1791, ont obtenu des concessions pour leurs exploitations actuelles, le législateur de 1810 indique que : ils paieront en conséquence les redevances, comme il est dit à l'article 52. L. 1810, art. 54.

845. Recours aux anciens usages ou lois pour la décision de certains cas exceptionnels. — En cas d'usages locaux ou d'anciennes lois qui donneraient lieu à la décision de cas extraordinnaires, les cas qui se présenteront seront décidés par les actes de concession, ou par les jugements de nos cours et tribunaux, selon les droits résultant pour les parties, des usages établis, des prescriptions légalement acquises, ou des conventions réciproques. L. 1810, art. 55.

846. Difficultés sur la détermination des limites des concessions. — Les difficultés qui s'élèveraient entre l'administration et les exploitants, relativement à la limitation des mines, seront décidées par l'acte de concession.

A l'égard des contestations qui auraient lieu entre des exploitants voisins, elles seront jugées par les tribunaux et cours. L. art. 56.

847. Qui doit procéder aux opérations de délimitation. — Lorsque la délimitation d'une ancienne concession, qui n'a point été soumise à cette formalité, est réclamée par le concessionnaire ou poursuivie d'office, ce sera par les soins de l'administration qu'il y sera procédé, L. 1810, art. 56 ; Observations de la commission du Corps législatif, demandant l'addition de cette disposition. C. d'Etat, 8 janvier 1817, M. de plomb de St-Sauveur; 19 juillet 1826, M. houille de Champaguey et Ronchamp; 5 décembre 1833, M. de plomb de St-Julien ; 30 décembre 1843 et 15 septembre 1848, M. d'Anzin; Dupont, t. II, p. 121 ; Dufour, *Lois*, n° 21.

Dans le cas de délimitation opérée en exécution de l'article 53 de la loi de 1810, l'administration des mines soutient que le droit de modifier et de changer les limi-

tes indiquées par le concessionnaire, reconnu et consacré par l'ancienne législation lui appartient encore.
L'administration cependant n'aurait point ici un pouvoir
discrétionnaire. D'une part, elle devrait autant que l'état
des choses le permettrait, comprendre dans la concession les exploitations que le concessionnaire possédait
en 1810; de l'autre, elle devrait faire en sorte que les
mines laissées en dehors des limites de la concession
pussent, à raison de leur étendue et de leur disposition,
devenir elles-mêmes l'objet de concessions nouvelles;
Migneron, *An. des mines*, 3ᵉ série, t. III, p. 633 et 662;
Dupont, 2ᵉ édit. t. II, p. 119. Ord. des 21 novembre 1830
et 12 février 1832, délimitant les concessions du Creuzot
et de Blanzy.

848. **Règles de compétence.** — « En procédant à la
reconnaissance des limites, on rencontrera sans doute
des difficultés. Si c'est entre les exploitants, elles seront
jugées par les tribunaux ordinaires ; si l'exploitant réclamait des limites contestées par l'administration, ce
sera alors le gouvernement qui prononcera d'après l'acte
de concession. » Rapport de Girardin. M. Dupont,
2ᵉ édit. t. II, p. 129, indique que l'article 55 en mention-
nant des cas extraordinaires, porte que la décision en
appartiendra aux tribunaux et cours, selon les droits résultant pour les parties des usages établis, des prescriptions légalement acquises ou des conventions réciproques.
En pareil cas, en effet, l'article 55 réserve compétence à
l'autorité judiciaire, juge naturel en pareille matière.
Dans les autres cas, et lorsque la décision à intervenir
doit être fondée sur les actes de concession, l'autorité
administrative restant seule compétente. *Sic*, Dufour,
Lois, nº 22; Lallier, nº 494. Mais M. Dupont semble indiquer qu'un renvoi doit être préalablement ordonné pour
que les tribunaux puissent être investis, et se demandant
dans quelle forme sera fait ce renvoi devant les tribunaux, il indique que c'est au gouvernement qu'il appar-

tient de le prononcer. Il rappelle que c'est ce qui s'est produit à l'occasion des difficultés nées pour une concession houillère dans le département de l'Ourthe, suivant un décret du 15 octobre 1810. Il est évident que lorsqu'une difficulté du ressort des tribunaux de l'ordre judiciaire se produira devant l'administration, ou devant les tribunaux du contentieux administratif, ceux-ci devront surseoir à statuer ou se désinvestir complétement suivant que ce sera un incident à vider préalablement, ou qu'il s'agira d'une demande qui ne sera pas de leur compétence; ils pourront en pareil cas renvoyer les parties devant le juge compétent qu'ils désigneront, alors qu'il serait cependant plus régulier, qu'incompétents pour statuer, ils en fissent la déclaration, en se bornant à renvoyer les parties à se pourvoir devant qui de droit ; l'attribution de juridiction prononcée en même temps que le renvoi, ne pouvant avoir aucune force d'investissement pour la juridiction désignée, qui reste toujours juge absolu de sa compétence ; mais, dans tous les cas, il n'est pas nécessaire que, pour statuer sur des matières de leur compétence, les tribunaux de l'ordre judiciaire soient saisis par un renvoi préalable, et les intéressés pourront, en pareil cas, porter directement la contestation devant les tribunaux.

Le texte des articles 53 et 56 réserve, tout au moins implicitement, mais assez nettement, au gouvernement le droit d'apprécier l'existence et la légalité de la concession et ses limites. Ce principe est d'ailleurs conforme à l'esprit général de la loi de 1810 qui attribue à l'autorité publique le soin de faire les concessions, et qui ne pouvait dès lors charger ensuite indirectement de ce soin l'autorité judiciaire. La jurisprudence belge est formelle en ce sens. C. Cass., belge, 27 octobre 1871, *Pas.*, 71, 1, 330; Bruxelles, 19 juin 1874, *Pas.*, 75, 2, 18.

849. Application de l'article 11 de la loi de 1810. — Dupont, t. II, p. 117, fait remarquer que les législateurs de 1810 ayant voulu éviter tout effet rétroactif en ce qui concerne l'application de l'article 53, des propriétaires du sol seraient impuissants à faire interdire une exploitation maintenue par l'article 53, en invoquant la prohibition de l'article 11, sur la distance à observer entre certains travaux et les habitations. C. d'Etat, 18 juillet 1827, M. de manganèse de Romanèche.

880. Inaccomplissement de formalités prescrites par la loi de 1810, par les concessionnaires antérieurs. — Par suite de l'application du même principe de non rétroactivité, on devrait rejeter la réclamation de celui qui se plaindrait de ce que le concessionnaire antérieur à cette loi, n'aurait pas rempli une formalité alors non en vigueur et dont l'accomplissement n'a été prescrit qu'ultérieurement. Par exemple, un propriétaire de surface ne pourrait faire annuler une ancienne concession en se fondant sur ce qu'il n'aurait pas reçu notification de cet acte. C. d'Etat, 22 août 1853, M. de Pyrimont-Seyssel; Dupont, t. II, p. 117.

SECTION II.

MINES DE SEL ET SOURCES D'EAU SALÉE.

881. Régime des mines de sel gemme et des sources et puits d'eau salée. — Les mines de sel gemme sont-elles comprises dans la catégorie des mines d'après la loi de 1810 et sont-elles placées sous le régime de cette loi ? La solution de cette question avait soulevé des difficultés, et tandis que l'Etat s'attribuait le droit de concession de ces matières ; Arrêtés des 23 décembre 1797 (3 nivôse an VI), et 22 janvier 1798, (3 pluviôse an VI), et que le Conseil d'Etat émettait un avis en ce sens le 15 octobre

1810; les propriétaires des sols qui en contenaient, refusaient de se soumettre à l'application de la loi de 1810. L'administration était aidée dans ses prétentions par l'appui que lui donnaient le Conseil d'Etat, 17 avril, 1834, et la Cour de Cassation, par ses arrêts du 8 septembre 1832 et 17 janvier 1835, concernant les salines de l'Est ; la doctrine était généralement favorable à cette solution. Lallier n. 57 ; Richard, 463 ; Dupont, t. I. p. 157 et t. II. p. 134. C'est l'avis du Conseil des mines de Belgique, 1er décembre 1837, de Delebecque, nos 646 et 647, et de Fooz, p. 127, pour le sel gemme. Mais l'avis contraire était soutenu en France par Batbie, en Belgique par Bury.

C'est au milieu de ces hésitations qu'étaient intervenues la loi du 6 avril 1825 et l'ordonnance du 21 août suivant, qui après avoir attribué au domaine de l'Etat les mines de sel gemme se trouvant dans dix départements de l'Est, investirent une compagnie de ses droits. Le fonctionnement de cette compagnie fut loin d'être satisfaisant. D'un autre côté il devenait indispensable de préciser sous quel régime légal seraient placés les mines de sel gemme et les sources et puits d'eau salée; depuis 1833 il ne se passa pas d'années où un essai ne fût tenté dans ce but par le gouvernement devant les Chambres. Enfin la résiliation du traité du Domaine avec la compagnie fermière dans l'Est, ayant facilité une solution, on arriva à la loi du 17 juin 1840, qui reçut son complément, pour en assurer l'exécution, dans l'ordonnance du 26 juin 1841. Voici le texte de ces documents, que nous rapportons immédiatement, sans rappeler les graves questions résolues par la Cour de Cassation notamment les 8 août 1839, S. 39, 1, 669 et 15 février 1843, S. 43, 1, 365, D. 43, 1, 162, à l'occasion de l'application la loi de 1825, faite pour régir une période exceptionnelle et transitoire qui n'existe plus actuellement.

852. Loi du 17 juin 1840.

Art. 1ᵉʳ. — Nulle exploitation de mines de sel, de source ou de puits d'eau salée naturellement ou artificiellement, ne peut avoir lieu qu'en vertu d'une concession consentie par ordonnance royale délibérée en Conseil d'Etat.

Art. 2. — Les lois et règlements généraux sur les mines sont applicables aux exploitations des mines de sel.

Un règlement d'administration publique déterminera, selon la nature de la concession, les conditions auxquelles l'exploitation sera soumise.

Le même règlement déterminera aussi les formes des enquêtes qui devront précéder les concessions de sources ou de puits d'eau salée.

Seront applicables à ces concessions les dispositions des titres V et X de la loi du 21 avril 1810.

Art. 3. — Les concessions seront faites de préférence aux propriétaires des établissements légalement existants.

Art. 4. — Les concessions ne pourront excéder vingt kilomètres carrés s'il s'agit d'une mine de sel, et un kilomètre carré pour l'exploitation d'une source ou d'un puits d'eau salée.

Dans l'un ou l'autre cas, les actes de concessions régleront les droits du propriétaire de la surface conformément aux articles 6 et 42 de la loi du 21 avril 1810.

Aucune redevance proportionnelle ne sera exigée au profit de l'État.

Art. 5. — Les concessionnaires de mines de sel, de sources ou de puits d'eau salée, seront tenus, 1° de faire, avant toute exploitation ou fabrication, la déclaration prescrite par l'article 51 de la loi du 24 avril 1806 ; 2° d'extraire ou de fabriquer un minimum et annuellement une quantité de cinq cent mille kilogrammes de sel, pour être livrés à la consommation intérieure et assujettis à l'impôt.

Toutefois une ordonnance royale pourra, dans des circonstances particulières, autoriser la fabrication au-dessous du minimun. Cette autorisation pourra toujours être retirée.

Des règlements d'administration publique détermineront dans l'intérêt de l'impôt, les conditions auxquelles l'exploitation et la fabrication seront soumises, ainsi que que le mode de surveillance à exercer de manière à ce que le droit soit perçu sur les quantités de sel réellement fabriquées.

Les dispositions du présent article sont applicables aux exploitations ou fabriques actuellement existantes.

Art. 6. — Tout concessionnaire ou fabricant qui voudra cesser d'exploiter ou de fabriquer est tenu d'en faire la déclaration au moins un mois d'avance.

Le droit de consommation sur les sels extraits ou fabriqués qui seraient encore en la possession du concessionnaire ou du fabricant un mois après la cessation de l'exploitation ou de la fabrication sera exigible immédiatement.

L'exploitation ou la fabrication ne pourront être reprises qu'après un nouvel accomplissement des obligations mentionnées en l'article 5.

Art. 7. — Toute exploitation ou fabrication de sel entreprises avant l'accomplissement des formalités prescrites par l'article 5 sera frappée d'interdiction par voie administrative ; le tout sans préjudice, s'il y a lieu, des peines portées en l'article 10.

Les arrêtés d'interdiction rendus par les préfets seront exécutoires par provision, nonobstant tout recours de droit.

Art. 8. — Tout exploitant ou fabricant de sel dont les produits n'auront pas atteint le minimum déterminé par l'article 5 sera passible d'une amende égale au droit qui aurait été perçu sur les quantités de sel manquant pour atteindre le minimun.

Art. 9. — L'enlèvement et le transport des eaux salées et des matières salifères sont interdits pour toute destination autre que celle d'une fabrique régulièrement autorisée, sauf l'exception portée en l'article 12.

Des règlements d'administration publique détermineront les formalités à observer pour l'enlèvement et la circulation.

Art. 10. — Toute contravention aux dispositions des articles 5, 6, 7 et 9, et des ordonnances qui en règleront l'application, sera punie de la confiscation des eaux salées, matières salifères, sels fabriqués, ustensiles de fabrication, moyens de transport, d'une amende de cinq cents francs à cinq mille francs, et, dans tous les cas, du payement du double droit sur le sel pur, mélangé ou dissous dans l'eau, fabriqué, transporté ou soustrait à la surveillance.

En cas de récidive, le maximum de l'amende sera prononcé. L'amende pourra même être portée jusqu'au double.

Art 11. — Les dispositions des articles, 5, 6, 7, 9 et 10, *sauf l'obligation du minimun de fabrication*, sont applicables aux établissements de produits chimiques dans lesquels il se produit en même temps du sel marin.

Dans les fabriques de salpêtre qui n'opèrent pas exclusivement sur les matériaux de démolition, et dans les fabriques de produits chimiques, la quantité de sel marin résultant des préparations sera constatée par les exercices des employés des contributions indirectes.

Art. 12. — Des règlements d'administration publique détermineront les conditions auxquelles pourront être autorisés l'enlèvement, le transport et l'emploi en franchise ou avec modération de droits, du sel de toute

origine, des eaux salées ou de matières salifères, à destination des exploitations agricoles ou manufacturières,
et de la salaison, soit en mer, soit à terre, des poissons
de toute sorte.

Art. 13. — Toute infraction aux conditions sous
lesquelles la franchise ou la modération de droits aura
été accordée en vertu de l'article précédent, sera punie
de l'amende prononcée par l'article 10, et, en outre, du
payement du double droit sur toute quantité de sel pur
ou contenu dans les eaux salées et les matières salifères,
qui aura été détournée en fraude.

La disposition précédente est applicable aux quantités
de sel que représenteront, d'après les allocations qui
auront été déterminées, les salaisons à l'égard desquelles
il aura été contrevenu aux règlements.

Quant aux salaisons qui jouissent du droit d'employer
le sel étranger, le double droit à payer pour amende
sera calculé à raison de soixante francs pour cent kilogrammes, sans remise.

Les fabriques ou établissements, ainsi que les salaisons en mer ou à terre, jouissant déjà de la franchise,
sont également soumis aux dispositions du présent article.

Art. 14. — Les contraventions prévues par la présente
loi seront poursuivies devant les tribunaux de police correctionnelle, à la requête de l'administration des douanes
ou de celle des contributions indirectes.

Art. 15. — Avant le 1ᵉʳ juillet 1841, une ordonnance
royale réglera la remise accordée à titre de déchet, en
raison des lieux de production, et après les expériences
qui auront constaté la déperdition réelle des sels, sans
que, dans aucun cas, cette remise puisse excéder cinq
pour cent.

Il n'est rien changé aux autres dispositions des lois
et règlements relatifs à l'exploitation des marais salants.

15.

Art. 16. — Jusqu'au 1ᵉʳ janvier 1851 des ordonnances royales règleront :

1° L'exploitation des petites salines des côtes de la Manche ;

2° Les allocations et franchises sur le sel dit *de troque* dans les départements du Morbihan et de la Loire-Inférieure.

A cette époque, toutes les ordonnances rendues en vertu du présent article cesseront d'être exécutoires, et toutes les salines seront soumises aux prescriptions de la présente loi.

Art. 17. — Les salines, salins et marais salants seront cotisés à la contribution foncière, conformément au décret du 15 octobre 1810 ; savoir : les bâtiments qui en dépendent, d'après leur valeur locative, et les terrains et emplacements, sur le pied des meilleures terres labourables.

La somme dont les salines, salins et marais salants auront été dégrevés par suite de cette cotisation, sera reportée sur l'ensemble de chacun des départements où ces propriétés sont situées.

Art. 18. — Les clauses et conditions du traité consenti entre le ministre des finances et la compagnie des salines et mines de sel de l'Est, pour la résiliation du bail passé le 31 octobre 1825, sont et demeurent approuvées. Ce traité restera annexé à la présente loi.

Le ministre des finances est autorisé à effectuer les payements ou restitutions qui devront être opérés pour l'exécution dudit traité.

Il sera tenu un compte spécial où les dépenses seront successivement portées, ainsi que les recouvrements qui seront opérés jusqu'au terme de l'exploitation.

Il est ouvert au ministre des finances, sur l'exercice 1841, un crédit de cinq millions, montant présumé de l'excédant de dépense qui pourra résulter de cette liquidation, dont le compte sera présenté aux Chambres.

Art. 19. — Les dispositions de la présente loi qui pourraient porter atteinte aux droits de la concession faite au domaine de l'Etat en exécution de la loi du 6 avril 1825 n'auront effet, dans les départements dénommés en ladite loi, qu'après le 1ᵉʳ octobre 1841.

Jusqu'à cette époque, les lois et règlements existants continueront à recevoir leur application dans les dits départements.

Suit le traité conclu entre le ministre des finances et la compagnie des salines de l'Est pour la résiliation du bail passé le 31 octobre 1825. Cet acte n'ayant qu'un intérêt aujourd'hui très borné en supposant que cet intérêt existe encore, il est inutile de le reproduire ici.

833. Ordonnance du 7 mars 1841, portant règlement sur les concessions de mines de sel et de sources et puits d'eau salée, et sur les usines destinées à la fabrication du sel.

Sur le rapport de notre ministre secrétaire d'Etat des travaux publics ;

Vu la loi sur le sel, du 17 juin 1840 ;

Vu notamment l'article 1ᵉʳ, portant que nulle exploitation de mines de sel, de sources ou de puits d'eau salée naturellement ou artificiellement, ne peut avoir lieu qu'en vertu d'une concession consentie par ordonnance royale délibérée en Conseil d'Etat ;

L'article 2 qui dispose que les lois et règlements généraux sur les mines sont applicables aux exploitations de mines de sel; qu'un règlement d'administration publique déterminera, selon la nature de la concession, les conditions auxquelles l'exploitation sera soumise; que le même règlement déterminera aussi les formes des enquêtes qui devront précéder les concessions de sources ou de puits d'eau salée;

Notre Conseil d'Etat entendu,

Nous avons ordonné et ordonnons ce qui suit :

TITRE Ier.

Des Mines de sel.

Article premier. — Il ne pourra être fait de concession de mines de sel, sans que l'existence du dépôt de sel ait été constatée par des puits, des galeries ou des trous de sonde.

Art. 2. — Les demandes en concession seront instruites conformément aux dispositions de la loi du 21 avril 1810 ; elles contiendront les propositions du demandeur, dans le but de satisfaire aux droits attribués aux propriétaires de la surface par les articles 6 et 42 de la loi du 21 avril 1810.

Art. 3. — L'exploitation d'une mine de sel, soit à l'état solide, par puits ou galeries, soit par dissolution, au moyen de trous de sonde ou autrement, ne pourra être commencée qu'après que le projet des travaux aura été approuvé par l'administration.

A cet effet, le concessionnaire soumettra au préfet un mémoire indiquant la manière dont il entend procéder à l'exploitation, la disposition générale des travaux qu'il se propose d'exécuter et la situation des puits, galeries et trous de sonde, par rapport aux habitations, routes et chemins. Il y joindra les plans et coupes nécessaires à l'intelligence de son projet.

Lorsque le projet d'exploitation aura été approuvé, il ne pourra être changé sans une nouvelle autorisation.

L'approbation de l'administration sera également nécessaire pour l'ouverture de tout nouveau champ d'exploitation.

Les projets de travaux énoncés aux paragraphes précédents devront être, ainsi que les plans à l'appui, portés, avant toute décision, à la connaissance du public. A cet effet, des affiches seront apposées, pendant un mois, dans les communes comprises dans lesdit projets et une copie des plans sera déposée dans chaque mairie.

TITRE II.

Des Sources et Puits d'eau salée.

Art. 4. — Les articles 10, 11 et 12 de la loi du 21 avril 1810, sont applicables aux recherches d'eau salée.

Art. 5. — Tout demandeur en concession d'une source ou d'un puits d'eau salée devra justifier que la source ou le puits peut fournir des eaux salées en quantité suffisante pour une fabrication annuelle de 500,000 kilogrammes de sel au moins.

Art. 6. — Il devra justifier des facultés nécessaires pour entreprendre et conduire les travaux et des moyens de satisfaire aux indemnités et charges qui seront imposées par l'acte de concession.

Art. 7. — La demande en concession sera adressée au préfet et enregistrée, à sa date, sur un registre spécial, conformément à l'article 22 de la loi du 21 avril 1810; le secrétaire général de la préfecture délivrera au requérant un extrait certifié de cet enregistrement.

La demande contiendra l'indication exigée par l'article 2 ci-dessus.

Le pétitionnaire y joindra le plan, en quadruple expédition et à l'échelle de cinq millimètres pour dix mètres, des terrains désignés dans sa demande. Ce plan devra indiquer l'emplacement de la source ou du puits salé, et sa situation par rapport aux habitations, routes et chemins. Il ne sera admis qu'après vérification par l'ingénieur des mines. Il sera visé par le préfet.

Art. 8. — Les publications et affiches de la demande auront lieu à la diligence du préfet et conformément aux articles 23 et 24 de la loi du 21 avril 1810. Leur durée sera de deux mois à compter du jour de l'apposition des affiches dans chaque localité. La demande sera insérée dans l'un des journaux du département.

Les frais d'affiches, publications et insertions dans les journaux seront à la charge du demandeur.

Art. 9. — Les demandes en concurrence ne seront admises que jusqu'au dernier jour de la durée des affiches.

Elles seront notifiées par actes extrajudiciaires au demandeur, ainsi qu'au préfet, qui les fera transcrire à leur date sur le registre mentionné en l'article 7 ci-dessus. Il sera donné communication de ce registre à toutes les personnes qui voudront prendre connaissance desdites demandes.

Art. 10. — Les oppositions à la demande en concession, les réclamations relatives à la quotité des offres faites aux propriétaires de la surface, les demandes en indemnité d'invention, seront notifiées au demandeur et au préfets par actes extra-judiciaires.

Art. 11. — Jusqu'à ce qui ait été statué définitivement sur la demande en concession, les oppositions, réclamations et demandes mentionnées en l'article 10 ci-dessus, seront admissibles devant notre ministre des travaux publics. Elles seront notifiées par leurs auteurs aux parties intéressées.

Art. 12 — Le gouvernement jugera des motifs ou considérations d'après lesquels la préférence doit être accordées aux divers demandeurs en concession, qu'ils soient propriétaires de la surface, inventeurs ou autres, sans préjudice de la disposition transitoire de l'article 3 de la loi du 17 juin 1840, relative aux propriétaires des établissements actuellement existants.

Art. 13. — Il sera définitivement statué par une ordonnance royale, délibérée en Conseil d'état.

Cette ordonnance purgera, en faveur du concessionnaire, tous les droits des propriétaires de la surface et des inventeurs ou de leurs ayants cause.

Art. 14. — L'étendue de la concession sera déterminée par ladite ordonnance ; elle sera limitée par des points fixes pris à la surface du sol.

Art. 15. — Lorsque, dans l'étendue du périmètre qui lui est concédé, le concessionnaire voudra pratiquer, pour l'exploitation de l'eau salée, une ouverture autre que celle désignée par l'acte de concession, il adressera au préfet, avec un plan à l'appui, une demande qui sera affichée pendant un mois dans chacune des communes sur lesquelles s'étend la concession. Une copie de ce plan sera déposée dans chaque mairie.

S'il ne s'élève aucune réclamation contre la demande, l'autorisation sera accordée par le préfet. Dans le cas contraire, il sera statué par notre ministre des travaux publics.

Art. 16. — Toutes les questions d'indemnités à payer par le concessionnaire d'une source ou d'un puits d'eau salée, à raison des recherches ou travaux antérieurs à l'acte de concession, seront décidées conformément à l'article 4 de la loi du 28 pluviôse an VIII.

Art. 17. — Les indemnités à payer par le concessionnaire aux propriétaires de la surface, à raison de l'occupation des terrains nécessaires à l'exploitation des eaux salées, seront réglées conformément aux articles 43 et 44 de la loi du 21 avril 1810.

Art. 18. — Aucune concession de source ou de puits d'eau salée ne peut être vendue par lots ou partagée, sans une autorisation préalable du gouvernement donnée dans les mêmes formes que la concession.

TITRE III.

Dispositions communes aux concessions de mines de sel et aux concessions de Sources et de Puits d'eau salée.

Art. 19. — Aucune recherche de mine de sel ou d'eau salée, soit par les propriétaires de la surface, soit par des tiers autorisés en vertu de l'article 10 de la loi du 21 avril 1810, ne pourra être commencée qu'un mois après la déclaration faite à la préfecture. Le préfet en donnera avis immédiatement au directeur des contributions indirectes ou au directeur des douanes, suivant les cas.

Art. 20. — Il ne pourra être fait, dans le même périmètre, à deux personnes différentes, une concession de mine de sel et une concession de source ou de puits d'eau salée.

Mais tout concessionnaire de source ou de puits d'eau salée, qui aura justifié de l'existence d'un dépôt de sel dans le périmètre à lui concédé, pourra obtenir une nouvelle concession, conformément au titre Ier de la présente ordonnance.

Jusque-là, tout puits, toute galerie, ou tout autre ouvrage d'exploitation de mine, est interdit au concessionnaire de la source ou du puits d'eau salée.

Art. 21. — Dans tous les cas où l'exploitation, soit des mines de sel, soit des sources ou des puits d'eau salée, compromettrait la sûreté publique, la conservation des travaux, la sûreté des ouvriers ou des habitations de la surface, il y sera pourvu ainsi qu'il est dit en l'article 50 de la loi du 21 avril 1810.

Art. 22. — Tout puits, toute galerie, tout trou de sonde, ou tout autre ouvrage d'exploitation ouvert sans autorisation, seront interdits conformément aux dispositions de l'article 8 de la loi du 27 avril 1838.

Néanmoins les exploitations en activité à l'époque de la promulgation de la loi du 17 juin 1840 sont provisoirement maintenues, à charge par les exploitants de former, dans un délai de trois mois, à compter de la promulgation de la présente ordonnance, des demandes en concession, conformément aux dispositions qu'elle prescrit.

Si la concession n'est point accordée, l'exploitation cessera de plein droit, et, au besoin, elle sera interdite, conformément au premier paragraphe du présent article.

Art. 23. — Les concessions pourront être révoquées dans les cas prévus par l'article 49 de la loi du 21 avril 1810. Il sera alors procédé, conformément aux règles établies par la loi du 27 avril 1838.

Art. 24. — Le directeur des contributions indirectes ou des douanes, selon les cas, sera consulté par le préfet sur toute demande en concession de mine de sel, de source ou de puits d'eau salée.

Le préfet consultera ensuite les ingénieurs des mines et transmettra les pièces à notre ministre des travaux publics, avec leurs rapports et son avis.

Les pièces relatives à chaque demande seront communiquées par notre ministre des travaux publics à notre ministre des finances.

TITRE IV. (1)

Des permissions relatives à l'établissement des usines pour la Fabrication du sel.

Art. 25. — Les usines destinées à l'élaboration du sel gemme, ou au traitement des eaux salées, ne pourront être établies, soit par les concessionnaires des mines de sel, de sources ou de puits d'eau salée, soit par tout autres, qu'en vertu d'une permission accordée par une ordonnance royale, après l'accomplissement des formalités prescrites par l'article 74 de la loi du 21 avril 1810. Toutefois le délai des affiches est réduit à un mois.

Le demandeur devra justifier que l'usine pourra suffire à la fabrication annuelle d'au moins cinq cent mille kilogrammes de sel, sauf l'application de la faculté ouverte par le deuxième alinéa de l'article 5 de la loi du 17 juin 1840.

(1) Sur le point de savoir si les articles 25 et 31 sont encore en vigueur, voyez ce que nous disons dans l'un des paragraphes qui suivent, n. 857.

Seront d'ailleurs observées les dispositions des lois et règlements sur les établissements dangereux, incommodes ou insalubres.

Art. 26. — La demande en permission devra être accompagnée d'un plan, en quadruple expédition, à l'échelle de deux millimètres par mètre, indiquant la situation et la consistance de l'usine. Ce plan sera vérifié et certifié par les ingénieurs des mines et visé par le préfet.

Les oppositions auxquelles la demande pourra donner lieu seront notifiées au demandeur et au préfet par actes extra-judiciaires.

Art. 27. — Les dispositions de l'article 24 ci-dessus, relatives aux demandes en concession de mines de sel ou de sources et de puits d'eau salée, seront également observées à l'égard des demandes en permission d'usines.

Art. 28. — Les permissions seront données à la charge d'en faire usage dans un délai déterminé. Elles auront une durée indéfinie, à moins que l'ordonnance d'autorisation n'en ait décidé autrement.

Art. 29. — Elles pourront être révoquées pour cause d'inexécution des conditions auxquelles elles auront été accordées.

La révocation sera prononcée par arrêté de notre ministre des travaux publics. Cet arrêté sera exécutoire par provision, nonobstant tout recours de droit.

Art. 30. — Les fabriques légalement en activité à l'époque de la promulgation de la loi du 17 juin 1840 sont maintenues provisoirement, à charge par les propriétaires de former une demande en permission dans un délai de trois mois à partir de la promulgation de la présente ordonnance.

Dans le cas où cette permission ne serait point accordée, les établissements seront interdits, dans les formes indiquées au second paragraphe de l'article précédent.

854. Cahier des charges d'une concession de mines

de sel. — Le cahier des charges généralement reproduit comme type des conditions imposées aux concessionnaires de mines de sel, est joint au décret du 5 juillet 1879 portant concession des mines de sel de Flainval (Meurthe-et-Moselle) est ainsi conçu :

Art. 1er. — Dans le délai de trois mois à dater de la notification du décret de concession il sera planté des bornes sur tous les points servant de limites à la concession où cela sera reconnu nécessaire L'opération aura lieu aux frais des concessionnaires, à la diligence du préfet et en présence de l'ingénieur des mines qui en dressera procès-verbal. Expéditions de ce procès-verbal seront déposées aux archives de la préfecture du département et à celles des communes sur lesquelles s'étend la concession.

Art. 2. — Dans le délai de six mois les concessionnaires adresseront au préfet un mémoire indiquant la manière dont ils entendent procéder à l'exploitation, les dispositions générales des travaux qu'ils se proposent d'exécuter, et la situation des puits, galeries et trous de sonde, par rapport aux habitations, routes, canaux et voies diverses de transport ; ils y joindront les plans et coupes des travaux existants et de ceux à entreprendre. Ces plans seront dressés à une échelle de 1 millimètre par mètre et en carreaux de 10 en 10 millimètres.

Les cotes de hauteur ou de dépression des points principaux, tels que les orifices des puits, galeries ou trous de sonde, les points de jonction des galeries avec les puits, et les intersections des galeries entre elles, par rapport à un plan horizontal fixe et déterminé, seront inscrites en mètres et centimètres sur les plans

Ils seront orientés sur le nord vrai, le nord en haut de la feuille, comme sur les cartes géographiques.

Art. 3. — Le projet ci-dessus mentionné ainsi que les plans à l'appui, seront portés à la connaissance du public. A cet effet, des affiches seront apposés pendant un mois dans les communes comprises dans ledit projet, et une copie de ce plan sera déposée dans chaque mairie.

Art. 4. — L'exécution du projet des travaux sera autorisée, s'il y a lieu, par le préfet et dans le cas où il ne s'est élevé aucune réclamation pendant l'enquête précitée. Dans le cas contraire il sera statué par le ministre des travaux publics.

S'il est reconnu que les travaux projetés peuvent occasionner quelques-uns des vices ou abus prévus par le titre V de la loi de 1810, II et III du décret du 3 janvier 1813, ou compromettre la conservation des diverses voies de transport, l'autorisation ne sera donnée qu'après avoir introduit dans le projet les modifications nécessaires.

En cas de réclamation des concessionnaires, il sera définitivement statué par le ministre des travaux publics.

Art. 5. — Lorsque les concessionnaires voudront ouvrir un nouveau champ d'exploitation, ou établir de nouveaux puits, trous de sonde ou galeries partant du jour, ils adresseront au préfet un plan qui devra se rattacher au plan général de la concession, et un mémoire indiquant leur projet de travaux, le tout dressé conformément à ce qui est prescrit à l'article 2 ci-dessus. Il sera donné suite au projet, ainsi qu'il est dit aux articles 3 et 4.

Il sera procédé de la même manière dans le cas où, soit par suite de circonstances imprévues, soit par fait de l'approfondissement des mines, il deviendrait nécessaire de changer le mode d'exploitation précédemment accepté.

Art. 6. — Les concessionnaires, devront ainsi qu'il est prescrit par l'article 2 de l'ordonnance du 16 juin 1841, entourer les puits d'extraction, galeries, trous de sonde, d'une enceinte en bois ou en maçonnerie de 3 mètres d'élévation, ayant à l'intérieur et à l'extérieur un chemin de ronde de 2 mètres au moins de largeur, avec accès sur la voie publique par une seule porte d'entrée.

Art. 7. — Dans le cas où l'exploitation par galeries devrait s'étendre sous des maisons d'habitation ou des édifices, sous des routes nationales ou départementales sous des cours d'eau, des canaux ou des chemins de fer, ou à une distance moindre de 10 mètres de leurs bords, le projet de travaux devra être préalablement soumis au préfet, pour y être donné suite, ainsi qu'il est dit aux articles précédents. Le Conseil municipal et les propriétaires intéressés devront être entendus en ce qui concerne les habitations de la surface ; la compagnie concessionnaire et les ingénieurs du contrôle, en ce qui touche les chemins de fer.

Art. 8. — Chaque année, dans le courant de janvier, les concessionnaires adresseront au préfet, les plans et coupes des travaux exécutés dans le cours de l'année précédente. Ces plans dressés à une échelle de 1 milli- mètre par mètre de manière à pouvoir être rattachés aux plans généraux désignés dans les articles précédents, et renfermant toutes les indications mentionnées aux dits articles, seront vérifiés par l'ingénieur des mines.

Art. 9. — Aucune portion des travaux souterrains ne pourra être abandonnée qu'en vertu d'un arrêté du préfet. La déclaration d'abandon devra être faite par les concessionnaires ; un plan des travaux sera joint à la dite déclaration. L'arrêté du préfet, pris sur le rapport de l'ingénieur des mines prescrira, conformément aux articles 8 et 9 du décret du 3 janvier 1813, les mesures de police, de sûreté et de conservation jugées nécessaires.

Les ouvertures au jour des puits ou galeries qui deviendront inutiles, seront comblées ou bouchées par les concessionnaires ou à leurs frais, suivant le mode qui sera prescrit par le préfet, sur la proposition de l'ingénieur des mines, et à la diligence des maires des communes sur les territoires desquelles les ouvertures seront situées.

Art. 10. — Dans les cas prévus par l'article 50 de la loi

de 1810, et généralement, lorsque par une cause quelconque l'exploitation compromettra la sûreté publique ou celle des ouvriers, la solidité des travaux, la conservation du sol et des habitations de la surface, les concessionnaires seront tenus d'en donner avis à l'ingénieur des mines, ou, à son défaut, au garde mines et au maire de la commune ou l'exploitation sera située.

Si les concessionnaires, sur la notification qui leur sera faite de l'arrêté que prendra le préfet pour faire cesser la cause du danger, nobtempèrent pas à cet arrêté, il y sera pourvu selon qu'il est prescrit par les articles 4 et 5 de l'ordonnance du 26 mars 1843. (et les modifications ultérieures qu'elle a reçues et que nous avons indiquées en ce qui concerne l'exploitation des mines en général).

Art. 11. — Dans le cas où l'exploitation du sel aurait lieu par dissolution, les concessionnaires seront tenus d'exécuter tous les travaux qui seront prescrits par le préfet, sur le rapport des ingénieurs des mines, à l'effet de déterminer la situation et l'étendue des excavations souterraines produites par l'action des eaux.

S'il est reconnu que ce mode d'exploitation compromet la sûreté publique ou celle des habitations de la surface, il y sera pourvu par le préfet, selon ce qui a été prescrit par l'article 50 de la loi du 21 avril 1810.

En cas de péril imminent, le préfet pourra ordonner conformément à l'article 4 du décret du 3 janvier 1813, que son arrêté sera provisoirement exécuté.

Si les concessionnaires n'exécutent pas les travaux prescrits, il sera procédé d'office, à leurs frais, à l'exécution de ces travaux, ainsi qu'il est prescrit aux articles 4 et 5 de l'ordonnance du 26 mars 1843.

Art. 12. — Les concessionnaires tiendront constamment en ordre et à jour sur chaque mine :

1° Les plans et coupes des travaux souterrains dressés sur l'échelle de 1 millimètre par mètre.

2° Un registre constatant l'avancement journalier des

travaux et les circonstances de l'exploitation dont il sera utile de conserver le souvenir, telles que l'allure des gîtes, leur épaisseur, la qualité des produits, la nature du toit et du mur, le jaugeage des eaux affluant dans la mine, etc.

3º Un registre du contrôle journalier des ouvriers employés aux travaux intérieurs ou extérieurs.

4º Un registre d'extraction et de vente.

Les concessionnaires communiqueront ces plans et ces registres aux ingénieurs des mines toutes les fois qu'ils leur en feront la demande.

Les concessionnaires transmettront au préfet, dans la forme et aux époques qui leur seront indiquées, l'état des ouvriers et celui des produits extraits dans le cours de l'année précédente.

Art 13. — Dans le cas où ils négligeraient, soit d'adresser au préfet dans les délais fixés, les plans dont il est question dans les articles 2 et 8, soit de tenir sur l'exploitation le registre et le plan d'avancement journalier des travaux exigés par l'article 12, soit enfin d'entretenir constamment sur les mines les médicaments et autres moyens de secours qui sont prescrits par l'article 15 du décret de 1813, il y sera pourvu par le préfet, conformément aux dispositions de l'ordonnance du 26 mars 1843.

Le préfet pourra également ordonner le levé d'office et aux frais des concessionnaires, des plans dont l'inexactitude aurait été constatée par les ingénieurs des mines.

Art. 14. — En cas d'inexécution, par les concessionnaires, des mesures prescrites par le préfet en vertu de l'article 50 de la loi de 1810, les exploitations seront considérées comme pouvant compromettre la sûreté publique, ou la conservation de la mine et il y sera pourvu en exécution dudit article. En conséquence, la contravention ayant été constatée par un procès-verbal de l'ingénieur des mines, la mine sera mise en surveillance spéciale, et il y sera placé, aux frais des concessionnaires, un

garde mine, ou tout autre préposé, nommé par le préfet,
à l'effet de lui rendre un compte journalier de l'état des
travaux et de proposer telle mesure de police dont il
reconnaîtra la nécessité.

Art. 15. — Si les gîtes à exploiter dans la concession,
se prolongent hors de cette concession, le préfet pourra
ordonner, sur les rapports des ingénieurs des mines,
les concessionnaires ayant été entendus, qu'un massif
soit réservé intact sur chaque gîte, près de la limite de
concession, pour éviter que les exploitations soient
mises en communication avec celles qui auraient lieu
dans une concession voisine, d'une manière préjudiciable
à l'une ou l'autre mine. L'épaisseur des massifs sera déterminée par l'arrêté du préfet qui en ordonnera la réserve.

Ces massifs ne pourront être traversés ou entamés par
un ouvrage quelconque que dans le cas où le préfet,
après avoir entendu les concessionnaires intéressés et
sur le rapport des ingénieurs des mines, aura autorisé
cet ouvrage, et prescrit le mode suivant lequel il devra
être exécuté. Dans le cas où l'utilité des massifs aurait
cessé, un arrêté du préfet autorisera les concessionnaires
à exploiter la partie qui leur appartiendra.

Art. 16. — Dans le cas où il serait reconnu nécessaire
d'exécuter des travaux ayant pour but, soit de mettre en
communication les mines des deux concessions pour
l'aérage et pour l'écoulement des eaux, soit d'ouvrir des
des voies d'aérage, d'écoulement ou de secours destinés
au service des mines de la concession voisine, les concessionnaires seront tenus de souffrir l'exécution de ces
travaux et d'y participer dans la proportion de leur intérêt.

Les ouvrages seront ordonnés par le préfet, sur le
rapport des ingénieurs des mines, les concessionnaires
ayant été entendus, et sauf recours au ministre des travaux publics.

En cas d'urgence les travaux pourront être autorisés
sur la simple réquisition de l'ingénieur des mines du

département, conformément à l'article 14 du décret du 3 janvier 1813.

Art. 17. — Si les gîtes de minerais étrangers au sel, compris dans l'étendue de la concession, sont exploités légalement par les propriétaires du sol ou deviennent l'objet d'une concession particulière accordée à des tiers, les anciens concessionnaires seront tenus de souffrir les travaux que l'administration reconnaîtrait utiles à l'exploitation des dits minerais, et même, si cela est nécessaire, le passage dans leurs propres travaux ; le tout, s'il y a lieu, moyennant indemnité.

En l'état des documents que nous venons de reproduire et auxquels on pourra joindre pour la consulter au besoin la circulaire du 30 mars 1841 sur l'exécution de la loi, ainsi que les ordonnances des 26 juin 1841, 8 décembre 1843, 10 avril 1846, et le décret du 23 juillet 1849, qui ont principalement un intérêt fiscal, nous avons présenté l'indication complète du régime des concessions de mines de sel et des puits et sources d'eau salée, et nous devons nous borner pour éviter des redites à présenter les quelques observations suivantes.

833. Mise en possession d'une concession de sel ; opposition portée devant les tribunaux. — Il ne peut appartenir aux tribunaux d'empêcher l'exécution d'une ordonnance ou d'un décret qui a concédé une mine de sel et de s'opposer à la mise en possession, sous prétexte que l'instruction qui a précédé cet acte n'a pas été régulière. Dès que l'acte émane d'une autorité compétente dont les actes ne sont pas soumis au contrôle des tribunaux judiciaires, ceux-ci ne pouvant connaître des oppositions dont ils peuvent être l'objet, ni de leur régularité. C. Cass. 29 janvier 1833, M. de sel de l'Est, S. 33, 1, 227, D. 33, 1, 126. Ils ne seraient compétents que si l'opposition était fondée sur une question de propriété de la mine antérieurement acquise. C. Cass. 24 décembre 1835, M. de sel de l'Est, S. 36, 1, 128.

16

886. **Application de l'article 50 de la loi de 1810 révisée en 1880.** — Cet article porte notamment que si les travaux de recherche ou d'exploitation sont de nature à compromettre la sûreté des voies de communication il y sera pourvu par le préfet. Cette disposition de la loi concernant les attributions données aux préfets pour assurer la sécurité des personnes et des propriétés et en particulier des propriétés publiques, dont la sauvegarde importe à l'intérêt général est applicable aux concessions de sel ou eaux salées. Toutefois en pareil cas, comme nous l'avons déjà fait remarquer d'une manière générale, les préfets doivent procéder par mesure spéciale, précédée d'une instruction à laquelle est soumise nominativement et privativement, chaque mine dont les travaux compromettent la sûreté publique ; en un mot, les préfets sont appelés à statuer dans chaque cas spécial qui se présente et leur est soumis, mais ils ne peuvent, en considération d'un fait qui se produit, généraliser leurs arrêtés, statuer par voie réglementaire et générale, et déclarer par exemple que tous les exploitants de mines de sel de leur département, devront cesser toute exploitation dans une zone déterminée des chemins de fer ou canaux ouverts dans le département qu'ils administrent. Une pareille mesure, en modifiant réglementairement et d'une manière générale les conditions d'exploitation fixées par les actes de concessions et les cahiers des charges, n'appartient qu'au gouvernement. C. d'Etat, trois arrêts du 4 mars 1881, Société de la Neuveville devant Nancy, M. et Salines de Rozières, Salines de la Neuveville ; 13 mai 1881, Salines de Sommerviller.

Si l'arrêté du préfet s'était borné à enjoindre aux exploitants de lui présenter dans un certain délai, un nouveau projet d'organisation de leurs travaux, cette simple mise en demeure, n'autoriserait pas un recours au contentieux. C. d'Etat, 4 mars 1881, Salines de Ste-Valdrée.

887. — Autorisation d'établissement d'usines pour la fabrication du sel. — L'ordonnance du 7 mars 1881 soumettait les personnes qui voulaient établir des usines pour la fabrication du sel à rapporter préalablement une autorisation. L. 17 juin 1840, art. 9; ord. 7 mars 1841, art. 25. Il y avait là une concordance parfaite entre ces dispositions, et les dispositions de la loi de 1810, dont l'article 73 soumettait à une autorisation préalable l'établissement des fourneaux, forges et usines, et spécialement les usines pour le traitement des substances salines, dans lesquelles on consommait des combustibles. L'article 5 de la loi du 9 mai 1866, en abrogeant formellement les articles 73 à 78 de la loi de 1810, a abrogé implicitement tout au moins les articles 75 à 91 de l'ordonnance du 7 mars 1841. C'est ce que professe M. Dupont, *Cours de Législation des mines*, p. 424, en s'appuyant sur un avis du Conseil des mines du 18 juin 1869, et sur la généralité des termes employés par la Cour de Cassation, dans son arrêt de la Ch. crim. du 5 juin 1874, S. 74, I, 504, au sujet du fonctionnement d'un bocard et de son patouillet; j'adopte l'avis de M. Dupont, mais je suis porté à ne pas me prévaloir avec trop d'insistance sur l'arrêt du 5 juin 1874, qui n'aborde pas directement cette difficulté et qui en résout d'autres par des motifs qui ont été critiqués.

D'autre part, les fabriques de sel ne sont plus classées parmi les établissements insalubres, dangereux ou incommodes.

888. Redevances envers les propriétaires du sol. — L'exploitation des mines de sel est soumise à l'égard du propriétaire de la surface aux mêmes obligations que celle de toute autre mine, en ce qui concerne spécialement les redevances et la réparation des dégâts ou dommages. La redevance à la surface est généralement beaucoup plus élevée pour les concessions de cette nature, que pour les autres. On la trouve portée jusqu'à

3 francs par are dans certaines concessions, alors qu'elle
est parfois réduite à 10 centimes par hectare, chiffre
le plus souvent adopté à l'occasion de concessions de
mines.

859. Redevances envers l'Etat. — L'exploitation des
mines de sel n'est point soumise au paiement de la redevance proportionnelle, L. 17 juin 1840, art. 4, parce-
qu'elle est soumise à un impôt spécial; mais l'article 4
de la loi de 1840, qui l'exonère de cette redevance, ne
l'exonérant pas de la redevance fixe, et les lois et règlement généraux sur l'exploitation des mines lui étant applicables, on doit tenir qu'elle est soumise au paiement de
la redevance fixe vis-à-vis l'Etat. Certains actes de concession mentionnent nominativement cette charge, Ord.
3 août 1848, M. de sel gemme des Epoisses, (Haute-
Saône). *Dict. de la Législ. des mines*, v° *Sel*, p. 633.

860. Patentes. — La loi du 17 juin 1840 ayant soumis les exploitations de puits et sources d'eaux salées
au régime des mines, elles doivent jouir, en ce qui concerne l'impôt des patentes de l'exemption accordée par
la loi de 1850 et le paragraphe 4 de l'article 13 de la loi
du 25 août 1844, aux concessionnaires de mines pour le
fait de l'extraction et de la vente des matières par eux
extraites. C. d'Etat, 17 avril 1834, M. de Gouhenans;
20 août 1847, Sources de Saliès. (Basses-Pyrénées), et
même jour, Sources de Briscous; 3 janvier 1848, Sources de Briscous; Dupont, t. II, p. 150.

861. Contraventions, action civile. — L'omission des
formalités prescrites dans un intérêt public par un concessionnaire de mine de sel et sources d'eau salée,
n'ouvre pas une action en dommages-intérêts au propriétaire d'une concession voisine, si elle n'en a pas souffert directement et matériellement; c'est ce qu'a jugé la
Cour de Cassation le 22 mars 1884, en rejetant le pourvoi formé contre l'arrêt de la Cour de Pau du 24 mai
1883, dans des circonstances précisées par l'arrêt attaqué qu'il nous paraît utile de reproduire.

« Attendu que le sieur Fourcade, cessionnaire des sources d'eau salée de Eyhartzia, sur le territoire de la commune de Briscous, était actionné en dommages-intérêts devant la juridiction correctionnelle, au requis du sieur de Grimaldi, représentant la société civile des sels de Bayonne, pour avoir, dans l'étendue du périmètre à lui concédé, ouvert un puits autre que celui désigné par l'acte de concession, sans remplir les formalités d'affichage et d'enquête exigées par l'article 15 de l'ordonnance du 7 mars 1841, et sans être muni de l'autorisation administrative, contravention punie par l'article 96 de la loi du 22 avril 1810.

« Qu'à l'appui de sa demande le sieur de Grimaldi, ès qualité, alléguait que la Société des Sels de Bayonne, propriétaire de plusieurs sources d'eau salée et dont les concessions sont limitrophes de celle de Eyhartzia, avait souffert un préjudice résultant de l'ouverture du nouveau puits foré par le sieur Fourcade ; qu'en effet, cette ouverture, illicitement pratiquée à la suite de la supression par autorité de justice du seul puits qui existât alors sur la concession du sieur Fourcade, permettait à ce dernier d'extraire de l'eau salée et de vendre du sel à prix réduit, faits essentiellement dommageables pour la société demanderesse ;

« Attendu qu'il est de principe, aux termes des articles 1 et 63 du Code d'instruction criminelle, qu'un intérêt direct et actuel peut seul servir de base à l'action civile portée devant la juridiction répressive ;

« Attendu que les formalités imposées par l'article 15 de l'ordonnance du 7 mars 1841 au concessionnaire de sources d'eau salée qui veut ouvrir sur le périmètre à lui concédé un puits non désigné dans l'acte de concession, sont prescrites dans un intérêt public ; que, si l'omission desdites formalités constitue une contravention punissable, l'existence seule de cette infraction ne saurait donner au propriétaire d'une concession voisine un droit à des dommages-intérêts ;

16.

« Attendu que ce propriétaire prétendrait vainement que, l'enquête exigée par l'article 15 de l'ordonnance précitée n'ayant pas eu lieu, il a été privé de la faculté qui lui aurait appartenu d'élever des réclamations contre l'ouverture du nouveau puits ; que cette faculté de prendre part à l'enquête est accordée par l'ordonnance non seulement aux concessionnaires de sources d'eau salée, mais encore à tous les habitants des communes sur lesquelles s'étend la concession où doivent s'effectuer les travaux projetés ; qu'il y a là une mesure de police administrative destinée à sauvegarder la sécurité des personnes, les droits du fisc, l'exploitation régulière des sources et les intérêts généraux des communes ; mais qu'on ne saurait y voir une procédure organisée en vue de protéger des intérêts particuliers et pouvant, en cas d'inobservation, donner lieu à une action privée ;

« Attendu qu'il ne serait pas moins inexact de prétendre que l'action civile trouve un fondement légal dans le dommage résultant pour les concessions voisines de l'exploitation du puits illicitement creusé et de la vente du sel provenant de cette exploitation ; que le concessionnaire d'une source d'eau salée, soumis à des obligations légales qui engagent directement sa responsabilité envers l'Administration seule, est investi par l'acte même de concession et au même titre que les concessionnaires voisins, du droit d'exploiter et de vendre le sel extrait de sa propriété ; que cette exploitation et cette vente ne peuvent avoir rien d'illicite au regard des tiers ; qu'elles s'effectuent, en effet, dans des conditions et à l'aide de travaux souterrains que l'Administration a seule le droit de contrôler ;

« Qu'en admettant, enfin, qu'il fût possible de considérer le préjudice allégué comme occasionné par un fait de concurrence déloyale, ce préjudice ne résultant pas directement de l'infraction prévue par l'article 15 de l'ordonnance de 1841, l'action civile, fondée sur l'existence de cette infraction, manquerait encore de base légale;

« Attendu, par conséquent, qu'il y a lieu de reconnaître qu'en déclarant non recevable l'action en réparations civiles intentée contre Fourcade par de Grimaldi, ladite action fondée sur un préjudice occasionné à la société des sels de Bayonne par l'ouverture du puits dont il vient d'être parlé, l'arrêt attaqué, loin de violer les articles 1, 3, 63, 282 du Code d'instruction criminelle et 26 de l'ordonnance du 7 mars 1841, en a fait au contraire une saine application, rejette. »

862. Eaux minérales et thermales ; Renvoi. — Dans plusieurs travaux sur les mines on a cru devoir comprendre l'examen du régime légal des eaux minérales et thermales. La législation qui régit ces matières est complètement distincte de celle qui régit les mines, et les questions qui s'y rattachent au point de vue de l'exploitation de ces établissements est encore plus étrangère à l'exploitation des mines, aussi je n'aborderai pas ici cette étude qui ne peut faire l'objet que d'une publication complètement distincte.

SECTION III

LÉGISLATION SPÉCIALE A L'ALGÉRIE ET AUX COLONIES.

§ 1er.

Algérie.

863. Réglementation des mines en Algérie. — Les principaux actes à consulter sont les suivants :

Ordonnance du 22 juillet 1834, relative au commandement et à la haute administration en Algérie.

O. 31 octobre 1838, administration civile.

Ordonnance du 21 juillet 1845 sur les concessions de mines, sources minérales et d'eau salée.

Ordonnances diverses à la date du 9 novembre 1845 portant concessions de plusieurs gisements.

Ordonnance du 1ᵉʳ septembre 1847, sur l'organisation administrative de l'Algérie, attribuant au chef du gouvernement le droit de concéder des mines et sources d'eaux minérales, mais sur le rapport du ministre de la guerre, et le Conseil d'Etat entendu. Art. 5.

Arrêté du Chef du pouvoir exécutif du 9 octobre 1848 déclarant provisoirement inapplicables à l'Algérie divers articles de la loi de 1810, et soumettant au régime des concessions, les minerais de fer d'alluvion et les mines de fer en filon ou couches exploitables à ciel ouvert.

Arrêté du ministre de la guerre du 10 novembre 1848 qui par application des lois de 1810 et 1838 et des cahiers des charges de concession enjoint aux concessionnaires de mines et permissionnaires de recherches, de commencer ou reprendre leurs travaux dans un délai de trois mois à peine de retrait.

Arrêtés des 14 septembre 1849 prononçant la déchéance des concessions de Karesas, de Bouhamra et d'Aïn Morka.

D. 12-19 janvier 1850, mesures douanières, admission en franchise de droits en France sous les formalités prescrites par la loi du 9 juin 1845 des minerais provenant de l'Algérie, importés par navires français directement des ports désignés.

L. 11 janvier 1851 relative au régime commercial de l'Algérie.

L. 16 juin 1851, application à l'Algérie de la législation minière de la métropole.

Arrêté du ministre de la guerre 28 mars 1851, retrait de la concession de la Meboudja.

Décret-Loi du 6 février 1852, confirmant les dispositions de l'arrêté du chef du pouvoir exécutif du 9 octobre 1848.

D. 23 octobre 1852, défendant la réunion des concessions sans l'autorisation du gouvernement.

Arrêté du ministre de la guerre du 29 janvier 1854, réglementant l'exploitation des carrières en Algérie.

D. 6 janvier 1855, déclarant définitives et perpétuelles les concessions antérieures, en maintenant toutefois les dispositions de l'arrêté du 7 octobre 1848 et du décret du 6 février 1852.

Circ. 4 juin 1856. Lorsqu'il y a litige sur la propriété du sol où sont autorisées des recherches de mines, le permissionnaire, avant tout travail, doit consigner la somme jugée nécessaire pour le payement des indemnités qui pourront être dues pour dégâts et défaut de jouissance.

D. 23 juin 1866, déclarant applicable à l'Algérie la loi du 9 mai précédent, et abrogeant l'arrêté du 9 octobre 1848, le décret du 6 février 1852 et l'article 2, § 2 du décret du 6 janvier 1855.

D. 7 mai 1874, ordonnant la publication du décret du 11 février 1874, qui modifiait celui du 6 mai 1811, relatif à l'établissement de la redevance proportionnelle.

Avis du conseil général des mines du 2 mai 1879 sur la légalité des concessions de minerais de fer exploitables à ciel ouvert.

D. 26 août 1881, organisation administrative de l'Algérie.

D. 26 août 1881, indiquant les objets sur lesquels le gouverneur est autorisé à statuer par délégation du ministre des travaux publics ; le service des mines en Algérie est placé sous l'autorité directe du ministre des travaux publics.

D. 19 mai 1882, modifiant le précédent.

D. 21 août 1882, rendant applicable à l'Algérie les modifications apportées à la loi de 1810 par celle du 17 juillet 1880.

D. 9 octobre 1882, art. 1er. Le gouverneur général de

l'Algérie statue par délégation du ministre des travaux publics sur les demandes en permission de disposer des produits de recherches de mines, quand ces recherches sont effectuées avec le consentement du propriétaire du sol, à charge par lui de communiquer sans délai au ministre des travaux publics les permis qui auront été ainsi délivrés.

Quelques-uns de ces documents ont une importance telle qu'il nous paraît nécessaire de ne pas nous borner à ces indications, sommaires.

864. Ordonnance du 21 juillet 1845 sur les concessions. — Cet acte porte dans son article 1er, qu'il est statué par ordonnances sur les concessions de mines et bancs de sel gemme artificiel, de sources minérales et de sources d'eau salées. Aux termes de l'article 4, le conseil supérieur d'administration devait être consulté, et son avis devait être transmis par le gouverneur général avec le sien propre au ministre de la guerre. L'intervention du Conseil d'Etat n'était point indiquée et bien que diverses concessions aient été faites sous l'empire de cette ordonnance sans consulter le conseil et même sans prendre l'avis du conseil général des mines et sans publicité préalable, il ne nous paraît pas possible qu'on puisse en contester la légalité. D'un autre côté, ces concessions étaient limitées, ou du moins elles n'étaient pas perpétuelles, mais faites pour 99 ans, et le gouvernement se réservait le droit de donner ou refuser son autorisation, qui était obligatoire, pour valider tout changement de propriétaire par vente, cession ou transmission quelconque.

Le conseil général des mines a été d'avis que sous l'empire de cette ordonnance l'administration avait toute liberté de concéder ou de ne pas concéder les minerais de fer en Algérie, quel que fût leur mode de gisement, et alors même qu'ils constituaient des minerais d'alluvion et des filons ou couches exploitables à ciel ouvert. Avis,

2 mai 1879; *An.*, 1880, p. 209; C. d'Etat, 30 janvier 1880, mines de Mokta el Hadid, contre Jumel de Noireterre, dont les démêlés ont donné lieu à de si nombreuses décisions devant les tribunaux administratifs et judiciaires.

Je crois toutefois que, avant 1848, l'administration n'a pas toujours entendu profiter du droit de concéder les minerais d'alluvion exploitables à la surface, et cette impression, car je n'ose appeler cela une opinion, résulte des détails de l'affaire, jugée le 24 juillet 1856 par le Conseil d'État, statuant sur conflit à l'occasion des mines de Karezas, dans l'arrondissement de Bône : mais comme je l'indique plus loin il est difficile de considérer comme illégal l'exercice de ce droit lorsqu'elle en a usé.

865. Loi des 16-25 juin 1851 sur l'application de la loi de 1810 à l'Algérie. — Lors des travaux préparatoires de la loi du 16 juin 1851, et spécialement d'après le projet du gouvernement, le régime des mines et minières était réservé pour être ultérieurement réglé par une loi spéciale ; dans le projet de la commission la propriété des mines et minières était attribuée au domaine de l'Etat et cette dernière disposition avait été adoptée à la première et à la seconde délibération. Mais avant la troisième, la commission accepta un amendement présenté par M. Raudot qui proposait de rendre la loi de 1810 applicable à l'Algérie. Voici ce que disait M. Dufaure en terminant les explications qu'il donnait pour rendre compte de l'avis adopté par la commission. Jusqu'à ce jour le gouvernement se considère comme propriétaire des mines et minières, absolument propriétaire comme le demandent les ingénieurs, à ce que dit M. le ministre de la guerre. Qu'est-il arrivé? que vous avez en Algérie des propriétés souterraines d'une extrême valeur, et que depuis que nous sommes dans ce pays, on n'a pas su comment les exploiter, parce qu'on n'avait pas de législation en vertu de laquelle on pût le

faire. Cependant on a fait des concessions considérables,
en particulier, des mines ou minières de fer d'une valeur
très importante : ces concessions ont toutes été cadu-
ques ; il n'y en a pas eu d'exécutées et si je ne me trompe,
M. le ministre de la guerre a été obligé de retirer les
concessions que ses prédécesseurs avaient faites. Dans
cette situation nous n'avons rien de mieux à faire que de
rester fidèles aux principes qui ont été successivement
débattus en 1791 et en 1810 ; en 1791 avec tant de soin
par l'assemblée constituante et en 1810 avec tant de soin
par le Conseil d'Etat. Voilà pourquoi la commission a
reconnu que la proposition de M. Raudot était bonne et
sage et qu'elle donnait les garanties nécessaires. *Moniteur*, 17 juin, p. 1694.

Sur ces observations l'amendement fut adopté sans
discussion, et l'article 5 de la loi du 16 juin 1851 fut sanctionné dans les termes suivants : Les mines et minières
sont régies par la législation générale de la France.

Parmi les décisions contentieuses qui ont fait l'application de cette disposition de loi, je puis citer l'arrêt du
Conseil d'Etat du 8 août 1882, M. de la compagnie Mokta-
el-Hadid.

Notons en ce qui concerne les lacs salés que l'article
1er de la loi du 16 juin 1851, indique qu'ils sont compris
en Algérie dans les parties du domaine public, dont
l'exploitation et la jouissance peuvent être concédées. Les
droits privés de propriété, d'usufruit et d'usage légalement admis antérieurement sur ces lacs, ont été reconnus
et maintenus, et les tribunaux ordinaires sont restés
seuls juges des contestations auxquelles ils pourraient
donner lieu. L. 25 juin, art. 2, § 4 et art. 3.

La loi de 1851 doit être combinée pour son application,
avec l'arrêté du pouvoir exécutif du 9 octobre 1848, le
décret-loi du 6 février 1852 et les décrets des 6 janvier
1855 et 23 juin 1866.

866. Anciennes concessions en Algérie ; Décret du 6

janvier **1855**. — Les diverses concessions de mines ins-
tituées en Algérie avant la loi du 16 janvier 1851, sur la
propriété, qui a rendu exécutoire sur ce territoire, la législation générale de la France sur les mines, ont été
faites conformément aux principes généraux de cette
législation, mais avec certaines modifications.

Aussi la durée des concessions au lieu d'être perpétuelle avait été limitée à quatre-vingt-dix-neuf ans. Par
dérogation au principe de la libre transmission de ces
biens, il avait été stipulé qu'une mutation de propriété
ne pouvait avoir lieu sous une forme quelconque, que
avec l'autorisation du gouvernement.

L'exploitation des minerais à l'étranger avait été prohibée.

De plus un arrêté du chef du pouvoir exécutif du 9 octobre 1848, avait déclaré provisoirement inapplicables en
Algérie l'article 3 et les articles 59 et 69 de la loi de 1810
relatifs aux minerais de fer d'alluvion et aux mines de
fer en filons ou couches, exploitables à ciel ouvert, et
avait soumis leur exploitation à une concession préalable.
La loi du 16 juin 1851 avait abrogé implicitement cet
arrêté, que le décret du 6 février 1852, avait fait revivre
en confirmant un arrêté du pouvoir exécutif de 1848.

Dans cette situation on s'est demandé qu'elles étaient
les conséquences de la loi du 16 juin 1851, à l'égard des
concessions antérieures, et le gouvernement, après avoir
pris l'avis des divers corps consultatifs, a reconnu la
nécessité d'un règlement d'administration publique pour
faire rentrer ces concessions sous l'application de la
législation française, à l'exception de ce qui concerne
les minerais de fer exploitables à ciel ouvert, qui devaient
rester régis par le le décret du 6 février 1852, Rapport à
l'empereur du 6 janvier 1855.

Ce document, qui porte la date du 6 janvier 1855, est
ainsi conçu :

Art. 1ᵉʳ. — Les concessionnaires de mines en Algérie,

dont le titre est antérieur à la loi du 16 juin 1851, sur la constitution de la propriété, en sont reconnus propriétaires incommutables, sauf les droits des tiers.

Leurs concessions sont disponibles et transmissibles comme les autres biens, dans les termes de l'article 7 de la loi du 21 avril 1810, et sauf les restrictions résultant du décret du 23 octobre 1852.

Art. 2. — Sont considérées comme non avenues, dans les actes constitutifs des concessions mentionnées en l'article précédent, toutes clauses et conditions contraires à la législation générale de la France sur les mines, et à la loi du 11 janvier 1851, sur le régime commercial de l'Algérie.

Continueront, néanmoins, à recevoir leur pleine et entière application, l'arrêté du président du Conseil chargé du pouvoir exécutif du 9 octobre 1848, et le décret du 6 février 1852, aux dispositions desquels il n'est en rien dérogé.

867. Décret du 23 juin 1866. — Ce décret après avoir visé notamment l'arrêté du chef du pouvoir exécutif de 1848, déclarant provisoirement inapplicables en Algérie, plusieurs dispositions de la loi de 1810 ; le décret du 6 février 1852, confirmant l'acte précédent ; les résultats d'une enquête spéciale ; l'avis du Conseil général des mines et du comité consultatif du gouverneur de l'Algérie; le Conseil d'Etat entendu ; dispose comme suit :

Art. 1er. — Est applicable à l'Algérie, la loi du 9 mai 1866, modificative de la loi du 21 avril 1810, concernant les mines, minières et carrières.

Art. 2. — Sont abrogés, sous la réserve des droits des tiers, l'arrêté du 9 octobre 1848, notre décret du 6 février 1852 et l'article 2, § 2 de notre décret du 6 janvier 1855.

868. Concessions de gisements de fer exploitables à ciel ouvert. — Jusqu'en 1866 l'administration s'est habituellement considérée en Algérie comme pouvant disposer par voie de concession, des minerais de fer exploitables à ciel ouvert, et comme pouvant les comprendre surtout dans des concessions de mines, de manière à attribuer au concessionnaire le droit d'exploiter à ses frais les matières extraites souterrainement et celles aboutissant à la surface. L'exercice de ce droit est affirmé notamment par l'arrêté du chef du pouvoir exécutif du 9 octobre 1848, et par les décrets des 6 février 1852 et 6 janvier 1855, dont les dispositions n'ont été modifiées que postérieurement, et sauf et réservés les droits des tiers. Il a été reconnu par l'arrêt du Conseil d'Etat du 30 janvier 1880, que le gisement de fer oxydulé magnétique de Mokta-el-Hadid avait été concédé par une ordonnance du 9 novembre 1845, sans en exclure les parties dudit gisement exploitable à ciel ouvert.

869. Autorisation d'exécuter des travaux, recours du propriétaire de la surface. — Lorsqu'un concessionnaire a été autorisé à exploiter des gites de fer dans un périmètre déterminé en Algérie, le préfet a le droit de permettre l'exécution des travaux nécessaires pour cette exploitation dans le périmètre concédé, et le propriétaire du sol ne peut s'y opposer, ni porter cette opposition devant les tribunaux administratifs, sous prétexte qu'on a ainsi permis au concessionnaire de la mine d'exploiter les minerais de la surface appartenant au propriétaire du sol. C. d'Etat, 21 juillet 1882. M. du Bou-Hamrah, propriété de la Compagnie de Mokta.

L'arrêt ajoute que les propriétaires du sol restaient libres, s'ils s'y croyaient fondés de faire valoir devant l'autorité judiciaire, les droits qu'ils prétendaient avoir à la propriété des minerais exploitables à ciel ouvert. Cette partie de la décision semble même pouvoir s'appuyer sur un arrêt précédent rendu à l'occasion de la mine de Charbonnier dans le Puy-de-Dôme, qui avait donné lieu à une difficulté vidée par le Conseil d'Etat, le 14 avril 1864, entre le concessionnaire et le propriétaire du sol. Mais dans cette affaire le propriétaire du sol se plaignait uniquement des suites dommageables de l'occupation autorisée, et c'était aux tribunaux de l'ordre judiciaire à statuer quant à ce ; tandis que dans l'affaire jugée le 21 juillet 1882, l'opposition était fondée sur ce que le préfet avait attribué au concessionnaire, des minerais non concessibles ; et ce qui compliquait d'autant plus la situation, c'était qu'en fait, il avait été déclaré par le directeur des travaux publics en Algérie sous la sanction ministérielle, que les minerais de surface ne pouvaient être exploités par le propriétaire du sol, sans rendre impossible l'exploitation souterraine, et que partant le propriétaire ne pouvait conserver l'exploitation du minerai de la surface.

870. Intervention du Ministre de l'Intérieur dans les instances de mines. — L'intervention du ministre de l'intérieur, dans une affaire concernant des réclamations portant sur la propriété des minerais exploitables à ciel ouvert, élevées par le propriétaire du sol comme concessionnaire des forêts qui le couvrent, n'est pas recevable. Le décret du 7 juillet 1876 ayant disposé que les affaires concernant l'Algérie sont réparties entre les différents ministères, suivant les mêmes règles qu'en France, le ministre de l'intérieur est sans qualité pour intervenir devant le Conseil au nom et dans l'intérêt du domaine de l'Etat. C. d'Etat, 11 mai 1877, Compagnie de Mokta-el-Hadid.

871. Cas divers d'application à l'Algérie des dispositions des lois sur les mines. — On peut citer diverses espèces dans lesquelles il a été fait à l'Algérie, l'application des lois de la France, sur les mines. Ainsi on a repoussé une demande d'abonnement à la redevance proportionnelle, qui n'avait pas été présentée dans les délais fixés par l'article 31 du décret du 6 mai 1811, non modifié, quant à ce, par le décret du 30 juin 1860. C. d'Etat, 29 novembre 1872, M. de Kief-oum-Thébout.

Une autre application de la loi relative aux redevances

proportionnelles a été faite à l'Algérie, aux mines des Karèsas par le Conseil d'Etat, les 10 septembre 1864, et 15 décembre 1865, et aux mines de Mokta el Hadid, le 15 novembre 1878.

Le Conseil d'Etat avait à appliquer en Algérie, par son arrêt du 26 août 1867, à la mine de Medjez-el-Raçoul, les dispositions sur les subventions spéciales dues à raison de dégradations extraordinaires à des chemins vicinaux.

872. Autorisations de recherches. — La loi de 1810 étant applicable à l'Algérie, et aucune disposition particulière de loi ou de règlement n'ayant délégué au gouverneur général les attributions qui, en France, appartiennent au chef de l'Etat en vertu de l'article 10 de la loi de 1810, il s'en suit qu'un arrêté du gouverneur général, autorisant une compagnie minière à exécuter des recherches de mines sur un terrain appartenant à autrui, sans le consentement des propriétaires, doit être annulé comme constituant un excès de pouvoirs. C. d'Etat, 11 janvier 1878, M. de Ain-Zeft; 8 août 1882, Cⁱᵉ Mokta el Hadid.

873. Retrait de concessions et de permissions de recherches. — L'article 5 de la loi du 25 juin 1851, en disposant que les mines et minières de l'Algérie sont régies par la législation générale de la France, a permis de leur appliquer les dispositions des articles 49 de la loi de 1810, et 10 de la loi du 27 août 1836, qui, combinées, sinon isolées, autorisent l'administration à prononcer dans certains cas et après l'accomplissement de certaines formalités, le retrait des concessions. Il a été fait usage de ce droit par les actes du 10 novembre 1848, 14 septembre 1849, 28 mars 1851.

Toutefois le retrait pour chômage et abandon temporaire, ne devrait pas être prononcé, si le concessionnaire, justifiait d'une cause légitime qui l'aurait empêché de reprendre l'exploitation dans les délais impartis ; lorsqu'une d'échéance a été prononcée administrativement

contre lui, il a le droit de recourir devant le Conseil
d'Etat contre la décision qui l'a frappé. C. d'Etat, 28 juillet 1852. M. de fer de Bou-Hamra (Dép. de Constantine) ; arrêt du même jour, pour la concession de Karésas, près Bone ; et autre arrêt pour la concession de
Ain-Morka (Dép. de Constantine).

§ 2

Colonies.

874. Antilles et colonies diverses. — Il n'a pas été
fait de concessions de mines dans nos colonies françaises des Antilles. E. Dupont, *Cours de Législ. des mines,*
1471; dans leurs dépendances, des tentatives d'exploitation ont été abandonnées. Un décret du 13 août 1856 réglemente l'exploitation des étangs salins de Saint-Martin.

On prétend qu'il existe à Saint-Pierre et Miquelon des
pyrites de fer, mais dans tous les cas elle ne sont pas
exploitées, pas plus que les tourbières qui s'y trouvent.
Des tentatives d'exploitations de carrières d'ardoises,
de mines de cuivre et de terre de Sienne sont restées
sans résultat. Les sables de fer titané de la Réunion ne
paraissent pas être exploités d'une manière régulière.

Mayotte et Nossi-Bé ne contiennent aucune concession.

Il en est de même des colonies françaises de l'Océanie
autres que la Nouvelle-Calédonie.

Le Gabon n'a pas des mines exploitées, bien qu'on ait
signalé certains affleurements de charbons, des pyrites
de fer et de la malachite.

875. Guyane française. — Le décret du 1ᵉʳ avril 1858,
promulgué dans la Colonie par arrêté du 11 mai suivant,
rend exécutoire la loi de 1810, dans la Guyane française
sauf diverses modifications ; art. 1ᵉʳ. — Un décret statue définitivement sur les demandes en concessions,
vente ou partage des mines ; art. 2. — Les articles 3 à

9 déterminent les corps et fonctionnaires auxquels sont dévolus d'après l'organisation de la Colonie les pouvoirs conférés en France aux divers fonctionnaires de la Métropole. Le budget du service local est substitué au budget de l'Etat, dans le cas spécifié par les articles 35 et 40 de la loi 1810, art. 10. L'article 37 est supprimé; art. 11. Le délai de un mois fixé par l'article 80 aujourd'hui abrogé, était porté à deux ; art. 11. Dans le cas prévu par l'article 93, les contrevenants sont poursuivis d'office devant les tribunaux correctionnels, conformément aux art. 182 et suivants du Code d'instruction criminelle colonial, sans préjudice des dommages-intérêts des parties; art. 12. Enfin l'article 13 et dernier porte que : Le gouverneur règle en conseil privé, l'application à la Guyane des dispositions de lois et autres actes en vigueur en France et qui se rattachent à la concession et à l'exploitation des mines.

Divers arrêtés du gouvernement local aux dates notamment des 10 mars 1856, 27 novembre 1862, 28 août 1863 et 25 août 1871 ont assuré dans cette colonie l'application des lois sur les mines. Le décret du 1er avril 1858 avait rendu applicable à la Guyane la loi de 1810.

Un décret du 18 mars 1881, en 47 articles, a réglementé ce qui concerne la recherche et l'exploitation des gisements et filons aurifères. *An. des mines*, 83 p. 312.

Les articles 9 et 15 de ce décret ont été modifiés par le décret du 17 mai 1882. *An.* 1883, p. 320.

Bien que l'on trouve dans les roches appelées par les colons roches à ravets du fer, du cuivre, du platine et de l'argent, c'est l'exploitation de l'or sur laquelle se concentre l'activité minière de la colonie. En 1881 les déclarations en douanes constatent une exportation de 1975 kil. De novembre 1879 à octobre 1880, on aurait obtenu 1,506,555 kilog. et de novembre 1879 à mars 1881, 1,916,784 kil.

876. Décisions du gouverneur de la Colonie ; recours. — L'arrêté du gouverneur de l'une de nos colonies

et spécialement de la Guyane qui, en Conseil privé,
concède à un tiers une mine ou soit un placer, appartenant à une société par le motif que cette dernière, mise
en demeure de payer la redevance due à l'Etat, n'a pas
répondu aux injonctions qu'elle avait reçues, est valablement porté par la partie intéressée à en obtenir l'annulation devant le ministre de la marine et des colonies, et
c'est à tort que ce ministre se déclare sans pouvoirs suffisants pour apprécier cette décision et la réformer s'il y
échet. Ord. 27 août 1828, art. 6, C. d'Etat ; 23 novembre
1883, Placer Ephémère dans la Guyane.

Le Conseil d'Etat ne peut se substituer au ministre dans
l'exercice des pouvoirs qui appartiennent à celui-ci
comme supérieur hiérarchique du gouverneur. C. d'Etat
23 novembre 1883. Cité.

877. Recours, délai. — Le sequestre judiciaire d'une
mine ou placer a qualité suffisante pour représenter la
Compagnie autorisée à l'exploiter, et lorsque l'administration coloniale refuse à cette compagnie le renouvellement du permis d'exploiter et l'accorde à un tiers, la
notification de cet arrêté au sequestre judiciaire fait
courir les délais dans lesquels le recours contre cet acte
doit être porté devant le Conseil du contentieux administratif de la colonie. C. d'Etat 23 novembre 1883, Soc.
des m. d'or de la Guyane.

878. Nouvelle Calédonie. — La règlementation des
mines résulte dans cette colonie d'un arrêté du 13 septembre 1873, en 106 articles, pris par le gouverneur en
Conseil d'administration. Le projet avait été présenté par
M. l'Ingénieur des mines Heurteau. Le texte de cet acte
se trouve notamment dans les *Annales des mines*, 1876,
p. 149 et dans le *Bulletin officiel* de la colonie, p. 592 et
suiv. Le même jour, 13 septembre 1873, le gouverneur
faisait par une décision spéciale l'application de cet arrêté,
aux mines de cuivre de la rive droite du Diahot, concédées sous l'empire de l'arrêté règlementaire du 4 mai

1871, et en vertu de décisions du 16 décembre 1872. Le 13 septembre 1873 également le titre X de la loi de 1810, police et juridiction, articles 73 et 76, a été déclaré applicable à la Nouvelle Calédonie et dépendances.

L'exploitation des terrains aurifères avait été règlementée par l'arrêté du 4 mai 1871.

Un arrêté du 12 décembre 1872 avait placé hors du régime des permis d'occupation le territoire compris entre la limite sud de la zone aurifère et le nord de l'île. Le 9 avril 1874, par dérogation à ses prescriptions, un acte autorisa la délivrance de permissions et la création du droit de pacage dans cette zone.

Divers arrêtés du gouvernement local ont réglé la situation des employés des mines, la composition et le fonctionnement des commissions et du comité consultatif, entre autres ceux des 25 février, 4 juillet 1874; 20 mars, 29 juillet 1875; 22 mai, 17 juin, 7 août, 27 octobre 1877; 18 février 1881.

Ont accordé ou refusé des concessions ou des réunions de concession, 15 octobre 1875; 8 mai 1876; 22 novembre et 13 décembre 1881.

Ont donné, renouvelé ou retiré des permis de recherches, 16 août 1875; 8 juillet, 20 septembre 1876; 1 février, 21 mai 1877.

Ont autorisé des chômages, 5 décembre 1877; 26 février 1878; 25 janvier, 1er août, 22 novembre 1881; 23 juin 1882.

L'arrêté du 29 octobre 1879, a soumis au timbre et à l'enregistrement les actes de propriété des mines.

Un décret du 22 juillet 1883, en 73 articles, a réorganisé le régime légal des mines à la Nouvelle Calédonie. *An. des m.* 83, p. 314. *Bull. Off.* 779, n. 13593. Mais un décret du 30 juin 1885 a suspendu provisoirement l'application du décret du 22 juillet 1883.

Le pays contient d'ailleurs beaucoup de substances minérales, des houilles et des fers chromés, non exploités; de l'or dont l'exploitation a été abandonnée, du cuivre

17.

et du nickel ou garnierite du nom de l'ingénieur Garnier, qui l'a découverte en 1863. C'est sur ces produits que portent principalement les exploitations actuelles.

J'ai trouvé de nombreuses contradictions dans les documents concernant les exploitations du pays, un très grand nombre de déclarations ont été faites, mais sont restées sans suites. Je trouve dans les notes les plus récentes, les mentions suivantes : en 1884, le nombre des mines aurait été de 56, dont 14 nickel, 4 cuivre, 22 cobalt, 1 or, 9 antimoine, 6 chrome ; employant 851 ouvriers blancs et 410 noirs, occupant une superficie de 13,726 hectares et produisant 25,845 tonnes de minerais.

879. Etablissements français de l'Inde. — Un décret du 25 novembre 1884, porte règlementation du régime des mines dans les établissements français de l'Inde. Cet acte inséré au *Bulletin officiel* sous le n° 14954, reproduit, mais avec de nombreuses et importantes modifications, les dispositions de la loi de 1810. *Bull. off*, 891, n. 14.954.

880. Cochinchine. — D. 6 août 1883, qui approuve l'arrêté du gouverneur de la Cochinchine, en date du 14 décembre 1882, sur l'assiette de l'impôt des Salines. *Bul. off*. 770, n. 13227.

881. Annam et Tonkin. — Des recherches ont été faites par ordre du gouvernement pour constater les divers gisements qui peuvent se trouver dans le pays, nous n'avons pas à en rendre compte ici.

Le ministre de la marine et des colonies, par arrêté du 6 septembre 1884, avait chargé une commission composée de divers membres du corps des mines et de fonctionnaires appartenant à l'administration de la marine et des colonies ou des affaires étrangères, de lui présenter un rapport sur les objets suivants.

1° Tracer le programme des travaux d'une mission minière, dont l'envoi au Tonkin et en Annam était déjà décidée en principe.

2° Préparer un projet de règlement sur le régime et l'exploitation des mines de ces deux régions.

3° Jeter les bases d'un projet d'organisation du service qui sera chargé d'assurer l'exécution de ce règlement.

4° Rédiger un projet de convention relative au régime et à l'exploitation des mines en Annam et au Tonkin, conformément à l'article 18 du traité du 6 juin 1884.

M. Lamé-Fleury, président de cette commission, dans un rapport au ministre, a rendu compte de ses travaux et de ses propositions. *Offic.* 6 décembre 1884, p. 6404 à 6411 ; ce rapport est suivi d'un projet de règlement, en 68 articles sur le régime et l'exploitation des mines en Annam et au Tonkin.

Une convention relative au régime des mines de l'Annam et du Tonkin a été signée le 18 février 1885 entre la France et le royaume d'Annam. Les ratifications ont été échangées à Hué, le 23 février 1886 et un décret du 2 mars 1886 en a ordonné la promulgation et l'exécution. Delecroix, *Revue*, 86, p. 211.

882. Tunisie, actes à consulter. — D. 22 avril 1882, réglant divers services.

D. 10 novembre 1884 délégant au résident Français le droit d'approuver au nom du gouvernement français, la promulgation ou la mise à exécution de tous décrets rendus par le Bey.

SECTION IV

LÉGISLATION ÉTRANGÈRE.

883. Législation étrangère. — La nature de ce travail qui a pour but, non de fournir des discussions détaillées sur les questions que soulève l'application de la législation des mines, mais d'indiquer sommairement leur solution à titre de guide et de manuel, me détermine à signaler ici par leurs dates, les principaux actes qui constituent la législation des mines dans les Etats étrangers, pour qu'on puisse trouver ces documents plus facilement dans le cas où on croirait utile de les consulter. Je serai cependant assez sobre dans le nombre de ces désignations ; toutefois, comme l'intérêt peut-être plus grand en France, lorsqu'il s'agit des pays limitrophes avec lesquels nos relations et nos rapports d'affaires sont plus fréquents, on ne sera pas étonné si je donne de plus amples développements en ce qui concerne la législation minière de la Belgique, de l'Espagne et de l'Italie ; on pourra consulter pour la législation comparée, le travail sur les mines de MM. Dalloz et Gouiffès, mais il a été publié en 1862. C'est à celui de M. Aguillon auquel il faut actuellement recourir de préférence.

884. Allemagne. — Une table chronologique des ordonnances relatives aux mines ou salines publiée dans les contrées du centre de l'Europe et particulièrement en Saxe, Bohême, Silésie et autres Etats de l'Allemagne, se trouve rapportée dans le travail de l'ingénieur en chef Blavier, sur l'ouvrage de Cancrin, *Jurispr. des M. en Allemagne*, t. II, p. 437. Le texte des actes en vigueur avant la loi de 1865, a été publié à Cologne en 1858, par le Dr Brassert, auteur du projet de 1865. On pourra consulter ces indications portant sur des actes, la plupart antérieurs à ce siècle. Une loi du 24 juin 1873 a modifié la loi prussienne de 1865 sur les mines.

La loi du 7 juin 1871 sur les accidents résultant de travaux dans les mines a été traduite par M. Lyon-Caen dans l'*Annuaire de législation étrangère* 1re année, p. 264 et suivantes.

Je cite :

En *Alsace-Lorraine*: L. 14 juillet 1871, sur l'organisation et la compétence de l'administration des mines.

L. 16 décembre 1873 sur les mines en 193 articles, trad. par M. Gonse, A*nnuaire de législ. étr.* 3ᵉ année, p. 571 et suiv.

L. 1ᵉʳ décembre 1873, vente forcée des immeubles ; art. 33, applicable aux mines.

L. 16 décembre 1873 ; établissement et perception des impôts sur les mines. Or. gén. sur la police des mines en Alsace-Lorraine des 6, 7 et 8 septembre 1879, en Allem. avec trad. fr., 72, in. 12. Strasbourg 1882. Un recueil de législation minière en allem. et fr. avait été publié à Strasbourg antérieurement.

Par application de l'article 3 de la convention de Francfort, du 11 décembre 1871, les mines concédées étant immeubles, la juridiction administrative française a cessé d'être compétente pour statuer sur les difficultés résultant des actes de concessions de mines situées sur le territoire cédé à l'Allemagne. C. d'Etat, 12 mars 1872, M. de Lambertsloch et Lobsaun.

Bavière. — D. 18 février 1868.

L. 20 mars 1869, sur les mines. Voyez M. Ichon, *An. des M.* 7ᵉ série, t. VII, p. 177.

L. 6 avril 1869, impôts sur les mines.

Brunswick. — L. 15 avril 1867, sur les mines.

L. 8 mars 1878, art. 70 et 71; constitution de droits réels sur les mines, reproduisent les art. 70 et 71 de la loi prussienne.

Prusse. — Actes de 1772, 17 mars 1778, 18 mars 1779, 4 février 1789; décret du 29 mars 1802 et autres assez nombreux, publiés de 1850 à 1865.

L. 24 juin 1865; *An. des M.* 1868, J. Malou, *An. des t. p. de Belgique,* t. XXIII, p. 42. Le texte de cette loi qui n'abroge d'ailleurs point tous les réglements antérieurs sur les mines, a été publié avec un commentaire, comprenant une étude sur les autres lois allemandes sur les mines, par R. Kiostermann, la 3ᵉ édit. est de 1874. Voyez aussi Aguillon, *Législ. des Mines,* t. III, p. 41 et suiv.

Réglement, 9 août 1867.

L. 5 mai 1872, sur l'acquisition de la propriété immobilière et les droits réels immobiliers, sect. 4, art. 68 et 69, propriété des mines ; trad. par Gide ; *Annuaire de Législ. étr.* 2ᵉ année, p. 235.

Saxe. — L. 16 juin 1868 ; exposé du système saxon, par opposition à la législation prussienne ; Ichon : *An. des M.* 6ᵉ série, t. IX, p. 43, complétant et modifiant les lois de 1822 et 22 mai 1851.

L. 2 avril 1884.

Les duchés ont leur législation spéciale.

Wurtemberg. — L. 7 octobre 1874, reproduction presque littérale de la loi prussienne, du 24 juin 1865, sur les mines.

885. Angleterre. — Actes de 1842, 1850, 1855, 1860 sur la surveillance et la police des mines, dans l'intérêt de la sécurité des ouvriers.

Actes du 10 août 1872, étendant et précisant les réglementations antérieures. L'un de ces actes est destiné aux mines de houille, l'autre à l'exploitation des mines métalliques. M. Amiot en a donné la traduction, ou l'analyse dans les *An. des M.* 7ᵉ série, t. II, p. 11, et dans l'*Annuaire de Législ.*, *etr.* 2ᵉ année, p. 33. M. Aguillon l'analyse dans sa *Législ. des Mines*, t. III, p. 331.

Acte du 7 août 1874, soumettant les mines aux taxes locales.

Acte du 19 juillet 1875, précisant les communications à faire à l'autorité par les exploitants.

12 juillet 1882, législation sur les explosions de chaudières.

En Angleterre comme en France, l'exploitation des mines n'est pas considérée comme un acte de commerce.

886. Argentine (République) ; Uruguay. — Projet de Code de mines, pour la République Argentine, par E. Rodriguez ; Cordoba, 1882, dont j'ai dû présenter un compte-rendu à la Société de Législation comparée.

MM. Reguena, Forteza, Canstatt, Michælsson et Isila, désignés à cet effet, par le gouvernement de la République Orientale de l'Uruguay, pour préparer un Code des mines pour cet Etat, ont déposé leur projet en 1885.

887. Autriche. — Ordonnance de 1553 ; rescrit impérial de 1747, ordonnance de Joseph II, de 1781.

L. 23 mai 1854, sur les mines ; voy. Ichon, *An. des M.* 6ᵉ série ; Jules de Marmol, *Revue des Mines et de la métallurgie* ; Aguillon, *Législ. des Mines*, t. III, p. 157. Cette loi organique a été suivie d'un grand nombre d'actes postérieurs, destinés à en assurer l'exécution.

L. 28 avril 1862 qui abolit les redevances proportionnelles à payer par les exploitants.

L. 18 octobre 1878, réglant les recherches, et l'exploitation en Gallicie des huiles de pétrole (Nafta) et de la cire minérale (Osokerit).

En Autriche comme en France, l'exploitation des mines n'est pas considérée comme un acte de commerce. C. Suprême de Vienne, 27 août 1878.

Les lois sur les mines en Autriche et notamment celle du 23 mai 1854, se trouvent réunies dans le 7ᵉ volume de la collection de lois publiée en 19 vol. in-18 ; Vienne, Manz, 1870-1876, sous le titre de *Taschenausgabe der Œsterreichischen Gesetze.*

La Hongrie, malgré les tentatives faites pour se donner une législation minière propre, est toujours régie par la loi autrichienne du 23 mai 1854.

La Bosnie et l'Herzégovine sont soumises à une loi particulière du 14 mai 1881.

888. Belgique. — Les mines en Belgique ont été longtemps régies par la loi française de 1810 et par d'anciens règlements généraux et locaux. Des modifications avaient été apportées au fonctionnement du service par la Hollande. Citons enfin les actes suivants :

L. 27 décembre 1823, fixant les impôts sur les mines.

L. 2 mai 1837, sur le Conseil des mines, les indemnités

et l'obtention des concessions ; l'ouverture de nouvelles communications, pour faciliter les exploitations et la régularisation d'anciennes concessions.

Arrêté royal du 22 juin 1837, pour assurer l'exercice des nouveaux recours ouverts aux propriétaires de la surface par la loi de 1837.

Circ. trav. p., 1ᵉʳ mai 1839, sur l'exécution des articles 43 et 44, de la loi de 1810.

Arrêté du Cons. provincial de Liège, 14 mai 1839, approuvé, sur l'aérage et l'éclairage des houillères.

Instruction pratique, du 15 juin 1839, sur cet objet.

Arrêté min., 13 janvier 1840, pour l'abonnement aux redevances.

Réglement de police du Hainaut, 21 juillet 1841, approuvé.

Instr. pratique, 15 décembre 1842, sur la Lampe Mueseler.

Réglement de police de Liège, du 19 juin 1841, pour les mines à grisou.

Réglement du Hainaut, du 18 juillet 1845, modifiant celui de 1841.

1840, adoption d'un modèle de cahier des charges pour les concessions.

Arrêté royal, 28 mars 1850, organisation du service et du corps des ingénieurs des mines.

Autre, 11 août 1856, modifications au précédent.

L. 8 juillet 1865, modifiant l'article 11, de la loi de 1810.

L. 18 mai 1873, sur les sociétés. L'art. 136 porte que les sociétés, dont l'objet est l'exploitation des mines, pourront sans perdre leur caractère civil, emprunter les formes des Sociétés commerciales, en se soumettant aux prescriptions de la loi.

L. 16 mars 1874, autorisant le gouvernement à concéder l'exploitation des minerais de fer et ardoisières, dans les propriétés domaniales, pour un délai qui ne pourra dépasser 40 ans.

4 août 1882, arrêté qui rattache le service des mines, au ministère de l'Intérieur.

28 août 1884, réglement sur la police des mines.

889. Brésil — Des actes officiels, nombreux, y réglementent l'exploitation des mines, notamment dans la province de Minas-Géraes. Après les lois des 20 octobre 1823 et 26 septembre 1867, le décret du 23 juin 1873, est le document le plus important sur la matière. Cette législation a été mise en lumière, par le Dr A. de Souza-Bandaira. M. de Bovet en a présenté également l'exposé dans les *Annales des Mines*, 1885, p. 430.

890. Canada. — Les statuts du parlement canadien, du 14 juin 1872, ont consacré un chapitre 23, à la concession et à l'exploitation des mines.

Le chapitre XII, de l'acte de 1880, concerne les mines. M. Choppin en a donné une analyse dans l'*Annuaire de Législ. etr*. 10e année, p. 694. L'acte général de Québec, de 1880, a été amendé depuis, notamment en 1884.

891. Chili. — Code du 18 novembre 1874, mis en vigueur à partir du 1er mars 1875 ; projet du D. D., José Maria Cavezon.

Le code des mines de la République de Chili a été publié en 1874, 1 vol. in-8. Santiago de Chili, J. Nûnez, sous le titre de *Codigo de Mineria de la Republica de Chile*.

892. Espagne. — Les ordonnances de Philippe II, du 22 août 1584 ont régi la matière jusqu'en 1825, sauf quelques dispositions intermédiaires de Philippe V, Ferdinand VI, Charles III et Charles IV sur les mines de sel et de charbon de pierre, et l'ordonnance royale du 31 juillet 1807.

Le décret royal du 4 juillet 1825 a refondu la législation sur les mines, il a été suivi d'instructions à la date du 18 décembre 1825 sur son exécution.

Le 6 juillet 1859, fut publiée une nouvelle loi sur les mines (Voy. J. Malou, *An. des t. p. de Belgique*, t. XXIII, p. 42), suivie d'un règlement à la date du 5 octobre 1859.

La loi du 4 mars 1868 a apporté diverses modifications à celle de 1859.

Enfin, le 29 décembre 1868, furent décrétées les bases générales de la nouvelle législation des mines qui sont encore en vigueur et n'ont reçu que des modifications peu notables.

Nous nous bornerons à signaler par leurs dates quelques actes officiels se plaçant entre ces divers règlements, parmi ceux qui ont été promulgués et qui concernent les concessions, leur attribution et leur retrait, l'exportation des produits minéraux, l'extraction et la fabrication du sel, les eaux minérales, les procédures administratives ou judiciaires, les recours, etc.

L. 11 avril 1849, sur les mines.

Ord. roy. 24 janvier 1853, sur l'abandon des mines, et leur cession.

L. 6 juillet 1859 sur les sociétés minières.

Déc. roy. 1ᵉʳ février 1865, organisation du corps des ingénieurs des mines.

D. 24 juin 1868 portant règlement pour l'exécution de la loi de 1859, réformée en 1868.

L. 24 juillet 1871, modifiant l'article 19 de l'acte du 29 décembre 1868.

O. 29 juillet 1871, concernant les sociétés minières, à l'occasion des dispositions à combiner des lois des 6 juillet 1859 et 19 octobre 1869 sur les sociétés.

D. 7 juillet 1878, apportant quelques modifications à celui de 1865 sur l'organisation du corps des mines.

O. 12 avril 1881, sur la réorganisation du service des mines.

L. 25 juillet 1883 et O. 21 août 1883, concernant l'assiette et la perception des impôts sur les mines.

L. 25 juillet 1883 et O. 21 août 1883, concernant la réforme de l'impôt sur les mines.

D. 4 septembre 1883, création d'une école de maîtres mineurs et de mécaniciens à Carthagène.

893. Etats-Unis. — Loi fédérale du 26 juillet 1866, 9 juillet 1870, 10 mai 1872, 18 février 1873.

Acte du 10 mai 1872 pour encourager le développement de l'exploitation des mines dans les terres domaniales.

22 janvier 1880, acquisition du droit d'exploitation par l'intermédiaire d'un fondé de pouvoirs.

Illinois. — Acte du 27 mars 1872 sur la police de l'exploitation de la houille.

A. 24 avril 1873, modifiant l'article 6 du précédent.

Californie. — 1ᵉʳ juillet 1880, même objet.

1866, le congrès valide les divers règlements locaux sur les mines en Californie publiés de 1848 à cette époque. Voy. ch. Howard Shuin ; *Land Law of mining districts.*

Il a été publié en 1884 par M. Durand un travail spécial sur la législation minière aux Etats-Unis. Voy. depuis, Aguillon, *Législ. des Mines*, t. III, p. 274 et suiv.

894. Grèce. — L. des 22 août-3 septembre 1861, modifiée les 26 avril-8 mai 1867. Voy. Aguillon ; *An. des M.* 7ᵉ série, t. VI, p. 32, et *Législ. des Mines*, t. III, p. 365.

L. de 1871, dite des Ecvoladès, refusant aux nouveaux concessionnaires la propriété des terres métallifères précédemment extraites.

L. 1876, les leur attribuant.

L. 17-29 janvier 1877, règlementant définitivement cette matière.

895. Hollande. — Longtemps soumise à la loi française de 1810.

Actes des 18 septembre 1818, 4 mars 1824 et 15 octobre 1829, pour modifier, d'après la constitution administrative du pays, les attributions des fonctionnaires publics au point de vue des mines, et pourvoir aux formalités des concessions.

896. Italie. — *Piémont et Sardaigne.* — Loi française de 1810.

Royales patentes de 1822, réorganisant le régime des mines. Restées en vigueur jusqu'à l'édit royal du 30 juin 1840; mis en vigueur dans l'île de Sardaigne, puis remplacé par la loi du 20 novembre 1859, en 171 articles. J. Malou, *An. des t. p. en Belgique*, t. XXIII, p. 42. Les auteurs italiens ont considéré cette loi restée en vigueur dans la plus grande partie de la péninsule, comme constituant une des législations minières les plus complètes et les plus parfaites de l'Europe.

Marches. — La loi du 20 novembre 1859 était en vigueur dans les Marches, où le D. du 13 novembre 1860 avait prescrit son application.

Etats pontificaux. — Bulle de Paul III du 30 décembre 1535.

Lettre de Grégoire XIII du 1er juin 1580.

Edit. du 7 avril 1820, art. 49.

Motu proprio de Léon XII, 5 avril 1824.

Edit. 19 septembre 1850.

Actes concernant tous l'exercice du droit régalien.

D. 19 mai 1872, appliquant diverses dispositions de la loi de 1859.

D. juin 1872, établissant des règles pour l'exploitation et le commerce dans le district de Rome.

Lombardie. — L. 21 juin 1852.

L. Sarde du 10 novembre 1859 combinée avec la loi montanistique du 23 mai 1854.

Parme et Plaisance. — Règlement du 31 janvier 1851 approuvé le 5 mars pour l'exploitation du soufre.

Loi ducale, 21 juin 1852, sur les mines.

Lucques et Piombino. — L. 3 mai 1847.

Vénétie. — Loi montanistique du 23 mai 1854, coordonnée avec les vieux statuts de la République et la loi italique de 1808.

Toscane. — Edit Léopoldien du 13 mai 1788, très applaudi par certains auteurs italiens.

Motu proprio du 22 juin 1844, organisation du service.

Rescrit, 8 octobre 1856.

Deux-Siciles. — Rescrit, du 8 octobre 1808 sur les droits du fisc.

L. 17 octobre 1826 sur les mines et les soufres.

Actes des 15 décembre 1828, 3 novembre 1830, 11 juillet 1833, 18 février et 25 septembre 1834, 31 janvier 1851, 1er juin 1852.

Royaume d'Italie. — D. 9 août 1808.

Circ. 24 juillet 1860 ; D. 23 mars et 11 avril 1865, sur les mines de Forli.

D. 25 décembre 1865, approuvant un règlement sur la police des mines.

Décrets des 29 novembre 1863, 28 février 1864, 23 décembre 1865, organisation du service des soufres dans l'Italie méridionale.

Décrets des 17 juin 1866, 4 novembre 1866, 19 mai 1870 concernant le personnel du service des mines.

D. 23 janvier 1879, composition du comité géologique près le ministère.

D. 5 juillet 1882, organisation du corps royal du génie civil.

Ord. de 1883 sur les soufrières.

Les tentatives d'unification de la législation minière en Italie ont donné lieu, en dehors des travaux présentés par Cordova et Igino Cocchi, à un premier projet de loi présenté par le ministre Pepoli aux chambres en 1861 et 1862, et représenté le 18 novembre 1868 ; à un projet de loi sur les tourbières, présenté le 27 février 1868 au Sénat par le ministre Broglio ; à une proposition de loi sur les mines, par le député Marolda-Petelli et 73 de ses collègues. Cette proposition fut attaquée et défendue avec vivacité dans plusieurs publications et dans les délibérations des chambres de commerce. On peut consulter à ce sujet les avis de ces chambres, et notamment les travaux de Bonaventura Ciotti, E. Marchese, S. Spagna, etc. Une commission d'enquête sur l'industrie minière en Sardaigne, déposa un travail remarqué et concluant au maintien de la loi du 20 novembre 1859.

Plus tard le ministre Castagnola déposa un nouveau projet qui, sauf un article additionnel, fut accepté par la commission de la Chambre qui déposait un rapport conforme dans la séance du 6 mai 1873.

La Chambre des députés a été saisie le 2 février 1877 d'un nouveau projet, et le 8 mai 1877 de la proposition du député Nobili.

897. Pérou. — Code minier de 1574 et ordonnances complémentaires publiées en 1683. En 1785 la législation minière du Pérou est régie par les ordonnances de Mexico, modifiées de nos jours notamment par les actes des 17 avril 1783 et 12 janvier 1877. La législation des mines au Pérou a fait l'objet d'une étude de M. Aguillon insérée dans la *Revue de la législ. des m.* de Delecroix 1884, p. 193. Une loi votée par le Congrès, dans la session de 1876 à 1877 avait autorisé les étrangers à posséder des mines dans l'Etat, et à les exploiter.

898. Portugal. — Divers actes de 1850 et du 31 décembre 1852, et notamment la loi sur les mines promulguée à cette dernière date, et complétée par le règlement du 9 décembre 1853.

899. Roumanie. L. 1er avril 1881 sur l'exploitation des salines. L'administration des salines monopolisée par l'Etat, est rattachée à la régie des tabacs.

900. Russie. — Actes de 1718, 1782 sur la propriété des mines : de 1774, sur les droits du fisc ; 24 mai-5 juin 1870, alluvions aurifères ; 1-13 février 1872, exploitation du pétrole ; 6 juin 1877, suppression des restrictions apportées à la recherche de l'or.

Les anciens actes sur les mines de 1719 à 1857 sont reproduits dans le 7e volume du recueil des lois russes *Swad Sakonof* de 1857.

Finlande. — Loi du 25 mai 1857 sur les mines, remaniée en 1883.

La loi du 12 novembre 1883 sur les mines, et permis

d'exploiter, traduite par M. P. Dareste, est insérée dans *l'Annuaire de législ. étr.* treizième année, p. 693 et suiv. et *Revue*, Delecroix, 86, p. 150.

901. Suède et Norwège. — *Suède.* — Actes de 1480, 14 février 1637, 6 juin 1649, 27 août 1723, et surtout les ordonnances des 20 octobre 1741 et 6 décembre 1757.

L. 12 janvier 1855, code de la matière.

L. 12 avril 1852, ne permettant à un étranger d'exploiter une mine que s'il est admis à domicile et muni d'un permis du gouvernement.

O. 24 mai 1872, apportant des modifications à la loi de 1855, dans son application aux mines de charbon.

L. 16 mai 1884, actuellement en vigueur. Voy. le texte de la loi avec explications par M. Dareste, dans la *Revue des M.* de Delacroix, 1885, p. 1 et suiv. et dans *l'Annuaire de législ. étr.* 1884, p. 635.

Norwège — Anciennes ord. de 1685 et 1809, et plus récemment, lois des 14 juillet 1842, 24 septembre 1851, 18 septembre 1857, 17 février 1866, 19 avril 1873, 14 juin 1884.

902. Suisse. — *Berne.* — L. 17 mars 1853, sur les mines. *An. des t. p. de Belgique,* t. XII, p. 67.

Fribourg. — 4 octobre 1850.

Genève. — 13 mai 1839.

Neufchâtel. — 19 mai 1867.

Tessin. — 10 juin 1853.

Valais. — 21 novembre 1856.

Vaud. — 13 février 1800.

Zurich. — 18 décembre 1805.

Les autres cantons n'ont pas de législation spéciale.

Le Docteur Brassert a publié dans le *Zeitschrift für Bergrecht*, en 1870, un exposé de la législation minière de la Suisse.

903. — Turquie et Pays divers. — J'avais signalé dans mon travail sur *la Juridiction française dans les Echelles du Levant*, un règlement du 17 juillet 1861 sur les mines, depuis il en a été publié un nouveau à la date du 3 avril 1869 qui fait l'objet d'un travail publié par M. Lamé-Fleury, *An. des m.* 7ᵉ série, t. IV, p. 80, et dont le texte se trouve dans l'ouvrage de Aristarchi-Bey, sur la législation ottomane, publié par Demetrius-Nicolaïdès, t. III, p. 257 et suiv.

Mentionnons encore parmi les diverses lois sur les mines, le nouveau Code mexicain des 22 et 28 novembre 1884, mis en vigueur le 1ᵉʳ janvier 1885. *Annuaire de législ. étrang.* 1884, p. 821, qui a abrogé les ordonnances de 1760, 22 mai 1783 (ordonnances de Mexico) et surtout les dérogations qui y avaient été apportées dans les divers Etats du territoire. David, *Revue*, Delecroix, 86, p. 206.

La loi organique du 4 mai 1873 pour le Japon. Voy. L. Aguillon, *Ann. des mines*, 3ᵉ série 1885, p. 489 et *Législ. des mines*, t. III, p. 420 et suiv.

La loi du 28 novembre 1865, *Mining statutes* de 1865 a abrogé la loi de 1859, dans la colonie anglaise de Victoria. La recherche de l'or y est règlementée par l'acte de 1884.

Les lois du 15 mars 1870 et du 12 juin 1874, ont remplacé la loi française de 1810 jusque-là en vigueur sauf quelques modifications de détail, dans le Grand-Duché du Luxembourg.

Le décret du 17 novembre 1885, régit aujourd'hui les mines du Vénézuela.

904. Mines possédées par des français à l'étranger ; Société en participation. — Comme annexe à ces notes sur la législation étrangère, qu'on me permette de signaler quelques décisions concernant des intérêts français à raison des mines sises à l'étranger.

Lorsqu'une association en participation a été contractée entre des français et des étrangers en France pour l'exploitation d'une mine sise sur un territoire étranger et que des difficultés, s'élevent à cette occasion, le fran-

çais peut citer l'étranger devant les tribunaux français.
C. Cass. 6 février 1878, S. 80, I, 79.

905. Résolution de la vente d'une mine à l'étranger.
— Lorsque des terrains sis à l'étranger et contenant
une mine ont été vendus à un français, la résolution de
la vente pour défaut de paiement du prix, peut être poursuivie en France et être prononcée par les tribunaux
français, bien que depuis la vente l'acquéreur ait obtenu
une concession de la mine de la part du gouvernement
local, ce dernier acte n'étant l'objet d'aucune discussion
de la part de la justice française, et tenant pour ce que
de droit. C. Cass., 9 novembre 1868, S. 69, 1, 122.

906. Vente en France de produits des mines sises à
l'Etranger ; Caractère de l'acte. — Le propriétaire d'une
mine sise à l'étranger, qui vend les produits de cette
mine en France, ne peut, à raison du traité conclu à cet
effet, être cité devant le tribunal de commerce en France
comme ayant fait un acte de commerce ; alors même
que dans le pays où est situé cette mine, cet acte d'après
la législation locale doit avoir ce caractère, et que l'obligation de livrer en France, le met dans la nécessité de
conclure des traités d'affrètement et de créer des lettres
de change. Aix, 23 novembre 1842, réf. Co. Marseille.

TITRE VII

Règlement sur la propriété et l'exploitation des minières, et sur l'établissement des forges, fourneaux et usines.

SECTIONS I ET II

DES MINIÈRES ET DES MINERAIS DE FER D'ALLUVION.

§ 1

Des minières et minerais de fer.

907. Modifications apportées aux dispositions de la loi de 1810 sur les minières. — Les articles 57 et suivants, de la loi de 1810, ont été modifiés par la loi du 9 mai 1866, qui a complètement abrogé plusieurs des anciennes dispositions ; c'est donc cette dernière loi qui doit servir de base principale à notre étude ; en ayant égard également à la révision, dont a été l'objet l'article 70, à la suite de la loi du 27 juillet 1880.

908. Règles spéciales concernant l'exploitation des minières. — L'article 57 de la loi de 1810, portait en tête de ses dispositions, contenues dans le titre VII : L'exploitation des minières est assujettie à des règles spéciales. Bien que le nouvel article 57, substitué par la loi du 9 mai 1866, à celui de la loi de 1810, n'ait pas reproduit cette déclaration en principe, il est évident qu'il est consacré par les dispositions elles-mêmes, qui distinguent les conditions d'exploitation des mines et celles des minières et que les règles applicables à ces dernières, ne sont point celles qui régissent les mines. C'est donc dans les règles spéciales que doit être puisée la base des solutions des questions à répondre.

909. Ce que comprennent les minières. — Les minières comprennent les minerais de fer dits d'alluvion, les terres pyriteuses propres à être converties en sulfate de fer, les terres alumineuses et les tourbes. L. du 21 avril 1810, art. 3.

910. Législation des minières en ce qui concerne le fer. — Il est parfois difficile dans certains cas, de préciser si elle est applicable dans toutes les autres substances minérales, c'est alors leur nature qui détermine leur classement, dans l'une ou l'autre des deux catégories établies par la loi de 1818, mines ou carrières. Pour le fer, le classement dans l'une des deux catégories, mines ou minières, dépend du mode d'exploitation. Les minerais de fer dits d'alluvion, que l'article 3, de la loi de 1810, range parmi les minières deviennent en vertu de l'article 68, des mines susceptibles de concession, du moment ou leur exploitation exige des travaux réguliers par des galeries souterraines. Par contre les minerais de fer en filons ou couche, mis par l'article 2, au nombre des mines, sont considérés par l'article 60, comme des minières, du moment où leur exploitation, à ciel ouvert, est possible pendant plusieurs années, sans rendre impossible l'exploitation avec puits et galeries. D'où il suit que la nature géologique des minerais de fer mise à part, tout minerai exploitable à ciel ouvert, est non concessible, et que tout minerai souterrainement exploitable est concessible; mais la distinction matérielle des exploitations souterraines et des exploitations à ciel ouvert, n'est pas aussi facile qu'il peut sembler au premier abord. Dès 1819, l'administration remarquait que les articles 66 et 69 de la loi de 1810, étaient susceptibles de deux interprétations différentes, suivant le sens qu'on attache aux expressions de puits, galeries, travaux d'art, travaux réguliers qui s'y trouvent employés. Elle décidait alors qu'il y avait lieu de ne considérer comme concessibles, que les exploitations où l'extraction est poussée par des travaux souterrains réguliers, ou dans lesquelles l'établissement de ces travaux est devenu indispensable, pour assurer la durée de l'exploitation. Bref, la véritable distinction entre les minerais de fer, a reçu d'une longue tradition, cette formule définitive, dont l'application ne laisse pas d'ailleurs que d'être fort délicate ; tout minerai de fer exploité à ciel ouvert, où par des travaux souterrains, insignifiants est non concessible ; tout minerai exploité par des travaux souterrains réels, est concessible. Observations du min. des tr. p. dans l'affaire jugée par le trib. des conflits, le 28 février 1880.

911. Mines et minières. — Je pourrais m'en tenir à ces observations présentées au nom du ministre. Toutefois, comme il importe beaucoup de pouvoir distinguer sûrement si une extraction de matières, constitue l'exploitation d'une mine ou d'une minière, puisque les conditions légales de cette exploitation sont complètement différentes, suivant les cas, je crois devoir entrer dans l'examen plus détaillé des textes, bien qu'ils soient loin d'établir d'une manière nette et certaine cette distinction. Déjà, sous la loi de 1810, la juxtaposition des articles 2 et 3, d'un côté, des articles 68 et 69, de l'autre, présentaient quelques difficultés pour en concilier les dispositions, mais depuis les modifications apportées à la loi de 1810 en 1866, puis en 1880, la difficulté n'a fait qu'augmenter. Qu'on me permette de la signaler, en parcourant les dispositions de la loi de 1810, dans son texte actuel, après les modifications qui y ont été apportées.

A. D'après l'article 2, sont considérées comme mines, celles connues pour contenir du fer en filons ou couches.

Article 3. — Les minières comprennent les minerais de fer dits d'alluvions, les terres pyriteuses, propres à être converties en sulfate de fer.

Si on s'en tenait là, la distinction entre les mines et les minières, telle que la loi l'établirait, serait des plus nettes.

Toute exploitation de fer, en filons ou couches, serait régie par les dispositions légales, concernant les mines.

Toute exploitation de minerais de fer d'alluvion et de terres pyriteuses, propres à être converties en sulfate de fer, serait régie par la législation applicable aux minières.

La distinction serait basée sur les conditions d'être de la matière extraite, peu importerait d'ailleurs le mode d'exploitation à ciel ouvert, ou par travaux souterrains.

B. Mais le nouvel article 57, rédaction de 1866, porte que si l'exploitation des minières doit avoir lieu à ciel ouvert, le propriétaire du sol peut les exploiter après une simple déclaration au préfet.

Et cet article ajoute : Cette disposition s'applique aux minerais de fer, en couches ou en filons, dans le cas où conformément à l'article 69, ils ne sont pas concessibles.

Et il termine ainsi : Si l'exploitation est souterraine, elle ne peut avoir lieu qu'avec la permission du préfet.

De ces dispositions et de la distribution matérielle, dans laquelle elles ont été placées, il semble résulter :

Que le régime des minières est applicable aux exploitations des minerais d'alluvion, comme des minerais de fer en couches et en filons, lorsque cette exploitation doit avoir lieu à ciel ouvert ;

Que le régime des minières cesse d'être applicable aux exploitations des minerais de fer, en couches ou en filons, dont l'exploitation ne doit pas avoir lieu à ciel ouvert.

Que ce régime doit être au contraire, applicable aux exploitations de minerais de fer d'alluvion, extraits, soit à ciel ouvert, soit au moyen d'une exploitation souterraine.

C. L'article 68 de la loi de 1810, dont la rédaction a été maintenue, dispose que les propriétaires ou maitres de forges ou d'usines, exploitant des minerais de fer d'alluvion ne pourront, dans cette exploitation, pousser des travaux réguliers par les galeries souterraines, sans avoir obtenu la concession requise par l'exploitation des mines.

D'où il résulterait que dès que l'exploitation du minerais de fer d'alluvion devient souterraine, le régime des minières doit faire place au régime des mines.

D. L'ancien article 69, également maintenu, dispose qu'il ne pourra être accordé aucune concession pour minerai d'alluvion ou pour des mines en filons ou couches que dans les cas suivants :

1° Si l'exploitation à ciel ouvert cesse d'être possible et si l'établissement de puits, galeries et travaux d'art est nécessaire.

2° Si l'exploitation quoique possible encore, doit durer peu d'années, et rendre ensuite impossible l'exploitation par puits et galeries.

Il est évident que cet article fait disparaître toute distinction entre les minerais de fer d'alluvion et les mines en filons ou couches, qu'il assimile complètement en les plaçant dans une seule et même catégorie.

Qu'il les place en règle générale sous le régime des minières, sauf les cas qu'il détermine, où les uns comme les autres sont susceptibles de concession, cas auxquels ils passent l'un et l'autre du régime légal des minières, dans celui des mines.

E. Enfin l'article 70, revu en 1880, déclare que lorsque le ministre des travaux publics, après la concession d'une mine de fer, interdit aux propriétaires de minières de continuer une exploitation qui ne pourrait se prolonger sans rendre ensuite impossible l'exploitation, avec puits et galeries régulières, le concessionnaire sera tenu d'indemniser les propriétaires des minières.

Et il ajoute qu'un décret, alors même que les minières sont exploitables à ciel ouvert, ou n'ont pas encore été exploitées, peut autoriser la réunion des minières à une mine, sur la demande du concessionnaire, à charge d'une indemnité dont il indique les bases.

Ce nouvel article ne fait que l'application des distinctions posées ci-dessus, entre les mines et minières et si dans un cas il fait disparaître, au point de vue de l'exploitation matérielle, les difficultés qui pourraient s'élever entre le propriétaire de la minière et le propriétaire de la mine sur les limites de leurs propriétés, il laisse subsister toutes les difficultés au point de vue du réglement des indemnités.

J'avoue qu'il m'est très difficile de déduire de ces textes, une formule nette et formelle pour distinguer le gîte de fer, dont l'exploitation sera soumise au régime des minières, de celui où elle sera soumise au régime des mines, et pour distinguer la propriété du possesseur du sol auquel appartient la minière, de la propriété du concessionnaire auquel appartient la mine. Qu'on me permette pour sortir d'embarras, de recourir aux lumières d'un professeur de législation, à l'école des mines de Paris, inspecteur général du corps, M. Etienne Dupont, qui indique comme il suit, la distinction à faire entre les mines et les minières de fer. « S'il s'agit de minerais dits d'alluvion, la minière comprend la portion du gîte ferrifère exploitable à ciel ouvert ou par des travaux souterrains de peu d'étendue et de peu de durée, tandis que la minière concédée, c'est-à-dire, la mine de minerai de fer d'alluvion, comprend la partie exploitable par puits ou galeries régulières; s'il s'agit de toute autre espèce de minerais, c'est-à-dire de minerais en filons, couches ou amas, la minière comprend toute la partie exploitable par travaux souterrains, c'est-à-dire par puits et galeries. » Je ne critiquerai pas cette thèse, ce serait de l'ingratitude vis-à-vis le savant professeur, dont j'invoque l'autorité pour me tirer d'embarras, elle me paraît d'ailleurs résulter des textes applicables, ce qui la défend suffisamment; mais il manque dans ces textes une suffisante harmonie et je crains bien que la formule adoptée au lieu de régir le fait, ne laisse au fait lui-même, avec toutes les appréciations variables et capricieuses qu'il peut comporter, le soin de régir le droit. On peut utilement consulter le remarquable rapport de M. Cornudet, dans l'affaire des minières de l'Aveyron, jugée par le C. d'Etat, 13 août 1850 ; et à un autre point de vue, le travail de M. l'ingénieur Wichersheimer, An. des M. 1877. Le nouveau projet de loi supprime la classe des minières et n'admet que deux catégories les mines et carrières.

912. Assimilation des minières et des minerais de fer en couches et filons. — La loi de 1810, avait dit, seront considérés comme mines, les masses de substances minérales connues pour contenir du fer en filons ou couches. L'article 3 de la même loi, portait que les minières, comprenaient les minerais de fer dits d'alluvion. Plus loin, spécialement, l'article 69 semblait indiquer que cette distinction ne devait pas être respectée, le projet de modification voté en 1866 son tenait là, mais la commission du corps législatif a voulu la faire disparaître, et il a été fait droit à sa demande. Voici comment son rapport rend compte de ce qui s'est passé : « Un doute s'élevait dans notre esprit sur la question de savoir s'il faudrait une permission ou une simple déclaration pour les minerais de fer en couches et filons exploitables à ciel ouvert et qui, aux termes de l'article 69 ne deviennent concessibles que dans deux cas : 1° lorsque l'exploitation à ciel ouvert cesse d'être possible et que l'établissement de puits, galeries et travaux d'art est nécessaire ; 2° lorsque l'exploitation, quoique possible encore, doit durer peu d'années et rendre ensuite impossible l'exploitation avec puits et galeries. Il nous a semblé qu'il convenait d'assimiler les minerais de fer en couches et en filons, aux minerais d'alluvion, du moment qu'ils s'exploitaient comme ces derniers, à ciel ouvert, et nous avons traduit notre pensée dans un article additionnel au § I, de la rédaction proposée par l'article 57. Notre amendement a été accueilli par le Conseil d'Etat ».

J'ajoute et il est passé dans la loi.

913. Délimitation de la minière comme dépendance de la propriété de la surface ; Compétence. — Soit qu'il existe une double exploitation, celle à ciel ouvert par le propriétaire de la surface, et celle du tréfonds par le concessionnaire ; ou que la concession comprenant l'exploitation totale, par suite de l'application du nouvel article 70 de la loi sur les mines, il s'agisse alors de régler l'indemnité due au propriétaire de la surface, il sera nécessaire, faute d'entente amiable, de déterminer les limites des deux propriétés. Comme, cet acte implique une mesure administrative concernant la disposition des mines réservée au gouvernement, et que le plus souvent il comportera l'interprétation d'une concession de mine, c'est au Conseil d'Etat que l'on est d'avis d'attribuer la connaissance d'une matière qui, de sa nature, est incontestablement du domaine administratif. Cette compétence implicitement reconnue par les arrêts du Conseil des 13 août 1850, M. de fer de Mondalzac, 6 décembre 1886, M. de fer de Forrent, et 30 janvier 1880, M. de fer de Mokta, a été constatée par le tribunal des conflits le 28 février 1880. M. de Fillols. Le recueil des arrêts du Conseil contient les motifs sur lesquels se fonde cette décision, il rapporte encore l'arrêté de conflit et l'avis conforme du ministre. La Cour de Cassation vient de rendre un arrêt conforme sur mon rapport, le 8 novembre 1886,

Hauts-fourn. de Saulnes. Les auteurs spéciaux indiquent comment cette délimitation sera faite au [moyen des données géologiques et des circonstances de la cause. Je ne puis entrer dans ces détails techniques; mais qu'on me permette de dire, sans abus de cette qualité, qu'après les avoir étudiés comme membre de la Société de géologie, je n'hésite pas à déclarer que la science ne donne pas des règles plus fixes et plus certaines pour faire cette délimitation, que n'en donne la loi elle-même. L'une et l'autre posent des principes assez incertains, et dont l'application dépendra beaucoup des appréciations personnelles de ceux qui auront à la faire.

914. Compétence de l'autorité judiciaire. — Lorsqu'il est constant, par suite d'une interprétation faite par l'autorité administrative, qu'il a été compris dans une concession tout le minerai d'alluvion qui ne peut être exploité que par puits, galeries et travaux souterrains, et que cette concession ne comprend pas le minerai d'alluvion exploitable à ciel ouvert, les tribunaux judiciaires investis d'une demande en dommages-intérêts, les obligeant à rechercher si le minerai, objet du litige était exploitable à ciel ouvert ou ne l'était pas, ont compétence pour statuer sur cette difficulté, dont la solution n'implique que l'application d'un titre administratif, tel qu'il a été interprété par l'autorité compétente. C. Cass. 13 décembre 1859, S. 60, t. 551, Rej. d'un arrêt de Douai du 27 avril 1858.

§ 2

Formalités à remplir pour l'exploitation des minières.

915. Formalités à remplir avant d'exploiter une minière ou des minerais de fer. — Toute exploitation de minières ou de minerais de fer doit être précédée, suivant les cas, d'une déclaration, ou d'une permission ou d'une concession. L. de 1810 révisée en 1866 et 1880, art. 57, 68, 69, 70.

916. Dans quel cas une déclaration suffit, et dans quel cas doit-elle être accompagnée d'une permission. — L'article 57 de la loi de 1810, révisé par la loi du 9 mai 1866 est actuellement rédigé comme suit :

Si l'exploitation des minières doit avoir lieu à ciel ouvert, le propriétaire est tenu, avant de commencer à exploiter, d'en faire la déclaration au préfet. Le préfet donne acte de cette déclaration, et l'exploitation a lieu sans autres formalités.

Cette disposition s'applique aux minerais de fer en couches et filons, dans le cas où, conformément à l'article 69, ils ne sont pas concessibles.

Si l'exploitation doit être souterraine, elle ne peut avoir lieu qu'avec une permission du préfet. La permission détermine les conditions spéciales auxquelles l'exploitant est tenu dans ce cas de se conformer.

917. Motifs de ces dispositions, comment elles doivent être appliquées. — Aux termes de l'article 57 de la loi de 1810, l'exploitation des minières ne pourrait avoir lieu sans permission. Toutefois, en vertu de l'article 59 de la même loi, le propriétaire du fonds sur lequel se trouvait du minerais de fer d'alluvion, était tenu de l'exploiter pour fournir autant que possible aux usines légalement établies dans le voisinage, et pour ce cas, il n'était assujetti qu'à une déclaration au préfet du département, qui lui en donnait acte. Ces exploitations, sans recourir à des autorisations n'ayant pas présenté des inconvénients sérieux, alors qu'on plaçait sous la liberté l'établissement des forges, fourneaux et usines, il n'a pas paru juste de laisser sous le régime des permissions préalables les minières exploitées à ciel ouvert. Toutefois lorsque l'exploitation a lieu par travaux souterrains, la sécurité publique, la vie des ouvriers peuvent se trouver compromis ; l'exploitation peut exiger des dispositions spéciales qui ne soient pas prévues par les règlements généraux ; elle peut même entraîner de tels périls qu'il y ait lieu de l'interdire sur tel ou tel point. L'intervention préalable de l'autorité est ici nécessaire et doit être réservée ; 2e *exposé des motifs de la loi de 1866.*

918. Forme de la déclaration à faire par le propriétaire qui veut exploiter une minière. — La loi n'a pas réglé la forme de cette déclaration ; lorsqu'il existe des réglements locaux qui la déterminent, on doit s'y référer. Il est bon qu'elle mentionne : la désignation de l'exploitant, par ses nom, prénoms, profession et domicile ; la situation exacte de la minière qui doit être exploitée et les limites de l'exploitation projetée ; le mode d'exploitation qui sera suivi ; et les titres en vertu desquels l'exploitation aura lieu ; un plan des lieux doit être joint à la déclaration.

919. Comment doit être entendue l'exploitation souterraine indiquée dans l'article 57 § 3 de la loi de 1810 révisée en 1866. — Le nouvel article 57 de la loi de 1810 indique que le propriétaire du sol peut exploiter les minerais de fer·qui se trouvent sur son fonds, non seulement à ciel ouvert, mais encore que l'exploitation peut être souterraine. Il suffit de rapprocher l'article 57 des articles 68 et 69 de la même loi pour être convaincu qu'il ne peut s'agir en pareil cas que de travaux souterrains sans importance, et n'ayant qu'un caractère accessoire à l'exploitation à ciel ouvert, qui doit être la véritable et principale exploitation en pareil cas; alors seulement, le propriétaire pourra se livrer à des travaux souterrains. Il n'en serait plus ainsi si l'exploitation cessait d'avoir lieu à ciel ouvert et au moyen de travaux souterrains seuls, ou si ces derniers prenaient une importance telle que ce fût au moyen de ces travaux que l'on dût considérer que l'exploitation a lieu. L'article 70 révisé en 1880 paraît disposer encore dans ce sens, puisque dès qu'il est établi des puits et galeries régulières, l'exploitation ne peut avoir lieu sans concession.

920. Exploitation par galeries souterraines. — Les propriétaires ou maîtres de forges ou d'usines exploitant les minerais de fer d'alluvion, ne pourront, dans cette exploitation, pousser des travaux réguliers par des galeries souterraines, sans avoir obtenu une concession, avec les formalités et sous les conditions exigées par les articles de la section Iʳᵉ du titre III et les dispositions du titre IV. L. 21 avril 1810, art. 68.

921. Délivrance de concession pour minerai d'alluvion ou mines en filons ou couches. — Il ne pourra être accordé aucune concession pour minerai d'alluvion ou pour des mines en filons ou couches, que dans les cas suivants :

1° Si l'exploitation à ciel ouvert cesse d'être possible, et si l'établissement de puits, galeries et travaux d'art est nécessaire ;

2° Si l'exploitation, quoique possible encore, doit durer peu d'années, et rendre ensuite impossible l'exploitation avec puits et galeries. L. 21 avril 1810, art. 69.

922. Interdiction d'exploiter imposée au propriétaire de minières dans l'intérêt d'une concession de mine. — Lorsque le ministre des travaux publics, après la concession d'une mine de fer, interdit aux propriétaires de minières de continuer une exploitation qui ne pourrait se prolonger sans rendre ensuite impossible l'exploitation avec puits et galeries régulières, le concessionnaire de la mine est tenu d'indemniser les propriétaires des minières dans la proportion du revenu net qu'ils en tiraient.

Un décret rendu en Conseil d'Etat peut, alors même que les minières sont exploitables à ciel ouvert, ou n'ont pas encore été exploitées, autoriser la réunion des minières à une mine, sur la demande du concessionnaire.

Dans ce cas, le concessionnaire de la mine doit indemniser le propriétaire de la minière par une redevance équivalente au revenu net que ce propriétaire aurait pu tirer de l'exploitation et qui sera fixée par les tribunaux civils. L. 21 avril 1810, art. 70, modifié par la loi du 27 juillet 1880.

923. Droit de concéder des minières. — L'article 70 de la loi de 1810 révisée en 1880 permet au gouvernement, par un décret rendu en Conseil d'Etat, alors même que les minières sont exploitables à ciel ouvert ou n'ont pas encore été exploitées, d'autoriser la réunion des minières à une mine, sur la demande du concessionnaire à charge d'indemnité comme nous l'indiquons ailleurs.

On a voulu par là obvier aux embarras que peut faire naître la co-existence légale d'une minière et d'une mine sur un même gite. Le gouvernement est ainsi investi du droit d'autoriser la réunion de ces deux catégories légales d'exploitation. *Exposé des motifs de la loi* de 1880, *Rapport* de M. Paris au Sénat, séance du 18 décembre 1878.

Ces observations sont rappelées avec plus de développements à la Chambre des députés dans le rapport déposé par M. Brossard dans la séance du 19 février 1880. Après d'intéressants détails, le rapporteur dit : en résumé, il résulte de l'expérience de la loi de 1866, faite jusqu'à ce moment, que la nécessité économique et sociale exige que dans certains cas, les minières disparaissent pour faire place aux mines, et que les minerais de fer situés dans le voisinage de la surface deviennent concessibles comme tous les autres minerais.

Et, en effet, par ce moyen toutes les difficultés au point de vue de l'exploitation, les conflits et les dispositions se contrariant prises par les deux exploitants disparaîtront, ce qui était un résultat désirable. Il avait été vivement réclamé par le corps des mines. On peut consulter à ce sujet le travail publié dans les *Annales* en 1877 par M. l'ingénieur Wickersheimer et surtout le mémoire de M. E. Dupont intitule : *Développement à l'appui des pro-*

positions de modifications à la loi de 1810, à l'occasion
des travaux d'une commission instituée par le.ministre
en 1875 pour la révision de cette législation. Mais les
difficultés relatives à la délimitation du droit du propriétaire du sol, propriétaire de la minière, substitueront
toujours, puisque son droit est converti en une indemnité, et que le règlement de cette indemnité devra comprendre une redevance équivalente au revenu net que le
propriétaire aurait pu tirer de l'exploitation ; ce qui nécessite forcément la détermination des possibilités de
cette exploitation.

924. **Surveillance de l'exploitation des minières par
l'administration pour déterminer le caractère de cette
exploitation.** — Si les terrains où est établi une minière
ne sont pas compris dans le périmètre d'une concession
de mines de fer, à l'administration seule chargée de
surveiller l'exploitation de la minière, incombe la mission d'apprécier si les travaux souterrains qui y sont
exécutés ne lui font pas perdre son caractère primitif,
ne la font pas devenir une mine; ou bien, si l'exploitation quoique complétement à ciel ouvert ou par travaux
souterrains insignifiants, doit, suivant l'article 67 § 2,
durer peu d'années, et rendre ensuite impossible l'exploitation avec puits et galeries ; en d'autres termes, nuire
à une concession future. Cette mission incombe à l'administration seule; parce que seule elle est à même de
la remplir par ses ingénieurs, qui présentent, à raison de
leur compétence spéciale, toutes les garanties désirables
pour une saine appréciation de ces questions purement
techniques; ajoutons, et surtout parce que c'est là une
affaire d'administration et non un débat judiciaire. Il
n'en saurait être autrement lorsque les terrains sur lesquels la minière est ouverte, au lieu d'être indépendants
de toute concession se trouvent, dans l'intérieur du périmètre d'une concession de mine de fer. La seule différence entre les deux cas, est que dans le premier, une

question de principe, qui se double d'une question d'a-
venir de la richesse minérale, est seule engagée ; tandis
que dans le second, deux intérêts privés et immédiats,
celui de l'exploitant de la minière et celui de l'exploitant
de la mine concédée se trouvent aux prises. Observations
présentées par le ministre des travaux publics dans l'affaire jugée par le tribunal des conflits le 28 février 1880.
Nous croyons devoir faire remarquer encore, que si les
deux intérêts privés et immédiats des deux exploitants
se trouvent aux prises, ces débats entre personnes privées et dans un intérêt privé n'en soulèvent pas moins
une question d'intérêt public, la conservation de la richesse minérale; et ils mettent en mouvement l'exercice
de la surveillance nécessaire pour que l'exploitation de
ces richesses soit faite de manière à en tirer le meilleur
parti possible. Or, ces objets rentrent essentiellement
dans le domaine administratif, et non dans celui de l'autorité judiciaire.

925. Droits d'un propriétaire de minière dépossédé
par une concession. — En rapportant dans un précédent alinéa, le texte de l'article 70, de la loi de 1810,
révisé en 1880, nous avons indiqué que ce n'est qu'à
charge d'indemnité qu'un propriétaire de minière peut
être dépossédé au profit d'un concessionnaire de mine.
Cet article fixe les bases du réglement de cette indemnité et charge les tribunaux civils de son réglement, faute
d'accord amiable.

926. Compétence des tribunaux civils pour faire le
réglement. — Il est vrai que l'article 70 semble être
conçu dans un sens limitatif, en ce qui concerne l'attribution de compétence aux tribunaux civils pour faire ce
réglement. Il prévoit en effet le cas de réunion d'une
mine à une minière non exploitée, et il ajoute, dans ce
cas le concessionnaire doit une indemnité qui sera fixée
par les tribunaux. C'est donc pour ce cas que la compétence des tribunaux est indiquée; mais cette compétence

doit être étendue au cas du premier paragraphe de ce même article, qui prévoit une indemnité de même nature à payer dans des circonstances analogues. C'est dans ce sens que le ministre a compris la loi dans sa circulaire du 22 juillet 1880. C'est la jurisprudence du tribunal des conflits, 28 février 1880, M. de Fillols ; Dupont, *Cours de Lég.*, p. 446.

Les tribunaux devront-ils attribuer une somme fixe ou une redevance annuelle ? Je crois qu'ils devraient agir comme en matière d'expropriation et allouer une somme fixe ; une somme annuelle basée sur l'exploitation, aurait le caractère d'une redevance à la surface qu'il est du domaine de l'autorité administrative de fixer. Elle présenterait souvent des difficultés d'exécution, suivant les points où se produirait l'extraction et les comptes de ces extractions applicables aux produits de la minière. Irrégulière en droit elle serait donc de plus d'une exécution difficile.

927. Concession d'une mine de fer en filons ou en couches. — La concession d'une mine de fer en filons ou couches, si elle est faite d'une manière générale, qu'elle porte par exemple sur les mines de fer, existant sur un territoire désigné, n'impliquait pas autrefois l'attribution au concessionnaire des fers en filons ou en couches existant à la surface, que l'article 69 de la loi de 1810 attribuait au propriétaire. Il existait une réserve légale qui devait suivre son cours, malgré les dispositions générales de la concession qui ne pouvait donner que des droits disponibles. C'est ce que le Conseil d'Etat a jugé le 6 décembre 1866, M. de fer de Forrent. Contrairement il faut ajouter, à ce qui avait été jugé le 13 août 1850, M. de fer de Mondalzac (Aveyron). Aujourd'hui en l'état de l'article 70 de la loi de 1810, révisée en 1880, il faudrait tenir que la concession faite sans réserves contient les fers en filons ou couches, existants près de la surface, mais qu'à raison de leur exploitation, il sera dû au propriétaire de la surface une indemnité à régler, conformément aux prescriptions de ce même article.

928. Ordonnance du 21 novembre 1821 sur l'exploitation du minerai de fer des terrains houillers du département de la Loire. — Sous l'empire de la loi de 1810, pour régler la situation, (spécialement dans le département de la Loire), des minerais de fer qui se trouvaient dans les terrains houillers, une ordonnance du 21 novembre 1821, avait disposé : que les minerais de fer se présentant à la surface du sol, sans aucune connexité avec les couches de houilles exploitables, et qui pourraient être extraits à ciel ouvert, sans danger reconnu par l'administration pour leur exploitation future, seraient exploités conformément aux dispositions des articles 57 et suiv. de la loi de 1810. Quand le minerai était dans la profondeur, sans aucune connexité avec la houille exploitable, et toutes les fois qu'il y avait lieu de pousser des ouvrages souterrains, soit dans des terrains non compris dans une concession, ou dont le concessionnaire aurait été régulièrement déchu, soit dans des travaux abandonnés de recherche et d'exploitation ; il ne pourrait être exploité qu'en vertu d'un acte spécial de concession, obtenu conformément aux dispositions du titre 4, et sous les réserves portées en l'article 70 de cette loi. Enfin, lorsque le minerai se présentait en connexité avec la houille exploitable, il devait être concédé de préférence au même concessionnaire que celui de la houille, à la charge par lui de payer pour cette seconde concession, une rétribution nouvelle au propriétaire du sol, et de plus, de fournir comme cela était alors obligatoire avant la loi de 1866, du minerai à l'usine désignée, et sauf l'application de l'article 49, de la loi de 1810 ; Ord. 21 novembre 1821, art. 1, 2 et 3.

929. Minerais dans les forêts domaniales ou communales. — L'article 67 de la loi de 1810, portait : Si les minerais se trouvent dans les forêts nationales, dans celles des établissements publics ou des communes, la permission de les exploiter ne pourra être accordée qu'après avoir entendu l'administration forestière. L'acte de permission déterminera l'étendue des terrains dans lesquels les fouilles pourront être faites : ils seront tenus, en outre, de payer les dégâts occasionnés par l'exploitation, et de repiquer en glands ou plants les places qu'elle aurait endommagées, ou une autre étendue proportionnelle déterminée par la permission. La loi de 1866, en abrogeant les articles 59 à 67, de la loi de 1810, a compris dans son abrogation ce dernier article; mais comme elle laisse subsister toutes les autres lois sur la gestion des biens de l'Etat et des communes, et sur le régime forestier, notamment l'article 144 de ce Code, je ne sais vraiment pas ou trouver un résultat pratique aux conséquences de cette abrogation. Le rapport de la Commission du Corps législatif indique en effet que l'article 144, du Code forestier n'en subsiste pas moins et que ses prescriptions sont applicables à tous les bois et forêts en général et qu'il paraissait faire un double emploi avec l'article 67, de la loi de 1810; ce rapport ajoute : l'autorisation d'enlever du minerai dans les forêts de l'Etat, dans celles des établissements publics et des communes, doit toujours être demandée aux termes de cet article 144, et cette autorisation obligatoire suffira puisque l'administration y insère les réserves commandées pour la bonne gestion de la propriété forestière confiée à sa surveillance. La circulaire du 16 décembre 1848, sous l'empire de l'article 67, de la loi de 1810, aujourd'hui abrogé, pourra être cependant encore utilement consultée.

930. Perception au profit de l'Etat, sur l'exploitation des minerais de fer dans les bois communaux. — L'article 5 de la loi des finances du 25 juin 1841, qui autorise la perception au profit du trésor sur les produits,

tant principaux qu'accessoires des bois communaux, de
cinq centimes par franc en sus du prix principal d'adjudication ou cession, ou le vingtième de leur produit,
quand les produits seront délivrés en nature, pour indemniser l'Etat des frais d'administration des bois des
communes et des établissements publics, ne doit pas
donner lieu à l'augmentation du prix du minerai de fer
extrait dans les bois communaux pour les usines métallurgiques. Circ. 20 septembre 1843. L'article 6 de la loi des
finances du 9 juillet 1845, avait d'ailleurs rendu ces instructions inutiles ; Circ. 2 juin 1846. Voir encore la loi du
14 juillet 1856, réglant l'application de celles de 1841 et 1845.

§ 3.

Caractère de cette propriété. Droit d'en disposer.

931. Pourquoi les minières font-elles partie de la
propriété de la surface. — Les mines ne peuvent faire
partie de la surface principalement parce qu'elles ne sont
pas divisibles de leur nature ; mais le raisonnement n'est
pas applicable aux gisements superficiels, désignés sous
le nom de minières ; et, si on a dû détacher les mines
proprement dites de la propriété du sol, parce qu'elles
sont formées dans un système naturel qui n'a aucun
rapport avec la division des terrains qui les couvrent, et
parce que leur exploitation doit se faire en grand, il faut
reconnaître que les minières placées à la surface du sol,
ou presque immédiatement au dessous de la couche vé-
gétale, pouvant être exploitées sans de grands travaux
et sans compromettre en rien les ressources de l'avenir,
devaient rester à la disposition du propriétaire de la
surface. S. de Girardin, Rapport sur la loi de 1810.

932. Caractère légal des matières constituant les
minières et carrières. — Tant que les matières consti-

tuant les minières ou carrières n'ont pas été détachées du sol, elles en forment nécessairement une partie constitutive, et ne font dès lors, avec lui, qu'un seul et même tout, et partant, l'ensemble constitue un immeuble.

L'exploitation par le propriétaire du fonds, constituera dès lors une exploitation de partie de son fonds et dès lors une exploitation immobilière.

Deviendront immeubles par destination, les objets que le propriétaire du fonds y aura placés pour le service et l'exploitation de ce fonds. C. Civ. art 524.

933. La disposition de l'article 8 de la loi de 1810, sur le caractère des parts d'intérêt dans les mines est-elle applicable aux minières et carrières. — L'article 8, qui répute meubles les intérêts dans une entreprise pour l'exploitation des mines, ne parle que des mines ; or la loi de 1810 ayant distingué avec le plus grand soin et dès le début, ce qu'elle entendait par mines, minières et carrières, il faut tenir que sa disposition restreinte par elle aux mines, ne s'appliquera pas aux produits des carrières et minières, à moins que les sociétés qui les exploitent puissent être considérées par le mode d'exploitation comme des sociétés industrielles désignées par l'article 529 du Code civil A Bury, nos 1361 et suiv. 1373; ce qui arrivera le plus souvent. Si l'entreprise a pour but le traitement des matières extraites, elle a un caractère essentiellement industriel et commercial et l'article 529 lui sera toujours applicable.

934. Nature mixte de certains contrats concernant l'exploitation des minières et carrières. — A. Bury, t. II, n° 1411 dit : 1° Les matières extraites d'une mine, minière ou carrière, sont une chose mixte, tenant à la fois des fruits et du fonds même. 2° Le droit de les extraire est un droit mixte tenant à la fois du droit de jouir et du droit de disposer. 3° La cession de ce droit est un acte mixte, tenant à la fois du louage et de la vente. 4° Enfin

19.

les questions relatives à ces matières extraites, au droit de les extraire et à la cession de ce droit, doivent-être résolues non par les règles isolées qui régissent les fonds ou les fruits, la vente ou le louage, mais par toutes les règles à la fois appliquées non directement, mais par analogie, avec discernement et suivant la question spéciale à résoudre.

Le même principe, spécialement en ce qui concerne le bail d'une mine, donnant au preneur le droit d'extraire pendant un nombre d'années déterminé la substance même de la mine, pierre, marbre, charbon, cuivre ou autres minéraux, a été posé par la Cour de Cassation, dans son arrêt du 28 janvier 1857, qui considère cet acte comme d'une nature mixte participant non moins du contrat de vente que du contrat de louage. Il existe plusieurs décisions rendues dans le même sens par les tribunaux belges.

935. Droit de cession. — Le propriétaire d'une minière a le droit de céder le droit d'exploitation suivant ses convenances.

C'est la conséquence forcée de la nature de ce droit de propriété. Le propriétaire de la minière, ayant la disposition de la minière au même titre que la disposition du sol de son domaine.

Le cessionnaire est subrogé à tous les droits de son cédant et soumis aux obligations auxquelles le cédant aurait été lui même soumis, et aux règlements sur l'exploitation qui atteignent tous les exploitants, quelque soit le titre en vertu duquel ils agissent.

Quant aux rapports d'intérêt privé qui font la loi des cédants et des cessionnaires, ils sont réglés par les clauses du traité de cession et par les principes sur cette nature d'actes.

Les difficultés que l'exécution du contrat peut faire naître entre eux, fussent-elles nées à raison du mode d'exploitation lui-même, que l'une des parties considérerait comme abusive, seraient de la compétence des tribunaux civils à l'exclusion des tribunaux administratifs.

Il nous paraît inutile de rappeler ici des arrêts qui ont statué sur ces difficultés, car ces décisions fondées sur les circonstances spéciales de chaque cause et la rédaction des conventions, sont des arrêts d'espèce qui ne peuvent être utilement invoqués comme précédents judiciaires.

L'arrêté du ministre des travaux publics du 12 juin 1837 et la circulaire du directeur général du 30 septembre 1837, en respectant ce droit de disposition absolue du propriétaire de la minière, avaient réglé la situation du cessionnaire vis-à-vis des maîtres de forges dont l'usine devait être alimentée par la minière, en exécution des articles 59 et suivants de la loi de 1810 ; mais cette obligation n'existant plus depuis que la loi de 1866, a abrogé ces articles, les actes précités sont sans application possible.

938. **Permis d'exploiter concédé par le propriétaire à un tiers; Droit d'enregistrement.** — Le droit d'exploiter une mine, comme je l'ai déjà indiqué, est considéré pour la perception des droits d'enregistrement, comme une vente mobilière. La même règle est applicable, d'après une jurisprudence constante de la Cour de Cassation, au droit d'exploiter une minière ou une carrière ; mais si au lieu d'autoriser l'exploitation, le propriétaire de la minière ou de la carrière, la vendait ; cette vente partielle du sol, ce démembrement de la propriété constitueraient une vente immobilière passible des droits qui frappent cette nature d'acte. Il est vrai qu'en ces matières, la loi n'a pas fait la distinction qu'elle a établie entre la mine et la surface, mais si cette distinction n'existe pas d'après la loi, rien n'empêche les contractants de la faire, or il est bien permis au propriétaire d'une maison d'en séparer, au moyen d'une vente, la cave ou le grenier, pourquoi le propriétaire d'un immeuble rural ne pourrait-il pas disposer par voie de cession de la carrière qui s'y trouve.

937. Droit de l'usufruitier sur les minières. — Aux termes de l'article 598 du Code civil, l'usufruitier jouit de la même manière que le proprietaire des mines et carrières qui sont en exploitation à l'ouverture de l'usufruit ; il n'a aucun droit aux mines et carrières non encore ouvertes, ni aux tourbières dont l'exploitation n'est pas encore commencée, nous n'hésitons pas à dire que les minières sont comprises ici dans la désignation générale de mines. Lallier, n. 544.

938. Affectation hypothécaire portant isolément sur une minière. — La loi de 1810 n'ayant pas fait, de la propriété des minières, une propriété distincte et séparée du fonds comme cela existe dans les mines, les minières et carrières ne peuvent être isolément l'objet d'une affectation hypothécaire. C. Cass. 19 mars 1816 ; *Sic*, Dalloz, *Rép.* V. *Privilèges et hypoth.* n. 834. *Contrà*, Troplong, t. II, n. 404 bis.

Partant l'hypothèque qui porte sur le fonds, portant sur la minière ou la carrière, qui fait partie intégrante de ce fonds, l'aliénation de la minière ou de la carrière ne peut avoir lieu au préjudice des créanciers hypothécaires et sans tenir compte de leurs droits. Dalloz, loc. cit. n. 835 et V° *Mines*, n. 764.

Mais supposons qu'une propriété qui n'est grevée d'aucune hypothèque contienne une minière ou une carrière et que cette minière ou carrière soit cédée à un tiers, celui-ci ne pourra-t-il pas l'hypothèquer ? Si la carrière ou minière a été définitivement démembrée de la propriété, si le titre a enlevé au vendeur la propriété entière de cette partie de son immeuble, pour la transférer à l'acquéreur, en un mot, s'il y a une vente parfaite de partie de l'immeuble, je ne vois pas pourquoi cette propriété immobilière ne pourrait pas être hypothéquée par l'acquéreur. C'est ce qui a été jugé à l'étranger, à l'occasion d'une carrière d'ardoises, Liège, 1er décembre 1848, et d'une concession perpétuelle de tourbière,

La Haye, 31 mars 1826. *Sic*, Bury, n. 1420 et suiv. Delebecque, n. 1190.

La solution de la question dépendra donc du point de
savoir, si le carrier est un acquéreur, propriétaire de
partie du fonds primitivement réuni dans la même main,
ou un simple fermier locataire, acquéreur des produits
de ce fonds et non du fonds lui-même.

§ 4.

Surveillance et Police de l'exploitation.

939. Application des règlements généraux et locaux
sur la sûreté des exploitations ; Contraventions ; Pénalités. — Il ne suffisait pas de soumettre les propriétaires de minières à faire une déclaration dans un cas
et à se munir d'une permission dans l'autre, et dans l'un
et l'autre à observer les règlements généraux sur la
matière, il fallait que ces prescriptions fussent accompagnées d'une sanction pénale. La question s'était élevée
de savoir si le titre X de la loi ds 1810, qui determine la
procédure et édicte des peines, à raison des contraventions, et qui ne mentionne dans son texte que les contraventions des propriétaires de mines, était aussi
applicable à celles qui sont commises en matière de
minières. La Cour de Cassation avait décidé la question
par l'affirmative. Faisant l'application de cette jurispri-
dence et en vue de lever tous les doutes, le législateur
de 1866, a dit que les articles 93 à 96 de la loi, sont applicables aux contraventions qui seraient commises aux
dispositions nouvelles édictées pour remplacer les articles 57 et 58 ; 2° exposé des motifs de la loi de 1866 ; et il
la dit en ces termes dans le nouvel article 58 : Dans les
deux cas prévus par l'article 57, l'exploitant doit observer
les règlements généraux ou locaux concernant la sûreté

et la salubrité publiques auxquels est assujettie l'exploitation des minières.

Les articles 93 à 96 de la loi de 1810, sont applicables aux contraventions commises par les exploitants des minières, aux dispositions de l'article 57 et aux règlements généraux et locaux dont il est parlé dans le présent article.

M. E. Dupont dans sa *Jurisprudence des mines*, t. II. p. 188, et dans son *Cours*, p. 450, indique huit réglements locaux concernant les minières de fer. Ce sont les arrêtés ministériels des :

22 avril 1844, sur les minières du Cher ;

12 septembre 1845, de la Mayenne ; application du réglement du Cher ;

26 juillet 1847, de la Sarthe ; application du réglement du Cher.

30 novembre 1848, des Ardennes ;

11 mai 1849, du Pas-de-Calais ;

26 mai 1849, de la Côte-d'Or ;

23 janvier 1850, de la Nièvre ;

27 mars 1855, sur les minières communales d'Aumetz et Audun-le-Tiche (Meurthe-et-Moselle) ;

Auxquels on peut joindre ceux des :

21 novembre 1821, pour la Loire ;

5 août 1844, pour l'Aube.

940. Application aux minières de l'article 45 de la loi de 1810, sur les dommages causés par des exploitations voisines. — L'article 45 de la loi de 1810, n'ayant été édicté que pour l'exploitation des mines spécialement, ne saurait être étendu à l'exploitation des minières qui restent, quant à ce, sous l'empire du droit commun. Bruxelles, 21 mars 1855, *Pas*. 56 2. 16.

941. Obligations et précautions imposées aux exploitants de minières. - Lorsqu'un arrêté de police sur l'exploitation des minières porte, que les puits seront environnés de barrières solidement établies, et qu'ils seront comblés dès qu'ils seront devenus inutiles ; cette obligation alternative, suivant l'état de l'exploitation, n'implique néanmoins qu'une seule et même responsabilité. Elle est à la charge de l'exploitant même pour le comblement des puits, d'après les articles 57, 58, 59, 60, 93 de la loi du 21 avril 1810, et spécialement de l'article 63 de la même loi S'il est vrai que le propriétaire peut vouloir en profiter pour continuer l'exploitation, il faut pour faire passer la responsabilité sur sa tête, qu'il ait manifesté son intention. C. cass. 24 novembre 1859, S. 60, I. 398. L'abrogation des articles 59, 60 et 63 de la loi de 1810, depuis que cet arrêt a été rendu, ne pourrait modifier la solution suffisamment établie sur les articles 58 et 93 maintenus.

942. Devoir des exploitants vis-à-vis leurs ouvriers. — En ce qui concerne leur personnel, les exploitants de minières sont tenus aux mêmes devoirs que les concessionnaires des mines, relativement à l'obligation de n'employer comme chefs de travaux, que des individus qui auraient travaillé comme mineurs, charpentiers, boiseurs ou mécaniciens, depuis au moins trois ans consécutifs. D. 3 janvier 1813, art. 25; comme à l'obligation de tenir un contrôle exact et journalier des ouvriers, destiné à être visé par les ingénieurs, art 27. Ils doivent de plus se conformer aux prescriptions de ce Décret et des lois spéciales sur les conditions d'admission des ouvriers, au point de vue des justifications qui peuvent être réglementairement requises, comme aux conditions d'âge et de sexe limitant leur entrée sur les divers chantiers.

943. Surveillance des travaux. — Puisque l'exploitant est obligé de respecter tous les réglements généraux ou locaux, auxquels est soumise l'exploitation des minières, L. 1810, révisée, art. 58 ; il est presque inutile d'ajouter, qu'il est placé sous une surveillance administrative, de nature à assurer ce respect, et à le ramener à cette exécution, s'il s'en écarte.

Dans le cas où l'exploitation doit être souterraine, elle ne peut avoir lieu, qu'avec une permission du préfet, qui détermine les conditions spéciales auxquelles elle est donnée et auxquelles l'exploitant est tenu de se conformer. L. 1810, art. 57, § 3. L'administration est donc autorisée à exercer une surveillance qui lui permette de s'assurer si les conditions imposées sont remplies.

Le droit de prescrire les mesures à prendre, en cas de danger, comme en cas d'accident, existe pour les minières, comme pour les mines. D. 3 janvier 1813. E. Dupont, *Cours*, p. 452.

§ 5.

Obligations des propriétaires de minerais, vis-à-vis des maîtres de forges et usiniers.

944. Abrogation des articles 73 à 78, de la loi de 1810, sur la permission nécessaire, pour établir des fourneaux, forges et usines; renvoi. Dans la section 4, de ce titre, la loi de 1810, avait déterminé les conditions à remplir pour l'établissement des fourneaux, forges et usines. Nous reviendrons, dans cette section, sur ces dispositions, pour indiquer qu'elles ont été abrogées par l'article 1, de la loi du 9 mai 1866; ce que nous nous bornons à indiquer ici, pour l'intelligence de l'alinéa suivant.

945. Abrogation des dispositions de la loi de 1810, concernant les obligations des propriétaires de minières, vis-à-vis les maîtres de forges. — La loi de 1810, par ses articles 59 et suivants, avait soumis les propriétaires de minières à des obligations assez lourdes et assez étroites, vis-à-vis des usines établies dans le voisinage, auxquelles on avait voulu assurer, dans de bonnes con-

ditions, les matières premières, nécessaires à leur fonctionnement. D'un autre côté, les usines ne pouvaient
être établies qu'après avoir obtenu des autorisations
constituant pour elles, leur titre et leur attribuant un
fonctionnement légal. La loi du 9 mai 1866 a eu pour
objet de dégager les usines métallurgiques, d'une partie
des formalités administratives auxquelles leur établissement était assujetti et de faire cesser, par suite, les
droits équivalents à des servitudes auxquelles, à leur
tour, les propriétaires de minières étaient soumis au
profit des usines autorisées dans les conditions de la
loi de 1810. L'industrie métallurgique, devenant libre
comme toutes les autres, s'établissant sans contrôle
spécial et sans autorisation préalable de l'administration, quand il lui plaît et là où il plaît, on ne compren-
drait pas qu'une usine, créée librement par le premier
venu, tirât du seul fait de son existence, le droit de contraindre les propriétaires de minières du voisinage à
lui fournir une quantité quelconque de minerai et à un
prix qu'ils n'auraient pas la liberté de fixer. En un mot,
du moment ou les usines métallurgiques rentraient
dans le droit commun, la propriété privée qui les ali-
mentait en minerai devait y rentrer aussi. La servitude
des minières, née du caractère quasi public, attribué
aux usines, par la loi de 1810, cessait nécessairement
avec ce caractère lui-même. Exposé des motifs de la
loi de 1866 séance du Corps législ., 30 mars 1864.

En conséquence, ont été abrogés les articles 59 à 67,
79 et 80 de la loi de 1810, ainsi que l'article 70, dans
celles de ses dispositions qui, dans les cas de concessions prévus par cet article, oblige le concessionnaire
à fournir, à certaines usines, la quantité de minerai nécessaire à leur exploitation. L. 9 mai 1866, art. 2, § 1.
Toutefois les dispositions de ces articles continuaient à
être applicables, jusqu'au 1er janvier 1876, aux usines
établies avec permission, antérieurement à la promulgation de la loi de 1866 ; même art. § 2.

Mais aux seules usines établies avec permission et non à celles existant sans permission. Rejet de l'amendement, proposé par la Commission du Corps législatif, dans le sens de l'extension du *statu quo*, pour toutes les usines, sans distinction, pendant dix ans.

§ 6.

Charges fiscales, imposées aux exploitants de minières.

946. Taxes spéciales. — Les minières étant des productions du sol ne devaient pas être assujetties aux redevances établies par la loi sur les mines, puisque le sol, dont elles sont le plus souvent l'unique produit, paie déjà la contribution foncière. S. de Girardin, Rapport sur la loi de 1810. Les minières ou mines, exploitées à ciel ouvert, ne sont dès lors pas soumises à la taxe, établie par la loi de 1810 au profit de l'Etat. Circ. Direct. gén. des mines, 30 juin 1819 ; Cons. d'Etat, 5 septembre 1821, (Caron) ; Dupont, *Jurisp.* t. II. p. 195 ; Lallier, n. 543.

Il n'en serait plus de même si, par application de l'article 70 de la loi de 1810, révisée en 1880, l'exploitation de la minière était confondue avec celle d'une mine concédée ; dans ce cas, exploitée en vertu d'une concession, la minière se confondrait avec la mine et aurait à supporter les taxes établies en faveur de l'Etat, sur les produits des mines concédées

947. Patentes. — Les exploitants de minières sont soumis à la patente. L. 15 juillet 1880, 5e partie du tableau C ; Dupont, *Jurisp.* t. II, p. 195. Il en était de même sous les lois antérieures sur les patentes, du 25 avril 1844 et 15 mai 1850 ; à moins que l'exploitation de la minière ne fût confondue par une concession spéciale, dans le cas prévu par l'article 70 de la loi de 1810 révisée, avec l'exploitation d'une mine concédée.

948. Subvention pour dégradations extraordinaires aux chemins vicinaux et ruraux. — Lorsqu'un chemin vicinal ou rural, entretenu à l'état de viabilité par une commune, sera habituellement ou temporairement dégradé par des exploitations de minières, il pourra y avoir lieu d'imposer aux propriétaires ou entrepreneurs, des subventions spéciales, dont la quotité sera proportionnée à la dégradation extraordinaire, qui pourra être attribuée aux exploitations. L. 21 mai 1836, art. 14 : L. 20 août 1881, art. 11. Les articles que nous venons de citer indiquent comment il est satisfait à cette obligation. Lalller, n. 566, Richard, 367.

SECTION III.

DES TERRES PYRITEUSES ET ALUMINEUSES.

949. Conditions de l'exploitation des terres pyriteuses et alumineuses. — L'exploitation des terres pyriteuses et alumineuses sera assujettie aux formalités prescrites par les articles 57 et 58, soit qu'elle ait lieu par les propriétaires des fonds, soit par d'autres individus qui, à défaut par ceux-ci d'exploiter, en auraient obtenu la permission. L. 21 avril 1810, art. 71.

Ces terres sont comprises dans la classe des minières. L. 1810, art. 3 ; Richard, n. 306 ; Lallier, 570.

Dans le cas au moins où l'exploitation a lieu à ciel ouvert le propriétaire seul a le droit d'exploiter, et le droit ne peut être transmis à un tiers que par l'effet de sa volonté, en l'état de la modification apportée à la rédaction de l'article 57, par la loi de 1866.

950. Obligation de l'exploitant vis-à-vis des propriétaires du sol. — Si l'exploitation a lieu par des non-propriétaires, ils seront assujettis, en faveur des propriétaires, à une indemnité qui sera réglée de gré à gré ou par experts. L. 21 avril 1810, art. 72.

La modification d'un certain nombre d'articles de la loi de 1810, rend difficile de préciser le cas où l'exploitation pourra avoir lieu par les non-propriétaires et contre leur gré, en dehors du cas où il peut y avoir lieu à concession. Dans les autres cas, les droits ouverts aux usiniers ayant disparu, le propriétaire en donnant lui-même son assentiment à l'exploitation en fixera les conditions, de concert avec celui qu'il substituera à ses droits, sans qu'un règlement d'indemnité, autre que celui auquel il aura consenti, puisse lui être imposé. Le cas prévu par l'article 70 de la loi de 1810 modifiée en 1880 se présentant, on aura à se conformer à ses dispositions.

951. Terres pyriteuses et alumineuses mélangées à la tourbe. — Sont comprises dans les matières indiquées à l'article 71 de la loi de 1810, et partant soumises au régime des minières, comme l'indique cet article en renvoyant aux articles 57 et 58. Décision min. du 30 juillet 1836 ; E. Dupont, *Jurisp.* t. II, p. 275; *Cours* p. 463.

952. Terres pyriteuses destinées à servir d'engrais ou à la fabrication de la poterie. — L'article 4 de la loi de 1810 porte que les carrières renfermant des terres à poterie et que les terres pyriteuses regardées comme engrais, exploitées à ciel ouvert ou par galeries souterraines, sont classées comme carrières. C'est donc à ce régime que sont soumises ces terres destinées à l'amendement des terres, ou à la fabrication de la poterie. Lallier, n. 571 ; Naudier, p 404.

953. Exploitation des terres pyriteuses et vitrioliques, concédées dans l'Aisne et l'Oise. — Disons pour mémoire que des terres pyriteuses dans les départements de l'Aisne et de l'Oise, ayant été concédées avant la loi de 1810, pour mettre en harmonie la situation de ces concessionnaires avec cette loi qui n'autorisait plus les concessions de cette nature, lorsque l'exploitation avait lieu à ciel ouvert, le ministre de l'intérieur prit, le 28 janvier 1812, un arrêté par lequel, les terres pyriteuses et vitrioliques en dépôt d'alluvion, exploitées pour la fabrication du sulfate de fer et de l'alun et autres sels, étaient rangées dans la classe des minières ; art. 1. Les concessions accordées sous l'empire des anciennes lois devaient être maintenues pendant la durée fixée dans les titres, à charge de payer les redevances fixées d'après la loi de 1810 sur les mines, ou d'après leurs titres de concession ; art. 2. Ces concessionnaires étaient libres de renoncer au bénéfice de leur concession, et ils étaient alors déchargés du paiement de toute redevance ; mais ils devaient alors cesser leur exploitation, à charge de ne la reprendre qu'après avoir rempli les formalités imposées aux propriétaires des minières qui veulent les exploiter ; art. 3 et 4.

954. Concession de gîtes bitumineux. — Les gîtes bitumineux ne sont pas concessibles s'ils affluent à la surface, et sont susceptibles d'exploitation à ciel ouvert, ce qui les fait rentrer, d'après l'article 69, dans la classe des minières. Avis du C. d'Etat du 24 juillet 1839 sur un projet de concession des gîtes bitumineux de Bastennes.

955. Extractions de terres. — Le droit d'extraire des terres sur un fonds au profit d'une fabrique constitue une servitude de la fabrique sur ce fonds. Cela a été ainsi jugé relativement au droit concédé à une tuilerie communale d'extraire des argiles sur un immeuble. C. Cass. 15 avril 1833. S. 33, I. 278 ; relativement à un droit de même nature conféré à un simple particulier, 26 mai 1857, S 58. I. 118. On a décidé de même au profit d'une fabrique de porcelaine, dont l'exploitant avait acquis, sur le fonds d'un tiers, le droit d'extraire de la terre à gayette, qui sert de moule à la porcelaine. C. Cass. 8 mars 1880, S. 81, I. 445.

Mais, dans tous ces cas, les dispositions de la loi de 1810, sur les mines et minières, n'ont point à recevoir d'application.

SECTIONS IV ET V.

DES PERMISSIONS POUR L'ÉTABLISSEMENT DES FOURNEAUX, FORGES ET USINES.

986. Abrogation des dispositions de la loi de 1810, concernant les permissions pour l'établissement des four· neaux, forges et usines. — La section 4 du titre 7 de la loi de 1810, article 73 et suivants, contenait une série de dispositions sur les permissions à obtenir pour l'établissement des fourneaux, forges et usines. L'instruction du ministre de l'intérieur, du 3 août 1810, en explique parfaitement les motifs En 1860, le gouvernement voulant affranchir notre industrie de toutes les entraves intérieures qui la plaçaient dans des conditions d'infériorité, songea à faire disparaître les règlements restrictifs qui gênaient nos grandes exploitations. Pour réaliser ces intentions, il présenta un projet de loi qui avait spécialement pour objet de dégager les usines métallurgiques d'une partie des formalités administratives auxquelles leur établissement était assujetti par la loi de de 1810 ; Exposé des motifs de la loi de 1866, présenté au Corps législ 30 mars 1864 Aux termes de l'article 1er de la loi du 9 mai 1866, les articles 73 à 78 de la loi de 1810, ayant pour objet de soumettre à l'obtention d'une permission préalable l'établissement des fourneaux, forges et usines, ont été abrogés.

987. Portée de l'abrogation des articles 73 et suivants sur les permissions relatives à l'établissement des fourneaux et usines. — L'abrogation des articles 73 et suivants de la loi de 1810, ne les laisse pas moins sou-

mis à l'accomplissement préalable des formalités auxquelles ils peuvent être astreints sous d'autres rapports
en vertu d'autres lois et règlements : l'exposé des motifs
l'indique très nettement et le rapport de la commission
du Corps législatif n'est pas moins explicite. La suppression des dispositions de la loi de 1810, relatives à cet
objet, dit-il, n'abroge pas la législation protectrice qui a
trait aux établissements insalubres, incommodes ou
dangereux, à l'emploi des machines à vapeur, au régime
des cours d'eau, aux constructions élevées dans les
zônes réservées. D'où il suit qu'au point de vue de l'intérêt des tiers, de la salubrité, de la sécurité publique,
du voisinage, les garanties que réclame une saine appréciation des intérêts en présence, continuent à subsister. E Dupont, *Cours*, p. 440 et 460 ; Circ min 26
juillet 1866 ; C. cass. 5 juin 1874, S 74, I 504

Depuis la promulgation de la loi de 1866, tout ce qui
touche aux permissions et aux conditions qu'elles com-
portaient, a cessé d'exister légalement, en conséquence
un ancien permissionnaire a pu librement modifier le
régime de son usine, sans s'exposer à des poursuites à
raison des contraventions que prévoyait l'article 77 de
la loi de 1810, article expressément abrogé ; ni aux pénalités édictées à raison des contraventions, par l'article
96 de la même loi. D'un autre côté les articles 93 à 96 de
la loi de 1810, modifiée en 1866, articles qui règlent les
poursuites et les pénalités, sont applicables seulement
aux contraventions commises par les exploitants des
minières aux dispositions de l'article 57 et aux règlements généraux et locaux, dont il est parlé dans l'article
58, donc il ne peut en être fait application à l'industriel
qui exploite non une minière, mais une usine. C. cass.
5 juin 1874 précité.

Des poursuites ne sont dès lors régulièrement entreprises que si elles sont fondées sur la violation des
règlements concernant les établissements incommodes,
insalubres et dangereux.

TITRE VIII

Des Carrières et Tourbières.

SECTION I.

DES CARRIÈRES.

§ Ier

Propriété des Carrières.

958. Ce qu'on doit entendre par carrières. — L'article 4 de la loi de 1810 porte :

« Les carrières renferment les ardoises, les grès, pierres à bâtir et autres, les marbres, granits, pierres à chaux, pierres à plâtre, les pozzolanes, les trass, les basaltes, les laves, les marnes, craies, sables, pierres à fusil, argiles, kaolin, terres à foulon, terres à poterie, les substances terreuses et les cailloux de toute nature, les terres pyriteuses regardées comme engrais, le tout exploité à ciel ouvert ou avec des galeries souterraines. »

Cette nomenclature n'est pas limitative ni exclusive, mais seulement indicative. Bury, nos 11 à 14 et 1111 ; Dupont, *Jurisp.* t. II, p 346 ; *Cours*, p. 475 ; Dalloz, *Rep.* vº *mines* n. 750. Ainsi on doit y comprendre bien que non désignés, les phosphates de chaux, D. en Conseil d'Etat du 6 février 1874, rejetant une demande en concession ; mais on ne peut y comprendre des matières

dénommées dans les articles 2 et 3 de la loi de 1810.
Dupont, *Jurisp.* t. II, p. 346 ; *Cours*, p. 476 ; Lallier,
n. 652 ; Naudier, p. 447 ; par exemple les calcaires bitumineux, les bitumes étant désignés dans l'article 2, C.
d'Etat, 19 juillet 1843, Asphaltes de Seyssel. Une substance minérale est carrière d'après sa nature et non
point d'après son mode de gisement, ou d'exploitation
superficiel ou souterrain. E. Dupont, *Cours*, p. 476.

M. E. Dupont, *Cours*, p. 509, fait remarquer qu'en
Belgique et en Suisse des tendances accusées par les
projets de lois ou travaux divers, se sont manifestées
pour distraire de la classe des carrières où elles sont actuellement placées, comme en France, les ardoisières
exploitées souvent à de grandes profondeurs, pour les
soumettre au régime des mines.

959. **Nature de la propriété des carrières.** — La propriété des carrières fait partie de la propriété de la
surface et elle est soumise au même régime. Elle est
disponible, transmissible, divisible comme celle de toute
autre partie des biens fonds. C. Civ. art. 552 ; C. Cass.
22 février 1875, S. 75. I. 149 ; Richard, n. 382 ; Dupont
t. II, p. 346 ; Naudier, p. 448.

960. **Un propriétaire peut-il être forcé d'exploiter ses
carrières ?** — Sauf la réserve que nous faisons en ce qui
concerne l'exécution des travaux d'utilité publique et
l'entretien des grandes voies de communication, nous devons affirmer que le propriétaire du sol a seul le droit de
disposer des carrières qui se trouvent sur sa propriété,
soit en les exploitant, soit en autorisant un tiers à entreprendre cette exploitation. Personne ne peut forcer son
consentement. Art 544 et 552. C. Civ ; de Fooz, p. 81, etc.

L'article 2 de la loi du 28 juillet 1791 portait que, à
défaut par les propriétaires d'exploiter les substances
nécessaires à des établissements et manufactures d'utilité générale, les propriétaires de ces établissements
pouvaient être autorisés à les exploiter eux-mêmes. Le

Conseil des mines a été d'avis que cette disposition était encore en vigueur. *An. des M.* 3ᵉ série, t. VIII, p. 550, où M. de Cheppe, développe l'avis du Conseil. Lallier, n. 663, est de cet avis, et il invoque dans ce sens l'auto‑ rité de Toullier, t. II, n. 556 et de Proudhon, *Dom. de propriété*, n. 743. Je suis avec Richard, n 385 et M. Dupont, *Jurisp.* t. II, p. 365, *Cours*, p. 489, d'un avis complètement opposé et si l'opinion contraire a pu être soutenue sous la loi de 1810, il me paraît impossible de persister aujourd'hui après les modifications apportées à cette loi en 1866.

D'un autre côté si le droit d'ouvrir une carrière, ré‑ servé au propriétaire, lui appartient d'une manière abso‑ lue, c'est à la condition bien entendu de se soumettre aux lois et actes de l'autorité publique qui, dans un intérêt de sécurité publique, ont réglementé l'exercice de ce droit.

M. Dupont, *Jurisp.* t. II, p. 368, avait soutenu que l'arrêt du roi, du 20 juin 1861, qui permet aux maîtres de forges de tirer castine en tous lieux et endroits moyen‑ nant indemnité était encore en vigueur. Mais son excel‑ lent traité sur la jurisprudence des mines, même dans sa dernière édition est antérieur à la loi de 1866, et depuis dans son *Cours*, p. 490, il a avec raison considéré cet acte comme abrogé.

961. Présomption de propriété. — Si l'article 552, C. Civ. indique que le propriétaire de la surface d'un fonds de terre est légalement présumé propriétaire du dessous, l'article 553 admet que le propriétaire du dessous peut ne pas l'être du dessus. De sorte qu'on peut fort bien être dé‑ claré propriétaire d'une carrière en même temps que un tiers est reconnu propriétaire de la surface du sol. Et en effet bien qu'en ce qui concerne les carrières, il n'y ait pas la division légale qui existe entre la propriété des mines et celle de la surface, rien n'empêche que cette division existe en exécution de conventions spéciales. C. Cas. 7 mai 1838, S. 38, 1, 719, D. 38, 1, 223; Lallier, n. 685; Dupont, t. II, p. 386.

962. Extractions pratiquées par le propriétaire du fonds accidentellement pour les besoins de son domaine. — Parfois les propriétaires d'immeubles par suite des besoins de leurs fermes, pour des constructions, des murs de soutènement des terres, des empierrements de chemins, des constructions de ruisseaux et autres causes, sont dans le cas de faire des fouilles et extractions de pierres dans les bancs de roches dépendant de leurs domaines. Ces emprunts accidentels faits au sol, ne constituent pas suivant nous une exploitation de carrière soumise aux règles spéciales applicables à ces travaux. Ils ne prendraient ce caractère que si ces extractions se faisant même dans un intérêt limité à un domaine, prenaient des proportions considérables, comme cela peut avoir lieu par exemple pour l'établissement d'usines, des travaux de défense contre les cours d'eau. Il pourrait en pareil cas y avoir une exploitation de carrières, et non des emprunts passagers et sans importance, et dès que l'extraction prendrait le caractère d'une véritable exploitation de carrières, je ne vois pas pourquoi les articles 81 et 82 de la loi de 1810 révisée, ne seraient pas applicables quelle que fût la destination des matériaux extraits.

En pareil cas, si un entrepreneur de travaux publics venait à l'exploiter pour son entreprise, le propriétaire serait parfaitement fondé à demander le règlement de l'indemnité lui revenant sur le pied des emprunts aux carrières en exploitation, pourquoi alors ne serait-il pas soumis aux règles applicables à cette exploitation.

963. Caractère de l'exploitation. — Le propriétaire qui exploite sa carrière ne fait pas acte de commerce. C. Cass., 14 janvier 1820 ; Bordeaux, 23 novembre 1854, D. 55, 5, 7 ; Lallier, n° 670.

Mais il n'en est pas de même de celui qui l'a louée pour extraire les produits, les façonner et les vendre. Colmar, 24 août 1808 ; Lallier, n. 670, 672 ; Com. Marseille, 31 mai 1884.

Les sociétés formées pour cette exploitation seraient donc des sociétés commerciales. C. Cass., 30 avril 1828 ; 15 déc. 1835, S. 335, 1, 33 ; Caen, 17 déc. 1847, D. 48, 5, 4.

Mais si les propriétaires de carrières font subir des manipulations aux matières extraites avant de les vendre, ils font acte de commerce. Angers, 26 décembre 1855, D. 56, 2, 114 ; Rouen, 28 février 1861, S. 61, 2, 613. Je dois indiquer toutefois que sur ce point il paraît y avoir une divergence dans la jurisprudence, puisqu'on peut citer en sens inverse des arrêts que je viens d'indiquer, ceux de Metz, 24 novembre 1840 ; Orléans, 13 mars 1844, S. 45, 2, 5 ; Aix, 8 mai 1867. C'est que la solution en droit est considérablement influencée par les constatations en fait en pareil cas, et les nuances que présentent les circonstances dans chaque affaire sont de nature à peser beaucoup dans l'appréciation du caractère de l'acte

964. Cession d'une carrière. — Le propriétaire d'un fonds peut céder la propriété de la carrière qui s'y trouve. C. Cass., 7 mai 1838, S. 39, 1, 719 et D. 38, 1, 223. S'il cède cette carrière en toute propriété, c'est-à-dire s'il vend et transporte la partie de son immeuble où se trouve la carrière, il y a une mutation dans une portion foncière d'une propriété démembrée qui, constitue une véritable vente immobilière d'une portion divisible et divisée d'un domaine. Dès lors toutes les règles de droit commun en matière de vente immobilière devront être à mon avis, appliquées.

965. Cession du droit d'exploiter une carrière. — Mais il n'en est pas de même de la cession du droit d'exploiter une carrière par un propriétaire, qui n'aliène aucune partie de son fonds suivant les limites dans lesquelles il se comporte, et qui autorise seulement un tiers à disposer des produits industriels que ce fonds est susceptible de produire.

Sans revenir sur les explications que nous avons

données lorsqu'une question ayant les plus grands rapports avec celle-ci s'est présentée à l'occasion des amodiations de mines, disons que la cession du droit d'exploitation seul, est généralement considérée comme constituant une vente purement mobilière.

Nous allons en signaler les conséquences au point de vue de la perception des droits d'enregistrement.

La chambre des requêtes a implicitement préjugé par suite de son arrêt d'admission du 26 novembre 1884, que le contrat par lequel le propriétaire d'un terrain cède le droit d'y exploiter une carrière et spécialement d'y extraire du kaolin, moyennant une redevance déterminée par tonne, constitue une vente de ce produit se réalisant au fur et à mesure de l'extraction. D'où il résulterait que la redevance due par le preneur ne serait que le prix d'une vente mobilière, non le prix d'un loyer ou d'un fermage. Et que le propriétaire ne serait pas fondé à réclamer pour assurer le paiement du prix de vente le privilège réservé par l'article 2102 du Code civil pour le cas où il s'agit du paiement d'un prix de bail. Civ. Namur, 28 avril 1885 ; Delecroix, 85,235.

966. Perception des droits d'enregistrement. — Au point de vue spécial de la perception des droits d'enregistrement, il est constamment jugé que la cession du droit d'exploiter une carrière est passible du paiement d'un droit de 2 pour cent, et non du droit de 0,20 pour cent, dû pour les baux. Il en est de même de la vente de ce droit comprenant les ustensiles attachés à l'exploitation. C. Cass. 19 mars 1816, S. 17, 1, 7 ; 22 août 1842, D. 42, 1, 348 ; 11 janvier 1843, D. 43, 1. 90 ; 17 janvier 1844, D. 44, 1, 89 ; 23 avril 1845, D. 45, 1, 197 ; 5 mars 1855, S. 55, 1, 299. D. 55, 1, 123 ; 6 mars 1855, S. 55, 1, 379, D. 55, 1, 83 ; 28 janvier 1857, S. 57, 1, 640 ; 26 novembre 1884.

Ainsi jugé spécialement pour la cession du droit d'extraire des pierres d'une carrière pendant un nombre d'années déterminé et moyennant un prix convenu. Narbonne, 24 août 1846, D. 46 4, 246, C. Cass., 26 janvier 1847, S. 47, 1, 102, D. 47, 1. 80 ; Trib. de Besançon, 28 février 1848, D. 48, 5 153.

La réserve de résiliation insérée dans l'acte n'en change pas le caractère. C. Cass., 17 janvier 1844, D. 44, 1, 89.

D'un autre côté, il faut bien alors admettre qu'un pareil acte ne peut donner lieu aux perceptions qui frappent les ventes immobilières, alors même que la cession est faite jusqu'à complet épuisement. C. Cass., 13 août 1833, S. 33, 1, 784 ; 11 janvier 1843, S. 43, 1, 317 ; D. 43, 1, 90.

Toutefois si par le même acte on cède le droit d'extraire des matériaux dans une carrière, et on concède le droit d'occuper des terrains pour en faciliter l'exploitation, ce dernier droit ne pourrait être considéré que comme un bail et il ne pourrait dans tous les cas constituer une vente mobilière. Dès lors si un prix unique est stipulé, il faudra faire une ventilation pour la perception de l'impôt suivant la nature des stipulations. Nantes, 8 décembre 1841, D. 42, 3, 123,

967. Résolution d'une vente de carrière. — L'exploitation d'une carrière opérée contrairement aux lois et règlements et d'une manière préjudiciable aux intérêts du propriétaire, peut donner lieu à une résolution de la vente au profit du vendeur resté propriétaire du sol et de la superficie, et non exclusivement à des dommages intérêts. C. Cass., 11 juin 1844, S. 44, 1, 549, D. 44, 1, 326.

Il importe peu que cela entraîne l'annulation du droit d'exploiter accordé par l'administration, cette permission n'ayant été donnée en ces matières que sauf les droits privés résultant d'actes n'ayant aucun caractère administratif. C. Cass., 11 juin 1844. Cité.

968. Inexécution des conditions d'une exploitation ; limite des pouvoirs des tribunaux. — Celui qui a concédé un droit de carrière à un tiers sur sa propriété, sans limiter la durée de l'exploitation, peut bien obtenir le cas échéant la résolution du droit avec dommages-intérêts, ou seulement des dommages-intérêts ; mais le droit d'exploitation n'étant pas limité dans sa durée, si le contrat continue à subsister, il ne peut demander aux tribunaux de le modifier en remplaçant les dommages-intérêts par une limitation arbitraire des droits des exploitants, ni imposer à l'extraction une durée autre que celle qui avait été stipulée par les parties. C. Cass., 5 avril 1870, S. 70, 1, 237.

969. Interdiction d'ouvrir des carrières nouvelles dans les environs d'un terrain vendu. — Il arrive bien souvent en cas de vente de terrains contenant des carrières que le vendeur s'interdit d'ouvrir dans les terres qui lui restent de nouvelles carrières, une telle stipulation est incontestablement valable et elle oblige les contractants.

Mais dans le cas où le vendeur qui s'est soumis à cette prohibition, vient à vendre les propriétés qu'il s'était réservées, si le nouvel acquéreur ne tient aucun compte de cette prohibition, le cessionnaire des premières parcelles pourra-t-il le contraindre à s'y soumettre, ou n'aura-t-il qu'une action en dommages-intérêts contre son vendeur ou les représentants à titre universel de celui-ci. On a résolu généralement cette question au moyen d'une appréciation de fait, les parties ont-elles eu l'intention de grever un fonds au profit d'un autre par une clause prohibitive frappant l'un au profit de l'autre, les obligations contractées restent inhérentes à l'immeuble, et peu importent les mains entre lesquelles il passe ; au contraire la stipulation n'a-t-elle pas dans l'intention des parties le caractère d'une servitude, elle reste une obligation personnelle, ne suivant pas l'immeuble et n'obligeant pas par elle-même ses détenteurs successifs. Dans le sens de la réalité de l'obligation pe-

sant sur les détenteurs successifs. Paris, 26 mai 1857,
S. 58, 2. 117 ; Grenoble, 28 mai 1858, S. 59, 2, 38. Dans le
sens contraire soit de l'obligation personnelle. C. Cass.,
8 juillet 1851, S, 51, 1, 599.

970. Exploitation insuffisante. — Lorsqu'un bail
de carrières est fait moyennant le paiement d'une somme
déterminée par quantité extraite, on doit considérer
comme sous-entendue l'obligation pour le preneur de
conduire l'exploitation dans des conditions normales
assurant au bailleur un revenu en rapport avec l'objet
loué. Et si le fermier ne remplit pas cette obligation il
peut encourir des condamnations à des dommages-intérêts et même la résolution de son bail. Bordeaux, 4 mai
1846, S. 47, 2, 13.

971. Développement anormal de l'exploitation. —
D'un autre côté lorsqu'il est réservé au propriétaire du
fonds une redevance proportionnée aux quantités extraites il n'a généralement pas à se plaindre de l'activité
apportée aux travaux, c'est le reproche contraire qu'il
est tenté d'adresser aux exploitants; mais s'il doit retirer
une somme fixe annuelle pendant un temps déterminé,
il est intéressé à ce que par une activité anormale donnée
aux travaux, sa carrière ne soit pas complétement épuisée dans très peu de temps. Pour prévenir ce résultat
dans certains pays, on limite le nombre d'ouvriers que
le maître carrier pourra employer, à peine de dommages-
intérêts si ce nombre est dépassé. Lallier, n. 668. Si des
différends naissaient entre les parties à raison de la
difficulté que nous signalons, ils devraient être vidés
par les tribunaux, en prenant en considération les intentions des parties, les usages locaux et les diverses circonstances de chaque affaire. C'est ainsi qu'il a été décidé par interprétation des volontés des parties, que si
une carrière est louée sans fixer l'étendue de l'exploitation et que dans le courant du bail, un fait imprévu,
amène une extension telle qu'à la fin du bail elle soit

épuisée contrairement aux prévisions des contractants au moment du traité, il y a lieu à indemniser le propriétaire. Grenoble, 5 mars 1836 ; Lallier, n. 669.

972. Action contre l'exploitant actuel à raison d'abus antérieurs. — On ne peut réclamer des dommages et intérêts pour réparation des abus de jouissance à l'exploitant actuel, alors qu'il est étranger à ces abus qui se sont produits par le fait de l'exploitation antérieure et avant sa mise en possession. Comme cessionnaire des exploitants primitifs, il est leur successeur à titre particulier et non le successeur à titre universel. C. cass. 5 avril 1870, S. 70, I. 237.

En serait-il de même si au lieu d'un simple changement d'exploitant, celui contre lequel l'action serait dirigée, acquéreur à la fois de la propriété et de la carrière qu'elle renferme, était le représentant à la fois du propriétaire du sol et de l'exploitant de la carrière, et que le demandeur fût un voisin qui se plaindrait de ce que, par exemple, l'exploitation ayant eu lieu à pic sur la ligne divisoire, sa propriété surplombant le fonds voisin qui auparavant était à niveau avec elle viendrait à s'ébouler. La Cour de Caen, le 26 juillet 1876, S. 77, 2, 253, a décidé que le propriétaire actuel serait soumis au recours du voisin, tant que la prescription n'aurait pas sanctionné les modifications apportées aux lieux, et il me paraît que cette solution peut très bien être acceptée. Ainsi, je vois mon voisin creuser sur la limite de nos héritages pour tirer profit d'une partie utile de son sol, la consistance du terrain me fait espérer que ce sera sans danger pour la conservation du mien et tandis que cet état de chose existait, mon voisin vend ; l'acquéreur voit évidemment dans quel état se trouve le fonds qu'il achète et ne peut pas ne pas se rendre compte des causes de cette situation, qu'il accepte en connaissance de cause ; mais voilà que par suite d'infiltrations, de perméabilité du sol, d'exposition à l'air, au froid et à la chaleur, ce ter-

rain ainsi coupé à pic, perd pied et s'éboule, je recherche
les causes de ce fait, il est évidemment imputable à mon
voisin, et lorsque ce dommage se produit j'en demande
la réparation à celui qui ayant accepté les lieux avec
leur situation connue, leur état apparent, a pris à charge
les conséquences de cette situation, et je crois être fondé
à demander à mon voisin actuel la réparation du dommage qui se produit actuellement par le fait de sa chose
telle qu'il a accepté de la posséder. Si on n'admettait pas
cette solution il faudrait aller jusqu'à soutenir que ce
voisin serait autorisé à me demander de débarrasser son
terrain des éboulements qui se sont produits chez lui et
qui encombrent son héritage, sauf à moi à agir vis-à-vis
de son vendeur pour être indemnisé de la perte de mon
terrain, de la perturbation qu'elle amène sur une partie
de mon sol, et des dommages à payer à son acquéreur.
Ce qui me paraîtrait souverainement injuste. L'acquéreur a pris la chose vendue dans l'état où elle était, il a
connu forcément cet état dans l'hypothèse où je me
cantonne d'exploitation de carrières à ciel ouvert, c'est
à lui de se défendre activement et passivement en agissant aux droits actifs et passifs de son vendeur.

Mais lorsqu'un dommage aura été effectivement causé
par un fait direct de l'exploitation et personnel de l'exploitant et que le voisin l'aura souffert sans se plaindre
et sans formuler aucune réclamation, en cas de vente
de l'immeuble contenant la carrière, le voisin ne pourra
pas rendre l'acquéreur responsable non seulement des
nouveaux actes dommageables qui se produiraient sous
sa gestion, mais encore de ceux qui auraient été commis par son prédécesseur, alors que l'acquéreur n'y a nullement participé, et que rien n'établit qu'il ait entendu les
prendre à sa charge. C. Cass. 5 avril 1870, S. 70, 1. 237.

Autre chose est l'action fondée sur un abus résultant
d'un fait personnel reprochable à son auteur et l'action
fondée sur un préjudice résultant de l'état des lieux et

des modifications qui y ont été apportées au su de l'acquéreur, et qu'il a accepté activement et passivement.

973. Du droit de fortage. — Le droit de fortage est le
droit de se procurer, à l'aide d'extraction, des matériaux
et notamment des pierres de construction, qui se trouvent sous la superficie de certains immeubles. Paris, 22
janvier 1867, S. 67, 2. 181. Nous sommes amenés à
reposer ici la question, ce droit est-il mobilier ou immobilier ? que je fais suivre d'un simple exposé de la
jurisprudence. Le tribunal de Versailles dit, il est mobilier, puisqu'il a pour objet de mobiliser les pierres d'une
carrière au fur et à mesure de l'exploitation, 7 juin 1866,
S. 67, 2. 181. La cour de Paris ajoute que le droit d'extraire du sous sol les pierres qui y sont contenues, ne
comprend pas le sous sol envisagé absolument et comme
une propriété distincte de la superficie, mais uniquement
un droit d'exploitation industrielle dans la limite des
produits sur lesquels il porte et qui ne se composent que
de pierres absolument. Qu'il s'en suit que le fortage ne
constitue qu'un droit mobilier qui bien qu'illimité dans
sa durée et dans la somme de ses produits, n'en est pas
moins destiné à prendre fin après l'épuisement de la
masse exploitable, et n'en laisse pas moins entre les
mains de celui auquel le sous sol appartient, la propriété
du dessous aussi bien que la propriété du dessus. Paris,
22 janvier 1867, S. 67, 2. 181. D. 68, 2. 137 ; Pau 31 août
1867, sous cassation, S. 71. I. 95, D. 70, I. 345 ; Paris 8
mars 1883, suivi d'un pourvoi et d'un arrêt d'admission
à mon rapport. Si ce n'est pas un droit immobilier comme
division du sol, ce n'est pas non plus un droit immobilier
comme servitude, parce qu'une servitude est au profit
d'un fonds sur un autre fonds et non au profit d'une personne sur un fonds ; même arrêt.

Il est évident que l'extraction mobilise les matériaux
extraits, mais avant cette extraction quoi de plus immo-
bilisé qu'une des parties constitutives d'un fonds, à coup

sûr les matériaux provenant de la démolition d'un édifice et ceux assemblés pour en construire un nouveau sont meubles, c'est l'article 532 qui le dit textuellement, mais le droit d'extraire ne porte pas sur des matériaux extraits, la loi dit également, les récoltes pendant par les racines et les fruits des arbres non encore recueillis sont pareillement immeubles, les coupes ordinaires des bois taillis ou de futaies mises en coupes réglées ne deviennent meubles qu'au fur et à mesure que les arbres sont abattus, art. 520, 521. C. Civ. et si l'acquéreur achète un droit qui lui permette de mobiliser ce qu'il achète, il est évident que le vendeur détache de son immeuble une partie accessoire de cet immeuble, en quelque sorte constitutive sur un certain point de sa propriété immobilière, et qu'on peut difficilement considérer cela comme un droit purement personnel et mobilier ; aussi voit-on la cour de cassation qui lorsqu'elle n'envisage que la situation d'un acquéreur d'un pareil droit vis-à-vis le fisc répugne à admettre une vente immobilière, ne faire aucune difficulté pour reconnaître ce caractère pour certains effets légaux qu'elle doit avoir vis-à-vis des tiers. C. Cass. 15 décembre 1857. S. 60, I. 536.

Au surplus ces droits sont surtout recherchés par des propriétaires de fonds sous lesquels se trouvent des carrières et qui pour l'exploitation de cette partie de leurs immeubles, ont besoin d'étendre leurs travaux et de prolonger des galeries sous les fonds voisins des leurs. En pareil cas les traités qui interviennent arrivent à créer de véritables servitudes au profit des fonds et des carrières déjà ouvertes produits de ces fonds, et il est impossible de ne pas considérer alors ces droits de fortage comme de véritables servitudes. C. Cass. 15 avril 1833. Dalloz. *Rep.* v° *Servitudes*, n. 1068; Paris, 7 mars 1846, S. 67. 2. 181, notes, D. 68, 2. 137; C. Cass, 15 mai 1877. S. 77. I. 296.

Droits susceptibles d'hypothèques ; Paris 7 mars 1846

précité, et affectant des immeubles qui passent activement et passivement à tous les propriétaires successifs de ces droits avec la propriété des fonds où ils sont situés. C. Cass. 15 mai 1877. Cité.

On a bien considéré comme une servitude le droit d'extraire des terres argileuses concédé à une tuilerie communale, C. Cass. 15 avril 1833, S. 33, 1. 278; ou même à la tuilerie d'un particulier, Paris 26 mai 1857, S. 58, 2. 118; et cette décision a eu l'approbation de la doctrine; Pardessus, *Serv.* t. I, n. 11 ; Demolombe, t. II, n° 684.

La Cour de cassation a vu dans un pareil droit une charge imposée à la propriété et non une propriété indivise ou conditionnelle, C. Cass. 8 mars 1880, S. 81, 1. 445.

Ce droit est prescrit après trente ans, surtout si d'un côté le bénéficiaire n'en a pas usé, et que au contraire, le propriétaire du fonds l'a exercé. C. Cass. 30 mars 1870, S. 71, 1. 95.

S'il frappait un domaine sur lequel une servitude de passage fut imposée au profit d'un fonds tiers, l'achat de ce dernier fonds par le propriétaire du domaine soumis aux extractions faisant disparaitre la servitude de passage, article 705, C. Civ., le propriétaire de ce domaine ne pourrait plus soustraire à l'exercice du droit de fouiller, le terrain sur lequel il prétendait vouloir réserver l'exercice d'une servitude qui n'existerait plus. C. Cass. 8 mars 1880, précité.

Les propriétaires soumis au fortage au profit de tiers, ont le droit d'actionner les acquéreurs de ces droits en réparation des éboulements causés à la superficie par suite du mauvais état des galeries et passages souterrains dont la jouissance constitue une partie essentielle de l'exercice de la servitude ; il n'y a pas lieu au partage des responsabilités entre les exploitants successifs alors que, en fait, la faute est imputable aux propriétaires actuels cités en réparation. C. Cass. 15 mai 1877, S. 77. 1. 296.

La société constituée en vue d'exploiter des carrières d'ardoises et de pierres, qui acquiert du propriétaire de la surface le droit d'extraire à perpétuité les dalles connues sous le nom de Lauzes se trouvant dans le tréfonds, n'a pas acquis pour cela le droit de pratiquer des ouvertures sur la surface correspondante, si l'acte de vente interdit formellement toute fouille superficiaire aux acquéreurs du tréfonds. C. Cass. 25 janvier 1886, rejet de l'arrêt de Montpellier du 3 août 1882.

974. Concession administrative de carrières ; interprétation, compétence. — Lorsque la portée d'un acte de concession de carrière de marbre faite par l'autorité administrative sur le sol communal est contestée, les tribunaux doivent renvoyer à l'autorité administrative l'interprétation de cet acte. Ainsi, lorsque l'acte de la concession se borne à indiquer comme faisant l'objet de cette concession entre autres carrières, une carrière de marbre griotte, et que des difficultés s'élèvent sur l'étendue de la concession, et le point de savoir si elle comprend l'exploitation par le banc mis à découvert par l'attaque et sur lequel les travaux se sont longtemps cantonnés, ou le gisement de marbre dans toute son étendue en largeur, longueur et profondeur, l'autorité judiciaire doit renvoyer cette interprétation à l'autorité administrative. C. Cass., 17 novembre 1869, S. 70, 1, 213. La nature de l'acte à appliquer justifie complétement cet arrêt, il s'agissait en effet de savoir ce qui, d'après les actes administratifs relatifs à des biens confisqués sur un émigré et en partie rendus, constituait la carrière litigieuse. Mais en règle générale les actes de gestion des biens privés des communes, sont des actes civils dont l'application et l'interprétation, alors même qu'ils affectent une forme administrative, sont de la compétence judiciaire, comme toutes les contestations sur le domaine privé de propriété. De sorte que si une commune donne à bail, ou vend des produits d'une carrière sise sur une propriété dépendant de son domaine privé, les différends auxquels ce contrat pourra donner lieu seront de la compétence judiciaire. C. de préfect. de la Seine, 9 juillet 1885, à l'occasion de difficultés nées entre la commune de Clichy et M. Barron adjudicataire pour quatre années du droit d'exploiter une sablière appartenant à cette commune.

975. Droits de fouille ; prescription. — Le droit de fouiller un terrain pour en extraire un produit constituant une carrière, se prescrit quelle que soit d'ailleurs sa nature mobilière ou immobilière par trente ans ; de sorte que le propriétaire du fonds soumis à ce droit se trouve ainsi libéré par le non exercice. La preuve de ce non exercice résulte suffisamment, de ce que pendant ce temps, les fouilles ont été faites par le propriétaire du sol où existe la carrière, ou l'un de ses ayants droit, à l'exclusion de l'acquéreur primitif de ce droit. C. Cass., 30 mars 1870, D. 70, 1, 345.

La propriété d'une carrière peut d'un autre côté, s'acquérir par prescription, si la possession réunit tous les caractères voulus à cet effet par la loi. C. C. art. 2229 ; Lallier, n. 685.

Une possession souterraine ne pourrait avoir les caractères de publicité et de certitude suffisants. Denizart, v. *Prescription*, n. 25 ; Lallier, 685 et 686.

976. Droit d'usage. — La faculté accordée par le propriétaire, à titre onéreux ou gratuit, à un tiers de prendre des matériaux dans une carrière, peut ne constituer qu'un simple droit d'usage dont les effets se règlent par le titre qui l'a établi, et reçoivent d'après les stipulations plus ou moins d'étendue. C. Civ. art. 628 ; Lallier, n. 681.

977. Droits de l'usufruitier. — Pour le droit de l'usufruitier sur les carrières je me réfère à ce que j'ai dit de ses droits sur les minières.

L'usufruitier pourrait-il tirer des pierres du fonds

soumis à son usufruit, pour les réparations qui sont à faire aux héritages dont il a la jouissance? On le lui a contesté, mais déjà sous l'ancienne législation cela lui était permis, si on s'en rapporte à ce que dit Pothier ; *du Douaire, n. 198.* Demolombe pense que cette faculté lui appartient encore de nos jours, t. X, p. 379, n. 433, *Sic.*, Proudhon, t. III, n. 1204 et 1208; Taulier, t. II, p. 311 ; Aubry et Rau, t. II, p. 487, § 230; Lallier, n. 680.

En ce qui concerne les droits de l'usufruitier sur la jouissance des carrières, les termes de l'article 598, C. Civ. doivent s'interpréter les uns par les autres. En donnant à l'usufruitier un droit aux carrières en exploitation, et en le lui refusant, soit sur les carrières non encore ouvertes, soit sur les tourbières dont l'exploitation n'est pas commencée, ils établissent manifestement que l'ouverture d'une carrière, en mettant les fruits naturels sous la main et à la disposition de l'extracteur, lui donne par cela même la qualité de carrière en exploitation, encore bien que, par des circonstances quelconques cette exploitation ait été ou soit momentanément suspendue. Bordeaux, 10 mars 1865, S. 66, 2, 7

978. Produits des carrières tombant dans la communauté entre époux. — Aux termes de l'article 1403 du Code civil, les produits des carrières tombent dans la communauté pour tout ce qui en est considéré comme usufruit, d'après les règles posées au titre de l'usufruit. Si les carrières ont été ouvertes pendant le mariage, les produits n'en tombent dans la communauté que sauf récompense ou indemnité à celui des époux auquel elle pourra être due. Par application de cet article, il a été jugé, que lorsque le propriétaire d'une carrière exploitée achète un terrain contigu pour le joindre à son exploitation, les deux carrières n'en forment qu'une qui est censée exploitée depuis les travaux primitifs se référant à une des deux parties réunies. Dès lors si le terrain annexé a été donné par un père à son fils après le mariage de celui-ci, contracté sous le régime de la communauté, la carrière ouverte sur ce terrain est réputée avoir été en état d'exploitation, au moment de l'ouverture de la première carrière, et si cette date est antérieure au mariage et à la donation, les produits qui en ont été tirés pendant le mariage tombent dans l'actif commun sans récompense. C. Cass. 23 février 1881, D. 81, 1, 315.

979. Hypothèques. — La carrière hypothéquée avec le domaine dont elle fait partie, ne peut être vendue au préjudice des créanciers hypothécaires, qui peuvent faire valoir les droits que la loi attribue aux créanciers hypothécaires sur les immeubles qui leur sont affectés. Lallier, 686.

Mais le créancier hypothécaire inscrit sur un immeuble peut-il s'opposer à ce que son débiteur exploite une carrière qui se trouve sur le sol, ou autorise un tiers à se livrer à cette exploitation? je ne le pense pas. Seulement comme aux termes de l'article 2131 du Code civil, lorsque l'immeuble assujetti à l'hypothèque a péri ou éprouvé des dégradations qui le rendent insuffisant pour garantir la créance, le créancier peut poursuivre le remboursement de la somme qui lui est due ou obtenir un supplément d'hypothèques; si l'exploitation de la carrière fait que l'immeuble affecté devienne insuffisant comme garantie, le créancier pourra user des voies que lui offre l'article sus-mentionné. Grenier, *Hypoth.* n. 150; Lallier, n. 686.

Les carrières elles-mêmes spécialement, peuvent-elles être hypothéquées? Oui, lorsque par suite de la division de la propriété, elles forment une fraction immobilière distincte et séparée d'un domaine, elles constituent alors une propriété immobilière à l'état de carrières; non, lorsque celui qui voudrait les hypothéquer au lieu d'être un propriétaire foncier, n'est qu'un fermier ou cessionnaire de l'exploitation.

980. Dénomination des produits. — Il peut être très

important pour un producteur de conserver à ses produits une dénomination distincte et spéciale, qui lui en assure le débit sans concurrence étrangère et sans confusion possible avec des désignations identiques ou analogues. Mais d'un autre côté lorsqu'un exploitant s'est borné à donner aux produits qu'il vend ou exporte le nom de la localité où il les extrait ; et que cette localité comprend un certain nombre de propriétés voisines, il ne saurait prohiber aux autres propriétaires, qui se livreraient à des extractions de même nature, le droit d'indiquer la provenance de leurs produits par le nom de la localité où ils sont puisés. Dès lors, en pareil cas, la priorité de l'usage de ce nom ne pourrait attribuer un droit exclusif à s'en servir. C. Cass. 24 février 1840 pour la chaux hydraulique de Doué, S. 40, 1, 612 ; Lyon, 7 mai 1841, S. 42, 2, 108 ; Grenoble, 11 février 1870, S. 70, 2, 76 ; C. Cass., 28 mars 1844, S. 44, 1, 727.

Mais cet exploitant pourrait s'opposer à ce que les produits obtenus dans une localité voisine, fussent vendus comme provenant de celle où il obtient les siens. C. Cass., 17 novembre 1868, S. 69, 1, 82.

Quant aux règles générales sur les marques des produits, les brevets, la propriété industrielle et autres droits de même nature, je n'ai pas à les rappeler ici.

§ 2

Rapports entre les exploitants de carrières et avec les propriétaires voisins.

981. Cession obligatoire de carrières entre voisins. — Les propriétaires exploitants les carrières qui se trouvent sur leurs fonds, ne peuvent contraindre les propriétaires voisins chez lesquels les bancs se prolongent, à leur céder le droit d'exploiter. Cela est contraire au droit de propriété tel que l'établit notre législation et les exceptions à ce principe qui pouvaient se trouver dans les lois anciennes, notamment en ce qui concerne les carrières d'ardoise, arrêts du Conseil des 25 octobre 1740 et du 18 mai 1786, ne sont plus en vigueur aujourd'hui. Angers, 25 janvier 1856, S. 56. 2, 351.

Le droit de suivre les rameaux d'une carrière sous le fonds voisin, avait d'ailleurs été déjà aboli par la déclaration du 17 mars 1780.

982. Occupation des fonds voisins pour faciliter l'exploitation des carrières — Ce droit établi pour l'exploitation des mines par la loi de 1810, par exception aux règles sur le droit de propriété, n'étant donné par aucune disposition législative aux exploitants de carrière ne peut être exercé par eux. A Bury, t. II, p. 244, n. 1136.

Même alors qu'il aurait été reconnu par des réglements antérieurs au Code civil qui, dans ce cas, ont été abrogés en ce qui concerne ces dispositions.

983. Empiètement sur les terrains communaux, et domaniaux. — Lorsque le propriétaire d'une carrière poursuit son exploitation sur des parcelles qu'il soutient être sa propriété, et qui lui sont contestées par un maire, qui les considère comme propriété de la commune et du domaine, le maire ne peut, même avec le concours du préfet, de sa propre autorité, arrêter l'exploitation et saisir les blocs extraits ; il s'agit en effet en pareil cas d'une question de propriété à vider, et c'est à l'autorité judiciaire seule qu'il appartient de procéder au jugement. C. d'Etat, 27 mai 1863, Molinier.

Toutefois l'exploitant ne pourra se prévaloir de la prescription pour légitimer son occupation si sa possession est occulte ; dans ce cas, elle ne peut-être utile. Cela avait déjà été ainsi jugé par le parlement de Paris, dans l'arrêt du 16 juin 1755, cité par Denisart, v° *Prescription*, n. 25.

984. Passage en cas d'enclave. — Une carrière comme toute autre propriété immobilière, si elle est enclavée, a droit à réclamer le passage assuré par la loi civile au cas d'enclave. C. Cass.. 7 mai 1879, S. 80, 1, 73.

Mais l'exploitant pourrait-il réclamer un passage souterrain? je ne le pense pas, ce n'est pas un passage de cette nature qu'a entendu concéder le Code civil, et je ne trouve dans aucune loi spéciale la base d'un pareil droit. Amiens, 2 février 1854, S. 54, 2, 184; Bordeaux, 16 février 1875, S. 75, 2, 170. Massé et Vergé sur Zachariæ, t. II, p. 188, § 331, Dupont, *Jurisp.*, t. II, p. 386 ; *Cours*, p. 505. Cependant il a été jugé que dans le cas d'enclave, le passage était dû non seulement à la surface des fonds voisins, mais sur le fonds et sur toutes les couches qui le constituent; que si ce fonds est coupé par tranchée ou par une galerie souterraine, qui sépare l'héritage enclavé de la voie publique et qui doit nécessairement servir d'accès pour y arriver, la servitude existait également sur la tranchée et la galerie; d'autant mieux, que la superficie du sol ou du fonds servant, reste ainsi dégrevée et laissée à sa fertilité, à son utilité agricole ; la loi autrement appliquée frapperait d'interdit dans bien des circonstances la propriété et l'exploitation industrielle des carrières. Chambéry, 10 janvier 1863, S. 63, 2, 237 ; Bury, n. 1135.

On cite M. Demolombe, *Servitudes*, t. II, n. 612, comme étant de ce dernier avis ; je ne sais quelle est l'opinion de ce savant auteur sur la question, mais celle qu'il examine dans le paragraphe que l'on cite est toute autre, M. Demolombe ne se demande pas si l'enclavé peut demander un passage sur le sol ou souterrainement, suivant ses convenances, mais bien, je copie le sommaire: si un passage pour enclave peut-être réclamé pour toute espèce d'exploitation soit agricole, soit même industrielle et commerciale du fonds. Et il admet, qu'il n'y a pas de distinction à faire. En quoi je suis complètement de son avis; car s'il importe de ne pas laisser stérile quelques mètres de terre consacrés à l'a-

griculture et sans grande valeur, il serait sauvage de
paralyser l'exploitation des richesses industrielles et
commerciales qui pourraient s'y trouver. D'un autre
côté les mots exploitation d'un héritage, dont se sert la
loi doivent s'entendre de toute espèce d'exploitation de
l'héritage, et c'est ce que j'ai eu l'occasion de soutenir
devant la Chambre des requêtes comme rapporteur ;
dans l'affaire jugée par arrêt du 7 mai 1879 précité.
D'ailleurs, court-procès comme on dit. Depuis cet arrêt,
et depuis que M. Demolombe écrivait son traité sur les
servitudes, la rédaction de l'article 682 du Code civil a
été modifiée par la loi du 20 août 1881, et pour faire disparaître toute difficulté à l'avenir et assurer l'application de l'interprétation qui avait prévalu, il a été inséré
dans cet article, que le propriétaire dont les fonds sont
enclavés et qui n'a sur la voie publique aucune issue ou
qu'une issue insuffisante pour l'exploitation, soit agricole, soit industrielle de sa propriété, peut réclamer un
passage sur les fonds de ses voisins : mais tout cela ne
dit pas que autorisé de passer sur ces fonds, il pourra
également passer au-dessous ; et je me demanderai
même, si la question pouvait être traitée ici, si en général, le droit de s'ouvrir un passage sur le fonds voisin
lorsqu'on est enclavé, comporterait le droit d'établir des
voies largement établies avec de vastes tranchées, des
remblais considérables ; il faut pouvoir sortir, avoir un
passage, mais cela n'implique pas l'asservissement de
l'héritage traversé dans des conditions d'un trop large
sacrifice de cet héritage, au fonds dominant Or, si l'on
admet le droit d'établir des galeries souterraines sous
un fonds, il faudra parfois admettre le droit d'ouvrir des
puits pour ces travaux, de couvrir le sol qui entoure
ces puits de déblais, etc. Rien de pareil n'a été prévu
lorsqu'on a promulgué l'article 682 du Code civil.

Passant à un autre point de vue, je fais remarquer que
dans l'affaire jugée par l'arrêt précité des requêtes du

7 mai 1879, on soutenait que les propriétaires de ces
carrières ne pouvaient pas bénéficier de l'article 682 du
C. civil, parce que l'enclave était leur fait personnel et
résultait précisément de ce que, par leurs travaux et leur
mode d'exploitation, ils avaient eux-mêmes rendu impossible les communications antérieures avec les chemins
publics. L'arrêt répond : Attendu que la Cour d'appel a
constaté que d'après la disposition du sol, la situation
des gisements, c'est-à-dire l'état des lieux indépendamment du fait des propriétaires, l'enclave de ces carrières
existait d'une manière absolue et qu'elles n'étaient exploitables qu'à la condition d'emprunter un passage sur
le fonds des demandeurs.

985. Redevance pour passage sous les chemins
communaux pour l'exploitation des carrières. — Une
commune peut bien fixer à l'avance une taxe à laquelle
seront soumis ceux qui à l'avenir voudront ouvrir des
galeries sous ses chemins pour l'exploitation de carrières ; mais alors qu'elle a autorisé un carrier à extraire
moyennant un prix déterminé des pierres sous un chemin, et à le traverser ainsi pour aboutir à une carrière
contiguë et l'exploiter, la commune ne peut, suivant son
bon plaisir, établir ultérieurement une taxe à laquelle ce
carrier sera soumis tant pour le passé que pour l'avenir, par chaque mètre cube de pierre traversant ce passage. et modifier ainsi, à son gré les conditions antérieurement acceptées. Il ne s'agit point là de taxes imposées en exécution de l'article 31 de la loi du 18 juillet
1837, qui puissent devenir exécutoires par une simple publication ou une notification à l'intéressé. Agen, 29 mai
1861, S. 61, 2, 444. Suivi de rejet, 14 février 1865, S. 65
1, 125.

Mais le maire ne pouvait-il pas interdire le passage à
l'avenir sous le chemin ? Oui, s'il agissait dans un intérêt de sûreté publique. Non, s'il agissait dans un intérêt
financier de la commune. Le droit de passage concédé

était toujours révocable en se plaçant au premier point de vue, parce que à ce même point de vue le droit de l'autorité publique, n'est pas aliénable et ne peut tomber dans le commerce. Mais s'il était reconnu que le passage ne présentant aucun danger ni inconvénient, il s'agissait seulement de modifier les conditions financières de son exercice, la matière rentrait dans le domaine des conventions d'intérêt privé et quant à ce, les stipulations devaient être respectées par les deux parties. On doit admettre que les contrats ne peuvent être des pièges tendus par l'administration à la bonne foi des industriels.

386. Eaux provenant des carrières, ne peuvent être déversées sur le fonds voisin sans le consentement volontaire de ce propriétaire, dont le fonds n'est tenu de recevoir que les eaux qui découlent naturellement du fonds supérieur. C. civ., 640 ; jurisp. Belge ; Bruxelles, 13 mai 1872, *Pas.* 72, 2, 265.

387. Application aux carrières de l'article 45 de la loi de 1810. — Il résulte de la place qu'occupe l'article 45 dans la loi de 1810 et de la nature de ses dispositions qu'il n'est applicable qu'aux mines et nullement aux carrières. Et lorsque pour le fait du voisinage des exploitations de carrières les eaux pénètreront d'une carrière dans un autre en procurant un avantage ou causant un inconvénient, ce sera par les principes du droit commun que devront être réglés les intérêts engagés. Rennes, 13 avril 1825, S. C. N. 8, 2, 62 ; Bruxelles, 21 mars 1855, *Pas.* 56, 2, 16 ; Dijon, 7 août 1868, S. 68, 2, 315.

388. Suspension de l'exploitation d'une carrière dans l'intérêt d'une mine. — Si l'exploitation d'une carrière portait atteinte à l'exploitation d'une mine, et surtout compromettait la sûreté des personnes et la conservation de la propriété concédée, nul doute que l'administration, en vertu du pouvoir que lui confèrent les lois, ne puisse ordonner la suspension de l'exploitation de la carrière ; mais quelles seraient les conséquences de cette mesure ?

Peyret-Lallier, n° 690, pense qu'il y aurait lieu à application de l'ordonnance du 18 février 1821, relative aux rapports entre propriétaires de concessions de minerais et concessionnaires dans les terrains houilliers du département de la Loire. Que l'on se reporte à l'article 3 de l'ordonnance plus générale du 21 novembre 1821, ou à l'article 70 de la loi de 1810, modifiée en 1880, on est amené à reconnaître un droit à indemnité à la charge du concessionnaire de la mine au profit du carrier. Cette règle dérive d'ailleurs d'un principe de droit commun. Mais s'il est dû une indemnité, il est plus difficile de déterminer quelles seront les conditions de son réglement. Poussant assez loin l'application de l'ordonnance du 18 février 1821, faudrait-il dire que le concessionnaire de la mine exploitera la carrière en même temps que la mine, en tenant compte des produits de la carrière, ou décider avec l'article 70 de la loi de 1810 que le propriétaire de la carrière recevra une redevance équivalente au revenu net qu'il aurait pu retirer de l'exploitation ? Cette assimilation, impossible dans le premier cas, car on ne peut soumettre un propriétaire de mine à exploiter une carrière, qui lui sert de toit pour sa mine et dont l'exploitation lui serait nuisible ou inutile : ne nous paraît pas légale dans le second, puisque la situation à laquelle il faut pourvoir n'est pas identique. Il faudra dès lors s'en rapporter aux règles du droit commun, pour déterminer l'indemnité due à raison du préjudice causé.

989. Dommages causés à des carrières par des travaux publics. — Lorsque par suite de l'exécution de travaux publics l'exploitation d'une carrière est impossible, le propriétaire de cette carrière a droit à une indemnité égale à la valeur des matériaux que contenaît encore cette carrière. C'est ce qui a été jugé à l'occasion de travaux qui, en relevant le niveau des couches d'eau souterraines avaient rendu une exploitation désormais impossible ; C. d'Etat, 23 mars 1880, propriétaires de carrières dans la commune de Gennevilliers, près Paris. L'administration n'est pas fondée à repousser la demande, sur le motif qu'elle a commencé des travaux propres à faire disparaître ou diminuer le dommage, mais les juges peuvent prendre en considération cette circonstance dans la fixation de l'indemnité, C. d'Etat, 23 mars 1880 et 4 juin 1880, Com. de Xirocourt.

990. Exploitation dommageable ; compétence. — Lorsqu'une carrière est exploitée à ciel ouvert et qu'il résulte du mode d'exploitation un préjudice pour la propriété voisine, les tribunaux, juges des contestations s'élevant entre propriétaires à l'occasion de leurs fonds, sont compétents pour décider : si l'exploitation est abusive et dommageable ; pour allouer la réparation du préjudice causé par ces abus; ordonner des modifications dans le mode d'exploitation ; et même, la prohiber si on ne se conforme pas aux conditions imposées pour que la propriété voisine soit respectée. C Cass., 12 mai 1868, S. 68, 1, 337.

Ils ne pourraient pas aller jusqu'à prohiber cette exploitation, si elle était entreprise en vertu d'une autorisation administrative, dans le but d'assurer les matériaux nécessaires pour l'exécution de travaux publics, C. d'Etat, 10 septembre 1845. Mais alors même que ce serait là la destination que devraient recevoir les matériaux, il n'en serait plus de même si la carrière était ouverte et exploitée non en vertu d'une désignation administrative, mais en vertu d'un traité privé qui aurait autorisé l'entrepreneur à s'approvisionner là, comme il aurait pu le faire partout ailleurs, en vertu de toute autre convention. C. Cass. 12 mai 1868 précité.

Si la carrière était exploitée en vertu d'un acte administratif pour fournir les matériaux nécessaires à l'exécution d'un travail public, ce serait aux tribunaux administratifs à statuer sur les demandes en indemnité qui pourraient être dirigées par les voisins contre l'entrepreneur, ou par le propriétaire du sol lui-même contre l'exploitant C. d'Etat, 10 septembre 1845, Caen, 2 août 1864, S. 65, 2, 47; C. Cass., 13 juin 1866, S. 66, 1, 259; 30 juillet 1867, S. 67, 1, 394.

Mais dès que cette désignation administrative n'existe pas, la compétence judiciaire est incontestable. C. Cass., 25 avril 1866, S. 66, 1, 258; 30 juillet 1867, S. 67, 1, 394.

991. Règles générales de compétence. — Au surplus, d'une manière générale, il faut poser en principe, que toutes les constestations d'intérêt privé qui s'agitent entre les exploitants des carrières, et entre les propriétaires et les exploitants de carrières, sont de la compétence des tribunaux de l'ordre judiciaire.

Il en serait de même, si les voisins étaient l'un et l'autre propriétaires de carrières ou exploitants.

Il en est ainsi, notamment lorsqu'il s'agit de déterminer les limites des propriétés, alors même qu'une commune ou le domaine privé de l'Etat serait en cause. C. d'Etat, 27 mai 1863.

Faut-il ajouter que tous les différends nés à raison de traités relatifs à l'exploitation et ceux auxquels donnent lieu la vente des produits exploités sont également de la compétence des mêmes tribunaux.

§ 3.

Réglementation de l'exploitation.

992. Modifications apportées en 1880 aux dispositions de la loi de 1810 sur l'exploitation des carrières. — La loi de 1810 portait les dispositions suivantes concernant les carrières :

Art. 81. — L'exploitation des carrières à ciel ouvert, a lieu sans permission, sous la simple surveillance de la police et avec l'observation des lois ou règlements généraux ou locaux.

Art. 82. — Quand l'exploitation a lieu par galeries souterraines, elle est soumise à la surveillance de l'administration, comme il est dit au titre V.

Ces dispositions ont été remplacées depuis la loi de 1880, par les suivantes :

Art. 81. — L'exploitation des carrières à ciel ouvert, a lieu en vertu d'une simple déclaration faite au maire de la commune et transmise au préfet. Elle est soumise à la surveillance de l'administration et à l'observation des lois et règlements.

Les règlements généraux seront remplacés, dans les départements où ils seront encore en vigueur, par des réglements locaux rendus sous la forme décrets en Conseil d'Etat.

Art. 82. — Quand l'exploitation a lieu par galeries souterraines, elle est soumise à la surveillance de l'administration des mines, dans les conditions prévues par les articles 47, 48 et 50.

Dans l'intérieur de Paris, l'exploitation des carrières souterraines de toute nature est interdite.

Sont abrogées les dispositions ayant force de loi des deux décrets des 22 mars et 4 juillet 1813 et du décret, portant règlement général, du 22 mars 1813, relatifs à l'exploitation des carrières dans les départements de la Seine et de Seine-et-Oise.

993. Anciens règlements. — Les anciens règlements sur les carrières ne sont pas très nombreux. L'ordonnance des eaux et forêts de 1669 en parle aux articles 12 et 40 du titre 27. Les arrêts du Conseil des 14 mars 1741 et 5 avril 1772, déterminaient la distance à observer aux abords des grands chemins. Les arrêts de 1755 et 15 septembre 1776, réglaient l'extraction des matériaux pour l'entretien des chemins. Une ordonnance du bureau des finances du 29 mars 1754 avait aussi pour objet le fait des carrières. La déclaration du roi, du 23 janvier 1779 est plus spécialement applicable aux exploitations aux environs de Paris, et enfin celle du 17 mars 1780 a pour principal objet de régler les rapports des exploitants avec les propriétaires de la surface.

994. Sont-ils encore en vigueur? — Après la promulgation de la loi de 1810, on s'était demandé si les anciens règlements relatifs aux carrières, étaient encore en vigueur La question s'était posée surtout à l'occasion des prohibitions édictées par les anciens règlements d'ouvrir des exploitations aux abords des grands chemins. Le Conseil d'Etat ne se refusait pas à en faire encore l'application ; 27 octobre 1837 ; 25 février 1864 ; Dufour, *Lois* n. 209 ; Dupont, *Jurispr.* t. II, p. 348, 354, Jousselin, t. II, p. 149. D'autres les avaient considérés comme abolis ou tout au moins comme tombés en désuétude. Colmar 22 novembre 1832, S. 33, 2, 585 ; Lallier 680. La révision de la loi de 1810 en 1880 me parait devoir mettre fin à toute controverse. Elle déclare comme nous venons de le voir, article 81, § 2, que les règlements généraux dans les départements où ils sont encore en vigueur, seront remplacés par des règlements locaux rendus sous la forme de décrets en Conseil d'Etat, et la nomenclature que nous allons donner de ces actes fait connaître qu'il a été satisfait au vœu de la loi. D'un autre côté le § 3 de l'article 82 déclare abrogés les dispositions ayant force de loi, des deux décrets des 22 mars et 4 juillet 1813, et du décret portant réglement général, du 22 mars 1813 relatifs à l'exploitation des carrières dans les départements de la Seine et de Seine-et-Oise. Des décrets spéciaux récents ont d'ailleurs fixé le régime des carrières dans les départements. Il faut donc aujourd'hui considérer comme abrogés par la volonté de la loi et par le fait de la promulgation de règlements ultérieurs, les anciens règlements sur les carrières.

995. Préparation des règlements locaux pour les carrières. — En vue de préparer les règlements locaux destinés à régir les carrières dans chaque département, le ministre, par une circulaire du 4 mars 1879 avait communiqué aux préfets un type de règlement en vigueur pour la plupart des départements, en invitant ces fonctionnaires à lui faire connaître, après avoir pris l'avis des ingénieurs des mines, s'ils verraient quelques inconvénients à ce qu'un règlement semblable fût rendu applicable à leur département. Les modifications qui paraîtraient nécessaires devaient être signalées. Cette mesure a puissamment contribué à hâter la promulgation des nouveaux règlements locaux destinés à remplacer les anciens règlements généraux.

996. Règlements locaux sur les carrières. — L'article 81 de la loi de 1810 révisée en 1880 porte, comme je viens de l'indiquer, que les règlements généraux seraient remplacés dans les départements où ils étaient encore en vigueur par des règlements locaux rendus sous la forme de décrets en Conseil d'Etat, il importe donc de signaler au moins par leur date ces divers règlements.

Je ne reproduirai pas le texte du règlement-type, ni aucun de ces actes, parce qu'en attribuant ainsi une portée générale à l'un d'eux, ce serait exposer à des applications erronées, puisque je serai dans le cas de signaler des dispositions, comme en vigueur, alors qu'elles auraient été écartées dans le département où se présenterait la difficulté à résoudre. Je ne puis d'un autre côté les reproduire tous, c'est aux intéressés à y recourir; on les retrouvera dans les mairies, sous-préfectures et préfecture de chaque département.

Ain	D. 4 septembre 1879.
Aisne	D. 31 juillet 1882, rapportant ar. min. 1er octobre 1832.
Allier	D 4 septembre 1879.
Alpes-Maritimes	D. 4 septembre 1879.
Ardèche	D. 4 septembre 1879, rapportant ar. 24 janvier 1853, pour le Teil.
Ardennes	D. 4 septembre 1879, rapportant ord. 8 janvier 1834.
Ariège	D. 18 mars 1863.
Aube	D. 20 janvier 1866.
Aude	D. 31 décembre 1864.
Aveyron	D. 4 septembre 1879.
Basses-Alpes	D. 4 septembre 1879.
Basses-Pyrénées	D. 4 septembre 1879.
Bouches-du-Rhône ..	D. 17 août 1864.
Calvados	D. 26 décembre 1855, rempl. ord. 25 février 1838.
Cantal	D. 4 septembre 1879.
Charente	O. 30 juillet 1838, carrières de Saint-Même ; D. 5 janvier 1859, pour le département.
Charente-Inférieure.	D. 5 mai 1869, rapp. ar. 28 mars 1832, pour Saint-Savinien.
Cher	D. 28 mai 1873.
Corrèze	D. 4 septembre 1879.
Corse	D. 4 septembre 1879.
Côte-d'Or	D. 2 août 1854.
Côtes-du-Nord	D. 23 mai 1879.
Creuse	D. 4 septembre 1879.
Deux-Sèvres	D. 31 juillet 1882, rapp. ar. min. 23 janvier 1830, carrières de Courtenay.
Dordogne	D. 28 mai 1873, ar. min. 1849, carrières de Chancelade.

Doubs.............. D. 30 mai 1863.

Drôme......... .... D. 4 septembre 1879.

Eure ... . D. 5 mai 1866.

Eure-et-Loir... ..... D. 10 août 1875.

Finistère........ ... D. 20 août 1880, rapp. ord. 21 mai
1837.

Gard.............. D. 4 septembre 1879.

Gers ... . D. 4 septembre 1879.

Gironde............ D. 9 janvier 1867, rapp. ord. 2
décembre 1844.

Haut-Rhin......... D. 15 juin 1861, territ de Belfort.

Haute-Garonne..... D. 2 septembre 1862.

Haute-Loire.... .... D. 8 avril 1857.

Haute-Marne .... D. 15 septembre 1858, rapp. ar.
17 juillet 1839.

Haute Saône....... D 4 septembre 1879.

Haute-Savoie....... D. 7 mars 1863.

Haute-Vienne .... D. 31 décembre 1864.

Hautes-Alpes .... D. 4 septembre 1879.

Hautes-Pyrénées.... D. 28 janvier 1874.

Hérault............ D. 23 mai 1879.

Ille-et-Vilaine .... D. 25 mars 1868, rapp. ord. 7 mai
1840.

Indre........ .... D. 4 septembre 1879.

Indre-et-Loire....... D. 14 juillet 1859.

Isère... .... D. 22 novembre 1861.

Jura............... D. 27 avril 1864.

Landes............ D. 4 septembre 1879.

Loir-et-Cher .... O. 20 novembre 1822 ; ord. 2 juin
1839.

Loire .... D. 4 septembre 1879.

Loire-Inférieure..... D. 23 mai 1879, rapp. ar. 14 octobre 1844.

Loiret............. D. 13 janvier 1883, rapp. ar. min.
31 octobre 1847 appliquant
les D. de 1813 concernant
la Seine.

Lot .... D. 18 septembre 1875.
Lot-et-Garonne ...... D. 4 septembre 1879.
Lozère .... D. 4 septembre 1879.
Maine-et-Loire ...... O. 25 juin 1823, pour les ardoises;
O. 3 août 1836, pour les carrières; D. 10 juillet 1862, maintenant, en ce qu'ils n'ont rien de contraire, les actes précédents.
Manche .... D. 10 novembre 1855.
Marne .... D. 20 janvier 1866.
Mayenne .... Ar. min. 13 août 1847, pour ardoiseries; D. 27 juillet 1864, pour carrières.
Meurthe-et-Moselle .. D. 4 septembre 1879.
Meuse .... D. 4 septembre 1879.
Morbihan .... D. 20 août 1880.
Nièvre .... D. 20 août 1880, rapp. O. 7 mai 1840.
Nord .... D. 20 décembre 1873.
Oise .... D. 31 décembre 1864, rapp. ar. 27 novembre 1824.
Orne .... D. 29 septembre 1856, rapp. O. 25 mars 1836.
Pas-de-Calais .... D. 15 septembre 1858.
Puy-de-Dôme .. .. D. 4 septembre 1879.
Pyrénées-Orientales D. 4 septembre 1879.
Rhône .... D. 4 septembre 1879.
Saône-et-Loire ...... O. 16 juillet 1828, pour carrières de gypse; D. 20 janvier 1866, pour carrières.
Sarthe .... D. 30 juillet 1857.
Savoie .... D. 7 mars 1863.
Seine .... D. 2 avril 1881, rapp. D. 22 mars, 4 juillet 1813; O. 21 octobre 1814.

Seine-et-Marne......	Ar. min. 31 octobre 1847, rapp. ar. 5 avril 1822 ; D. 17 décembre 1877.
Seine-et-Oise	D. 25 mars 1868, rapp. D. et O. de 1813 et 1814.
Seine-Inférieure.....	D. 15 février 1853.
Somme	D. 4 septembre 1879.
Tarn	D. 4 septembre 1879.
Tarn-et-Garonne	D. 18 septembre 1875.
Var...............	D. 4 septembre 1879.
Vaucluse..........	D. 15 janvier 1859.
Vendée............	D. 4 septembre 1879.
Vienne....	O. 21 mai 1837.
Vosges............	D. 23 novembre 1861.
Yonne............	D. 20 janvier 1866.
Algérie............	Ar. min. guerre, 29 janvier 1854.

Un arrêté ministériel du 12 décembre 1881 a réglementé l'exploitation des carrières, au moyen de la mine, dans le voisinage des chemins de fer.

997. Publicité à donner aux règlements. — Ces règlements ont dû être insérés au *Bulletin des Lois*, puisque ce sont des règlements intervenus sous la forme de décret, et au *Recueil des actes administratifs* du département ; ils ont également dû être en outre publiés et affichés dans toutes les communes du département auquel ils sont applicables.

Si des arrêtés municipaux étaient pris pour en assurer l'exécution, il suffirait qu'ils fussent publiés par affiches et autres moyens de publicité, usités pour porter les arrêtés de police municipale à la connaissance du public.

Une notification spéciale aux propriétaires ou exploitants de carrière, n'est pas nécessaire, ils sont suffisamment avertis par la publicité qu'ont reçue ces règlements.

Il en serait autrement si une injonction spéciale était faite à un propriétaire ou exploitant, à raison de son exploitation personnelle ; cette injonction devrait faire l'objet d'une notification spéciale par un agent administratif, ou un officier public ayant qualité pour la constater.

998. Pouvoirs des préfets. — Les préfets peuvent prendre des arrêtés pour assurer l'exécution des règlements locaux, et en se tenant dans les limites que ces règlements assignent à leur action en ces matières. Il n'y a pas lieu de distinguer à ce sujet entre les carrières exploitées à ciel ouvert ou par travaux souterrains. Dupont, *Jurisp.*, t. II, p. 375.

Ces arrêtés constituent des actes d'administration pure, qui peuvent être déférés au ministre, mais ne peuvent être attaqués par la voie contentieuse. C. d'Etat, 11 mars 1843 ; 4 janvier 1851 ; Dupont, *Jurisp.*, t. II, p. 381.

999. Pouvoirs des maires. — En dehors du règlement général déterminant les conditions auxquelles l'exploitation des carrières diverses est soumise dans un département, les maires peuvent prendre des arrêtés ayant pour objet de prescrire à ceux qui exploitent des carrières, les précautions nécessaires pour assurer la salubrité publique et prévenir les épidémies que pourraient causer par exemple, des eaux stagnantes qui se rendraient dans les travaux ; ils peuvent aussi prendre des mesures pour garantir la sûreté des propriétés et des personnes. C. Cass., 29 juillet 1885.

C'est ce que la Cour de Cassation a encore jugé à deux reprises différentes en déclarant que cette règle était aussi applicable en France qu'en Algérie. C. Cass., 25 juin 1869, D., 70, 1, 285 ; 1er février 1873, D., 73, 1, 316.

Les maires ont à ce sujet un pouvoir de police locale que consacre implicitement le nouvel article 81 de la loi de 1810, mais ils doivent en l'exerçant se conformer rigoureusement aux dispositions des règlements locaux, soit du règlement décrété pour le département.

Lorsque des arrêtés municipaux ont été pris dans l'intérêt de la sûreté des habitations voisines des carrières, ceux qui peuvent souffrir des contraventions à ces arrêtés, peuvent en réclamer en justice la répression, sans avoir à attendre qu'un préjudice ait été causé par suite de cette violation des prescriptions municipales. C. d'Etat, 12 juin 1861 ; C. Cass., 29 juillet 1885.

1000. Déclaration d'exploitation. — Aux termes de l'article 81 de la loi de 1810 révisée en 1880, l'exploitation des carrières ne doit être entreprise qu'après une déclaration faite au maire de la commune et transmise au préfet. Les règlements locaux déterminent la forme de déclaration, les pièces qui doivent l'accompagner, les cas dans lesquels elle doit être renouvelée. Il faudra donc se référer à ces documents et s'y conformer.

Faut-il ajouter que les règlements locaux ne pourraient dispenser de l'obligation de la déclaration. La légalité d'une pareille disposition pouvait être contestée sous la loi de 1810, son illégalité serait incontestable après la révision du texte de l'article 81, opérée en 1880, puisque ce texte l'exige formellement et que les actes du pouvoir exécutif doivent assurer l'exécution des lois et non leur violation. Quelle que fût la disposition d'un règlement local qui relèverait de cette obligation, celui qui se dispenserait de s'y soumettre, commettrait une contravention à la loi, qui le placerait sous le coup de mesures répressives.

Les observations qui précèdent me sont suggérées par le règlement local du département de la Charente-Inférieure du 5 mai 1869 dont l'article 2 porte : l'exploitation des carrières a lieu sans déclaration. Je ne sache pas que ce règlement ait été remplacé, dans tous les cas cet article doit être considéré comme non écrit.

En Belgique, les formalités à remplir ont été réglées par l'arrêté royal du 29 février 1852. En Italie, c'est l'acte du 20 novembre 1859 qui les régit.

1001. Refus d'autorisation. — Sous l'ancienne règlementation, bien que les articles 81 et 82 de la loi de
1810 fussent loin d'exiger une autorisation préalable
pour l'ouverture des carrières, comme les actes de 1813
et 1814 pour Paris, actes dont l'application avait été
étendue à plusieurs départements, portaient cette obligation au moins pour les carrières souterraines, on
s'était demandé quel recours serait possible dans les cas
de refus d'autorisation ou d'autorisation accompagnée
de conditions plus ou moins onéreuses. Si l'acte émanait
du maire on admettait qu'un recours au préfet était ouvert ; s'il émanait du préfet le recours pouvait être porté
devant le ministre. Mais on considérait les actes de cette
nature comme des actes d'administration pure contre
lesquels un recours au contentieux n'était pas ouvert.
C. d'Etat, 25 avril 1842, carrières à plâtre de Seine-et-
Oise ; 11 mars 1843 ; 4 janvier 1851 ; 19 janvier 1854 ; carrière à plâtre de Montmartre. On décidait également que
ces mesures, lorsqu'elles étaient dictées dans un intérêt de sûreté publique constituaient des mesures de
police qui ne pouvaient ouvrir un droit à indemnité.
C. d'Etat, 19 janvier 1854. Il me semble difficile aujour-
d'hui de persister dans cette jurisprudence, la loi n'exige
qu'une déclaration de la part de celui qui veut ouvrir
une carrière, le refus d'une autorisation qui n'est pas
nécessaire et n'est pas demandée, est un excès de pouvoirs et non un acte d'administration pure, contre lequel
la voie contentieuse me paraît admissible. Mais il peut
se faire que la déclaration mette à même de reconnaître
que la carrière va être ouverte dans des conditions où les
règlements ne permettent pas une exploitation de cette
nature. En pareil cas, l'autorité peut, si elle ne doit pas,
s'opposer à l'ouverture des travaux, ou ne les permettre
que sous les conditions qu'elle croit nécessaires dans un
intérêt de police et de sûreté publique, et ce seront là de
sa part des actes d'administration pure, auxquels les
règles que nous signalions plus haut seront applicables.

1002. Ouverture des carrières dans le voisinage des habitations. — J'ai indiqué que les anciens règlements étaient abolis et que je ne pouvais reproduire toutes les dispositions des très nombreux règlements locaux qui les ont remplacés, je ne songe donc nullement à leur donner un commentaire. Mais il me paraît utile d'indiquer comment la jurisprudence avait appliqué en principe, certaines dispositions des anciens règlements concernant par exemple l'ouverture des carrières près des habitations, des voies publiques, alors que les mêmes questions peuvent se reproduire dans l'application des nouveaux règlements.

Ainsi la prohibition d'ouvrir des carrières à une certaine distance des constructions s'applique-t-elle à toutes les constructions, ou seulement à celles destinées à l'habitation ? C'est dans ce dernier sens qu'il avait été jugé par le Conseil d'Etat le 29 juin 1850.

Si l'administration croit devoir tolérer des infractions à ces prescriptions, le propriétaire de l'habitation conserve toujours le droit de s'adresser aux tribunaux pour obtenir des dommages-intérêts et même l'interdiction de l'exploitation. Angers, 28 février 1861, D. 62, 2, 7 ; C. d'Etat, 1er juin 1861.

D'un autre côté les propriétaires des habitations voisines des carrières peuvent renoncer à se prévaloir des droits que leur confèrent les règlements. Mais cette renonciation de leur part ne saurait apporter aucune gêne et aucune entrave au droit qu'à toujours l'administration de veiller à l'exécution des mesures prescrites par les règlements dans l'intérêt de la sûreté des édifices et de la conservation de la vie des habitants.

L'observation des distances n'empêche pas le propriétaire riverain qui a subi malgré cela un préjudice à en obtenir la réparation Douai, 1er juillet 1835. Dalloz, *Rép*. Vo *Mines*, no 793.

1003. Distance à laisser entre les carrières et les

22

chemins publics. — Les anciens règlements, comme les nouveaux, indiquent tous des conditions spéciales pour l'ouverture des carrières, le long des chemins publics. Il n'y a qu'à se conformer en tout aux dispositions des règlements en vigueur, soit qu'ils indiquent une distance fixe, soit qu'ils laissent aux préfets la faculté d'étendre ou de resteindre les distances suivant la nature des terres aux abords des voies.

Si la prohibition est édictée d'une manière générale, il n'y a pas à distinguer le cas où la carrière est dirigée par galerie horizontale ou exploitée au moyen de puits. Paris, 3 janvier 1838.

1004. Carrières ouvertes dans le voisinage des chemins de fer. — L'article 3 de la loi du 15 juillet 1845 porte : sont applicables aux propriétés riveraines des chemins de fer, les servitudes imposées par les lois et règlements sur la grande voirie et qui concernent.. le mode d'exploitation des mines, minières, tourbières, carrières et sablières dans la zone déterminée à cet effet. J'ai déjà étudié dans mon travail *sur la législation des chemins de fer par rapport aux propriétés riveraines,* les conditions d'application de cette disposition de la loi.

En dehors des servitudes frappant les zones riveraines, des chemins de fer et dans ces mêmes zones, le pouvoir de surveillance de l'autorité administrative lui attribue le droit de prendre les mesures nécessaires pour la sûreté des hommes et des propriétés. L. 1810 révisée en 1880, art. 82 ; et 47, 48 et 50 de la même loi.

Si ces mesures spéciales prises en dehors de l'application directe des servitudes légales, paralysent des droits acquis, dans l'intérêt de la sûreté de la circulation sur les voies ferrées, elles ne peuvent être prises qu'à charge d'indemnités à payer par les compagnies dont l'exploitation commerciale profite de ces mesures, et les fait provoquer. C. d'Etat, 16 février 1878.

Si en établissant un chemin de fer, on s'est emparé

d'une partie du massif d'une carrière, la voie établie soit
sur le sol soit en tunel, sur cette carrière, l'a incorporée
au chemin de fer et de cette incorporation il résulte une
dépossession définitive au préjudice du propriétaire de
la carrière. Dans ce cas, l'appréciation des indemnités
qui sont dues à ce propriétaire ne peut être revendiquée
par l'autorité administrative en vertu des lois de l'an 8
et de 1807, comme s'il s'agissait de dommages : mais
elle appartient au jury d'expropriation en exécution de
la loi de 1841. C. d'Etat 15 avril 1857.

1005. **Exploitation à la mine des carrières situées
dans le voisinage des chemins de fer.** — Les arrêtés préfectoraux qui statuent sur les demandes d'autorisation
de se servir de la mine, dans le voisinage des chemins
de fer, doivent ne pas omettre de fixer la largeur de la
zone à protéger contre le tirage des coups de mine du
côté de la voie ferrée où se trouve située la carrière.

Les préfets n'ont point, pour ces affaires, à consulter le
service des mines, mais seulement le service du contrôle des chemins de fer. Lorsque des demandes de cette
nature leur sont adressées, l'instruction est faite par
l'ingénieur en chef du contrôle qui prend l'avis de l'ingénieur des ponts et chaussées ou de l'ingénieur des mines,
ou même de l'un et de l'autre s'il le croit utile. Le projet
d'arrêté libellé par les fonctionnaires du contrôle est
ensuite adressé au préfet par l'ingénieur en chef.

La zone de protection est fixée non pas d'une manière
générale, mais bien spécialement dans chaque cas par
l'arrêté préfectoral. Cette distance d'après les règlements
sur la grande voirie applicables aux chemins de fer, en
exécution de l'article 3 de la loi du 15 juillet 1845, est fixée
à dix mètres; mais les préfets, en se tenant à cette règle
en principe, peuvent y apporter des modifications en
plus comme en moins, selon les circonstances, sur l'avis
des ingénieurs; tous les arrêtés pris en cette matière
doivent être transmis par copie à l'ingénieur en chef des

mines de l'arrondissement minéralogique. Circ. min. 5 septembre 1882.

1006. Dommages causés à une carrière par l'établissement d'un chemin de fer. — Lorsque l'établissement d'un chemin de fer rend plus difficile l'exploitation d'une carrière, en privant le locataire des facilités d'accès dont il jouissait auparavant, il lui est dû une indemnité. C. d'Etat, 5 janvier 1877.

C'est là un dommage résultant de l'exécution d'un travail public, qui est dès lors de la compétence des tribunaux administratifs, même décision ; jurisprudence d'ailleurs constante.

Mais si l'exploitant, au moment de l'expropriation pour l'établissement du chemin de fer, a déjà fait valoir devant le jury d'expropriation ses droits à indemnité à raison des dépossessions qu'il subissait, et qu'il y ait doute sur le point de savoir si ce nouveau chef d'indemnité a été pris en considération par le jury ou réservé par lui, c'est à l'autorité judiciaire à donner préalablement cette interprétation de la décision du jury. Cette règle, sanctionnée par l'arrêt du Conseil d'Etat du 5 janvier 1877, a reçu de très nombreuses applications.

1007. Dommages à une carrière dans une zone d'exploitation prohibée le long des chemins de fer. — Un dommage a été causé à une propriété privée à la suite de l'établissement d'un chemin de fer, par le dépôt de déblais sur la propriété voisine de la ligne. Le propriétaire ne peut dans le montant de l'indemnité qu'il réclame se prévaloir de la valeur d'une carrière qui, par suite de l'amoncellement des déblais, serait devenue inexploitable, du moins en ce qui concerne le portion de terrain longeant le chemin de fer, et dans laquelle il lui est défendu par la loi de 1845 sur la police des chemins de fer d'ouvrir une carrière. C. d'Etat, 2 avril 1857, de Poix, S. 58, 2, 138.

Mais si au moment de la construction du chemin, la carrière était en exploitation et que l'établissement de la ligne ait entraîné l'interdiction d'exploiter une partie de la carrière qui s'est trouvée dans la zone interdite, le propriétaire a droit d'être indemnisé. C. d'Etat, 24 février 1870.

1008. Ouverture de carrières dans les territoires soumis aux servitudes militaires, ne peut être entreprise sans une autorisation spéciale de l'administration de la guerre; L. 10 juillet 1791; O. 1ᵉʳ août 1821, art. 4; Lallier, n° 677; Dupont, *Jurisp*, t. II, p. 356, et en Belgique, arrêtés des 4 février 1815, 22 juin 1816 et 14 août 1824.

1009. Interdiction d'exploitation par suite d'établissement d'un champ de tir. — Le propriétaire d'une carrière obligé de cesser son exploitation par suite de l'établissement d'un champ de tir, a droit à une indemnité pour la suspension imposée à son exploitation, et cette indemnité doit comprendre le préjudice direct qui est causé, c'est-à-dire la perte du bénéfice d'une exploitation normale; mais elle ne peut s'étendre à des préjudices indirects résultant de ce que cette suspension d'exploitation aurait empêché la conclusion de marchés exceptionnellement avantageux, et même au détournement de clientèle dont aurait profité une carrière voisine. C. d'Etat, 8 décembre 1882.

§ 4.

Surveillance de l'exploitation.

1010. Surveillance de l'administration. — Les instructions spéciales données aux ingénieurs des mines les invitent à dresser un état exact de toutes les carrières de chaque département, en distinguant les carrières souterraines, d'avec les carrières fouillées à ciel ouvert. Les préfets doivent être informés par les maires des accidents qui peuvent arriver dans les exploitations et en aviser les ingénieurs; ceux-ci doivent veiller à

22.

l'exécution de l'article 82 de la loi de 1810, et à l'application par assimilation, des dispositions de sûreté prescrites par le décret du 3 janvier 1813. Instr. dir. gén. 1er sept. 1814.

Depuis la révision de la loi de 1810 en 1880 ces mesures ne me paraissent pas avoir été abrogées. L'article 82 modifié, porte textuellement, que l'exploitation qui a lieu par galeries souterraines est soumise à la surveillance de l'administration des mines dans les conditions prévues par les articles 46, 48 et 50 de la loi. L'article 81 porte également que les carrières dont l'exploitation à lieu à ciel ouvert, sont soumises à la surveillance de l'administration et à l'observation des lois et des règlements. Exposé des motifs présenté au Sénat le 21 mai 1876; observations sur les art. 81 et 82.

Comme dans les deux cas, l'action de l'administration est sanctionnée par la loi, ce sera aux réglements et même aux circulaires et instructions à déterminer dans quelle mesure devront intervenir les diverses autorités administratives et les ingénieurs et agents du corps des mines.

Cependant je dois reconnaître que l'article 81, par son texte appelle, plus directement l'action de l'administration locale et centrale. Tandis que l'article 82 relatif aux exploitations souterraines donne à l'administration des mines la même action que pour les mines.

1011. Comment s'établira, au point de vue de la surveillance, la distinction entre les carrières à ciel ouvert et les autres. — Il semble que cette seule indication : carrière exploitée à ciel ouvert et carrière exploitée par galeries souterraines, est bien suffisante à elle seule pour distinguer à quelle des deux catégories appartient une exploitation. Cependant certaines excavations peuvent sembler insuffisantes pour constituer une exploitation souterraine ; et des exploitations à la découverte, mais descendant à de grandes profondeurs avec des masses

voisines qui les enserrent en surplombant, nous paraissent nécessiter, au point de vue de la surveillance, l'intervention de l'administration spéciale des mines en
dehors de celle qui peut être exercée en vertu d'un simple
droit de police, par les autorités locales, souvent peu
aptes pour l'accomplissement d'une pareille mission.
Ce sera, dans tous les cas le droit et même le devoir
de l'administration préfectorale de provoquer alors, et
d'ailleurs toutes les fois qu'elle le croit nécessaire ou
utile, l'intervention des officiers du corps des mines.

L'article 19 de la plupart des nouveaux réglements a
formulé cette observation ainsi qu'il suit : L'exploitation des carrières à ciel ouvert est surveillée sous l'autorité du préfet par les maires et autres officiers de police
municipale, avec le concours des ingénieurs des mines
et des agents sous leurs ordres. Quand l'exploitation a
lieu par galerie souterraine, elle est soumise à la surveillance de l'administration des mines dans les conditions
prévues par les articles 47, 48 et 50 de la loi de 1810.

1012. Visite des carrières par les ingénieurs. - Les
grandes carrières exploitées souterrainement, les groupes importants des carrières à ciel ouvert, etc., doivent
être visités une fois au moins chaque année. La surveillance attribuée à l'administration des mines a été indiquée
avec détails et précision dans un article récemment publié par M. Lescuyer, ancien président du conseil de
préfecture de l'Aube, dans la *France Judiciaire*, 1886,
1re partie, p. 333 et suiv. Les événements de Chancelade
ont donné lieu à des instructions ministérielles à la
date du 10 juin 1886.

1013. Constatations des visites des carrières. —
Les grandes carrières exploitées souterrainement et
les groupes importants de carrières à ciel ouvert doivent donc être visités par le service des mines au moins
une fois par an. Cette obligation n'implique pas la rédaction de procès-verbaux de visite qui ne peuvent

qu'exceptionnellement être nécessaires, mais elle exige l'affectation à cette matière, d'un chapitre spécial du rapport d'ensemble, qui doit être transmis annuellement aux préfets par les ingénieurs pour parvenir au ministre. Modèle de règl. local, art. 2; Circ. m., 24 janvier 1834, 1ᵉʳ décembre 1876, 2 janvier 1878, 11 juin 1881. Aux termes de la circulaire du 22 janvier 1883, dans chaque département avant le 31 janvier de chaque année, les ingénieurs des mines, en dressant leur rapport d'ensemble sur la visite des mines, doivent y consacrer un chapitre spécial aux carrières. Le réglement belge du 29 février 1852, articles 14 et 15, prescrit aux ingénieurs de visiter les carrières souterraines.

1014. Mesures de sûreté pour l'exploitation souterraine. — Sont prescrites par le préfet sur le rapport de l'ingénieur des mines, art. 14 du réglement type.

1015. Recours. — Les arrêtés de police concernant les carrières sont des actes d'administration et de police. qui ne peuvent être déférés par la voie contentieuse aux tribunaux administratifs, que dans le cas où ils sont attaqués pour excès de pouvoir. Sauf ce cas, si la mesure a été prise par le maire, on peut la soumettre à l'appréciation du préfet, et la décision du préfet, soit qu'elle émane de lui directement, soit par voie de révision de la décision du maire, ne peut être déférée qu'au pouvoir actif, et par conséquent au ministre.

1016. Plans. — Les préfets, lorsque cela est jugé nécessaire après avis des ingénieurs, peuvent exiger que les plans des exploitations souterraines soient dressés ou complétés; et faute par l'exploitant de déférer à ces réquisitions, le plan sera dressé d'office à la diligence de l'administration et aux frais du propriétaire ou exploitant.

Mais ces frais ne peuvent être mis à la charge du propriétaire que s'il y a eu préalablement injonction et mise en demeure restées sans effet. C. d'Etat, 7 décembre 1877.

Le soin de recouvrer les mandats exécutoires délivrés par les préfets en pareil cas, est confié aux percepteurs des contribntions directes, qui suivent les formes du recouvrement de ces contributions. D. 25 mai 1864 ; C. d'Etat, 4 mai 1854, 17 mars 1857. Article 28 du règlement type.

1017. Clôture des abords des carrières. — Les mesures de sûreté à prendre pour clore les abords des carrières sont indiquées dans les règlements locaux auxquels il y a lieu de se conformer.

Si les maires ne peuvent modifier d'une manière générale ni même spéciale ces règlements pour délier les citoyens des obligations qu'ils leur imposent, je ne vois pas comment on pourrait leur refuser le droit qu'ils tiennent des lois d'organisation publique de prendre des mesures spéciales pour garantir la sûreté publique dans des cas où par suite de circonstances exceptionnelles, les dispositions des règlements locaux seraient muettes, insuffisantes ou inefficaces. Il faut donc leur accorder le droit, par exemple, d'ordonner des clôtures ou autres moyens pour préserver le public du danger qu'il peut courir en s'approchant des carrières ouvertes près des agglomérations ou des voies publiques communales.

1018. Abatage. — Les conditions de l'exploitation technique, et en ce qui concerne spécialement le mode d'abatage, l'emploi de la poudre, de la dynamite, sont réglées au point de vue du contrôle et de la surveillance de l'administration par les articles 9 *bis* et 11 du règlement type.

1019. Danger et péril imminent. — Dans le cas où la sûreté des ouvriers, celle du sol ou des habitations est compromise, l'exploitant doit en donner avis à l'ingénieur des mines ou au garde mine et au maire, si l'exploitation est souterraine.

Si elle est à ciel ouvert l'avis en est donné au maire.

Dans tous les cas le maire en informe le préfet et l'ingénieur ou garde mine.

L'ingénieur ou le garde, sur l'avis reçu, va sur les lieux, dresse procès-verbal de leur état et le transmet au préfet avec son avis sur les mesures à prendre.

Le maire peut aussi adresser au préfet ses observations et ses propositions

Hors le cas de péril imminent, le préfet ne statue qu'après avoir entendu l'exploitant.

Si ce dernier ne se conforme pas aux mesures ordonnées, il y est pourvu d'office à ses frais par les soins de l'administration.

En cas de péril imminent reconnu par l'ingénieur, celui-ci, sous sa responsabilité, adresse les réquisitions nécessaires pour qu'il soit pourvu sur le champ, comme lorsqu'il s'agit du péril imminent de la chute d'un édifice.

En l'absence de l'ingénieur, le maire peut prendre toutes les mesures que lui paraît commander l'intérêt de la sûreté publique. Art. 22 à 25 du règl. type.

Ces dispositions sont applicables aux carrières abandonnées, moins l'avis à donner par l'exploitant. Art. 27, règl. type.

1020. Avis à donner des accidents. — Les règlements qui enjoignent aux exploitants des carrières de donner immédiatement avis aux maires des accidents qui peuvent se produire dans l'exploitation lorsqu'ils entraînent la mort ou des blessures pour ceux qui en sont victimes, obligent les propriétaires ou entrepreneurs à donner ou faire donner cet avis dès que l'accident se produit, et non pas seulement au moment où il sera porté à leur connaissance ils; doivent dans ce but donner des instructions suffisantes à leurs agents, et c'est aux tribunaux à apprécier s'il a été ou non suffisamment pourvu à l'exécution de cette obligation. Angers, 27 août 1866, S. 67, 2, 158.

1021. Abandon des carrières. — Doit être déclarée au préfet par l'intermédiaire du maire. Si l'exploitation était souterraine, le préfet fait reconnaître l'état des lieux et prescrit le cas échéant, les mesures nécessaires dans l'intérêt de la sûreté publique. Art. 15 du règl. type; Circ. min., 10 juin 1886.

Si les mesures indiquées par l'autorité pour prévenir les accidents n'ont pas été exécutées par le propriétaire auquel elles ont été dénoncées, elles peuvent être exécutées d'office à ses frais, et s'il advient un accident avant cette exécution, le propriétaire de la carrière en sera responsable, s'il est déclaré par le juge du fait que cet accident est dû à la faute de ce propriétaire.

D'ailleurs, alors même qu'aucune prescription ne serait intervenue de la part de l'administration, s'il résultait de la manière vicieuse dans laquelle le propriétaire aurait abandonné sa carrière, un accident qui put entraîner des blessures ou la mort, il pourrait être poursuivi, le cas échéant, en exécution des dispositions du code pénal qui prévoit les délits de cette nature.

1022. Consolidation dans l'intérêt des voies publiques d'anciennes carrières ; dommages. — La commune qui, dans un intérêt de sécurité publique, exécute des travaux de consolidation dans d'anciennes carrières qui lui appartiennent et qui sont placées sous une voie publique, doit la réparation des dommages que ces travaux ont pu causer à des héritages voisins où des éboulements se sont produits par suite de ces travaux. La ville ne pourrait soutenir qu'ayant fait acte de propriétaire chez elle, elle n'est pas tenue de dédommager les propriétaires voisins, des conséquences de l'usage légal qu'elle a fait de son droit de propriété ; ce système qui consisterait à admettre qu'un propriétaire peut impunément bouleverser la propriété riveraine, par des travaux entrepris chez lui, ne peut avoir aucun fondement juridique. C. d'Etat 13 janvier 1882, Carrières de Paris ; Paris, 10 novembre 1885.

§ 5.

Impôts, charges et redevances.

1023. Impôts.— Sous le point de vue de la contribution foncière, les carrières sont assimilées aux terrains dans lesquels elles se trouvent. L. 3 février, an VII, art. 81.

Les propriétaires ne doivent payer aucune redevance spéciale à l'Etat.

1024. Patente. — L'exploitation des carrières donne lieu au paiement de l'impôt sur les patentes. L. 25 juillet 1880 ; C. d'Etat 9 janvier 1855.

N'est pas imposable comme exploitant de carrière, le propriétaire qui au lieu d'exploiter lui même a loué à un tiers le droit exclusif de se livrer à cette exploitation. C. d'Etat 19 décembre 1861 ; 26 décembre 1862 ; 16 mars 1883.

Mais si le propriétaire de la carrière l'exploite lui-même, il est soumis à la patente comme tous les exploitants de carrière. L. 15 juillet 1880, 5° partie du tableau C. C. d'Etat 30 mars 1846 ; 22 mars 1855 ; 20 novembre 1874 ; 13 janvier 1882 ; et pour les exploitations de nodules de phosphates fossiles. C. d'Etat, 3 novembre 1882 ; 30 avril 1883.

Le propriétaire qui, pendant plusieurs années, a employé un certain nombre d'ouvriers à l'extraction des pierres dans sa propriété et a passé des traités avec diverses personnes pour la fourniture de matériaux, est soumis à la patente comme exerçant la profession d'exploitant de carrière. Il importerait peu qu'il soutînt que cette extraction était entreprise dans un intérêt exclusivement agricole, et que la vente des matériaux à prix non rémunérateur n'avait pour objet que de se défrayer en partie de ses travaux d'amélioration agricole. C. d'Etat, 15 juin 1883.

De même celui qui possède dans sa propriété une carrière en état d'exploitation, où les cultivateurs viennent habituellement extraire la marne dont ils ont besoin, à la charge de prendre à leur compte les frais d'extraction et de payer au propriétaire une indemnité fixe par voiture chargée, est imposable à raison de ces faits comme exerçant la profession d'exploitant de carrière sans ouvriers. C. d'Etat 18 février 1865.

Mais le propriétaire qui exploite accidentellement une carrière sur son fonds et pour ses besoins personnels ; et qui ne peut être considéré dès lors comme exerçant une profession, n'est pas soumis à la patente. C. d'Etat, 6 décembre 1864.

L'ouvrier qui travaille seul sans compagnon ni apprenti dans une carrière est dispensé du paiement de la patente ; mais on ne peut considérer comme tel celui qui exploite et vend les produits qu'il tire d'une carrière de pierres qu'il possède, et dont les opérations présentent par suite un caractère industriel et commercial. C. d'Etat 29 décembre 1871.

L'entrepreneur de travaux publics qui, en dehors des pierres qu'il extrait pour ses travaux en vend à des tiers, est sujet à la patente d'exploitant de carrières. C. d'Etat 17 décembre 1875.

1025. Dégradations aux chemins vicinaux et ruraux. — La loi du 21 mai 1836 sur les chemins vicinaux, et celle du 20 août 1881 sur les chemins ruraux, ont soumis les propriétaires de carrières, au paiement de subventions spéciales au cas de dégradations extraordinaires causées à ces chemins par suite de l'exploitation des carrières ; j'ai déjà indiqué les conditions d'application de ces lois en m'occupant des dégradations extraordinaires de ces chemins à l'occasion de l'exploitation des mines, les mêmes principes sont applicables. On les trouve sanctionnés à raison des exploitations de carrières, entre autres décisions du Conseil d'Etat, par les arrêts des 24 avril 1837, 19 décembre 1838, 9 janvier 1843, 26 novembre 1846, 7 janvier 1857.

Le propriétaire d'une carrière qui en a remis l'exploitation à un tiers moyeunant une redevance fixée par mètre cube extrait, ne doit pas personnellement la subvention pour les dégradations extraordinaires qu'à pu causer l'exploitation. C. d'Etat 17 mars 1855.

Mais le propriétaire est personnellement tenu des dégradations causées par ceux qui s'approvisionnent à sa carrière lorsqu'il vend à tout venant. C. d'Etat, 10 septembre 1856, 22 janvier 1857.

C'est celui qui s'engage à transformer et fournir les matériaux nécessaires à une entreprise, qui doit la subvention et non l'entrepreneur. C. d'Etat, 7 janvier 1857.

Une commune devrait supporter le paiement d'une subvention au profit d'un chemin vicinal de grande communication si pour l'entretien de ses autres chemins, elle commettait des dégradations extraordinaires par suite de transport de matériaux empruntés à une carrière voisine du chemin dégradé. C. d'Etat, 6 août 1857.

§ 6.

Extractions de matériaux pour les travaux publics.

1026. Extractions de matériaux pour les travaux publics. — Dans le cas de nécessité pour les chemins publics, tels que ponts, chaussées, canaux et autres établissements d'utilité générale, l'administration peut autoriser les entrepreneurs ou ouvriers à extraire des matériaux, soit dans les carrières en exploitation, soit dans celles qu'il serait nécessaire d'ouvrir. Arrêts du conseil du 7 septembre 1755. L. 28 juillet 1791 ; 28 septembre 1791; 28 pluviôse an VIII; 16 septembre 1807; 21 mai 1836 ; 15 juillet 1845 ; 20 août 1881. En 1845, j'ai publié des études sur *la législation concernant les fouilles et extractions des matériaux,* dont la seconde édition a paru sous le titre de *dommages causés à la propriété privée à l'occasion des travaux publics.* Je ne songe nullement à reproduire ici les diverses questions qui s'y trouvent traitées, ni à renvoyer à une publication très peu au courant de la jurisprudence et des changements de la législation et de la règlementation administrative, puisqu'elle remonte à quarante ans en arrière ; au surplus ces questions rentrent plutôt dans le cadre d'un ouvrage sur les travaux publics que sur les mines, aussi je renvoie principalement pour les développements aux *Conférences sur l'administration et le droit administratif* de M. Aucoc, et aux publications diverses sur la législation des travaux publics, en signalant comme la plus récente celle de M. Perriquet, avocat au conseil et à la Cour de cassation, et pour la compétence le *Traité sur l'organisation et la compétence des conseils de préfecture* de M. Arsène Périer, également avocat au conseil et à la Cour de cassation.

Je me borne à poser quelques règles, après avoir rappelé, ce que j'ai déjà indiqué, que les propriétaires de carrières ne sont soumis à cette charge que dans l'intérêt des travaux publics et nullement dans l'intérêt des usines et manufactures exploitées par l'industrie privée. Si les mots établissements et manufactures d'utilité générale, qui se trouvaient dans l'article 2 de la loi du 28 juillet 1871, ont pu laisser place à discussion et à quelque' indécision, aucune hésitation ne saurait subsister aujourd'hui, depuis que la loi de 1866 a aboli toutes les obligations spéciales, en faveur des exploitants de forges, fourneaux et usines, qui pesaient sur les propriétaires et exploitants de minières.

1027. Qui peut exercer ce droit. — L'administration

ou ses agents directement, comme les entrepreneurs des travaux.

On n'a pas admis qu'un simple fournisseur eût ce droit, puis la jurisprudence du conseil d'Etat a changé en considérant le fournisseur comme un véritable entrepreneur. Je regrette de ne pouvoir entrer ici dans des développements; mais je n'admets pas, lorsqu'un marché de fourniture est purement et simplement mis en adjudication, qu'une fois l'adjudication faite, on puisse ouvrir à l'un des adjudicataires la libre disposition d'une carrière. C'était à lui avant de soumissionner, à s'assurer qu'il trouverait dans de bonnes conditions les matériaux qu'il s'engageait à fournir. Je ne parle ici que de fournitures à faire au moyen de matériaux à extraire de carrières exploitées, et non des emprunts de matériaux en général. Comment une fourniture de moëllons de qualité déterminée sera mise en adjudication sans autre désignation que la nature de la pierre à fournir, sans mention surtout de provenance. Deux carriers iront aux enchères, et celui qui sera adjudicataire pourra obtenir l'autorisation de puiser à volonté chez l'autre pour remplir son marché de fourniture. Il y a là deux industriels en présence, pour assurer l'exécution d'un engagement personnel, et la chose de l'un, ne peut passer à la disposition de l'autre, à la suite d'un simple arrêté du préfet et sauf indemnité à fixer après l'enlèvement de la richesse du banc exploité. Je crois donc juste et légal de s'en tenir à la jurisprudence affirmée par les arrêts du conseil des 16 août 1843, 3 juillet 1847 ; 5 juin 1848, 13 avril 1850, 3 mai 1850, 21 avril 1854, quelles que soient les décisions contraires et l'approbation que leur donne M. Aucoc, qui les a d'ailleurs provoquées.

1028. Pour quels travaux ce droit existe-t-il. — Par des actes successifs, le droit d'emprunter des matériaux dans une carrière, établi d'abord pour l'entretien du pavé de Paris, a été étendu à l'entretien et à la confection de tous les travaux publics. Toutefois il est à remarquer spécialement en ce qui concerne les carrières, qu'on ne la pas appliqué à la construction des bâtiments, c'est-à-dire qu'on tient qu'il existe pour le service des ponts et chaussées, et non pour celui des bâtiments civils.

L'entrepreneur ne peut disposer des matériaux extraits que pour l'entreprise à raison de laquelle l'extraction a été autorisée.

1029. Exemption en faveur des lieux clos. — L'article 1er de l'arrêt de 1755 exceptait du droit d'extraire les matériaux pour les travaux d'utilité publique, les lieux fermés de murs ou autre clôture équivalente suivant les usages du pays.

Cette exception ne s'applique qu'aux lieux clos en nature de cours, jardins, et vergers et autres possessions de ce genre. Arrêt du conseil du 20 mars 1780.

Ou a des lieux clos, quelle que soit la nature des terrains, attenant à une maison habitée ou en dépendant.

Par clôture il faut entendre une clôture continue, et en effet sans continuité pas de clôture.

Si la clôture est établie au moyen de murs pas de difficultés, mais que faudra-t-il entendre par clôture équivalente suivant les usages du pays? une clôture de nature à empêcher toute communication avec les héritages voisins sans bris de clôture. La jurisprudence offre de nombreux exemples de l'application de cette règle assez difficile à préciser théoriquement et qui rentre dans le domaine de l'appréciation du juge du fait.

La clôture peut être établie par le propriétaire quand bon lui semble ; et à partir de ce moment, le terrain clos s'il se trouve dans les conditions voulues pour l'exception, doit en profiter, quelles que soient les dispositions administratives prises antérieurement. C. d'Etat, 5 novembre 1828 ; 18 mars 1869.

C'est le conseil de préfecture qui apprécie si le terrain

désigné est ou non dans les conditions voulues pour profiter de l'exemption.

1030. Désignation de la carrière, est ffaite par le préfet dans les conditions indiquées par le décret du 8 février 1868, art. 1er. Cette désignation peut être faite également dans les cahiers des charges et autres actes administratifs précédant l'adjudication ou les traités passés avec les entrepreneurs. L'acte du préfet en pareil cas ne fait que rappeler ces indications, mais il est bon qu'il intervienne dans tous les cas, pour que cette désignation puisse être régulièrement portée à la connaissance des intéressés.

1031. Notification de l'arrêté de désignation, est faite à l'entrepreneur par l'ingénieur en chef; au propriétaire par le maire. D. 8 février 1868, art. 2.

1032. Constatation de l'état des lieux, doit être faite préalablement, avant l'occupation de la carrière, à défaut d'arrangement à l'amiable entre l'entrepreneur et le propriétaire. Ce n'est qu'après que cet état des lieux a été régulièrement dressé, que l'entrepreneur peut s'introduire dans la carrière. Cette vérification se reproduit si l'occupation se prolonge; on doit y procéder à nouveau à la fin des travaux. D. 8 février, 1868, art. 4 à 9.

1033. Formalités particulières prescrites par certaines lois spéciales. — Les formalités que nous venons d'indiquer ne sont pas applicables aux emprunts pour chemins vicinaux et ruraux. Avant le décret de 1868, l'article 17 de la loi du 21 mai 1836 sur les chemins vicinaux, rendue applicable par la loi d'août 1881 aux chemins ruraux, avait indiqué les formalités spéciales à remplir, et un décret n'a pu modifier les prescriptions de ces lois.

Toutefois les dispositions du décret qui peuvent être considérées comme n'ayant pour but que d'assurer l'exécution de cette loi, loin d'en modifier les dispositions, doivent être considérées comme étant en vigueur.

C'est ce qui a été jugé, pour la voirie vicinale, en ce qui concerne la notification de l'acte administratif autorisant des extractions. C. d'Etat, 19 juillet 1872; 3 janvier 1873.

Les formalités prescrites pour l'extraction dans les bois et forêts, par les dispositions de l'ordonnance du 1er août 1827, ne sont applicables que dans les cantonnements soumis au régime forestier. C. d'Etat, 30 juillet 1863.

1034. Réglement de l'indemnité. — A défaut d'arrangement amiable, il y est procédé conformément à l'article 56 de la loi du 16 septembre 1807.

Le paiement ne doit pas être préalable, toutefois si l'occupation se prolonge, le propriétaire peut réclamer des réglements et paiements successifs, sans attendre la cessation des travaux.

L'article 55 de la loi de 1807 porte : Les terrains occupés pour prendre les matériaux pourront être payés aux propriétaires comme s'ils eussent été pris pour l'établissement des travaux ; ajoutons, sans qu'on puisse forcer toutefois l'entrepreneur à acquérir le fonds. C. d'Etat, 3 mai 1850.

« Il n'y aura lieu à faire entrer dans l'estimation, la valeur des matériaux à extraire, que dans le cas où l'on s'emparerait d'une carrière déjà en exploitation ; alors les dits matériaux seront évalués d'après leur prix courant, abstraction faite de l'existence et des besoins de la route pour laquelle ils seraient pris, ou des constructions auxquelles on les destine. »

Une carrière exploitée ou non, ne constitue pas moins une valeur propre et spéciale appartenant au propriétaire du sol, et il ne paraît pas juste qu'on ne tienne pas compte au propriétaire de la perte de cette valeur dont on le prive pour l'avenir. La loi est cependant formelle, mais comme il s'agit de l'appréciation d'un dommage causé, c'est aux juges à en régler d'une manière équitable la réparation, et ils doivent comprendre tout le préjudice éprouvé par le propriétaire. C. d'Etat, 8 janvier 1847, 27 mai 1848, 10 août 1860.

Mais lorsque la carrière est déjà en exploitation, les matériaux seront évalués. Ici nous devons fournir quelques explications puisque nous rentrons dans l'examen de questions concernant directement l'exploitation des carrières.

1035. Carrières en exploitation. — D'abord il est bon de faire remarquer que au point de vue spécial où nous devons nous placer, on ne peut entendre par carrière que des amas de matières susceptibles d'une véritable exploitation ; ainsi, un entrepreneur de travaux publics prend dans un champ voisin de la terre pour ses remblais, on ne peut pas dire qu'il exploite une carrière. Les couches de sables et de graviers répandues sur un champ, des pierres séparées des terres et mises en tas, à la suite de défrichement ou de plantations, si elles sont ensuite enlevées, ne peuvent être considérées comme des exploitations de carrières. C. d'Etat, 23 janvier 1862, 20 août 1864, 8 mars 1866, 4 mai 1870. A moins qu'en dehors de l'exécution des travaux qui en motivent l'enlèvement, elles n'eussent déjà été l'objet d'une exploitation par suite de circonstances particulières. C. d'Etat, 6 avril 1870 ; 11 janvier 1878.

Pour qu'une carrière soit considérée comme en exploitation : Il faut une exploitation sérieuse. C. d'Etat, 18 mai 1854 ; 10 mars 1876.

Il ne suffirait pas par exemple que le propriétaire prévenu de l'ouverture prochaine des travaux, eût simulé une intention d'exploiter. C. d'Etat, 24 mars 1849 ; 4 mai 1870.

On avait d'abord exigé que l'exploitation fut actuelle ; mais depuis, le Conseil d'Etat, par une jurisprudence résultant de décisions très nombreuses, admet qu'il suffit que la carrière ait été ouverte et exploitée, bien que l'exploitation ne soit plus régulière et actuelle. Je cite dans ce sens parmi quelques arrêts plus récents, 13 juillet 1857; 11 janvier 1878 ; 9 février 1883. L'arrêt du 19 mai 1882 considère comme carrière en exploitation, au point de vue où nous nous plaçons, une sablière ouverte dans le temps, où depuis 29 ans aucune extraction n'avait eu lieu, mais qui était restée dans un état qui permettait de reprendre ces extractions au gré du propriétaire.

Si l'abandon complet était caractérisé, par l'état des lieux notamment, on devrait considérer la carrière comme inexploitée. C. d'Etat, 16 mai 1854 ; 20 juillet 1854 ; 17 mars 1864 ; 31 janvier 1867 ; 31 janvier 1873.

On doit considérer une carrière comme ouverte, alors qu'elle a été exploitée sur un point et que l'entrepreneur se bornerait à la découvrir sur un prolongement du banc exploité. Je note parmi les derniers arrêts rendus en ce sens par le Conseil d'Etat, 8 mars 1866; 1er avril 1869; 8 janvier 1875; 3 décembre 1880 ; 22 février 1884.

Mais il n'en serait pas ainsi si les bancs nouvellement exploités à une assez grande distance d'une ancienne carrière, étaient placés dans des différences d'altitude et donnaient des matériaux de qualités différentes. C. d'Etat 15 décembre 1882. Ou si les matériaux extraits étaient de natures différentes de ceux exploités par le proprié- taire. C. d'Etat, 3 juin 1881 ; 17 novembre 1882.

Si l'exploitation commencée par un entrepreneur a été mise ensuite à la disposition du propriétaire du sol qui en a repris possession , la carrière sera considérée comme en exploitation alors qu'un nouvel entrepreneur sera autorisé à y prendre des matériaux. Il n'en serait pas de même si elle passait directement du premier en- trepreneur au second. C. d'Etat, 18 mars 1858 ; 16 août 1860; 18 décembre 1874 ; 21 mai 1875; 10 mai 1876 ; 4 dé- cembre 1880 ; 27 janvier 1882.

1036. Évaluation des matériaux. — Doit être faite d'après leur prix courant, abstraction faite de l'existence et des besoins du travail pour lequel ils sont pris. L. 16 septembre 1807, art. 55.

Il n'est pas dû d'indemnité pour les dommages, résultat forcé et inévitable de l'extraction dès qu'on tient compte de la valeur des matériaux extraits. Cela a été jugé très souvent et notamment, en dernier lieu, par les arrêts du Conseil des 6 mars 1872, 20 mars 1874, 3 juin 1881, 19 mai 1882, 11 mai 1883, 22 février 1884.

Mais en dehors du prix des matériaux il est dû réparation du préjudice résultant d'abus, de fautes, de vices d'exploitation, dommages aux terres et propriétés voisines de la carrière. C. d'Etat 27 juin 1865, 6 mars 1872, 23 juin 1876, 4 mai 1877.

Il a été jugé, tantôt que le prix des arbres arrachés devait être payé en sus C. d'Etat 22 février 1884, tantôt qu'il ne devait pas en être tenu compte. C. d'Etat 11 mai 1883. En admettant cette cause d'indemnité par son arrêt du 22 février 1884, le Conseil explique qu'il la maintient parce que, d'après les usages du pays, le carrier doit en tenir compte au propriétaire.

Il est dû une indemnité spéciale en dehors du prix des matériaux, au propriétaire qui exploitait lui-même, à raison de la suspension forcée de l'exercice de sa profession, suite de l'occupation de sa carrière par un tiers. C. d'Etat 11 mai 1883. Mais si malgré cette occupation et la gêne qu'elle lui imposait, il a pu continuer d'exercer sa profession, il ne lui est pas dû d'indemnité de ce chef. C. d'Etat 22 juin 1883.

1037. Intérêts de l'indemnité. — Sont dus à partir de la demande. Les intérêts sont dus à partir de la demande en justice, c'est ce que l'on nomme les intérêts moratoires. C. d'Etat, 2 mai 1884 ; jurisprudence constante.

On les a parfois fixés à un taux autre que le taux légal, à partir de la privation de jouissance. C. d'Etat, 2 mai 1884 ; mais c'est très exceptionnellement, et ce ne sont plus alors de simples intérêts moratoires ; généralement on refuse de les faire partir à compter du jour de la prise de possession. C. d'Etat 17 novembre 1882 ; 15 décembre 1882 ; 22 février 1884.

Les intérêts des intérêts sont alloués lorsque les parties se trouvent dans le cas prévu par l'article 1154 du Code civil. C. d'Etat 17 novembre 1882; 15 décembre 1882; 11 mai 1883.

1038. Prescription de l'indemnité. — Est acquise par suite de l'expiration des délais fixés par le droit commun pour se libérer, à moins de dispositions exceptionnelles. C'est ainsi que pour les travaux des chemins vicinaux et ruraux, une prescription de deux ans a été édictée. L'état se libère par la prescription de cinq ans.

1039. Exercice de l'action. — L'action appartient-elle au propriétaire de la carrière ? incontestablement oui, s'il exploite lui-même les matières que l'entrepreneur est autorisé à enlever à son préjudice. Mais si la carrière est affermée, cette action ne passe-t-elle pas au fermier ? La réponse affirmative ne saurait être douteuse. Le Conseil d'Etat pendant assez longtemps a bien refusé ce droit au fermier, sous prétexte que les articles 55 et 56 de la loi de 1807 ne désignent que le propriétaire. Mais au point de vue où nous devons nous placer ici, le propriétaire de la carrière n'est pas le propriétaire du sol, mais bien le propriétaire des matériaux à extraire, qui n'est autre que le fermier ; aussi la dernière jurisprudence du Conseil d'Etat considère comme recevable l'action du fermier exploitant. C. d'Etat, 7 janvier 1858, 30 juillet 1863, 28 janvier 1865, 5 août 1869, 20 mars 1874, 3 juin 1881.

Il peut même se faire que le fermier de la carrière soit recevable dans son action pour obtenir paiement des matériaux extraits, et le propriétaire pour obtenir réparation des dommages causés à son fonds en dehors des conséquences d'une exploitation normale et régulière.

Si l'entrepreneur avait payé l'indemnité qui peut être due pour les extractions au propriétaire de la carrière seul connu, il ne pourrait être tenu d'en payer une nouvelle pour la même cause au locataire de cette même carrière, ce dernier conserverait un recours contre le propriétaire seul. C. d'Etat 22 juin 1854. Ce recours devrait être porté devant les tribunaux civils.

Si le propriétaire s'était réservé la carrière dans un domaine donné en ferme à un tiers, sans préjudice de l'action qui appartiendrait au propriétaire à l'encontre de l'entrepreneur qui fouillerait dans sa carrière, il pourrait être dû une indemnité au fermier, qui aurait une action pour la réclamer en justice, si l'exploitation en dehors du dommage causé à la carrière en occasionnait aux récoltes voisines appartenant au fermier de la propriété. C. d'Etat 28 février 1845. Mais lorsqu'un domaine est affermé sans restrictions ni réserves, qu'un entrepreneur est autorisé à y ouvrir des carrières, c'est avec le propriétaire que l'entrepreneur peut régulièrement déterminer l'indemnité, sauf à ce propriétaire à débattre avec son fermier la répartition de la somme reçue. C. d'Etat, 8 décembre 1853 et 22 juin 1854.

1040. Compétence. — Le contentieux des travaux publics est du domaine des tribunaux administratifs. L. 28 pluviôse an VIII, art. 4.

Cependant le choix dans la désignation d'une propriété non exemptée par la loi, comme le refus de désignation, sont des actes de pure administration ouvrant un recours au fonctionnaire hiérarchiquement supérieur à celui qui a statué, mais non un recours au contentieux. C. d'Etat, 3 mai 1850, 30 juillet 1863, 5 juillet 1878.

Les questions d'indemnité nées à raison d'extractions régulièrement autorisées dans les carrières sont du ressort des Conseils de préfecture, sauf recours devant le Conseil d'Etat, quelles que soient les modifications que le sol ait éprouvé ; jurisprudence nombreuse, et en dernier lieu arrêt du Conseil d'Etat du 30 mai 1884.

Les actes commis sans autorisation administrative ou en dehors de ces autorisations, seront des voies de fait donnant lieu à des actions du ressort des tribunaux de l'ordre judiciaire.

Il en est de même des extractions faites sans accomplir préalablement les formalités qui doivent les précéder. Du moins lorsque cet inaccomplissement n'a pas mis le propriétaire à même de connaître le titre en vertu duquel agissait l'entrepreneur.

Si l'extraction a lieu en vertu de conventions privées, tout le contentieux auquel peut donner lieu leur exécution, est du domaine de l'autorité judiciaire.

§ 7.

Contraventions ; compétence ; pénalités.

1041. Contraventions ; compétence. — Lorsqu'on se trouvait sous l'empire des anciens règlements, la désignation du tribunal compétent pour statuer sur les contraventions aux prescriptions sur l'exploitation des carrières présentait bien des difficultés. Les décrets de 1813 applicables aux départements de la Seine et de Seine-et-Oise, portaient des dispositions sur la compétence, difficiles à concilier avec la loi de 1810, et si lorsqu'il s'agissait des ordonnances ou décrets qui avaient reproduit ces dispositions pour les appliquer à d'autres départements, il était possible de soutenir que ces derniers actes devaient être considérés comme sans portée, ne pouvant modifier des dispositions législatives; c'était plus difficile pour les décrets de 1813 qui avaient été considérés eux-mêmes comme ayant force de loi. La loi qui, en 1880, a révisé celle de 1810, a formellement abrogé par son article 82, les deux décrets ayant force de loi, des 22 mars et 4 juillet 1813 et le décret du 22 mars 1813 portant règlement général pour les carrières de la Seine et de Seine-et-Oise D'un autre côté, le décret du 2 avril 1881 portant règlement pour les carrières de la Seine ne reproduit pas les règles de compétence inscrites dans les actes de 1813. L'article 36 se borne à indiquer que les contraventions à la conservation des routes nationales et départementales, chemins de fer, canaux, rivières, ponts et autres travaux dépendant du domaine public seront constatées, poursuivies et réprimées conformément aux lois de police de la grande voirie.

Il y a lieu, en effet, pour déterminer la compétence en matière de contraventions à l'exploitation des mines de faire une distinction entre les contraventions de grande voirie et les autres.

Les contraventions de grande voirie doivent être constatées, poursuivies et réprimées conformément aux lois de police de la grande voirie, non point parce qu'elles constituent des contraventions aux règles d'exploitation des mines, mais des contraventions aux lois concernant la grande voirie. C. d'Etat, 27 octobre 1837 ; A. Périer, *Traité de la comp. des C. de préf.* n° 605. Ainsi j'ouvre une carrière à une distance moindre que celle qui doit être observée entre une route nationale ou départementale et une carrière, je commets une contravention à la police des grandes routes par l'acte commis dans ma carrière, et cette contravention sera poursuivie et réprimée comme toutes les contraventions de grande voirie devant le conseil de préfecture. Si le même fait se produit dans la même carrière mais à une distance moindre que celle qui doit être observée entre les excavations et une voie vicinale ou rurale, ce ne sera pas une contravention de grande voirie, parce que ce n'était pas le fait seul de l'extraction qui caractérisait la contravention, mais ce fait dans ses rapports avec l'existence d'une voie soumise au régime de la grande voirie.

Dès que ce caractère ne se trouvera pas dans la contravention, que la police des grandes routes, canaux navigables, cours d'eau navigables ou flottables, chemin de fer et autres dépendances de la grande voirie ne sera pas intéressée dans le fait constaté, il n'y aura plus qu'une simple contravention aux lois sur la police de l'exploitation des carrières, qui devra être constatée d'après les règles ordinaires, et dont les auteurs devront être déférés à la justice répressive du droit commun. C. Cas., 26 mai 1831 ; 29 août 1845, S. 45, 1, 845 ; 29 août 1851, S. 51, 1, 790 ; 9 septembre 1856, S. 56, 1, 921 ; 23 janvier 1857, S. 57, 1, 394 ; Paris, 14 février 1863.

Ici une distinction est faite par la Cour de Cassation suivant que les contraventions se produisent dans des carrières exploitées à ciel ouvert ou dans des carrières exploitées par galeries souterraines.

D'après la Cour de Cassation, il résulte de l'article 81 de la loi de 1810, que lorsque l'exploitation des carrières est à ciel ouvert elle a lieu sans permission sous la simple surveillance de la police ; qu'au contraire si l'exploitation a lieu par galeries souterraines, elle est soumise à la surveillance de l'administration, comme il est dit au titre V de la loi, d'où elle conclut qu'il existe des différences essentielles quant à la compétence et à la pénalité, au cas d'infractions à l'exploitation ; si l'infraction se rattache à une exploitation à ciel ouvert, elle tombe sous la juridiction et la pénalité de simple police, d'après l'article 81 de la loi du 21 août 1810, combiné avec l'article 471, n° 15 du code pénal ; tandis que si l'infraction a lieu à l'occasion d'une carrière exploitée par les galeries souterraines, ces carrières étant assimilées aux mines par l'article 82 de la loi, qui renvoie au titre V, il y a lieu à la compétence et à la pénalité correctionnelle, par application des articles 93, 94, 95 et 96 de la loi de 1810. C. Cass., 19 septembre 1856 et 23 janvier 1857 cités. Même sous l'empire des décrets de 1813 le conseil d'Etat a reconnu son incompétence pour statuer sur les contraventions commises dans les carrières à ciel ouvert. C. d'Etat, 14 février 1856 ; 15 juin 1870.

1042. Pénalités. — Comme nous l'indiquions tantôt la distinction que nous faisions lorsqu'il s'agissait de la compétence, se reproduit lorsqu'il s'agit des pénalités. Les contraventions dans les exploitations à ciel ouvert sont punies de peines de simple police ; les contraventions commises dans les exploitations par galeries souterraines sont punies de peines correctionnelles. C. Cass., 29 août 1845, S. 45, 1, 845, D. 45, 1, 398 ; 29 août 1851, S. 51, 1, 790 ; 19 septembre 1856, S. 56, 1, 931 ; 23 janvier 1857, S. 57, 1, 393. A. Périer, *Traité de la comp. des C. de préf.* n° 605.

1043. Comblement de carrières ouvertes à une distance prohibée d'un chemin vicinal. — Lorsqu'un règlement sur les chemins vicinaux a fixé la distance des chemins dans laquelle il ne pourrait être ouvert de carrières, si une exploitation a été entreprise contrairement à ces prescriptions, et qu'un jugement de simple police l'ait reconnu en condamnant l'exploitant; le maire peut, dans un intérêt de sûreté publique, ordonner le comblement de cette carrière, et faute par le propriétaire d'y avoir fait procéder, le faire opérer d'office à ses frais en vertu des pouvoirs que lui donne la loi des 16-24 août 1790. C. d'Etat, 11 janvier 1886 et les conclus. de M. Aucoc, com. du gouv. rapportées dans le recueil de Lebon.

Mais ce que le maire peut faire en vertu de ses pouvoirs de police et dans un intérêt de sécurité publique, surtout lorsque l'illégalité de l'exploitation a été reconnue par les tribunaux ; il ne saurait le faire en s'érigeant en juge d'une question de propriété et il ne pourrait, sous prétexte que des exploitants empiètent sur la propriété de la commune ou de l'Etat, prendre un arrêté, fût-il approuvé par le préfet, interdisant la continuation de l'exploitation et saisir les blocs extraits. Un pareil différend est de la compétence exclusive de l'autorité judiciaire. C. d'Etat, 27 mai 1863.

L'administration aurait le droit en agissant d'office, de faire fermer et combler toute carrière ouverte dans l'intérieur de Paris, contrairement à la disposition du § 2, art. 82 de la loi de 1810, révisée en 1880, qui interdit toute exploitation de cette nature. Mais les pouvoirs qu'elle tenait des dispositions des décrets des 22 mars et 4 juillet 1813 sur l'exploitation de carrières dans les départements de la Seine-et-Oise, ont cessé d'exister puisque le § 3 de ce même article a abrogé ces décrets.

SECTION II

DES TOURBIÈRES.

§ 1.

Propriété.

1044. Classement des tourbières. — Les tourbes sont classées par la loi de 1810 parmi les minières, art. 3 ; tandis que la loi du 28 juillet 1791, les classait parmi les carrières. Mais d'un autre côté elles sont régies par des dispositions spéciales dans la section 2 du titre VIII de la loi de 1810, articles 83 à 86.

1045. Consentement du propriétaire du sol à l'exploitation. — Les tourbes ne peuvent être exploitées que par le propriétaire du terrain, ou de son consentement. L. 21 avril 1810, art. 83.

Lorsque les propriétaires d'usines pouvaient contraindre à exploiter les gisements des matières qui leur étaient nécessaires pour le fonctionnement de leurs établissements, on s'était demandé si un usinier ne pour-

rait pas être autorisé, malgré la volonté du propriétaire
du fonds, à extraire des minerais ou terres pyriteuses
mélangées avec de la tourbe. Le préfet de la Seine-Infé-
rieure avait refusé ce droit à l'usinier, mais le Ministre
des travaux publics par un arrêté du 30 juillet 1836 le lui
avait reconnu. M. de Cheppe a donné dans les *Annales
des Mines*, t. X, p. 592, des explications au sujet de cette
décision, que Dufour critique, *Lois* n° 191, comme illégale. Le changement de législation relativement au droit
accordé aux usiniers par les articles 59 et suivants de
la loi de 1810, en ce qui concernait les minerais de fer
d'alluvion, retiré d'une manière générale par la loi de
1866, rend cette question sans intérêt aujourd'hui

En 1850 le Conseil général de l'agriculture, du commerce et des manufactures, avait réclamé contre le droit
réservé au propriétaire, d'empêcher à son gré l'exploitation d'une tourbière sise dans son fonds ; le ministre à
cette occasion, par circulaire du 6 juillet 1850, aux préfets
et ingénieurs, provoqua une sorte d'enquête à ce sujet ;
je ne sais si elle a été faite, ni ce qu'elle a pu produire,
mais la loi de 1866 a repoussé les principes qu'on
essayait ainsi de faire prévaloir.

1046. Droit de propriété. — Le droit de propriété des
tourbes appartient complètement au propriétaire du sol
qui les contient, à la seule charge de se soumettre aux
lois et règlements de police relatifs à cette nature de
propriété. Il peut la céder et en disposer comme il l'entend, et comme il a le droit de le faire pour toute autre
partie de sa propriété, et n'est soumis quant à ce qu'aux
règles du droit commun.

1047. Droit d'extraire de la tourbe, caractère mobilier. — Il a été jugé spécialement, que le droit d'extraire de la tourbe dans un périmètre et pendant un
temps déterminés, à un prix fixé par année constituait
une vente mobilière. Et que, en ce qui concerne les
droits d'enregistrement, il y avait lieu de percevoir non

le droit de bail, mais de vente mobilière. C. Cass. 31 juillet 1839, S. 39, t. 675, D. 39, 1. 306 ; 23 avril 1845, S. 45, 1, 576, D. 45, 1, 197.

L'exploitation d'une tourbière par le propriétaire du sol ne constitue pas un acte de commerce, d'après Peyret-Lallier, n. 699.

1048. Usufruit. — L'article 598, C. Civil, porte : l'usufruitier jouit de la même manière que le propriétaire des mines et carrières qui sont en exploitation à l'ouverture de l'usufruit ; il n'a aucun droit aux mines et carrières non encore ouvertes, ni aux tourbières dont l'exploitation n'est pas encore commencée.

Il est inutile de revenir sur les explications déjà données au sujet de l'usufruit portant sur les mines, minières et carrières ; je me borne à faire remarquer que l'usufruitier qui trouve dans le fonds soumis à son droit une tourbière, ne peut l'exploiter même pour s'assurer le chauffage qui lui serait personnellement nécessaire. Sa qualité d'usufruitier du fonds ne lui attribue pas un droit d'usage sur la tourbière. Proudhon, *Usufr.* t. III, p. 178 ; Lallier, n. 702.

1049. Tourbières communales. — Les tourbières communales en exploitation pour l'usage des habitants, sont comprises dans les exceptions de la loi du 20 mars 1813, sur l'aliénation des biens des communes. L. 10 juin 1795 art. 9 ; D. 13 décembre 1804 ; L. des fin. du 10 mars 1813 ; Ord. 26 décembre 1814, art. 1. L'exception comprend non seulement les entailles tourbées, mais aussi les parties non encore atteintes par l'exploitation, lors même qu'elles seraient louées ou réservées à d'autres usages, en attendant leur tour d'exploitation dans l'ordre du règlement prescrit par l'art. 85 de la loi de 1810 ; Ord. 1814, art. 2. Dans les communes qui, en exécution de cette loi, n'auraient pas fait déterminer par un règlement d'administration publique l'étendue de ces tourbières et l'ordre de leur exploitation, il a dû y être pro-

cédé dans le plus court délai, après avoir entendu le
Conseil municipal ; art. 3. La régie des domaines a dû
prendre possession pour le compte de la caisse d'amor-
tissement, des parties de prés ou marais même tourbeux,
qui ne seront pas jugés nécessaires à l'exploitation successive pour le chauffage gratuit des habitants de chaque
commune, et qui n'avaient pas cette destination au
20 mars 1813 ; art. 4.

Les tourbières appartenant encore aux communes, sont
soumises aux mêmes règles que celles des particuliers,
en ce qui concerne la nécessité d'une déclaration préalable à l'exploitation, et à la police et règlementation de
cette exploitation. Les ingénieurs des mines doivent
même exercer un droit de surveillance et de direction
plus effectif sur tous les projets de travaux et leur exécution. Lallier, n. 696.

1050. Droit d'étendre les tourbes sur le terrain
voisin. — Ce droit établi au profit des propriétaires de
tourbes par d'anciens usages, et qu'ils avaient le droit
d'exercer à charge d'indemnité, et en justifiant que leurs
fonds ne suffisaient pas pour assurer cette partie de leur
exploitation, est aujourd'hui aboli. C. Cass. 21 janvier
1813, cassant un jugement du tribunal d'Amiens. L'article 544 du Code civil, et l'article 7 de la loi du 30 nivôse
an XII, ont abrogé ces anciens droits.

1051. Tourbière enclavée. — Le propriétaire d'une
carrière enclavée, a le droit de réclamer un passage sur
le fonds voisin.

Ce droit a été reconnu au cessionnaire du droit d'exploitation d'une tourbière, par la Cour d'Amiens, 15 mai
1813. Je préfèrerai voir mettre en cause, en pareil cas, le
propriétaire du fonds lui-même. Quant au droit de passage résultant de l'enclave il n'était pas sérieusement
contesté. Lallier, n° 704 ; Dalloz, *Rép. v. Mines*, n° 720.
Et il ne saurait l'être encore moins aujourd'hui en l'état
de la nouvelle rédaction de l'article 682 du Code civil,

d'après la loi d'août 1881, et les motifs qui ont été donnés de ce changement.

1052. Patente. — Les exploitants de tourbières sont soumis à la patente. L. 15 juillet 1880, 5ᵉ partie, tableau C. C. d'Etat, 29 décembre 1871.

Qu'ils exploitent en vertu du droit que leur a concédé le propriétaire du fonds ou qu'ils soient propriétaires de ce fonds lui-même. C. d'Etat, 17décembre 1847, sous la loi des patentes du 25 avril 1844. Le même principe a été admis en matière de carrières. C. d'Etat, 7 décembre 1847. Sous la loi du 18 mai 1850 qui assujetissait les exploitants de tourbières à un droit fixe de patente calculé d'après le nombre des ouvriers, sans distinguer si ces ouvriers étaient employés momentanément ou pendant toute l'année, on ne pouvait exciper de la disposition qui concernait les fabricants de briques, pour lesquels le droit fixe de patente devait être calculé par série d'ouvriers momentanément employés équivalente à un ouvrier employé complètement. C. d'Etat, 31 juillet 1856.

La patente ne serait pas due, si le propriétaire exploitait pour son usage personnel exclusivement ; mais il y est soumis si les produits sont consommés dans un établissement auquel il est étranger. C. d'Etat, 29 décembre 1871.

Autrefois cette exploitation n'était pas sujette à patente. C. d'Etat, 25 décembre 1835 ; 4 novembre 1836. Mais il n'en est plus de même depuis la loi des patentes du 25 avril 1844. L'exemption a été maintenue en Belgique, du moins par l'arrêté royal du 30 avril 1817, les lois des 21 mai 1819, 6 avril 1823, l'instruction du 17 avril 1856.

§ 2.

Réglementation ; police ; surveillance.

1053. Autorisation préalable à l'exploitation. — Tout propriétaire actuellement exploitant, ou qui voudra commencer à exploiter des tourbes dans son terrain, ne pourra continuer ou commencer son exploitation, à peine de cent francs d'amende, sans en avoir préalablement fait la déclaration à la sous-préfecture et obtenu l'autorisation. L. 21 avril 1810, art. 84.

Il ne suffit pas d'une simple déclaration, pour pouvoir exploiter une tourbière dans son fonds ou dans le fonds du propriétaire qui a autorisé un tiers à cet effet, il faut encore avoir obtenu l'autorisation. Lallier, n° 695 ; Dufour, *Lois*, n° 187.

Mais une fouille accidentelle non suivie d'exploitation ne peut être considérée comme une exploitation devant être précédée d'une déclaration accompagnée d'autorisation. Bruxelles, 25 juillet 1835, *Pas.* 1835, p. 294 ; Delebecque, t. II, n° 1163.

Ainsi le fait, lors du curage des fossés ou de travaux d'amélioration d'une prairie, d'avoir extrait une faible quantité de tourbes, ne peut constituer l'exploitation prévue par la loi. Le fait aurait au contraire ce caractère, si les travaux entrepris pour se procurer de la tourbe dans une prairie, avaient permis d'en enlever, bien que la quantité extraite fût fort bornée. Liège, 10 décembre 1858, *Pas.*, 59, 2, 127.

1054. Formule de la déclaration. — Lorsque des règlements locaux ont déterminé la forme de cette déclaration, il est inutile de dire qu'on devra s'y conformer. A défaut de règles spéciales, la déclaration faite au sous-préfet, directement ou par l'intermédiaire du maire du lieu où l'exploitation doit s'effectuer, doit faire connaître les nom, prénoms et domicile du déclarant, la situation de la tourbière avec indication de la matrice cadastrale, l'étendue de sa propriété, la quantité et l'épaisseur des bancs de tourbe qu'il aura reconnus par les sondages et le mode d'exploitation qu'il se propose de suivre. Un récépissé de la déclaration doit être délivré par le maire ou le sous-préfet à celui qui l'a faite.

La déclaration peut être faite directement à la sous-préfecture, à défaut de réglement local contraire. Instr. du 3 août 1810, § 6. C'est même la sous-préfecture que désigne la loi. L. 1810, art. 84.

1055. Instruction de la demande. — L'ingénieur des mines consulté donnera son avis sur la demande. L'autorisation accordée par le préfet au propriétaire exprimera la direction, l'étendue, la profondeur à donner à l'exploitation et l'époque à laquelle elle devra avoir lieu, en conformité du mode et du plan général d'extraction qui auront été déterminés. Instr. min., 3 août 1810, § 6.

Je répète : pour régulariser sa situation, il ne suffit pas que le propriétaire ait demandé une autorisation, il faut qu'il l'ait obtenue, il ne saurait être de ce cas comme de ceux où une simple déclaration suffit. L'exploitation commencée avant l'obtention d'une autorisation est punie de 100 francs d'amende. L. 1810, art. 84.

Lors de la discussion de la loi de 1810, la commission du Corps législatif demanda, par amendement, qu'une déclaration du propriétaire suffît ; mais cette demande ne fut pas acceptée et la rédaction du projet, exigeant une autorisation préalable, a passé dans la loi, et n'a pas été effacée depuis.

1056. Plans. — Lorsque les tourbières d'une localité sont mises en exploitation, les ingénieurs des mines doivent dresser un plan général d'exploitation, qui est soumis à l'approbation du préfet, sauf recours au ministre ; Circ. min., 3 août 1810.

Les projets des ingénieurs doivent être approuvés par l'ingénieur en chef de leur service. D. 18 novembre 1810, art. 39.

1057. Qui autorise. — De ce que l'article 84 de la loi de 1810 porte que la demande d'autorisation pour l'exploitation des tourbières sera faite à la sous-préfecture, il ne faudrait pas en conclure qu'il appartient au sous-préfet de délivrer cette autorisation. Le dépôt de la demande, qui suivant nous pourrait être faite entre les mains du maire de la localité, doit dans tous les cas, en passant par le sous-préfet, arriver au préfet qui seul a qualité pour statuer. Delebecque, n° 1156; Bury, 1055; Lallier, 694; Dupont, *Jurisp.* t. II, p. 397.

1058. Refus d'autorisation. — On s'est demandé si on pouvait refuser au propriétaire d'une tourbière qui veut l'exploiter l'autorisation qu'il sollicite. Cette question est évidemment oiseuse, à quoi servirait la nécessité d'une autorisation si l'administration ne pouvait pas la refuser. Or, comme l'exploitation des tourbières tient à des intérêts de salubrité publique, on ne pouvait refuser à l'autorité publique le droit de pourvoir à cette partie si essentielle de ses services. Le refus du préfet pourra être déféré à la révision du ministre.

1059. Carbonisation de la tourbe. — Les établissements de carbonisation de la tourbe à vases ouverts sont classés dans la 1re catégorie à cause de l'odeur et de la fumée, ceux en vases clos, dans la 2e, à cause de l'odeur. D. 3 mai 1886. Ces établissements qui ont la plus grande connexité avec l'exploitation des tourbes, doivent donc être aussi autorisés. Nous ne le notons qu'en passant, car la législation qui les régit n'a d'ailleurs rien de commun avec celle des tourbières.

1060. Règlement relatif à l'exploitation des tourbières. — Un règlement d'administration publique déterminera la direction générale des travaux d'extraction dans le terrain où sont situées les tourbes, celle des rigoles de desséchement, enfin toutes les mesures propres à faciliter l'écoulement des eaux dans les vallées et l'atterrissement des entailles tourbées. L. 21 avril 1810, art. 85.

Cette disposition ne fait pas allusion à l'existence d'un règlement général applicable à toute la France, mais à des règlements généraux par localités ou par départements, auxquels les administrateurs comme les exploitants auraient à se conformer pour l'ouverture et la conduite des exploitations.

1061. Règlements locaux. — Voici l'indication que donne M. E. Dupont, dans son *Traité*, t. II, p. 392 et dans son *Cours*, p. 515, des règlements locaux concernant l'exploitation des tourbières.

Département de l'Aube, O. 5 août 1844.

Isère, arrond. de Vienne et de la Tour-du-Pin, D. 5 juillet 1854.

Loire-Inférieure, Marais de Donges, O. 3 octobre 1838.

Loire-Inférieure, terre noire des marais de Donges, O. 24 février 1844.

Marne, O. 3 août 1844.

Oise, O. 26 novembre 1830.

Seine-et-Oise, vallées de l'Essonne et de la Juine, O. 14 décembre 1835.

Somme, O. 17 août 1825 et D. du 9 avril 1861.

Vosges, Arrêté du prés. du conseil chargé du pouv. exécutif, 14 décembre 1848.

La loi indiquant que ces dispositions doivent être fixées par des règlements d'administration publique, un simple arrêté préfectoral ne pourrait remplir ces conditions, qui impliquent un acte du chef du pouvoir exécutif, le conseil d'Etat entendu. Par conséquent, un simple arrêté préfectoral ne pourrait trouver dans les dispositions de l'article 85 de la loi de 1810 une sanction à ses prescriptions. Dufour, *Lois*, n° 189.

L'arrêt du conseil du 3 avril 1757 sur l'extraction des

tourbes est aujourd'hui abrogé. C. Cass., 15 décembre 1841.

La circulaire du 6 juillet 1840, appelait l'attention des administrateurs sur diverses questions concernant l'exploitation des tourbières.

1062. Conditions spéciales d'exploitation. — Dans l'exploitation des tourbières, les propriétaires autorisés doivent se conformer non seulement aux lois et règlements généraux, ainsi qu'aux règlements locaux, mais encore aux conditions spéciales qui accompagnent l'autorisation qu'ils ont reçue.

La négligence à se soumettre aux clauses de la permission devrait naturellement en faire prononcer le retrait. A. Bury, n° 1060.

1063. Instructions sur l'exploitation des tourbières. — L'intérêt qui s'attache à la bonne exploitation des tourbières a engagé l'administration à donner des instructions sur l'extraction des tourbes, la conservation et l'usage de ce combustible. C'est ainsi que déjà en germinal an IX, le ministre adressait à tous les préfets une instruction divisée en 14 paragraphes, sur cet objet, due à l'agence des mines en 1795 ; ces instructions ont été successivement complétées par une circulaire de 1801 et particulièrement par la circulaire du directeur général des mines du 1er septembre 1814.

1064. Distance à observer entre les tourbières exploitées et les chemins, cours d'eau. — Les règlements ont indiqué, suivant les localités, les distances à observer entre les chantiers d'exploitation des tourbières et les chemins, cours d'eau, digues.

La loi du 15 juillet 1845 a maintenu cette prohibition dans la zone prohibée aux tourbières voisines des chemins de fer.

1065. Dispositions à exécuter en dehors des propriétés des exploitants de tourbières. — Aux termes de l'article 85 de la loi de 1810, des règlements d'administration publique doivent déterminer la direction générale des travaux d'extraction dans le terrain où sont situées les tourbes, celle des rigoles de dessèchement, enfin toutes les mesures propres à faciliter l'écoulement des eaux dans les vallées et l'atterissement des entailles tourbées. Plusieurs de ces mesures peuvent-être prises en circonscrivant leur exécution sur les terrains appartenant aux propriétaires des tourbières exploitées ; d'autres au contraire doivent s'étendre sur les propriétés voisines ; ainsi comment assurer le plus souvent l'écoulement des eaux dans les vallées, sans traverser les propriétés intermédiaires entre ces vallées et les tourbières. En pareil cas il s'agit de travaux d'ensemble a exécuter au profit des tourbières et à la charge des fonds voisins. Les dépenses doivent être supportées par les tourbières exploitées ou qui pourront l'être, et les indemnités doivent-être reçues par ceux auxquels ces travaux causent un préjudice. En pareil cas, il sera procédé conformément à la loi du 16 septembre 1807 sur le dessèchement des marais, aux règlements locaux et aux actes administratifs spéciaux aux tourbières pour lesquelles cette application doit avoir lieu.

Pour l'assèchement des tourbières, il peut d'ailleurs être fait usage des dispositions de la loi du 10 juin 1854 sur le drainage, c'est ce qu'à admis la Cour de Cassation 14 décembre 1859, D. 59, 1. 504 ; et ce que admet Garnier, *Com. de la loi du 10 juin 1854*, p. 7. Mais en sens contraire on soutient que le droit d'assainir les terres ouvert par la loi, ne doit s'entendre d'après les travaux préparatoires, les rapports et la discussion de la loi, qu'aux améliorations purement agricoles. Demolombe, *Servit.* t. I, n. 236 bis.

1066. Surveillance de l'exploitation. — Les ingénieurs des mines sont tenus de diriger et surveiller les tourbières exploitées par des particuliers et à plus forte raison doivent-ils s'occuper de celles exploitées par les

communes et à leur compte. D. 18 novembre 1810, art.
39; Instr. 1er septembre 1814. Les tourbières dans une
localité étant presque toujours rapprochées ou confondues, elles peuvent être réglées par les mêmes systèmes
généraux d'assèchement et d'atterissement; mais les
ingénieurs doivent intervenir de plus, dans les détails
du mode d'exploitation des tourbières communales.
C'est à eux qu'il appartient de présenter les projets an-
nuels d'emparquement, de réparation, de constructions
nouvelles, de plantations, de vente, de perception et de
répartition des fonds. C'est à eux à faire les travaux
préparatoires pour ces projets, et à exécuter les arpen-
tages, nivellement et plans nécessaires, soit par eux
mêmes, soit par l'intermédiaire des géomètres ou conducteurs payés sur les produits des exploitations. Ce
service, qu'il était urgent d'organiser dans plusieurs
parties de la France, a eu les plus heureux résultats
dans l'intérêt des communes et de la bonne exploitation, partout où il est complètement monté. Instr. du
1er septembre 1814, du direct. gén. des m. Cte Laumond.

Dans sa session de 1850, le Conseil général de l'agriculture du commerce et des manufactures ayant exprimé
le vœu que l'administration fît surveiller avec vigilance,
dans l'intérêt de la salubrité publique, l'exploitation des
tourbières et l'exécution des articles 83 à 86 de la loi de
1810, le ministre, par sa circulaire du 6 juillet 1850 aux
préfets et aux ingénieurs des mines, leur rappela l'activité et le soin que l'administration attendait d'eux
pour l'exercice de cette surveillance. Les ingénieurs
furent invités à prendre une connaissance très exacte
du mode d'exploitation des tourbières particulières et
communales, à examiner si les exploitants se confor-
maient aux dispositions de la loi de 1810; si notamment
toutes les mesures prescrites pour l'écoulement des
eaux et l'atterissement des entailles tourbées, étaient
rigoureusement exécutées; enfin si l'administration

devait intervenir pour régler les conditions générales à imposer aux exploitants.

Les rapports devaient être transmis par les ingénieurs aux préfets et par ceux-ci au ministre avec leur avis.

1067. Motifs du droit de surveillance de l'administration. — L'éxploitation des tourbières a souvent porté l'insalubrité et la mort dans une étendue considérable de pays devenus marécageux et indesséchables par des fodiations profondes, où les eaux séjournent, et qui exhalent pendant l'été des miasmes putrides et mortiféres. Lorsque l'extraction de la tourbe a lieu, ce doit être d'après un plan donné même aux propriétaires et surtout aux communes, de manière à assurer l'écoulement des eaux et le dessèchement du terrain tourbeux. Regnaud de Saint-Jean d'Angely, Exposé des motifs de la loi de 1810.

On pourrait envisager les règles prescrites par rapport aux tourbes comme des entraves à l'exercice du droit de propriété ; mais un examen approfondi, donne la conviction qu'elles sont dictées par une sage prévoyance et dans l'intérêt même des propriétaires. L'existence des tourbes suppose que le fonds est marécageux ; qu'il a été couvert pendant des siècles par des eaux stagnantes, qui ont imprégné le terrain de miasmes putrides. Pour extraire la tourbe, il faut enlever la couche de terre neuve qui la couvre, et comprime ses exhalaisons. L'extraction faite, l'eau prend la place de la tourbe enlevée, elle croupit faute d'écoulement et occasionne souvent des fièvres contagieuses. C'en est assez pour justifier toutes les dispositions de la section 2 du titre VIII de la loi de 1810, qui traite spécialement des tourbières. S. de Girardin, Rap. sur la loi de 1810. Ces motifs qui expliquent et justifient les dispositions de la loi de 1810 sur les tourbières, expliquent en même temps pourquoi elles ont été maintenues, malgré les modifications successives apportées à diverses parties de cette loi.   24.

1068. Violation des règlements ; répression. — Les propriétaires exploitants, soit particuliers, soit communautés d'habitants, soit établissements publics, sont tenus de se conformer aux règlements, à peine d'être contraints à cesser leurs travaux. L. 21 avril 1810, art. 86.

Le retrait doit être prononcé par l'autorité qui a accordé l'autorisation. Bury, n. 1061. Sans préjudice des poursuites auxquelles la contravention peut donner lieu aux termes de l'article 93 de la loi de 1810.

Les règles relatives à la constatation, la poursuite et la répression des contraventions concernant l'exploitation des tourbières, sont les règles génerales édictées par la loi de 1810, pour les contraventions à l'exploitation des mines. E. Dupont, *Jurispr.* t. II, p. 466; *Cours,* p. 566.

Mais les règlements locaux sur l'exploitation des tourbières, et l'article 96 de la loi de 1810, sont applicables seulement aux contraventions aux règlements relatifs à l'extraction de la tourbe, et non aux contraventions aux règlements que peut faire une commission syndicale en conformité de l'article 7 de la loi du 18 juillet 1837 sur la jouissance des autres produits des marais d'où est extrait la tourbe ; et lorsqu'un règlement de cette nature est invoqué contre un contrevenant, c'est devant le tribunal de simple police que celui-ci doit être cité. C. Cass. 16 janvier 1875, D. 75, t. 284.

1069. Pénalités. — L'exploitation commencée sans autorisation est punie de 100 fr. d'amende. L. 1810, art. 84. Mais les articles 93 à 96 de la loi de 1810 n'en sont pas moins applicables pour les autres cas. Il en résultera qu'une infraction aussi grave que l'exploitation principale sans autorisation pourra être moins punie que la violation d'une condition de moindre importance ; mais les textes ne permettent pas une autre application. A. Bury, n° 1062.

D'ailleurs l'exploitation sans autorisation, prohibée et punissable, peut avoir moins d'inconvénients qu'une exploitation autorisée, mais s'écartant des règles tracées par les règlements, et je ne pense pas que si l'exploitant n'a pas d'autorisation et que en outre il ait commis une contravention aux règlements sur l'exploitation, on puisse se dispenser de le poursuivre à raison des contraventions géminées qu'il a commises ; le défaut d'autorisation ne pouvant à lui seul les couvrir. D'un autre côté si l'exploitation a été régulièrement effectuée quoique non autorisée, l'auteur de cette contravention est assez puni de sa négligence, et d'un fait qui ne l'empêchera pas de régulariser sa situation par une autorisation postérieure, sans que pendant ce temps l'intérêt public ait eu à souffrir des irrégularités qui se sont produites.

1070. **Règlementation belge sur les tourbières.** -- En dehors des règlements français qui lui a été applicable la Belgique est placée sous l'empire des arrêtés royaux des Pays-Bas, des 17 février 1819, sur les permis d'exploitation ; 17 janvier 1822 sur les tourbières de la province de Liège ; 2 septembre 1882 sur celles de la province d'Anvers ; 2 septembre 1822 pour la Flandre-Orientale ; 1er octobre 1822 sur les permissions et conditions d'exploitation ; 29 novembre 1821, Flandre-Occidentale, et les arrêtés des 24 septembre 1822 et 15 juillet 1853, sur les distances à observer entre les exploitations et certains travaux publics.

TITRE IX

Des Expertises.

1071. Objet de ce titre. — La loi de 1810 contient un titre IX intitulé : *Des expertises*. Je vais en parcourir rapidement les dispositions.

A l'occasion des débats judiciaires auxquels donnent lieu les exploitations de mines ou carrières, M. Bury, dans son excellent traité sur cette législation spéciale écrit, n° 1143 : on a dit souvent que l'exploitation des mines est une mine de procès. Cela tient à la législation qui la régit, de même que cette législation tient à la nature des choses. L'opposition des intérêts et avec elle, les conflits se rencontrent ici presque à chaque pas. Nous mettrons d'abord de côté l'abus que l'on me paraît faire dans la circonstance du mot mine. Puis, quelqu'intérêt que j'aie à voir constater qu'il existe un grand nombre de procès de cette nature, puisque cela peut en partie justifier l'utilité de mon œuvre ; je crois pouvoir affirmer après avoir consulté les statistiques concernant l'administration de la justice en France, que les exploitations minières ne subissent pas, à ce point de vue des charges exceptionnelles. Et si dans ces derniers temps les procès les concernant ont augmenté, les dissentiments intérieurs entre associés et surtout entre les compagnies et leurs ouvriers ou employés ont été la cause principale de ce résultat.

1072. Renvoi au Code de procédure. — Dans tous les cas prévus par la loi de 1810 et autres naissant des circonstances, où il y aura lieu à expertise, les dispositions du titre XIV du Code de procédure civile, articles 303 à 323, seront exécutées. L. 1810, art. 87.

Je ne reproduis pas ici ces articles qu'il importe peu aux parties de connaître tant qu'elles ne sont pas en procès. Et lorsqu'un procès sera né, comme ce sera à leurs avoués, avocats ou conseils, à suivre la procédure en dehors du concours de leur client, il leur importerait peu de trouver ici une copie littérale de trois ou quatre pages du Code de procédure civile.

1073. Expertises devant le Conseil de préfecture. — Les dispositions de l'article 87 de la loi de 1810 étant formelles et générales, on devra s'y conformer lorsqu'on prodédera devant un conseil de préfecture, la loi ne faisant aucune distinction entre les juridictions compétentes. C. d'Etat, 24 juillet 1835, Houil. Saint-Pierre, Lacour, Mayenne; 26 décembre 1867, Soc. de Aix-Noulette, c. soc. de Liévin; Lallier, n° 707; Bury, 1145, 1148; Dupont, t. I, p. 328; A. Perier, *Traité de la Comp. des Cons. de préf.* n° 658.

Il faut bien cependant combiner la loi de 1810 avec les autres lois qui ont prescrit des expertises dans certains cas déterminés, et qui ont en même temps réglé les procédures spéciales à suivre. Par exemple, la loi du 16 septembre 1807, art. 56, pour le cas spécialement d'exploitation de carrières désignées à des entrepreneurs de travaux publics, le décret loi du 6 mai 1811, articles 49 à 53, sur l'établissement des redevances, et les lois qui règlent l'assise et la perception des contributions des 26 mars 1831, 21 avril 1832, etc.

Même lorsque les dispositions du Code de procédure doivent être suivies, elles doivent être observées dans

les conditions què permet de leur appliquer l'organisation et le fonctionnement des Conseils de préfecture.

1074. Qui décide s'il y a lieu à expertise. — C'est
au tribunal devant lequel est portée la contestation à
décider s'il y a lieu ou non à expertise. L. 1810, art, 87.
C. proc. civ., art. 302, 304, 317. C'est une règle généralement admise que l'expertise est facultative, et qu'il appartient au juge de décider s'il y a lieu de recourir à ce
mode d'instruction. C. Cass., 1er juillet 1865, D. 56, I,
274; 6 juillet 1857, S. 59, 1, 31, D. 57, 1, 388. Cette règle
est applicable ici, C. d'Etat, 13 mars 1856. M. de la
Calaminière; Périer, *Comp. des cons. de préfect.*, n° 646.

La loi parfois prescrit l'expertise et dans ces cas, par
exemple lorsqu'il s'agit de dommages causés par l'exécution des travaux publics, de subventions pour dégradations de chemins vicinaux ou ruraux, de décharge
ou réduction de redevances, mais dans ces cas seulement l'expertise est obligatoire.

On a jugé que lorsque des constatations qui seraient
confiées à des experts ont déjà été faites par des ingénieurs à cet effet désignés par l'administration, un tribunal ne pouvait y faire procéder à nouveau par des
experts. Lyon, 17 janvier 1823. Dalloz, *Rép.* v° *Mines,*
n° 201. Le principe contraire que je crois plus juridique
semble adopté par l'arrêt du Conseil, du 13 mars 1856.

La partie qui, pouvant réclamer une expertise, n'a pas
réclamé ce moyen d'instruction, ne peut se plaindre que
l'on ait négligé d'y recourir. Le principe a été consacré
notamment par les arrêts du Conseil des 22 avril et 27
mai 1857.

1075. Choix des experts. — Les experts seront pris
parmi les ingénieurs des mines, ou parmi les hommes
notables et expérimentés dans le fait des mines et de
leurs travaux. L. 21 avril 1810, art. 88. Le système adopté
dans la loi, n'est point celui proposé dans le projet. Les
ingénieurs ne pouvaient être choisis comme experts,

mais ils devaient donner leur avis dans toutes les affaires d'une manière officielle. Ce qui soumettait chaque affaire à une double instruction parallèle qui pouvait arriver à des conclusions parfois diverses et même opposées. Dans la discussion on abandonna ce système pour celui qui est suivi par le droit commun ; séance du Conseil d'Etat du 11 juillet 1809.

On admet toutefois que les tribunaux peuvent prendre en considération les rapports d'ingénieurs, soit pour apprécier s'il y a lieu ou non à expertise, soit pour apprécier l'expertise elle-même lorsqu'elle a eu lieu. Bury, n° 1146.

La désignation des ingénieurs comme experts, mentionnée dans notre article, est moins une prescription qu'un conseil et les tribunaux ne sont pas obligés de choisir des experts ayant cette qualité. La loi d'ailleurs leur laisse la faculté de choisir des ingénieurs ou des personne notables et expérimentées. Si la formule employée pouvait laisser quelques doutes quant à ce, ils devraient disparaître en se reportant aux débats qui ont précédé son adoption. Le comte Regnaud voulait qu'on dût nécessairement choisir des ingénieurs. Napoléon répondit, le tribunal les prendra ou il voudra, parmi les anciens ouvriers où les anciens exploitants, parmi ceux qu'il croira mériter sa confiance, et c'est là le vrai commentaire de la loi. Je ne puis pas m'associer à la limitation, quoique moins restreinte que propose Dupont, *Jurisp.*, t. II, p. 415.

Il y aurait même lieu d'exclure de l'expertise les ingénieurs qui par suite de leur situation auraient été dans le cas, dans des rapports ou autrement, de formuler un avis sur la contestation. C. proc. civ. art. 283, 310.

Dans l'ancien pays de Liège les expertises étaient faites par des prudhommes mineurs qui délivraient des actes de notoriété pour constater les usages. Ils constituaient la cour des voir-jurés du charbonnage. Décidant

parfois eux-mêmes et éclairant les décisions des éche-
vins, en accélérant la décision des contestations entre
terrageurs, arniers, exploitants, etc. Voy. Bricke,
Lallier, etc.

1076. Récusation des ingénieurs. — Les ingénieurs
des mines peuvent, dans les instances concernant les
matières placées sous leur administration alors même
que l'Etat est intéressé, être désignés comme experts
malgré l'opposition de certaines parties en cause. C.
Cass., 19 décembre 1833, S. 35, 1, 56; Lallier, n° 708;
Dupont, t. II, p. 415.

Mais comme je le disais tantôt, lorsque l'ingénieur a
déjà fait un rapport ou donné un avis dans l'affaire, il
me paraît que le choix ne doit pas porter sur lui, si le
tribunal a pleine confiance dans son appréciation, il n'a
pas besoin de le désigner comme expert il n'a qu'à s'en
rapporter à son rapport comme ingénieur.

Puisque les articles 303 à 323 du code de procédure
sont applicables aux termes de l'article 87 de la loi de
1810, je ne vois pas comment il serait possible de soutenir
que les articles 310 et suivants ne seraient pas appliqués.

La partie qui n'a pas élevé de réclamations sur le
choix des experts pendant l'expertise, et pendant l'instruction, ne peut pas être admise à quereller ultérieurement ce choix. C. d'Etat, 22 mars 1866, M. de plomb de
l'Ariège.

1077. Intervention des ingénieurs devant les conseils
de préfecture dans les affaires contentieuses. — Les
préfets pour toutes les affaires concernant les mines, que
les lois et règlements défèrent aux conseils de préfecture, doivent se concerter avec les ingénieurs en chef du
service intéressé, et ces ingénieurs, soit en personne,
soit représentés par un de leurs ingénieurs ordinaires,
doivent assister aux séances publiques, pour donner les
explications de fait et de droit que la discussion rendrait
nécessaires.

Ces affaires sont celles qui concernent :

Le règlement des indemnités dues par les concessionnaires aux inventeurs, explorateurs et anciens exploitants à l'occasion de travaux antérieurs à la concession (L. 1810, art. 46).

Les demandes en réduction de redevance fixe (D. 6 mai 1811, art. 46).

Réclamations à fin de dégrèvement de la redevance proportionnelle pour cause de surtaxe (L. 1810, art. 37, D. 1811, art. 47 et 48).

Réclamations des concessionnaires des mines inondées ou menacées d'inondation, contre la fixation de leur quote part dans les taxes qui leur sont imposées ; réclamations relatives à l'exécution des travaux de dessèchement (L. 27 avril 1838, art. 5).

Demandes des communes en règlement des subventions spéciales pour dégradations habituelles ou temporaires des chemins vicinaux par des exploitants de mines (L. 21 mai 1836, art. 14).

Contraventions en matière de grande voirie commises par les exploitants de mines et de carrières (L. 29 floréal an X, art. 4, D. 16 décembre 1811, art. 114). Circ. min. int. 10 décembre 1864, Trav. P. 20 décembre 1876.

1078. Rapport préalable d'ingénieur pour intenter une action en justice. — La cour de Liège par son arrêt du 25 mai 1813, avait décidé qu'une demande en justice dirigée contre une exploitation de mines à raison de dommages causés à des propriétés voisines, ne pouvait être portée devant les tribunaux qu'après la constatation des faits par des rapports d'ingénieurs. Les ingénieurs peuvent très souvent être appelés à fournir des renseignements à la justice dans les procès résultant des exploitations des mines, et l'administration aura dans toutes les circonstances recours à leurs lumières, mais en aucun cas les parties avant de soumettre leurs différends à la justice civile ou administrative et même aux fonctionnaires de l'administration active, ne peuvent être forcées de rapporter des constatations émanant des ingénieurs du service, dont le premier devoir serait de ne pas se mettre à la disposition de l'un des intéressés et de ne pas engager d'avance leur appréciation. Lallier, n° 468, sans se prononcer d'une manière aussi générale et aussi formelle, est de cet avis.

1079. Visite des lieux. — Les parties doivent faciliter autant qu'il dépend d'elles l'exécution de la mission donnée aux experts, et même au besoin, mettre par des travaux spéciaux les lieux en état, pour que les experts puissent les visiter dans toutes les parties qu'il leur importe de reconnaître. Bruxelles, 10 octobre 1814 ; Lallier, n° 712.

Le refus de recevoir cette visite ou de permettre aux experts de reconnaître les lieux qu'ils auraient reçu mission de visiter et de décrire, exposerait l'exploitant auquel on pourrait le reprocher à des condamnations en dommages intérêts. Bruxelles, 21 décembre 1814; Delebecque, n° 749, 750 ; Lallier, 712; Dupont, t. II, p. 424. En dehors des conséquences qu'il pourrait avoir sur le jugement du procès au fond.

1080. Délégation d'un juge commissaire. — Le projet de la loi de 1810 portait qu'il pourrait être nommé ou délégué un commissaire pour assister aux opérations des experts, en dresser procès-verbal et entendre les parties. Cette disposition a disparu et n'a pas passé dans le texte de la loi. L'expertise se fera en suivant les règles du droit commun.

Mais précisément en vertu des règles du droit commun le jugement qui nomme les experts peut ordonner que le juge commissaire assistera aux opérations de l'expertise. Carré et Chauveau, Q. 169; Déjean, n° 153; Favard, t. I, p. 700.

1081. Expertise prévue par la loi de 1807, désignation des experts. — En renvoyant l'évaluation de l'indemnité quant au mode, à la loi du 16 septembre 1807, titre II, l'article 44 de la loi de 1810, a eu pour objet les articles 56 et 57, sur la nomination des experts et le concours du préfet ; cet article déroge au droit commun et aux garanties judiciaires assurées au droit de propriété, son application doit dès lors être entendue et restreinte aux cas où l'Etat se trouve en cause. Ce serait en effet une chose tout à fait contraire aux idées reçues en législation et en jurisprudence, de faire nommer un tiers expert par le préfet dans un procès entre deux particuliers, de permettre au préfet dans tous les cas de faire faire une nouvelle expertise, et de faire régler entre particuliers par le conseil de préfecture, une indemnité en argent, à raison de l'expropriation d'un immeuble. C. Cass., 8 août 1839, M. de houille de Mége Coste, S. 39, 1, 666.

1082. Présence des parties aux opérations. — Les parties doivent être présentes aux opérations des experts, ou dûment appelées. C. proc. Civ. art 315. Le Conseil d'Etat a prononcé l'annulation d'opérations, d'experts faites en l'absence des parties dans une contestation née entre un concessionnaire et un explorateur, à raison de l'indemnité due à ce dernier pour les travaux exécutés par lui. C. d'Etat 24 juillet 1835, Houill. de Saint-Pierre-Lacour. Mais la constatation dans le procès-verbal des experts de la présence des parties suffit pour en justifier. C. d'Etat 22 mars 1866, M. de plomb dans l'Ariège. Il est en effet de règle, qu'un rapport d'expert est un acte authentique qui fait foi jusqu'à inscription de faux des constatations de fait qu'il renferme. C. Cass. 14 janvier 1836, S. 36, t. 756, D. 36, 1, 125.

1083. Concours du ministère public à l'instruction. — Le procureur de la République sera toujours entendu, et donnera ses conclusions sur le rapport des experts. L. 1810, art. 89.

L'audition du ministère public, n'est-elle requise que lorsque le rapport des experts sera déposé ? C'est ce qui semble résulter de la rédaction du texte. Mais pourquoi le ministère public serait-il entendu en ces matières après expertise, et ne devrait-il pas être entendu à défaut d'expertise; en d'autres termes, s'il doit être entendu, c'est à cause de la nature du procès intéressant une des branches de la richesse publique, et je crois alors qu'il faut lire cet article en ce sens que le ministère public doit toujours être entendu. L'article 89 de la loi de 1810, porte d'ailleurs au début de sa disposition : le procureur de la République sera toujours entendu. Cependant la jurisprudence belge est contraire à cette interprétation, et cet article étant placé sous le titre IX, intitulé : des *expertises*, elle le considère comme n'ayant statué que pour le cas où il y a lieu à expertise. L'arrêt de la Cour de cassation de France, 14 mai 1829, S. 29, 1, 223. D. 29, 1, 245, Lignites des Bouches-du-Rhône, semble même donner un appui indirect à cette opinion qui est généralement adoptée.

A ce point de vue la disposition restrictive de la loi a été critiquée, Delébecque, n. 1263, Bury, n. 1152, et justement suivant nous, si on admet qu'elle n'a disposé que pour un cas spécial.

Dans tous les cas, dès qu'il y a eu expertise, le ministère public devra être entendu sur l'expertise, que les travaux qui l'ont motivée aient lieu à l'intérieur ou à la surface. Bruxelles, 9 août 1853.

Et l'omission de cette prescription serait une cause de nullité tenant à l'ordre public d'après ce même arrêt. Bury, t. II, n. 1154.

1084. Plans produits. — Nul plan ne sera admis comme pièce probante dans une contestation, s'il n'a été levé ou vérifié par un ingénieur des mines. La vérification des plans sera toujours gratuite. L. 21 avril 1810, art. 90.

Par ingénieur, il faut entendre un ingénieur en exercice dans le service des mines de l'Etat.

D'après l'article, il n'est pas nécessaire que le plan soit levé par un ingénieur des mines, mais seulement qu'il ait été vérifié par lui.

D'un autre côté, ce qui précède ne doit s'entendre que d'une vérification qui peut être faite par comparaison avec les plans régulièrement tenus dans les bureaux des ingénieurs ou dans ceux des mines ; et il ne me paraît pas possible que si l'une des parties fait dresser par un de ses employés le plan des lieux, on puisse soumettre un ingénieur des mines, à se transporter sur la localité et à procéder à des levées nouvelles pour constater la régularité du plan dressé. Je ne crois pas que ce soit dans ces conditions que la loi ait entendu mettre les ingénieurs des mines à leurs frais au service des parties engagées dans une affaire judiciaire ; les explications données par le rapporteur de la loi de 1810, sur l'article 90, me paraissent venir à l'appui de cette observation.

Les tribunaux d'ailleurs ne sont pas tenus d'accepter dans tous les cas, comme d'une exactitude incontestable, les plans produits, par cela seul qu'ils portent un visa d'ingénieur. On peut contester devant eux cette exactitude, et ce sera aux juges, suivant les explications fournies, à avoir tel égard que de raison aux productions qui leur sont présentées.

1083. Portée juridique de l'expertise, instruction complémentaire. — Les juges ne sont point astreints à suivre l'avis des experts si leur conviction s'y oppose ; C. proc. civ. art. 323 ; jurisprudence et doctrine constantes.

Ils peuvent ordonner une nouvelle expertise, même en la confiant aux mêmes experts si elle n'a d'autre but que d'obtenir d'eux un complément d'instruction. C. Cass. 1er février et 19 décembre 1832 ; 3 août 1836, S. 37, 1,158, D. 36, 1, 439 ; 4 janvier 1843, S. 43. 1, 129, D. 43, 1, 68 ; Lallier, n. 715 ; A. Périer, *Comp. des C. de préfect.* n. 652.

Comme prescrire une visite des lieux par l'un d'eux ; Lallier, n. 720.

Ou une vérification des livres. C. Cass. 20 août 1839, S 40, 1, 239, Dalloz, *Rep.* v° *Mines*, n 590.

Ils peuvent encore, après expertise, demander l'avis des ingénieurs des mines et en faire la base de leur décision. C. d'Etat, 26 décembre 1867, Cⁱᵉ d'Aix-Noulette, C. Cⁱᵉ de Liévin ; Bury, n. 1146 ; A Périer, n. 650.

1086. Vacation des experts ; honoraires des ingénieurs. — Les frais et vacations des experts seront règlés et arrêtés, selon les cas, par les tribunaux : il en sera de même des honoraires qui pourront appartenir aux ingénieurs des mines : le tout suivant le tarif qui sera fait par un règlement d'administration publique.

Toutefois il n'y aura pas lieu à honoraires pour les ingénieurs des mines, lorsque leurs opérations auront été faites soit dans l'intérêt de l'administration, soit à raison de la surveillance et de la police publiques. L. 1810, art. 91

1087. Condamnation aux frais d'expertise. — Les frais d'expertise doivent être mis à la charge de l'Etat lorsqu'ils ont été provoqués à raison d'une prétention soulevée par l'Etat et dans laquelle il est reconnu mal fondé. La jurisprudence du Conseil d'Etat est formelle et constante. *Voyez* n° 1089.

1088. Consignation des frais nécessaires pour l'expertise. — La consignation des sommes jugées nécessaires pour subvenir aux frais d'expertise, pourra être ordonnée par le tribunal contre celui qui poursuivra l'expertise. L. 1810, art. 92.

Delebecque n° 751, pense que la consignation des frais peut être mise à la charge de l'exploitant, lorsque le superficiaire ou un voisin se plaint de ce que les travaux du concessionnaire portent atteinte à son droit de propriétaire. Cette opinion me paraît justement critiquée par l'auteur du *Dict. de législ. des mines*, V. Expertise, n° 275, car elle est en contradiction formelle avec le texte de la loi.

1089. Frais d'expertises motivées par des réclamations contre les redevances dues à l'Etat. — D'après l'article 52 du décret du 6 mai 1811, les frais d'expertise ne doivent être mis à la charge des exploitants de mines que si leur réclamation est repoussée. Il en résulte que si l'expertise à laquelle il a été procédé a porté sur divers points à raison desquels il a été donné satisfaction même d'une manière partielle aux réclamations, les frais d'expertise doivent rester à la charge de l'administration. C. d'Etat, 4 juin 1880, Mines de Blanzy.

La même règle est admise en matière de contributions directes par application de l'arrêté du gouvernement du 24 floréal an VIII, art. 18. C. d'Etat, 9 mars 1853 et 7 avril 1856 ; 16 avril 1856 ; 12 août 1868 ; 6 juin 1879.

Mais s'il était procédé à diverses expertises indépendantes les unes des autres, et concernant des immeubles différents, on a jugé avec raison, que le contribuable devrait supporter les frais d'expertise afférents aux immeubles, dont les contributions ne seraient pas réduites. C. d'Etat, 12 août 1868, Ch. de fer de P.-L.-M. Cette distinction serait applicable en nos matières, spécialement si la difficulté portant sur deux chefs distincts de réclamations il était procédé à deux expertises et que le concessionnaire réussissant sur l'un, vit sa réclamation repoussée sur l'autre. Les frais concernant l'expertise relative à ce dernier chef, ne pourraient être supportés par l'administration qui obtiendrait quant à ce, entièrement gain de cause.

1090. Convention chargeant les experts de fixer l'indemnité due pour occupation de terrains. — Lorsque les concessionnaires de mines qui ont besoin pour faciliter leur exploitation d'établir un chemin de fer sur divers terrains, obtiennent des propriétaires l'autorisation d'établir leurs travaux, à condition que l'indemnité qui leur sera due leur sera payée en estimant la valeur des terrains occupés, et s'il y a lieu, le dommage causé au terrain restant; dès que le prix a été fixé d'après ces bases par les experts, il ne saurait être porté au double en vertu des articles 43 et 44 de la loi de 1810; ces articles ne sont pas applicables en matière de contrat de vente volontaire, lorsqu'ils ont d'ailleurs été laissés de côté dans la convention relative à l'expertise convenue. Alger, 5 décembre 1859, M. de Karésas, suivi de rejet, 14 août 1860, S. 60, 1, 938.

1091. Enquêtes; témoins, surveillant, chef mineur. — Une société minière citée en justice comme responsable d'un préjudice causé à un ouvrier employé à l'exploitation, par suite d'accident, peut faire citer dans une enquête le surveillant général et le chef mineur surveillant la mine où l'accident a eu lieu; ces individus lorsqu'ils ne sont ni logés ni nourris chez leur patron, et n'ont avec lui d'autre rapport que ceux résultant de leurs fonctions, ne pouvant être considérés comme serviteurs ou domestiques dans le sens de l'article 283, C. proc. civ. Nancy, 20 juillet 1877, Soc. de Montataire, M. de fer de Frouart, S. 77, 2, 197.

C'est ce qui est décidé d'une manière générale pour l'ouvrier qui n'habite pas avec son patron et ne mange pas chez lui. Bordeaux, 23 août 1842, S. 43, 2, 98; 19 avril 1848, S. 48, 2, 391; Metz, 20 août, 1862, S. 63, 2, 88.

Pour les employés des compagnies de chemins de fer; Chambéry, 5 mai 1876, S. 76, 2, 317; Nimes, 20 août 1877, S. 78, 2, 144; Dijon, 8 mars 1880, S. 81, 2, 4; Besançon, 28 décembre 1880, S. 82, 2, 60; C. Cass., 29 décembre 1880, S. 81, 1, 68; et en Belgique: Trib. civ., Anvers, 30 mars 1868; Audenarde, 1er mars 1876; Dinart, 4 décembre 1880, S. 81, 4, 32. Je dois dire toutefois que plus anciennement le contraire avait été jugé en France, Colmar, 21 juin 1859, S 59, 2, 523; Caen, 7 février 1861,

S. 61, 2, 475; Chambéry, 30 novembre 1866, S. 67, 2, 260; Trib. civ. de Baune, 23 août 1878.

1092 Compromis, arbitres. — Bien que les termes de l'article 89 de la loi de 1810, obligent de communiquer au ministère public le dossier dans les affaires concernant l'exploitation des mines portées devant les tribunaux, et exigent que le ministère public soit entendu, les parties, à raison d'une demande en dommages intérêts formée pour préjudices causés à une exploitation, peuvent soumettre par compromis leur différend à des arbitres. C. Cass., 14 mai 1829, lignites des Bouches-du-Rhône, S. 29, 1, 223. D. 29, 1, 245; Bury, n° 1155.

TITRE X

De la police et de la juridiction relatives aux mines.

---

§ 1.

Réglementation de la police des mines.

1093. Police des mines. — J'ai déjà indiqué sous le titre V, que je reviendrai sous le titre X, sur les règles de police concernant l'exploitation des mines Ces règles ont été successivement indiquées en étudiant les conditions diverses sous lesquelles l'exploitation doit avoir lieu d'après les lois, règlements et concessions. Il sera ici plus particulièrement question de ce qui concerne la constatation, et la répression des infractions à leurs prescriptions. J'aurai d'ailleurs ultérieurement à exposer ce qui concerne spécialement les contraventions à la sûreté des personnes. C'est surtout des contraventions à la sûreté des exploitations elles-mêmes et des propriétés dont il va s'agir.

1094. Réglementation de la police des mines. — A été faite par la loi du 21 avril 1810, le décret du 6 mai 1811, celui du 3 janvier 1813 ; la loi du 27 avril 1838 ; la loi du 17 juin 1840 ; l'ordonnance du 7 mars 1841 ; l'or-

donnance du 18 avril 1842 ; celle du 26 mars 1843 ; le décret du 23 octobre 1852 ; la loi du 9 mai 1866 ; les décrets
des 27 juin 1866 et 11 février 1874 et la loi du 27 juin 1880.

Le plus important de ces actes, au point de vue spécial
de la police des mines, est incontestablement le décret du
3 janvier 1813.

1095. Contraventions. — Commettent des contraventions aux mines, les exploitants ou autres qui violent
les prescriptions des lois et règlements généraux. Lallier,
n. 722 ; Dupont, t. II, p. 427.

Les règlements particuliers, Lallier, n. 723 ; Dupont,
loc. cit.

Les conditions particulières des concessions. Lallier,
n. 724 ; Dupont, t. II, p. 428 et suiv. et *Cours*, 546; Lamé-
Fleury, sur l'article 93, de la loi de 1810, p. 101.

Il y a contravention, lorsque les exploitants ou ouvriers
ne se conforment pas aux dispositions des règlements
de police. Lallier, n. 728.

Ou si les exploitants négligent d'obéir aux injonctions
qui leur sont régulièrement adressées par l'autorité publique. Lallier, n. 729 ; Dupont, t. II, p. 430. *Cours*, p.
548.

La contravention peut résulter d'une commission
comme d'une omission.

1096. Distinction entre les actes qui ont établi la
réglementation des mines. — On a essayé d'établir une
distinction pour la compétence et les pénalités, entre les
divers actes d'où résulte la règlementation des mines.
Nous ne saurions l'accepter, car elle nous paraît contraire aux textes et à l'économie de la législation minière.
Nous considérons comme des contraventions soumises
au même régime de répression, la contravention à une
disposition de la loi elle-même, ou des décrets destinés
à assurer son exécution, comme aux arrêtés préfectoraux
et aux cahiers des charges portant des prescriptions que
la loi sur les mines permet d'imposer, et qui sont insé-

rées dans ces actes de l'autorité publique. Ces dispositions se rattachent ainsi directement aux prescriptions de la loi elle-même, qui a autorisé de les édicter, sous une sanction prévue par elle. C Cass. 23 janvier 1829, 5 août 1837, 12 mars 1841, S. 41, 1. 795, D. 41, 1. 247.

Mais si les dispositions contenues dans les actes administratifs, ne sont pas en corrélation directe avec les prescriptions légales, qui suivant leur nature, dans diverses circonstances, doivent recevoir une application plus ou moins variable, si placées dans des cahiers des charges, elles ne portent que sur des dispositions d'intérêt privé, ou de police même, étrangères aux prescriptions des lois sur les mines, et ne puisant pas dans elles leur force coercitive ; si des mesures sont prises par l'autorité publique, en vertu des pouvoirs généraux de police ou en vertu de lois spéciales, les contraventions à ces arrêtés seront réprimées d'après la législation qui a permis de les prendre, et non d'après la loi de 1810, puisque bien que pris en vue d'une exploitation minière, ils reçoivent d'ailleurs, leur autorité et leur force.

1097. Contravention à l'ordre établi d'après le décret de 1813. — On doit considérer comme une contravention à l'ordre établi, dans l'application de l'article 30 du décret de 1813, la contravention à un règlement édicté par une compagnie minière, établi dans le but d'assurer la sécurité des travailleurs, s'il a été approuvé par le préfet. Ainsi le règlement de la compagnie d'Anzin, du 9 décembre 1880, rédigé par le directeur général des travaux de cette société, vu et approuvé par le préfet du Nord, le 14 août 1881, établissant l'ordre à observer par les ouvriers en vue d'assurer leur sécurité, prescrit à tout ouvrier travaillant dans une mine grisouteuse de se servir d'une lampe de sûreté, close par un mode spécial de fermeture, qu'il est tenu de faire vérifier avant la descente et auquel il lui est interdit de toucher. Si cet ouvrier dans la fosse, dévisse volontairement le fond de sa lampe et en met la flamme à feu nu, il commet une contravention prévue par les articles 30 et 31 combinés du décret de 1813, et réprimée par l'article 96 de la loi de 1810. Douai, 17 janvier 1882, Conf. trib. Béthune 21 décembre 1881 ; Douai, 23 janvier 1882 ; Douai, 5 mars 1884, M. d'Anzin, réf. trib. de Valenciennes du 3 novembre 1883.

1098. Publicité à donner aux actes règlementaires. — Les actes sur la police des mines doivent être portés à la connaissance du public et des intéressés par les moyens de publicité déterminés suivant leur nature. Mais il n'est pas nécessaire qu'ils soient l'objet d'une notification personnelle aux intéressés Spécialement le règlement ministériel qui détermine les mesures de précaution imposées aux exploitants des minières d'un département, est suffisamment porté à la connaissance des exploitants, lorsqu'il a été publié dans le *Recueil des Actes administratifs* de ce département ; il n'est pas nécessaire qu'il en soit fait à ceux-ci une notification spéciale. C. Cass. 13 août 1857, cassant un arrêt de Bourges du 19 juin 1857, S. 57, 1. 800.

Il n'en serait autrement que s'il s'agissait non point d'une mesure réglementaire générale, mais d'une injonction spéciale faite à un exploitant déterminé, à raison d'un fait de son exploitation ayant motivé la mesure prescrite. Cet acte concernant exclusivement la personne et l'exploitation qui en est l'objet, doit être porté directement à la connaissance de l'intéressé, qui le plus souvent peut exercer des recours dans des délais déterminés. C'est dans ce sens seulement qu'il faut entendre la disposition suivante du décret du 3 janvier 1813.

1099. Notification des actes de police ; exécution d'office. — Les actes administratifs concernant la police des mines et minières dont il a été fait mention dans les articles de la loi de 1810. seront notifiés aux exploitants, afin qu'ils s'y conforment dans les délais prescrits ; à défaut de quoi, des contraventions seront constatées par procès-verbaux des ingénieurs des mines, conducteurs, maires, autres officiers de police, gardes-mines. On se conformera à cet égard aux articles 93 et suivants de la loi du 21 avril 1810; et en cas d'inexécution, les dispositions qui auront été prescrites, seront exécutées d'office aux frais de l'exploitant, dans les formes établies par l'article 37 du décret impérial du 18 novembre 1810. D. 3 janvier 1813, art. 10.

1100. **Nature des infractions aux lois sur les mines.** — La loi pénale française reconnaît trois classes d'infractions aux lois du pays ; les contraventions, les délits et les crimes. Elle a attaché à chacune de ces infractions des natures de peines différentes, à l'aide desquelles on peut les reconnaître et les distinguer. Tout fait qui entraîne une peine correctionnelle est un délit, les peines en matière correctionnelle sont l'emprisonnement à temps ; l'interdiction à temps de certains droits ; l'amende, C. p. art. 9. Les peines de police sont l'emprisonnement pendant 5 jours au plus, l'amende de 1 fr. à 15 francs ; dans certains cas la confiscation de certains objets saisis. C. p. 464, 465, 466 Les matières spéciales sont régies par cette loi générale, quand les lois auxquelles elles sont soumises ne contiennent pas des dispositions y dérogeant. La loi de 1810 en punissant d'une amende de 100 francs au moins, les infractions à ses prescriptions, a dès lors placé ces infractions dans la classe des délits. En vain, on argumente de ce que dans quelques articles de cette loi, on s'est servi du mot contravention, ce n'est pas pour qualifier et classer ce fait, mais comme synonyme d'infraction à la loi, d'inobservation de ses dispositions. C. Cass., 15 février 1843, M de sel gemme de l'Est, S. 43, 1, 365, D. 43, 1, 163 ; Trib. cor. de Moutiers, 19 décembre 1872, D. 73, 3, 80 ; Bury, nº 1163 ; Dupont, *Cours*, p. 554.

Toutefois, par application de la règle générale que

j'indiquais plus haut pour la classification des délits et des contraventions de police, il faudra bien admettre que lorsque le fait prévu aura été spécialement puni de peines de simple police, ce fait ne constituera plus qu'une contravention de simple police comme l'a décidé la Cour de Cassation, le 16 janvier 1875 pour les tourbières, et les 29 août 1845, 19 septembre 1856, 13 janvier 1857, pour les carrières dans de certaines circonstances et pour des cas spécialement indiqués.

1101. Contravention non suivie d'accident. — Une contravention existe quelles qu'en soient les conséquences, dès qu'un fait s'est produit par infraction aux lois et règlements sur la police des mines. Cette infraction est précisément le fait constitutif de la désobéissance aux lois et de la contravention, qui doit dès lors être punie et réprimée.

Si cette contravention est accompagnée d'un accident ou d'un autre fait dommageable, il ressort de ce nouveau fait une action nouvelle, et s'il constitue un accident prévu par nos lois pénales il pourra être poursuivi sous cette nouvelle qualification. D. 3 janvier 1813, art. 22 ; Liège, 10 mars 1826, *Pas.*, 1826, p. 80 ; *Dict. de législ. des m.* v° *contravention*, p 153 ; Dupont, *Jurisp.* t. II, p. 439 ; *Cours,* p. 556. Delebecque, n° 688 et 1269.

1102. Contraventions de voirie. — Certains actes peuvent constituer des contraventions à deux points de vue. En ce sens qu'ils sont des violations des règles applicables aux exploitations minières, mais qu'ils sont également des violations des règles applicables à d'autres services. Si ces règles ont été établies dans l'intérêt principal de ces services, pour leur constitution et avec une application générale à toutes les propriétés minières ou autres, c'est la législation générale de la matière objet de ce service qui doit être suivie et appliquée aux propriétaires des mines, comme à tous propriétaires possesseurs et autres personnes. Ainsi la voirie a ses

règles propres ; il en résulte des servitudes, des charges
et obligations pour tous riverains des voies publiques de
terre, de fer et d'eau, les contraventions de voirie commises par les propriétaires de mines seront soumises,
pour la poursuite, la compétence et la répression aux
règles applicables en matière de grande voirie ou de petite
voirie. E. Dupont, *Jurisp.* t. II, p. 441 ; *Cours*, p. 559.

1103. **Délits de droit commun.** — Les dispositions
des lois spéciales sur la police et le régime des mines
qui prévoient diverses contraventions aux prescriptions
qu'elles édictent n'empêchent pas les poursuites qui peuvent être intentées contre leurs auteurs par application
des règles du droit commun en matière pénale, par
exemple lorsque ces infractions ont été la cause de faits
qualifiés crimes ou délits par le Code pénal. D. 3 janvier
1813, art. 22 ; C Cass., 20 avril 1855, S. 55, 1, 552 ; 31
mars 1865, carrière des grands carreaux à Angers, S.
65, 1, 335.

Pour que les poursuites à raison de faits punis par la
loi pénale générale puissent être dirigées contre les auteurs de ces faits, alors qu'ils se produisent en cours
d'une exploitation minière et à raison de cette exploitation, il n'est pas nécessaire, qu'il y ait concomitance,
entre le délit de droit commun et une contravention
minière. Le fait peut très bien se produire dans des conditions non réglementées pour l'exploitation et constituer
un délit, et dans ce cas l'auteur du délit sera dans la situation où se trouve tout délinquant ordinaire. C. Cass.,
20 avril 1855, S. 55, 1, 552.

1104. **Statistique.** — Voici, d'après les statistiques
publiées par le ministère de la justice, le nombre des affaires poursuivies devant les tribunaux correctionnels pour
contraventions aux lois et règlements pour les mines.
Dans cette indication ne se trouvent point comprises les
poursuites pour blessures ou morts involontaires résultant d'accidents.

De 1826 à 1830 il a été poursuivi 27 affaires comprenant 54 prévenus

1831 à 1835	—	24	—	59	—
1836 à 1840	—	37	—	63	—
1841 à 1845	—	53	—	81	—
1846 à 1850	—	37	—	64	—
1851 à 1855	—	36	—	56	—
1856 à 1860	—	34	—	50	—
1861 à 1865	—	23	—	30	—
1866 à 1870	—	13	—	17	—
1871 à 1875	—	28	—	38	—
1876 à 1880	—	28	—	39	—

Dans l'année 1883 seule, le nombre des affaires portées devant les tribunaux correctionnels pour contraventions aux lois sur les mines, s'est élevé à 41, concernant 45 prévenus, une avait été poursuivie à la requête de la partie civile, 40 à la requête du ministère public. 7 prévenus ont été acquittés, 13 ont été condamnés à l'emprisonnement, 25 à une simple amende.

1105. Règlement de police belge de 1884. — Un arrêté royal du 28 avril 1884, a promulgué un règlement de police général pour l'exploitation des mines en Belgique. Cet arrêté que je me proposais d'abord de reproduire, ce que je n'aurais manqué de faire si la nature de mon travail essentiellement pratique c'est-à-dire appelé à constater les règles existantes, au lieu de signaler celles qu'on pourrait admettre, ne m'en avait empêché, présente sous 92 articles un ensemble complet des mesures de police appropriées à l'exploitation actuelle des mines. Il est contresigné par M. C. Rolin-Jaequemyns, alors ministre de l'intérieur, et précédé d'un exposé des motifs qui se termine ainsi : le projet d'arrêté constitue une codification complète et méthodique de toutes les prescriptions de police que réclament l'état actuel de nos exploitations, les progrès de la science et l'impérieuse nécessité de veiller à la sécurité et au bien être des vaillantes populations ouvrières de nos mines, j'ose espérer

qu'il donnera satisfaction, autant qu'il est possible aux
intérêts multiples et vitaux, en vue desquels il a été
élaboré.

Si je ne puis reproduire ce document qu'on me permette
d'en indiquer le sommaire pour signaler combien il
pourra être utile de le consulter et de le suivre en cas
de règlementation analogue.

Titre I. Règles à suivre pour assurer la sûreté du
travail ordinaire des mines.

Chap. 1. — De la tenue des plans des mines.

Chap. 2. — Des puits.

Chap. 3. — De la descente et de la montée des personnes.

Chap, 4. — Aérage, éclairage, usage des explosifs.
Sect. 1. Dispositions concernant l'aérage des mines en
général. Sect. 2. Dispositions concernant l'aérage des
mines à grisou. Sect. 3. Eclairage des mines à grisou ;
Sect. 4. Des explosifs.

Chap. 5. — Mesures à prendre contre les coups d'eau.

Chap. 6. — Dispositions concernant le personnel.
Sect. 1. Contrôle et discipline du personnel dans toutes
les mines. Sect. 2. Surveillance spéciale des travaux dans
les mines à grisou.

Chap. 7. — Disposition transitoire.

Titre II. Dispositions spéciales tendant à prévenir les
accidents.

Titre III Mesures à prendre en cas d'accidents arrivés
dans les mines.

Titre IV Dispositions générales.

A ce document sont jointes des instructions pour l'exécution des dispositions règlementaires concernant la
tenue des plans et l'éclairage des mines.

§ 2.

Constatation, poursuite et répression des contraventions.

1106. Application du titre X, de la loi de 1810, sur les contraventions. — La loi de 1810 dans son titre X, ne fait pas de distinctions entre les contraventions qu'elle a prévues, tout au moins en ce qui concerne leur dénonciation et leur constatation.

La poursuite et la répression ainsi que la compétence peuvent au contraire varier suivant qu'il s'agit de mines, ou de minières, ou carrières, etc.

Quant aux mines, les dispositions du titre X, leur sont incontestablement en entier applicables.

Les contraventions concernant les minières, sont poursuivies et réprimées comme celles concernant les mines. L. 1810, modifiée en 1866, art. 58 ; D. 3 janvier 1813, titre III, et article 31. C. Cass. 26 mai 1831 ; Bury, n. 1167.

J'ai eu occasion de donner déjà des explications à ce sujet en ce qui concerne les carrières ; *Supra*, n°ˢ 1041 et suiv. et les tourbières n. 1068.

1107. Constatation des contraventions. — Les contraventions des propriétaires de mines exploitants non encore concessionnaires, ou autres personnes, aux lois et réglements, seront dénoncées et constatées, comme les contraventions en matière de voirie et de police. L. 1810, art. 93.

C'est-à-dire suivant les règles établies en ces matières et d'après la qualité et la nature des fonctions de celui qui verbalise. Ce serait faire un cours d'instruction criminelle que de développer ici ces règles et leur application, que l'on trouvera dans tous les ouvrages spéciaux à l'instruction criminelle. Disons seulement que, à défaut de procès-verbaux, l'existence des contraventions pourra être établie par rapports et témoins, c'est-à-dire par tous les modes de preuve admis en matière répressive.

Ces procès-verbaux peuvent être dressés par les officiers de police judiciaire et les agents chargés de constater les délits et contraventions. Les ingénieurs, conducteurs, gardes mines, en sont plus spécialement chargés.

Les formes dans lesquelles ils doivent être dressés sont réglées par la loi de 1810, comme en matière de grande voirie, et les ingénieurs et agents du service des mines, doivent s'y conformer. Circ. 30 janvier 1837.

1108. Affirmation. — Les procès-verbaux contre les contrevenants seront affirmés dans les formes et délais prescrits par les lois. L. 1810, art. 94. J'ajouterai volontiers dans le cas où l'agent qui verbalise d'après les lois de son institution est soumis à cette obligation.

Lorsqu'il est procédé à l'affirmation, on doit y procéder devant le juge de paix ou le maire, dans la circonscription duquel la contravention s'est produite, et dans les trois jours de la date du procès-verbal, qui doit être celle de la constatation de cette contravention.

Dans un des projets de loi de 1810, on avait accordé, aux ingénieurs, le droit de dresser des procès-verbaux qui feraient foi jusqu'à inscription de faux. Cette proposition n'a pas passé dans la loi. Ces procès-verbaux peuvent dès lors être combattus par la preuve contraire. Mais je répète qu'en cas d'insuffisance, d'irrégularité ou même de nullité de ces actes, la preuve de la contravention peut être faite par témoins, aveux, constatations résultant d'une instruction et de toute autre manière. C. Cass. 13 septembre 1839, D. 39, 1. 352. Seulement si le procès-verbal présenté à la justice est régulier, il faudra en règle générale que le contrevenant fasse la preuve contraire. C d'Instr. Crim. art. 154 Je dis en règle générale, car s'il ne paraît pas probant aux juges

auxquels on le présente, ils ne manqueront pas de l'é-
carter, sur de simples explications fournies d'une manière satisfaisante par la personne poursuivie.

1109. **Poursuite des contraventions à la police des
mines.** — Les contraventions aux dispositions de police
sur les mines, lors même qu'elles n'auraient pas été
suivies d'accidents, seront poursuivies et jugées conformément au titre X de la loi du 21 avril 1810, sur les
mines, minières et usines. D. 3 janvier 1813, art. 31.

Les procès-verbaux seront adressés en originaux à nos
procureurs de la République, qui seront tenus de poursuivre d'office les contrevenants devant les tribunaux
de police correctionnelle, ainsi qu'il est réglé et usité
pour les délits forestiers, et sans préjudice des dommages-
intérêts des parties. L. 1810, art. 95.

1110. **Elles ont lieu d'office.** — Les contraventions
aux lois et règlements sur les mines doivent être poursuivies d'office par le ministère public. L. 1810, art. 95.

La disposition de la loi qui prescrit au ministère public
de poursuivre d'office dans ce cas les contrevenants, est
encore une garantie donnée aux utiles et grandes exploitations, contre les exploitations frauduleuses pour lesquelles pour un gain modique et temporaire, des cultivateurs aveugles détruisent la valeur de leur champ, le
rendent à jamais infécond, ou en font le réceptacle des
eaux malsaines, qui répandent la putridité dans l'atmosphère. C'est du moins ce que porte textuellement l'exposé
des motifs de la loi de 1810, présenté par le Cte de Saint-
Jean-d'Angély, qui ajoute : Espérons que les magistrats
feront leur devoir, et que ce désordre qui a nui au progrès des exploitations régulières, qui a détourné de s'y
livrer, cessera sous le règne de la législation nouvelle
que nous présentons.

Il ne faudrait toutefois pas donner aux termes de la
loi et aux explications qui précèdent, une portée incon-
ciliable avec le droit qui appartient au ministère public

d'apprécier s'il y a lieu ou non de donner suite à un procès-verbal.

De ce que l'article 95 de la loi de 1810 porte que les procès-verbaux de contravention aux règlements des mines seront adressés aux procureurs qui seront tenus de poursuivre d'office les contrevenants, l'administration des mines avait voulu conclure que dans tous les cas où ils recevraient un procès-verbal les chefs de parquets devaient exercer des poursuites. Cela était complétement en désaccord avec la situation faite à ces magistrats par notre organisation judiciaire en France. Quels que soient les termes impératifs de la loi de 1810, ils ne doivent être entendus que dans ce sens, que lorsque le ministère public appréciera qu'il résulte des constatations une contravention punissable, il devra poursuivre d'office. Mais il n'est pas possible qu'il soit obligé de diriger des poursuites pour un fait, quoique constaté par un ingénieur des mines, alors qu'il croira que ce fait n'est pas punissable, ou n'est pas imputable à une personne désignée à tort comme en étant l'auteur, et qu'il cite cette personne correctionnellement pour demander son acquittement en justice et laisser les frais à la charge du trésor. Dire le ministère public devra poursuivre d'office dès qu'il reçoit un procès-verbal d'ingénieur, c'est dire qu'un ingénieur peut mettre à sa volonté l'action publique en mouvement devant les tribunaux de répression ce qui est impossible, et si on veut aller jusque-là qu'une loi alors leur confère directement le droit de poursuite comme le code forestier l'a fait pour les fonctionnaires des forêts. D'ailleurs, sur les observations du garde des sceaux, l'administration des travaux publics n'a pas persisté dans ses prétentions. Toutefois, lorsque sur l'envoi d'un procès-verbal le procureur de la République ne croit pas devoir poursuivre, il doit informer les ingénieurs de sa décision, et en cas de désaccord, le ministre de la justice auquel il en est référé, règle la question avec les

administrations respectives. Ces envois doivent se suc-
céder rapidement, pour que le court délai dans lequel
doivent être arrêtées les décisions à intervenir sur le
conflit, n'arrive pas à dépasser le délai dans lequel
les poursuites doivent être exercées sous peine de non
recevabilité de l'action. Circ. justice, 17 janvier 1884;
trav. publics, 5 mai 1884.

1111. Notification des procès-verbaux. — L'article
95 de la loi de 1810 portant que les poursuites auront
lieu ainsi qu'il est réglé et usité pour les délits forestiers
et l'article 172 du code forestier étant ainsi conçu : l'acte
de citation doit à peine de nullité contenir la copie du
procès-verbal et de l'acte d'affirmation; on a voulu en
conclure qu'il y avait nécessité de notifier au prévenu
de contravention aux règlements sur les mines, copie
des procès-verbaux. La Cour de Cassation, par son arrêt
du 18 août 1837, S. 37, 1, 837, D. 38, 1, 412, a repoussé
cette interprétation, parce que l'article 93 de la loi de 1810
assimile ces contraventions aux contraventions de voirie et de police, que l'article 95, relatif aux poursuites
d'office ne s'applique qu'à l'obligation de poursuivre et
n'a pas exigé la notification des procès-verbaux à partie; que dans l'économie de la disposition de l'article 9,
titre IX, de la loi des 15-29 août 1791, dont la disposition
n'était pas d'ailleurs comme celle de l'article 172, C. for.
prescrite à peine de nullité, la signification de la copie
des procès-verbaux au prévenu était corrélative de la
nécessité de l'inscription de faux pour détruire la foi due
à ces procès-verbaux, nécessité qui n'existe pas à l'égard
des procès-verbaux de contravention à la loi sur la
police des mines. C'est dans le même sens que se sont
prononcés les auteurs. Lallier, n° 733; Dupont, t. II, p.
432. Et je ne vois aucun intérêt sérieux à défendre l'o-
pinion contraire. Cependant, lorsque le législateur de
1810 a dit que les procureurs impériaux seront tenus de
poursuivre ainsi qu'il est réglé et usité pour les délits

forestiers, s'il n'a pas voulu dire que dans ces poursuites les procureurs impériaux suivraient les règles
usitées en matière de poursuites de délits forestiers, je
ne sais véritablement pas ce qu'il a voulu dire ; j'ajoute
qu'il est d'une bonne administration de la justice de
mettre celui qu'on poursuit à même de se défendre en
connaissant exactement ce qu'on lui reproche, et je ne
serais pas fâché de voir donner copie à celui qui est cité
correctionnellement, de l'acte sur lequel s'appuient les
poursuites. Si on ne le fait pas, le jour où, répondant à
la citation, on lui opposera cet acte, comment lui refuser
un délai s'il allègue des moyens sérieux pour le com-
battre au moyen des preuves qu'il a le droit de produire.

1112. Excuse de bonne foi. — Du moment où l'on
classe les infractions aux lois et règlements sur la police
des mines en dehors des contraventions proprement
dites et parmi les délits, on est conduit à se demander si,
pour qu'il y ait lieu à condamnation, il ne faut pas qu'il
existe une intention coupable, une mauvaise foi imputable à l'auteur du fait, et si dès lors l'excuse de bonne
foi n'est pas opposable.

Ne pas se conformer à des prescriptions dérivant d'une
loi spéciale ou de règlements administratifs, est un fait
qui constitue une faute, quelle que soit l'intention de
l'individu, et le fait lui-même, et par lui-même comporte
l'application de la mesure répressive. Ainsi, sur des
indications fautives d'agents de l'autorité que j'ai lieu de
croire bien informés, je transporte du gibier dans un
département où la chasse est close, alors qu'elle était
ouverte là où j'ai tué le gibier, ou bien, autorisé à chasser
dans une terre, je m'en fais indiquer les limites par le
garde champêtre et sur la foi de ces indications je chasse
en définitive chez un voisin. Dans tous ces cas ma
bonne foi est évidente, et cependant j'ai commis des faits
prévus et punis par la loi pénale, et je ne pourrai être

acquitté. J'ai indiqué à mon employé des mesures à prendre pour prévenir certains dangers qui résultent de travaux que l'on exécute sous ma direction, il ne remplît pas mes ordres, ou il les remplit imparfaitement ; et cette omission donne lieu à un accident, à des blessures, à un homicide, j'ai commis une faute en me fiant à l'intelligence ou à la bonne volonté d'un tiers, comme j'en avais commis une précédemment en ne pas me renseignant suffisamment sur ses aptitudes; mais qui pourra mettre en suspicion ma bonne foi! Si cette bonne foi pouvait être suspectée ce ne serait pas un homicide par imprudence, mais un homicide prémédité que j'aurais commis. Aussi voit-on la Cour de Cassation décider à la fois qu'un délit de chasse existe et est punissable malgré la bonne foi du prévenu, et cependant elle reconnaît que c'est un délit puisque, s'il est suivi de meurtre, elle admet que ce meurtre est accompagné de la circonstance aggravante, qu'il a été commis pour faciliter la perpétration d'un délit.

Nous pensons qu'il en est de même pour les infractions aux lois sur la police des mines. Celui qui commet une de ces infractions par ignorance, oubli, de bonne foi, commet une faute dans des circonstances telles que cette infraction dommageable pour l'intérêt public engage sa responsabilité pénale dans la mesure déterminée par la loi. La bonne foi ne fera pas disparaître cette faute ni ses conséquences. Et comme la peine applicable est celle qui réprime les délits, elle devra être prononcée avec les conséquences qu'entraînent les condamnations pour délit. Aussi la bonne foi n'est-elle pas considérée comme une excuse en matière de contraventions aux lois sur les mines. Lallier, n° 733; Dupont, t. II, p. 438. Le principe a été bien souvent appliqué par la Cour de Cassation en matière de contributions indirectes, imprimerie, poste, chasse.

1113. Excuses tirées de l'obligation prise par des

tiers vis-à-vis des exploitants. — Les exploitants tenus de l'observation de certaines prescriptions, ne peuvent être excusés de la négligence qu'ils auraient mise à s'y conformer personnellement, sous le prétexte qu'un tiers s'était engagé à remplir leurs obligations, ou que ces obligations prescrites dans un intérêt public, mais étant profitables à un tiers, celui-ci les aurait dispensé de les remplir. C. Cass., 24 novembre 1859, S. 60, 1, 398.

1114. Prescription de l'action. — L'article 95 de la loi de 1810, a déclaré que les chefs de parquet des tribunaux seraient tenus de poursuivre d'office les contrevenants, ainsi qu'il est réglé et usité pour les délits forestiers.

Or, au moment de la promulgation de la loi de 1810, la loi forestière en vigueur était celle des 15-29 septembre 1791, dont l'article 8 du titre IX, était ainsi conçu : « Les actions en réparation de délits, seront intentées au plus tard dans les trois mois ou ils auront été reconnus, lorsque les délinquants seront désignés dans les procès-verbaux ; à défaut de quoi, elles seront éteintes et prescrites ; le délai sera d'un an, si les délinquants n'ont pas été connus.

Ces dispositions ont été modifiées par l'article 185 du Code forestier de 1827, qui dispose que les actions en réparation des délits et contraventions se prescrivent par trois mois, à compter du jour où les délits ou contraventions ont été constatés lorsque les prévenus sont désignés par les procès-verbaux. Dans le cas contraire, le délai de la prescription est de six mois, à compter du même jour.

On remarquera que le point du départ de la prescription court seulement du moment où le fait a été reconnu et non du jour où il a été commis.

Sans s'arrêter à ce renvoi au Code forestier, la Cour de Cassation a décidé que les contraventions à la police et à la règlementation des mines, constituant des délits punissables de peines correctionnelles, l'action civile à raison de ces infractions se prescrivait par trois ans. C. instr. crim 638 ; C. Cass 15 février 1843, M. de sel de l'Est, S. 43, 1, 365 ; D. 43, 1, 162. Si l'article 638 du Code d'instruction criminelle est applicable, l'action publique ne doit aussi se prescrire que par trois ans. Trib. Moutiers, 13 décembre 1872, D. 73. 3, 80 ; au contraire, Dupont, t. II, p. 440; Lallier, n 748, Delehecque, n. 1275; Bury, n. 1184, Brixhe, t. I, p. 298, appliquent les dispositions du Code forestier, et on cite dans le même sens, en Belgique les arrêts de Liège, 7 juin 1820 et 8 avril 1851 et Bruxelles 31 mars 1876; avis auquel parait se rattacher le ministre dans sa circulaire du 5 mai 1884.

1115. Avis à donner par les parquets aux ingénieurs des mines, des procès-verbaux impoursuivis. — Les parquets doivent faire connaitre sommairement aux ingénieurs des mines les motifs qui font classer sans suite, les procès-verbaux d'accidents de mines ou de carrières et d'autres contraventions. *Bull. off.* du min. de la justice, janvier-mars 1882. Circ. min. tr. p. 19 juillet 1882. Ces communications entre les parquets et les ingénieurs des mines et des ponts et chaussées, dans la plupart de ces matières, par exemple à l'occasion des poursuites pour contraventions aux mines ou chemins de fer, ne laissent pas que d'être à la fois difficiles ; chacun appréciant les affaires le plus souvent à un point de vue différent et avec une égale indépendance, et lorsque de pareilles affaires sont à l'instruction, la situation de certains témoins devient parfois fâcheuse.

1116. Poursuites directes contre les concessionnaires à raison des contraventions commises dans leur exploitation. — D'après la loi de 1810, les concessionnaires ont à répondre personnellement des contraventions qu'elle prévoit, et l'article 86 est particulièrement applicable aux violations des dispositions des actes de concession, C. Cass. 5 août 1837, D. 37, 1, 534; 18 août 1837, S. 37, 1, 837, D. 38, 1, 412; Dupont, t. II, p. 433.

Ils peuvent dès lors encourir les peines d'amende, et en cas de récidive, d'emprisonnement. C. Cass. 18 août 1837, cité.

Si la concession a été faite à plusieurs personnes, les poursuites peuvent être dirigées contre toutes, ou seulement contre quelques unes d'entre elles. Bruxelles 21 janvier 1830.

Leur responsabilité pénale sera toujours engagée, lorsque les contraventions auront été commises sous leurs yeux, d'après leurs ordres et avec leur coopération. Dijon 9 juillet 1862, S. 62, 2, 365 ; et il en sera de même lorsqu'on leur reprochera des faits personnels. C. Cass. 6 août 1829, S. 29, 1, 354 ; Lallier, n. 737 ; Dupont, t. II, p. 434.

C'est d'ailleurs aux tribunaux qu'il appartient, dans chaque affaire, d'après la nature de la contravention et les actes de ceux qui sont mis en cause, à apprécier quelles sont les personnes sur lesquelles doit peser la responsabilité pénale de cette contravention.

Dans chaque espèce, ils jugeront si les poursuites ont pu légalement atteindre des directeurs, employés, propriétaires ou gérants et même des membres des Conseils d'administration. Bruxelles, 6 octobre 1825 , C. Cass. fr. 5 août 1827 ; Dupont, *Cours*, p. 552; ou si des agents subalternes seuls peuvent être tenus. Bury, n 1198.

Si les concessionnaires ou propriétaires étrangers à la direction de l'exploitation ont négligé de faire connaître le directeur, ils ont commis une faute qui les laisse exposés à des poursuites directes pour contraventions résultant de l'exploitation personnelle de leur propriété. C. Cass. 5 et 18 août 1837. Lallier et Dupont. La complète régularité de ces décisions ne saurait être mise en doute, surtout depuis la promulgation de l'article 7 de la loi du 28 avril 1838.

S'ils ont fait connaître le directeur de l'exploitation et qu'ils n'aient pris aucune part à la direction, qu'on ne puisse leur reprocher aucune faute personnelle par commission ou omission, ils pourront bien être responsables civilement des fautes de leurs préposés, mais ils n'encourent aucune responsabilité pénale. Bruxelles 6 octobre 1825 ; Lallier, n. 736.

1117. Poursuites contre une société minière. — On s'est demandé, en ce qui concerne l'application des peines, comment il serait procédé lorsque une contravention punissable d'une amende a été commise par des concessionnaires de mines constitués en société, on a pensé que l'amende pesait sur l'être collectif, et comme cela ne pouvait être appliqué au cas de récidive, lorsqu'il intervient une peine corporelle, on a dit qu'au cas d'emprisonnement prononcé, chaque contrevenant serait condamné personnellement à l'emprisonnement, tandis que l'amende ne serait imfligée en récidive comme en première condamnation, qu'à titre collectif contre la société qui exploite la mine. Je ne saurais me ranger à cet avis ; des poursuites en matière répressive, ne doivent pas être dirigées contre ce qu'on appelle une personne morale, et que je nomme plus volontiers une personne civile, mais contre un délinquant ou un contrevenant effectif, ou soit contre un individu réel, un agent personnellement. Il n'y a pas une contravention sans que le fait qualifié contravention, ne puisse être imputé à une personne réelle, là où il ne peut être trouvé un agent contrevenant et responsable, il n'y a pas de contravention, pas plus qu'il ne peut y avoir de délit là où il n'y a pas de délinquant connu ou inconnu responsable de ce délit. Dès lors lorsqu'une contravention aux lois et règlements sur les mines dans une concession sera constatée, et qu'il s'agira de diriger des poursuites, il faudra rechercher l'auteur ou les auteurs de cette contravention, s'ils restent inconnus, aucune poursuite criminelle ne sera possible, quelle que soit la personne civile responsable. Si les auteurs sont connus, la poursuite aura lieu contre eux, et ils seront chacun d'eux

26.

passibles des peines pécuniaires et personnelles applicables aux auteurs des faits qui leur sont reprochés. La
caisse de la société pourra être déclarée responsable
pour le recouvrement de certaines condamnations, mais
cette responsabilité civile n'est que la conséquence de
l'action principale, et ne peut se traduire en une poursuite
directe contre une personne fictive, devant les tribunaux
répressifs. La partie civile pourra même agir directement
en réparation du préjudice causé, devant les tribunaux
civils, contre la personne civile, mais elle ne pourra
l'appeler directement devant les tribunaux de répression
pour obtenir contre elle une réparation civile, en suite
d'une déclaration de culpabilité prononcée contre l'être
moral. Ce seront les agents par lesquels se manifeste la
vie et l'action de l'être moral, directeurs, administrateurs,
employés à un degré quelconque, qui auront seuls à répondre directement devant la justice répressive de leurs
actes s'ils constituent des contraventions qu'on puisse
mettre à leur charge. De sorte que s'il y a un contra-
venant condamné, il subira la pénalité de l'amende, et de
l'emprisonnement le cas échéant, suivant qu'il sera décidé par les tribunaux ; et s'il y en a plusieurs, chacun
d'eux encourra personnellement les peines d'amende et
d'emprisonnement édictées par la loi, et qui ne varient
pas suivant le plus ou moins grand nombre d'auteurs
responsables. Lorsque cette pluralité est prise en considération par la loi pénale, c'est pour aggraver les pénalités et non pour les diminuer par une sorte de répartition entre les auteurs du même fait. Ce n'est pas le fait
en effet qui est puni, mais les auteurs quel qu'en soit le
nombre.

1118. Droit d'appréciation des conditions de la concession par les juges statuant en matière répressive. —
La loi de 1810 par ses articles 77 et 95 ayant spécialement chargé les tribunaux correctionnels de la connaissance des contraventions aux permissions accordées

par l'autorité administrative pour l'exploitation des
mines et minières; il s'en suit que les dispositions de
l'article 13 du titre II de la loi du 24 août 1790 et du décret du 16 fructidor an III, ne s'opposent ni à l'interprétation de ces permissions, ni à l'examen des contraventions aux conditions sous lesquelles ces permissions
ont été accordées. C. Cass., 12 mars 1841, S. 41, 1, 795,
D. 41, 1, 247. Ce n'est pas là violer la règle de la séparation des pouvoirs, mais permettre aux juges de la repression, d'examiner aux divers points de vue qui peuvent leur être présentés si la prévention est justifiée.
Juges du fait, ils sont juges de l'exception qui est présentée comme une défense à une poursuite spéciale et
déterminée.

1119. Compétence. — Si les contraventions aux
lois sur la police des mines doivent être constatées
comme les contraventions en matière de voirie, elles
n'en doivent pas moins être déférées aux tribunaux
correctionnels compétents pour en connaitre, en dehors
des Conseils de préfecture. L. 1810, art. 95; Instr. 3 août
1810, § 5.

L'exposé de la loi de 1810 par Regnaud de Saint-Jean-
d'Angely, portait que le droit de statuer était réservé
aux tribunaux dans tous les cas de contravention aux
lois; eux seuls, disait-il, peuvent prononcer des condamnations, et il ajoutait, cette garantie doit être d'un
grand prix à vos yeux.

Sous l'ancien article 50 de la loi de 1810 on avait essayé de revendiquer la compétence administrative pour
la répression de certaines contraventions aux règles de
l'exploitation, c'était confondre le droit de repression
avec le droit conféré à l'administration de prendre des
mesures préventives pour prévenir les accidents et écarter les dangers; mais même sous l'empire de cet article,
la Cour de Cassation n'avait pas accepté un pareil dé-
sinvestissement de la compétence correctionnelle. D'ail-

leurs, puisque les procureurs de la République sont
tenus de poursuivre d'office les contrevenants, article 95,
et qu'ils ne peuvent exercer leur action que devant les
tribunaux correctionnels, comment hésiter à reconnaître
que ce seront ces tribunaux qui pourront être seuls
investis légalement. Les mots de grande voirie qui se
trouvaient dans l'article, et qui fournissaient des argu-
ments pour la compétence administrative, ayant disparu
lors de la modification de rédaction apportée par la loi
du 27 juillet 1880, je ne crois pas que la difficulté de
compétence puisse se représenter de nouveau sérieusement. Voyez toutefois ce que nous disons ci-dessus
relativement aux contraventions de voirie, n° 1102, et la
distinction entre les faits ressortissant des tribunaux de
police correctionnelle ou des tribunaux de simple police,
n° 1100.

1120. **Peines pour contraventions aux lois sur
les mines.** — Les peines seront d'une amende de cinq
cents francs au plus et de cent francs au moins, double
en cas de récidive ; et d'une détention qui ne pourra
excéder la durée fixée par le Code de police correctionnelle. L. de 1810, art. 96.

1121. Emprisonnement. — L'article 96 de la loi de
1810, au point de vue de l'application de l'emprisonnement, est rédigé d'une manière assez incertaine et obs-
cure. Les peines seront d'une amende de 500 fr. au plus
et de 100 fr. au moins, double au cas de récidive, et
d'une détention qui ne pourra excéder la durée fixée par
le Code de police correctionnelle. Cela veut-il dire les
peines seront d'une amende de 500 francs au plus et de
100 francs au moins et d'une détention qui ne pourra
excéder la durée fixée par le Code de police correctionnelle ; ou bien, les peines seront d'une amende de 500
francs au plus et de 100 francs au moins, et en cas de
récidive, d'une amende double et d'une détention qui ne
pourra excéder la durée fixée par le Code de police cor-

rectionnelle. C'est dans le premier sens que l'article a été appliqué par le tribunal de Valenciennes, les 15 mars 1878 et 3 novembre 1883; le tribunal de Béthune, les 16 février 1876 et 21 décembre 1881; et la cour de Douai, 17 et 23 janvier 1882 et c'est l'avis de Delecroix, *Rev. de la législ. des mines*, 1884, p. 239; mais au contraire, il a été jugé que l'emprisonnement ne pouvait être prononcé qu'en cas de récidive. C. Cass., 6 août 1829, S. 29, 1, 354, D. 29, 1, 323; Nîmes, 23 février 1840, S. 40, 2, 473, D. 40, 1, 141, et même Douai, 5 mars 1884, M. d'Anzin; qui en l'état de l'obscurité de la loi, ont cru en définitive devoir l'appliquer dans le sens le plus favorable au prévenu. La doctrine a généralement adopté ce dernier avis, Bury, n° 1187, 1188; Lallier, n° 739; Richard, n° 434; Dupont, t. II, p. 436; Delebecque, 1277. Je suis disposé à m'y ranger également, puisque dès que le doute est possible, il doit être interprété en matière pénale en faveur du condamné, tout en croyant que le texte n'a pas rendu exactement la volonté du législateur. Lorsque la contravention sera reprochée à un insolvable, elle sera dérisoire et on lui permettra ainsi de compromettre impunément la sûreté d'une exploitation et la vie de ceux qui y concourent.

La durée de la peine d'emprisonnement qui ne pourra excéder la durée fixée par le Code de police correctionnelle, lorsqu'il y aura lieu de la prononcer, sera de six jours au moins et de cinq ans au plus. C. p., art. 40.

1122. Circonstances atténuantes. — Je suis d'avis qu'elles ne sont pas applicables en ces matières, et qu'il y a lieu d'observer le principe constant en doctrine comme en jurisprudence, que l'article 463 n'est applicable qu'aux délits prévus par le Code pénal et non à ceux qui sont réprimés par des lois spéciales, à moins que le législateur n'en ait ordonné autrement. Sur ce principe, C. Cass., 4 janvier 1861, S. 61, 1, 391; 24 septembre 1868, S. 70, 1, 142, D. 69, 1, 438; Agen, 27 août 1879, S. 80, 2,

328, D. 80, 2, 158; Carnot ; Morin ; Faustin Hélie ; Bertauld ; de Grattier ; et sur son application aux pénalités
pour contraventions aux règlements sur les mines,
Bury, n° 1191.

Cependant on n'est pas unanime pour le décider ainsi,
et des auteurs ont soutenu que les circonstances atténuantes étaient applicables en ces matières malgré le
silence de la loi de 1810. Lallier, n° 738; Delecroix, *Rev.
de législ. des M.*, 1884, 240; ou tout au moins qu'elles
étaient applicables en ce qui concerne l'emprisonnement
Dupont, t. II, p. 438, parce que pour l'emprisonnement
la loi de 1810 s'en réfère au Code pénal. Je ne puis admettre ni cette distinction ni cette référence. En matière
correctionnelle les circonstances atténuantes sont applicables dans tous les cas où la peine de l'emprisonnement et celle de l'amende sont prononcées par le Code
pénal, ce sont les termes de la loi, or la peine d'emprisonnement prononcée par l'article 96 de la loi de 1810,
n'est pas prononcée par le Code pénal; d'un autre côté,
si l'article 463 du Code pénal était applicable, il faudrait
l'appliquer tel qu'il est, or il prévoit le cas où la peine de
l'emprisonnement et celle de l'amende seront prononcées, et alors la distinction entre l'emprisonnement et
l'amende me paraît inacceptable, alors même qu'il serait
possible de diviser une disposition pénale pour la
placer sous des régimes légaux différents.

1123. Récidive. — Un arrêt de la cour de Dijon du
9 juillet 1862, S. 62, 2, 365, a jugé qu'en matière d'infraction aux lois et règlements sur les mines, les règles
applicables à la récidive sont celles de l'article 483 C. p.,
régissant les simples contraventions, et non celles de
l'article 58 concernant les délits, d'où il résulterait qu'on
ne pourrait appliquer les peines de la récidive au prévenu condamné pour fait de cette nature, dès que douze
mois se seraient écoulés depuis la condamnation précédente. Il est vrai que la loi spéciale donne à ces infrac

tions le nom de contraventions, mais la nature de la peine appliquée et le tribunal compétent pour en connaître, portent à penser que c'est, au contraire, le régime des délits qui leur est applicable en matière de récidive. C'est ce qu'a reconnu la Cour de cassation le 15 février 1843, S. 43, 1, 365, D. 43, 1, 162, en principe du moins, en décidant que la prescription applicable était celle qui concernait les délits et non les contraventions.

Il est à remarquer que l'arrêt de Dijon qui commence par appliquer à ces faits le régime des contraventions, en ce qui concerne la récidive, leur applique le régime des délits en ce qui concerne la solidarité.

Dans tous les cas, les peines de la récidive sont applicables quelle que soit l'exploitation où la première contravention a eu lieu. C'est la situation personnelle du contrevenant qui constitue son état légal, peu importe l'exploitation où il peut avoir été successivement attaché. C. Cass. 18 août 1837, S. 37, 1, 837, D. 38, 1, 412 ; Lallier, n. 744 ; Dupont, t. II, p. 437.

De ce que les règles sur la récidive en matière de délits seraient applicables, il ne faudrait pas en conclure qu'il n'y aurait récidive que s'il existait une condamnation précédente à plus d'un an d'emprisonnement.

Il y aura récidive au point de vue de l'application de l'article 96 de la loi de 1810, lorsque la personne poursuivie aura été condamnée précédemment pour un fait réprimé par cette même loi, ou toute autre sur les mines, Bury, n°⁵ 1188, 1189.

1124. Cumul. — D'après notre législation criminelle, en règle générale, le cumul des peines est admis en matière de simple police pour les contraventions et repoussé en matière correctionnelle pour les délits. Qu'en est-il des infractions aux lois et règlements sur les mines ? je ne pense pas que la disposition de l'article 365 du Code d'instruction criminelle soit applicable aux faits punis par la loi spéciale sur les mines, pas plus

qu'elle ne l'est aux infractions aux lois de police relatives
aux chemins de fer, d'après la jurisprudence constante
de la Cour de Cassation. Mais je reconnais que cette
question en ce qui concerne les mines peut présenter
de graves difficultés.

Un argument pour le cumul me paraissait devoir être
tiré de l'article 95 de la loi de 1810 qui enjoint aux procureurs de la République de poursuivre les contrevenants aux règlements sur les mines, ainsi qu'il est réglé
et usité pour les délits forestiers, or, pour ces délits, il
est de règle qu'on cumule les peines. Voyez à ce sujet
les indications complètes qui se trouvent dans le travail
considérable publié en 1884 par MM. Dalloz et Vergé,
Codes annotés, *Code forestier*, sous l'art. 187, sect. IV, p.
514 et suiv. Mais la Cour de Cassation, le 21 novembre
1878, S. 79, 1, 137, a décidé que si les peines d'amende
pouvaient être cumulées à raison de leur caractère de
réparations civiles, il en était autrement des peines d'emprisonnement qui affectent directement la personne du
prévenu dans sa liberté. Cette distinction entre la nature
des peines est difficile à admettre, car enfin le fait doit
avoir sa qualification légale et cette qualification doit
entraîner les conséquences juridiques attachées à cette
qualification, sans distinction entre les peines pécuniaires
et corporelles. Pour éluder la difficulté on dit, mais les
peines pécuniaires ont le caractère de réparations civiles,
c'est ce que je ne puis admettre puisque, en dehors des
amendes, le code forestier autorise les tribunaux de répression à prononcer les restitutions et dommages intérêts, qui sont la vraie réparation civile, ce que l'article 204
dit fort bien en ces termes, les restitutions et dommages-
intérêts appartiennent au propriétaire et les amendes et
confiscations appartienne à l'Etat ; et comment en effet
dire que l'amende prononcée au profit de l'Etat à raison
d'un délit forestier commis dans les bois d'un particulier a le caractère d'une réparation civile.

C'est contraire à la volonté et à l'intention du législateur clairement manifestées lors de la discussion du projet de loi qui est devenu le code forestier. Voy. notamment Favard de Langlade, rap. à la Ch. des députés sur les art. 192 et 206, séance du 7 avril 1827; et surtout c'est contraire à la réalité. Je dois cependant reconnaître que la distinction que la Cour de cassation fait en matière forestière entre les peines pécuniaires et les peines personnelles, elle l'a faite également en matière de douanes. C. Cass., 28 janvier 1876, S. 76, 1, 89. Elle a même décidé d'une manière générale que l'article 365 du code d'instruction criminelle, était applicable aux contraventions prévues par des lois spéciales et punies de peines correctionnelles. C. Cass., 8 mai 1852, S. 52, 1, 767 ; 26 juillet 1855, S. 55, 1, 849; 13 juillet 1860, S. 61, 1, 387. Et que dans tous les cas on ne pouvait soustraire à son application que les condamnations aux amendes et peines pécuniaires portées par des lois spéciales. C. Cass., 17 mai 1851, S. 51, 1, 376; 3 janvier 1856, S. 56, 1, 380 ; Angers, 27 août 1866, S. 67, 2, 158; Paris, 28 février 1868, S. 68, 2, 72.

Il faut donc admettre qu'en l'état de l'application de l'article 365 du Code d'instruction criminelle en nos matières, les peines pécuniaires devront être cumulées en cas de conviction de plusieurs contraventions, mais non la peine d'emprisonnement.

La jurisprudence belge ne peut nous fournir d'utiles indications au moins depuis 1867, puisque le code pénal qui porte cette date consacre le principe du cumul des peines en général, art. 58 et suiv., et spécialement pour délits spéciaux, art. 100.

1123. Solidarité. — Les divers co-propriétaires ou co-gérants d'une exploitation minière sous les yeux, avec la coopération et d'après les ordres desquels ont été commises des contraventions aux règlements sur les mines, devant être considérés comme auteurs person-

nels des faits relevés et condamnés comme tels, doivent
être condamnés solidairement à des amendes distinctes.
Dijon, 9 juillet 1862, S. 62, 2, 365. Cet arrêt a été rendu
en matière d'usines qui avant les modifications à la loi
de 1810 devaient être autorisées.

L'action civile, en pareil cas, peut également donner
lieu à des condamnations solidaires. C. Cass., 15 février
1843, M. de Sel de l'Est, S. 43, 1, 365, D. 43, 1, 162; Bury,
n° 1195.

1126. Destruction des ouvrages indûment établis;
confiscations. — Les tribunaux de répression en statuant
sur la contravention, sont en droit d'ordonner la destruction de tous ouvrages constituant cette contravention et établis en violation des lois et règlements. C. Cass.,
2 avril 1830, S. 30, 1, 379; 17 janvier 1835, Salines de Gouhenans, S. 35, 1, 307; Dupont, t. II, p. 437; Lallier, 746.

Mais il n'y a pas lieu de prononcer la confiscation des
machines et ustensiles servant à une exploitation illicite,
dit M. Peyret-Lallier, n° 747, qui critique avec raison un
arrêt contraire de la Cour de Lyon, du 16 octobre 1834.

1127. Exécutions par voie de contrainte par corps.
— Aux termes des articles 126 C. proc. Civ. et 52 du
Code pénal, les condamnations à l'amende, aux restitutions, aux dommages-intérêts et aux frais pouvant être
poursuivies par la voie de la contrainte par corps, cette
mesure d'exécution est autorisée pour l'exécution des
condamnations prononcées à raison d'infractions à la
loi sur les mines donnant lieu à des poursuites devant
les tribunaux de répression. C. Cass. 15 février 1843.
M. de sel de l'Est, S. 43, 1, 365, D. 43, 1, 162.

1128. Dommages-intérêts. — La loi de 1810, article
95, a réservé au profit des personnes qui pourraient
souffrir de la perpétration d'une contravention aux lois
sur les mines, l'action civile en dommages-intérêts, qui
pourra être portée directement devant les tribunaux de
répression où sera poursuivi le contrevenant, et qui à

défaut de jonction à l'action publique peut être portée devant les tribunaux compétents.

1129. Responsabilité civile. — En dehors des cas où des poursuites correctionnelles peuvent être dirigées contre les concessionnaires eux-mêmes, faut-il ajouter qu'ils peuvent être atteints par voie d'action civile comme responsables des contraventions de leurs agents et préposés.

1130. Prescription des peines. — Si on est peu d'accord lorsqu'il s'agit de déterminer comment se prescrit l'action, les uns voulant appliquer les dispositions du Code forestier, les autres celles du Code d'instruction criminelle, il n'en est plus de même lorsqu'il s'agit de régler la prescription applicable aux peines. On semble admettre d'une manière unanime que la prescription de la peine est soumise aux règles du droit commun, c'est à-dire que la peine se prescrirait par cinq ans, conformément aux dispositions de l'article 636 du Code d'instruction criminelle. Bury, n. 1186 ; Dupont, t. II, p. 441 ; Lallier, n. 748.

1131. Communication du résultat des poursuites sur procès-verbaux de contravention à la police des mines. — Lorsque des procès-verbaux de contravention à la police des mines sont dressés par les ingénieurs, ils sont transmis à l'autorité judiciaire ; mais en même temps une copie en est adressée au ministère, où on ignorait presque toujours le résultat de l'affaire. Pour parer à cet inconvénient, les ingénieurs sont autorisés à faire prendre dans les greffes des cours et tribunaux, copie des décisions rendues à la suite de ces procès-verbaux et à faire parvenir ces copies à l'administration centrale. Circ. du 23 septembre 1872. Des instructions ont été transmises par le ministère de la justice, pour faciliter la délivrance de ces copies.

TABLE DES MATIÈRES

DU DEUXIÈME VOLUME

———— ••◦•• ————

FIN DU TOME DEUXIÈME.

Chaumont. — Typographie et Lithographie Cavaniol.